새로운 배움, 더 큰 즐거움

미래엔 콘텐츠와 함께 새로운 배움을 시작합니다!
더 큰 즐거움을 찾아갑니다!

손쉬운

고전 문학

WRITERS

고영호	화곡고 교사 | 고려대 국어교육과
김선호	서울고 교사 | 서울대 국어교육과
김유동	(전)성덕고 교사 | 한양대 교육대학원 국어교육과
노진한	서라벌고 교사 | 서울대 대학원 국어교육과
류해준	(전)잠실여고 교사 | 경희대 국어국문학과
성병모	대신고 교사 | 연세대 교육대학원 국어교육과
신원용	한가람고 교사 | 서울대 국어국문학과
신철수	성보고 교사 | 고려대 국어교육과
윤치명	보성여고 교사 | 연세대 교육대학원 국어교육과
이병민	세화여고 교사 | 서울대 국어교육과
이주희	인천진산과학고 교사 | 인하대 국어국문학과
주용호	보성여고 교사 | 고려대 국어교육과

COPYRIGHT

인쇄일 2025년 4월 2일(5판17쇄) \| **발행일** 2017년 10월 23일

펴낸이 신광수 \| **펴낸곳** ㈜미래엔 \| **등록번호** 제16–67호

중고등개발본부장 하남규 \| **개발책임** 이수경

개발 정윤숙, 김성훈, 장하연, 김혜진, 심현진, 김정희, 백안나, 박누리, 황혜린, 한솔

디자인실장 손현지 \| **디자인책임** 김기욱

CS본부장 장명진

ISBN 979-11-6413-262-1

머리말

역사를 바로 알자는 취지에서 기획된 어느 TV 프로그램에서
유명 래퍼가 시인 윤동주의 삶과 시 "별 헤는 밤"을
모티프로 하여 만든 랩이 큰 반향을 불러일으켰습니다.
많은 사람들이 그 노래를 듣고 부르며
일제 강점 하에서 시인이 느꼈을 고민에 공감하고
함께 안타까워하고 울분을 토로했습니다.

이렇게 오랜 시간이 흐른 후에도
당시의 감정을 고스란히 느낄 수 있는 것은
문학이 그 시대를 살아가는 사람들의 생각과 현실을 담고 있기 때문입니다.
이것이 바로 문학이 지니는 힘이고, 문학을 학습하는 목표입니다.

『손쉬운 문학』은 여러분이
문학 작품을 가슴으로 이해하고 받아들이기를 바랍니다.
그 시대를 살았던 사람들의 희로애락을 느끼고
오늘을 살아가는 자신의 삶을 성찰할 수 있기를 바랍니다.

『손쉬운 문학』은 문학 세계에 첫발을 내딛는 여러분이
쉽게 이해하고 느낄 수 있도록 기본을 중시하였습니다.
『손쉬운 문학』이 문학의 세계로 여러분을 안내하겠습니다.

문학 학습을 위한 구성과 체재

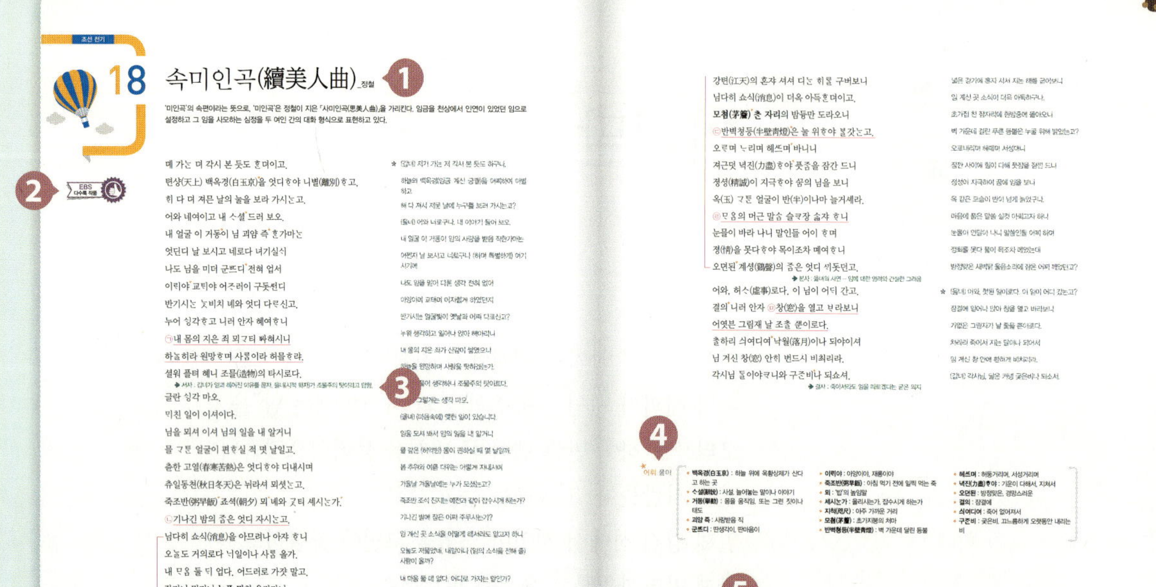

① **제목 브리핑** 작품 제목이 지닌 의미를 풀이하여 작품의 주제와 내용을 이해하기 쉽게 합니다.

② **작품 중요도** 교과서 및 EBS 교재 수록 빈도, 모평 및 수능 출제 빈도 등을 분석하여 작품의 중요도를 제시합니다.

③ **문단 핵심 내용** 작품을 감상하면서 문단의 내용을 요약 정리하며 흐름을 이해할 수 있도록 합니다.

④ **어휘 풀이** 한자와 함께 제시하여 어려운 낱말의 뜻은 물론 문맥적 의미까지 이해하기 쉽도록 합니다.

⑤ **작품 핵심 단축키** 작품을 이해하는 데 중요한 핵심 내용을 감상 원리에 따라 확인합니다.

알아두면 쓸모 있는 신기한 문학 상식

손쉬운 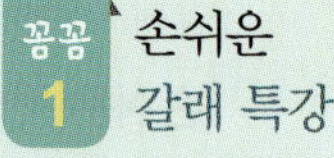 장치

꼼꼼 1 손쉬운 갈래 특강

제시된 작품을 통해 고전 문학 작품을 감상하고 문제를 해결하는 데 필요한 갈래의 특징을 꼼꼼하게 이해합니다.

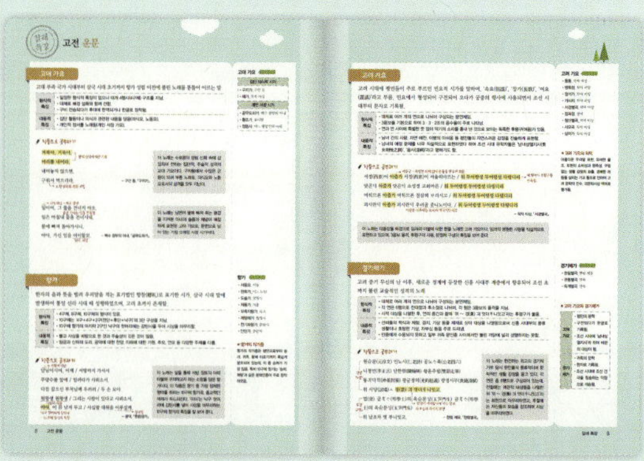

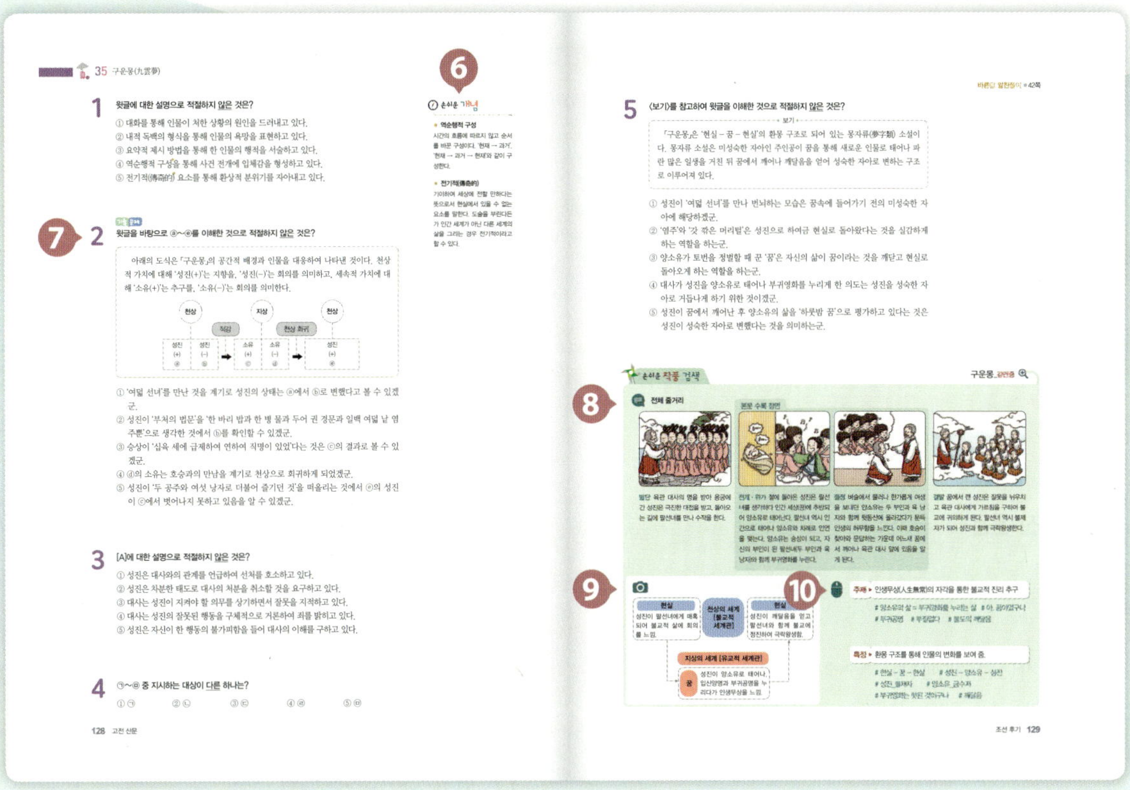

6 손쉬운 개념 〈보기〉와 선택지에 제시된 낯선 개념들을 알기 쉽게 풀이하여 자연스럽게 문학 개념어를 익힙니다.

7 기출문제 학평·모평·수능에서 출제된 기출문제를 통해 실전 유형에 익숙해지고 실력을 한 단계 향상 시킵니다.

8 전체 줄거리 작품 전체의 내용을 알고 앞뒤 맥락을 바탕으로 해당 지문을 이해합니다.

9 한 컷 핵심 작품의 주요 내용을 한 컷의 이미지로 기억합니다.

10 핵심 키워드 작품의 주제, 특징과 연관된 키워드를 통해 작품의 핵심 내용을 파악합니다.

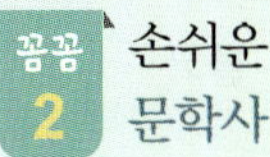 **손쉬운 문학사**

시대별 주요 사건과 함께 문학의 흐름을 이해하고, 주요 작가와 주요 작품을 빠르게 확인합니다.

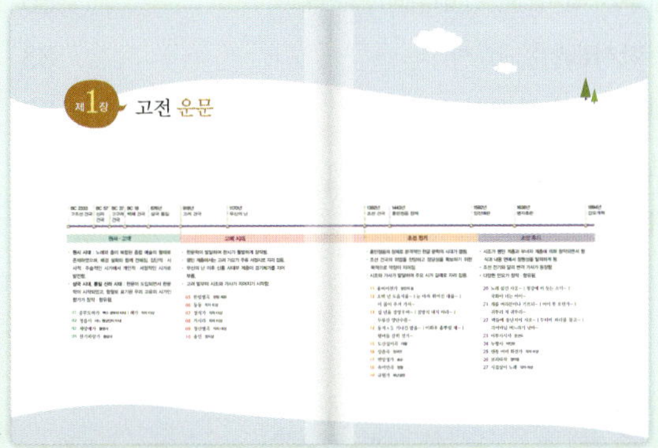

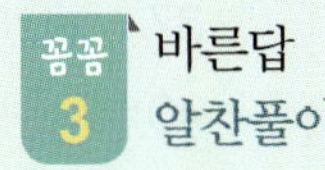 **바른답 알찬풀이**

문제에 대한 꼼꼼한 해설뿐 아니라, 작품과 관련한 배경지식까지 섭렵함으로써 해당 작품을 완벽하게 학습합니다.

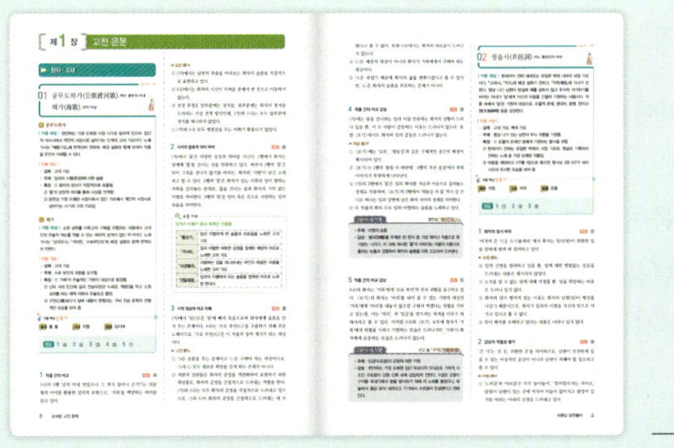

[책 속의 책] 바른답 알찬풀이

제 1 장   고전 운문

BC 2333 고조선 건국	BC 57 신라 건국	BC 37 고구려 건국	BC 18 백제 건국	676년 삼국 통일	918년 고려 건국	1170년 무신의 난

원시 · 고대	고려 시대

- **원시 시대** : 노래와 춤이 복합된 종합 예술의 형태로 존재하였으며, 배경 설화와 함께 전해짐. 집단적 · 서사적 · 주술적인 시가에서 개인적 · 서정적인 시가로 발전함.
- **삼국 시대, 통일 신라 시대** : 한문이 도입되면서 한문학이 시작되었고, 향찰로 표기된 우리 고유의 시가인 향가가 창작 · 향유됨.

01 공무도하가 · 백수 광부의 아내 | 해가 · 작자 미상
02 정읍사 · 어느 행상인의 아내
03 제망매가 · 월명사
04 찬기파랑가 · 충담사

- 한문학이 발달하여 한시가 활발하게 창작됨.
- 평민 계층에서는 고려 가요가 주류 서정시로 자리 잡음.
- 무신의 난 이후 신흥 사대부 계층이 경기체가를 지어 부름.
- 고려 말부터 시조와 가사가 지어지기 시작함.

05 한림별곡 · 한림 제유
06 동동 · 작자 미상
07 정석가 · 작자 미상
08 가시리 · 작자 미상
09 청산별곡 · 작자 미상
10 송인 · 정지상

| 1392년 | 1443년 | 1592년 | 1636년 | 1894년 |
| 조선 건국 | 훈민정음 창제 | 임진왜란 | 병자호란 | 갑오개혁 |

조선 전기

- 훈민정음의 창제로 본격적인 한글 문학의 시대가 열림.
- 조선 건국의 위업을 찬양하고 정당성을 확보하기 위한 목적으로 악장이 지어짐.
- 시조와 가사가 발달하여 주요 시가 갈래로 자리 잡음.

11 용비어천가 · 정인지 등
12 오백 년 도읍지를~ | 눈 마자 휘어진 대를~ | 이 몸이 주거 가셔~
13 십 년을 경영ᄒ여~ | 짚방석 내지 마라~ | 두류산 양단수를~
14 동지ㅅ둘 기나긴 밤을~ | 이화우 흩뿌릴 제~ | 묏버들 갈히 것거~
15 도산십이곡 · 이황
16 상춘곡 · 정극인
17 면앙정가 · 송순
18 속미인곡 · 정철
19 규원가 · 허난설헌

조선 후기

- 시조가 평민 계층과 부녀자 계층에 의해 창작되면서 형식과 내용 면에서 정형성을 탈피하게 됨.
- 조선 전기와 달리 변격 가사가 등장함.
- 다양한 민요가 창작 · 향유됨.

20 노래 삼긴 사름~ | 청강에 비 듯는 소리~ | 국화야 너는 어이~
21 개를 여라믄이나 기르되~ | 어이 못 오던가~ | 귀뚜리 저 귀뚜리~
22 댁들에 동난지이 사오~ | 두터비 파리를 물고~ | 싀어마님 며느라기 낫바~
23 어부사시사 · 윤선도
24 누항사 · 박인로
25 덴동 어미 화전가 · 작자 미상
26 보리타작 · 정약용
27 시집살이 노래 · 작자 미상

고전 운문

고대 가요

고대 부족 국가 시대부터 삼국 시대 초기까지 향가 성립 이전에 불린 노래를 통틀어 이르는 말

형식적 특징	• 일정한 형식적 특징이 없으나 대개 4행시(4구체) 구조를 지님. • 대체로 배경 설화와 함께 전함. • 구비 전승되다가 후대에 한역되거나 한글로 정착됨.
내용적 특징	• 집단 활동이나 의식과 관련된 내용을 담음(의식요, 노동요). • 개인적 정서를 노래함(개인 서정 가요).

✏️ 작품으로 공부하기

거북아, 거북아,

머리를 내어라.
└─ 왕의 강림에 대한 기원

내어놓지 않으면,

구워서 먹으리라.　　　　　　　　　　　－ 구간 등, 「구지가」
└─ 소원 성취를 위한 위협

> 이 노래는 수로왕의 강림 신화 속에 삽입되어 전하는 집단적, 주술적 성격의 고대 가요이다. 구지봉에서 수많은 군중이 모여 부른 노래로, 의식요와 노동요로서의 성격을 모두 지닌다.

시적 대상 – 백수 광부
임이여, 그 물을 건너지 마오.
물을 건너는 임을 만류함.
임은 마침내 물을 건너시네.

물에 빠져 돌아가시니,

아아, 가신 임을 어이할꼬.　　　　　　－ 백수 광부의 아내, 「공무도가」
탄식, 체념

> 이 노래는 남편이 물에 빠져 죽는 광경을 지켜본 아내의 슬픔과 체념이 애절하게 표현된 고대 가요로, 문헌으로 남아 있는 가장 오래된 서정 시가이다.

향가

한자의 음과 뜻을 빌려 우리말을 적는 표기법인 향찰(鄕札)로 표기한 시가. 삼국 시대 말에 발생하여 통일 신라 시대 때 성행하였으며, 고려 초까지 존재함.

형식적 특징	• 4구체, 8구체, 10구체의 형식이 있음. • 10구체는 '4구＋4구＋2구(전단＋후단＋낙구)'의 3단 구성을 지님. • 10구체 향가의 마지막 2구인 낙구의 첫머리에는 감탄사를 두어 시상을 마무리함.
내용적 특징	• 불교 사상을 바탕으로 한 것과 주술성이 깃든 것이 많음. • 임금과 신하의 도리, 공덕에 대한 찬양, 미래에 대한 기원, 추모, 연모 등 다양한 주제를 다룸.

✏️ 작품으로 공부하기

기원의 대상
달님이시여, 이제 / 서방까지 가셔서

무량수불 앞에 / 일러다가 사뢰소서.

다짐 깊으신 부처님께 우러러 / 두 손 모아

원왕생 원왕생 / 그리는 사람이 있다고 사뢰소서.
기원의 내용
아아, 이 몸 남겨 두고 / 사십팔 대원을 이루실까.
낙구 첫머리의 감탄사　　　　　　　　　　설의법
– 10구체 향가의 특징　　　　　　　－ 광덕, 「원왕생가」

> 이 노래는 달을 통해 서방 정토의 아미타불에 귀의하고자 하는 소망을 담은 향가이다. 이 작품은 향가 중 가장 정제된 형태를 취하는 10구체 향가로, 종교적인 색채가 두드러진다. '아아'는 낙구 첫머리에 감탄사를 넣어 시상을 마무리하는 10구체 향가의 특징을 잘 보여 준다.

고대 가요 〔대표 작품〕

집단 의식적 시가
• 구지가_구간 등 • 해가_작자 미상

개인 서정 시가
• 공무도하가_백수 광부의 아내 • 황조가_유리왕 • 정읍사_어느 행상인의 아내

향가 〔대표 작품〕

• 서동요_서동
• 헌화가_어느 노인
• 도솔가_월명사
• 처용가_처용
• 모죽지랑가_득오
• 제망매가_월명사
• 찬기파랑가_충담사
• 안민가_충담사

■ 향가의 작가층

향가의 작가층은 평민으로부터 승려, 귀족, 왕에 이르기까지 폭넓게 분포되어 있는데, 이 중 승려가 가장 많음. 특히 10구체 향가는 '승려, 화랑'과 같은 문화인층이 주로 창작하였음.

고려 가요

고려 시대에 평민들이 주로 부르던 민요적 시가를 말하며, '속요(俗謠)', '장가(長歌)', '여요(麗謠)'라고 부름. 민요에서 형성되어 구전되어 오다가 궁중의 행사에 사용되면서 조선 시대부터 문자로 기록됨.

형식적 특징	• 대체로 여러 개의 연으로 나뉘어 구성되는 분연체임. • 3음보를 기본으로 하여 3 · 3 · 2조의 음수율이 주로 나타남. • 연과 연 사이에 특별한 뜻 없이 악기의 소리를 흉내 낸 것으로 보이는 독특한 후렴구(여음)가 있음.
내용적 특징	• 남녀 간의 사랑, 자연 예찬, 이별의 아쉬움 등 평민들의 자연스러운 감정을 진솔하게 표현함. • 남녀의 애정 문제를 너무 직설적으로 표현하였다 하여 조선 시대 유학자들은 '남녀상열지사(男女相悅之詞)', '음사(淫祠)'라고 평가하기도 함.

✏️ 작품으로 공부하기

서경(西京)이 **아즐가** 서경(西京)이 셔울히마르는 / **위 두어렁셩 두어렁셩 다링디리** → 매 행마다 후렴구를 반복함.
└→ 여음구 – 특별한 의미 없이 운율을 맞추기 위함.

닷곤딕 **아즐가** 닷곤딕 쇼셩경 고외마른 / **위 두어렁셩 두어렁셩 다링디리**

여히므론 **아즐가** 여히므론 질삼뵈 ᄇ리시고 / **위 두어렁셩 두어렁셩 다링디리**

괴시란딕 **아즐가** 괴시란딕 우러곰 좃니노이다. / **위 두어렁셩 두어렁셩 다링디리**
이별을 거부하는 화자의 적극적인 태도

– 작자 미상, 「서경별곡」

이 노래는 대동강을 배경으로 임과의 이별에 대한 한을 노래한 고려 가요이다. 임과의 영원한 사랑을 직설적으로 표현하고 있으며, 3음보 율격, 후렴구의 사용, 분절체 구성의 특징을 보여 준다.

경기체가

고려 중기 무신의 난 이후, 새로운 정계에 등장한 신흥 사대부 계층에서 향유되어 조선 초까지 불린 교술적인 성격의 노래

형식적 특징	• 대체로 여러 개의 연으로 나뉘어 구성되는 분연체임. • 각 연은 6행으로 전대절과 후소절로 나뉘며, 각 행은 3음보의 율격을 지님. • 시적 대상을 나열한 후, 연의 중간과 끝에 '위 ~ 경(景) 긔 엇더ᄒ니잇고'라는 후렴구가 붙음.
내용적 특징	• 선비들의 학식과 체험, 경치, 기상 등을 제재로 삼아 대상을 나열함으로써 신흥 사대부의 풍류 생활이나 호탕한 기상, 자부심 등을 주로 드러냄. • 민중에게 수용되지 못하고 일부 귀족 문인층 사이에서만 불린 까닭에 널리 성행하지는 못함.

✏️ 작품으로 공부하기

전절 (4행)
┌ 원슌문(元淳文) 인노시(仁老詩) 공노ᄉ륙(公老四六)
│ 니정언(李正言) 딘한림(陳翰林) 솽운주필(雙韻走筆)
│ 튱긔딕 칙(沖基對策) 광균경의(光鈞經義) 량경시부(良鏡詩賦)
└ 위 시댱(試場)ㅅ **경(景) 긔 엇더ᄒ니잇고.**

후절 (2행)
┌ 엽(葉) 금흑ᄉ(琴學士)의 옥슌문싱(玉笋門生) 금흑ᄉ(琴學士)의 옥슌문싱(玉笋門生)
│ └→ '광경이 어떠합니까'라는 말로 자부심과 과시의 표현
└ 위 날조차 몃 부니잇고.

– 한림 제유, 「한림별곡」

이 노래는 현전하는 최고의 경기체가로 당시 문인들의 풍류적이며 향락적인 생활 감정을 읊고 있다. 각 연은 총 6행으로 구성되어 있는데, 전절에는 객관적 대상들을 나열한 뒤 '위 ~ 경(景) 긔 엇더ᄒ니잇고'라는 표현으로 마무리하였고, 후절에는 자신들의 모습을 강조하며 시상을 마무리하였다.

고려 가요 〔대표 작품〕
• 동동_작자 미상
• 쌍화점_작자 미상
• 정석가_작자 미상
• 가시리_작자 미상
• 서경별곡_작자 미상
• 정과정_정서
• 청산별곡_작자 미상
• 사모곡_작자 미상
• 상저가_작자 미상

■ 고려 가요의 의의
아름다운 우리말 표현, 유려한 율조, 표현의 소박성과 함축성, 꾸밈 없는 생활 감정의 표출, 경쾌한 리듬을 살리는 기교 등으로 인하여 고려 문학의 진수, 국문학사상 백미로 평가됨.

경기체가 〔대표 작품〕
• 한림별곡_한림 제유
• 관동별곡_안축
• 죽계별곡_안축

■ 고려 가요와 경기체가

고려 가요	• 평민의 문학 • 구전되다가 한글로 기록됨. • 조선 시대에 '남녀상열지사'라 하여 비판의 대상이 됨.
경기 체가	• 귀족의 문학 • 한자로 기록됨. • 조선 시대에 조선 건국을 칭송하는 악장으로 계승됨.

고전 운문

시조

민족 고유의 정형시로 우리나라의 대표적인 문학 양식. 향가와 고려 가요 등의 영향을 받아 고려 중기에 발생하였으며 고려 말에 이르러 그 형태가 완성된 뒤 현대 시조로까지 계승됨.

형식적 특징	• 3장(초장, 중장, 종장) 6구 45자 내외의 4음보 율격을 기본으로 함. • 종장의 첫 음보는 3음절로 고정됨. • 형태에 따라 기본 형식의 평시조, 장형화된 사설시조, 두 개 이상의 평시조를 엮은 연시조 등으로 나뉨.
내용적 특징	• 고려 후기 : 고려 왕조에 대한 변함없는 충정심, 절개 • 조선 전기 : 고려 왕조에 대한 회고, 사육신의 충절가, 조선 개국 공신들의 송축, 자연 친화와 안빈낙도, 임에 대한 그리움과 사랑, 이별의 정한, 유교적 도리와 학문 수양 • 조선 후기 : 자연에 대한 예찬, 전원생활의 즐거움, 서민들의 삶의 애환, 현실의 부조리에 대한 풍자와 해학

✏️ 작품으로 공부하기

: 융성했던 고려 왕조 상징

선인교(仙人橋) 나린 물이 자하동(紫霞洞)에 흘너 드러,

반천 년(半千年) 왕업(王業)이 물소릿뿐이로다.
고려 왕조 오백 년의 업적
아희야, 고국 흥망(故國興亡)을 무러 무엇ᄒᆞ리오.　　　　　　　　　　　－ 정도전
종장의 첫 음보 – 3음절

> 정도전의 시조는 4음보의 운율과 3장 6구 45자 내외의 형식으로 평시조의 전형적인 특징을 보여 준다. 고려 왕조를 회고하면서 역사에 대한 무상감을 드러내고 있다.

→ 추상적 대상의 구체화, 의인화

한숨아 세(細) 한숨아 네 어느 틈으로 들어오느냐 「 」: '한숨'을 막으려는 노력 → 해학미

「고모장지 세살장지 들장지 열장지에 암돌쩌귀 수돌쩌귀 배목걸쇠 뚝딱 박고 크나큰 자물쇠로 깊숙이 채웠는데, 병풍이라 덜컥 접고 족자라 대그르르 말고 네 어느 틈으로 들어오느냐.

아마도 너 온 날 밤이면 잠 못 들어 하노라.　　　　　　　　　　　　　－ 작자 미상
한숨을 쉬며 잠을 이루지 못하는 모습

> 작자 미상의 「한숨아 세 한숨아~」는 조선 후기의 작품으로, 초장과 중장이 길어진 형태의 사설시조이다. 삶의 고뇌와 시름을 '한숨'으로 의인화하여 삶의 애환을 웃음으로 승화하려는 해학적인 태도가 잘 드러난다.

악장

조선 초 궁중의 연희나 종묘의 제악(祭樂) 등에 쓰이던 연주곡의 가사. 향유 계층이 극히 제한되었을 뿐 아니라 목적성을 띠고 있어 다른 장르에 비해 문학성이 높지는 않으며, 조선 초기에만 향유됨.

형식적 특징	• 독특한 형식을 갖추지 못해 일정한 틀이 없음. • 작품에 따라 한시체, 속요체, 경기체가체, 신체(악장체) 등 다양한 형태를 보임.
내용적 특징	• 조선 건국의 정당성을 강조함. • 신흥 왕조 및 임금에 대한 찬양과 송축을 다룸. • 후대 왕에 대한 권계와 귀감을 다룸.

시조 `대표 작품`

• 한 손에 막대 잡고~_우탁
• 백설이 자자진 골에~_이색
• 오백 년 도읍지를~_길재
• 흥망이 유수하니~_원천석
• 고산구곡가_이이
• 도산십이곡_이황
• 국화야 너는 어이~_이정보
• 농가_위백규
• 어부사시사_윤선도
• 만흥_윤선도
• 두터비 파리를 물고~_작자 미상
• 귀뚜리 저 귀뚜라~_작자 미상
• 개를 여라믄이나 기르되~_작자 미상

■ 시조의 전개 양상

고려 말
• 사대부 계층이 주로 창작하고 향유함. • 단아하고 간결한 형식을 바탕으로 함.

조선 전기
• 주로 사대부 계층이 향유했으나, 작가층이 기녀들까지 확대됨. • 시조의 내용이 풍부해지고, 질적으로 향상됨.

조선 후기
• 평민층의 참여가 두드러지고 전문 가객의 활동이 활발해지며 향유층이 넓어짐. • 형식의 파괴가 보이고, 관념적이고 유교적인 내용에서 현실적인 삶을 표현한 내용으로 변모함.

악장 `대표 작품`

• 용비어천가_정인지 등
• 월인천강지곡_세종
• 감군은_작자 미상

✏ 작품으로 공부하기

〈제1장〉

→ 세종의 직계 6대조 왕(목조, 익조, 도조, 환조, 태조, 태종)

해동(海東) 육룡(六龍)이 ㄴᆞ르샤 일마다 천복(天福)이시니.

→ 조선 건국이 하늘의 복으로 이루어진 것임을 강조

고성(古聖)이 동부(同符)ᄒᆞ시니.

→ 중국의 성왕들과 비교함으로써 조선 건국의 정당성 강조

〈제2장〉

→ 기초가 튼튼한 나라를 비유　→ 흔들리므로

불휘 기픈 남ᄀᆞᆫ ᄇᆞᄅᆞ매 아니 뮐씨 곶 됴코 여름 하ᄂᆞ니.

시미 기픈 므른 ᄀᆞ무래 아니 그츨씨 내히 이러 바ᄅᆞ래 가ᄂᆞ니.

유서 깊은 나라를 비유

대구법, 은유법

– 정인지 등, 「용비어천가」

총 125장으로 이루어진 이 노래는 훈민정음으로 쓴 최초의 작품으로, 세종 27년 집현전 학자 정인지, 권제, 안지 등이 왕명을 받아 지은 악장이다. 역대 선조들의 공덕을 찬양하고 조선 건국의 정당성을 강조하면서 조선 왕조의 무궁한 발전을 기원하고 있다. 그 중, 〈제2장〉은 한자어를 배제하고 순우리말을 사용하여 문학적 완성도를 높였다는 것이 특징이다.

가사

시조보다는 좀 더 긴 형식 속에 생각과 감정을 자유롭게 표현하기 위해 창안된 문학 양식으로, 운문과 산문의 중간적 형태를 띠고 있는 교술 문학

형식적 특징	• 3·4조, 4·4조의 4음보 연속체로, 행수에 제한이 없음. • 마지막 행이 시조의 종장과 같은 형식인 것을 정격 가사, 그렇지 않은 것을 변격 가사라고 함. • 대개 '서사 – 본사 – 결사'의 짜임을 갖추고 있음.
내용적 특징	• 조선 시대 전 계층이 향유하여 은일 가사, 유배 가사, 기행 가사, 규방 가사, 평민 가사 등이 지어짐. • 조선 초기에는 안빈낙도와 연군지정을 읊은 사대부 가사가 많이 지어짐. • 조선 후기에는 생활 속의 구체적인 감정과 일상을 주로 다룸.

✏ 작품으로 공부하기

홍진(紅塵)에 뭇친 분네 이내 생애(生涯) 엇더ᄒᆞ고.

번거롭고 속된 세상　자연 속에 묻혀 사는 생활

녯사ᄅᆞᆷ 풍류(風流)롤 미출가 몯 미출가.

천지간(天地間) 남자(男子) 몸이 날만 ᄒᆞᆫ 이 하건마ᄂᆞᆫ,

산림(山林)에 뭇쳐 이셔 지락(至樂)을 ᄆᆞ롤 것가.

수간모옥(數間茅屋)을 벽계수(碧溪水) 앒픠 두고,

송죽(松竹) 울울리(鬱鬱裏)예 풍월주인(風月主人) 되여셔라. 〈중략〉

[서사] 은일지사의 기상

공명(功名)도 날 꾀우고 부귀(富貴)도 날 꾀우니,

청풍명월(清風明月) 외(外)예 엇던 벗이 잇ᄉᆞ올고.

단표누항(簞瓢陋巷)에 훗튼 혜음 아니 ᄒᆞᄂᆡ.

아모타, 백년행락(百年行樂)이 이만ᄒᆞᆫ 둘 엇지ᄒᆞ리.

마지막 행이 시조의 종장과 유사한 음수율(3·5·4·3)로 끝남. → 정격 가사

[결사] 안빈낙도의 자세

– 정극인, 「상춘곡」

4음보 연속체로 구성된 최초의 가사 작품인 「상춘곡」의 서사와 결사 부분으로, 조선 전기 양반 가사의 형식적·내용적 특징을 잘 보여 준다. 봄 경치를 예찬하며 자연에 묻혀 사는 즐거움과 안빈낙도의 자세를 드러내고 있다. 후대에 송순의 「면앙정가」, 정철의 「성산별곡」 등으로 이어지는 강호 한정가의 전형이 되는 작품이다.

■ 악장의 의의

악장은 왕조가 교체된 조선 초기에만 나타나는 독특한 문학 양식으로, 새로운 왕조의 이념과 문화적 지향을 펼치는 데에 적합한 노래 양식을 갖추고 있음. 그러나 지나친 목적성과 향유 계층의 제한 등의 이유로 성종 때 일반화되지 못하여 소멸하게 되었음.

가사 대표 작품

• 상춘곡_정극인
• 면앙정가_송순
• 사미인곡_정철
• 속미인곡_정철
• 관동별곡_정철
• 규원가_허난설헌
• 누항사_박인로
• 농가월령가_정학유
• 만언사_안조환
• 연행가_홍순학
• 일동장유가_김인겸
• 덴동 어미 화전가_작자 미상

■ 가사의 전개 양상

조선 전기
• 주로 양반층이 창작함. • 3·4조 또는 4·4조 연속체로 4음보의 율격을 갖춘 가사의 일반적인 형식을 보임.

조선 후기
• 양반뿐만 아니라, 부녀자들이나 서민들에게까지 작가층이 확대됨. • 가사의 일반적인 형식에서 벗어난 변격 가사가 등장함.

고전 운문

한시

원래 중국의 전통 시가이지만, 우리 민족의 사상과 감정을 표현하기 위해 선조들이 중국의 한시 작법(作法)에 따라 지은 한문으로 된 시

형식적 특징	• 한 구가 5글자로 된 오언과 7글자로 된 칠언이 있으며, 일정한 위치에 같은 운을 두는 압운법을 지킴. • 4구이면 절구(絕句), 8구이면 율시(律詩), 12구 이상이면 배율(排律)이라 함. • '선경 후정'이나 대구법, '기−승−전−결'에 따라 시상을 전개할 때가 많음.
내용적 특징	• 유교적 도덕주의, 임금에 대한 충절, 남녀 간의 사랑, 자연에 대한 예찬, 부조리한 현실에 대한 비판 등을 다룸. • 현실을 바라보는 태도나 개인적인 심회 등 주제가 매우 다양함.

✎ 작품으로 공부하기

오언(5글자) :압운

절구
(4구)

秋風唯苦吟　　가을바람에 이렇게 힘들여 읊고 있건만
世路少知音　　세상 어디에도 날 알아주는 이 없네.
窓外三更雨　　창밖엔 깊은 밤비 내리는데
燈前萬里心　　등불 앞에서 만 리 밖으로 마음 향하네.

— 최치원, 「추야우중」

이 시는 오언 절구의 한시로 자신의 뜻을 펴지 못한 문인의 고뇌가 담겨 있다. '기 − 승 − 전 − 결'의 4단 구성이며 점층적인 시상 전개와 감정 이입, 효과적인 대구가 작품의 완성도를 높이고 있다.

한시　대표 작품
• 여수장우중문시_을지문덕
• 추야우중_최치원
• 송인_정지상
• 시벽_이규보
• 사리화_이제현
• 보리타작_정약용
• 탐진촌요_정약용

■ 한시의 전개 양상
① 삼국 시대 : 한자의 보급으로 한문학이 발전하기 시작하여 일부 귀족 계층에서 한시가 창작됨.
② 고려 시대 : 불교의 융성과 과거 제도의 실시 등으로 한문학이 발달함에 따라 한시가 발달함.
③ 조선 전기 : 양반 사대부를 중심으로 다양하고 활발하게 창작됨.
④ 조선 후기 : 현실을 소재로 한 한시가 창작되었으며, 중인층과 서민층까지 작자층이 확대됨.

언해

훈민정음 창제를 계기로 한문으로만 전해 오던 수많은 문헌을 나라에서 직접 관장하여 번역 사업을 추진하였는데, 이때 번역하는 일 또는 그 번역한 작품을 '언해(諺解)'라고 함.

형식적 특징	• 한글로 된 번역과 문단으로 구분된 원문이 함께 제시되는 형태를 취함. • 『월인석보』, 『두시언해(분류두공부시언해)』는 특히 우리말의 풍부한 어휘와 예스러운 문체가 잘 드러남.
내용적 특징	• 불교 관련 서적, 유교 관련 서적, 문학서 등의 다양한 내용을 다룸. • 『두시언해』의 경우 인생무상, 우국(憂國)과 향수 등을 주제로 한 작품들이 실려 있음.

✎ 작품으로 공부하기

→ 오언 율시의 한시

國破山河在　　나라히 파망(破亡)ᄒᆞ니 뫼콰 ᄀᆞᄅᆞᆷ쁜 잇고
城春草木深　　잣 앉 보믹 플와 나무쁜 기펫도다.　　─선경(先景)
感時花賤淚　　시절(時節)을 감탄(感歎)ᄒᆞ니 고지 눉믈를 쓰리게코
恨別鳥驚心　　여희여슈믈 슬ᄒᆞ니 새 ᄆᆞ음믈 놀래노라.
烽火連三月　　봉화(烽火)ㅣ 석ᄃᆞᆯᄅᆞᆯ 니어시니
家書抵萬金　　지빗 음서(音書)ᄂᆞᆫ 만금(萬金)이 ᄉᆞ도다.　　─후정(後情)
白頭搔更短　　셴 머리ᄅᆞᆯ 글구니 쏘 뎌르니
渾欲不勝簪　　다 빈혀ᄅᆞᆯ 이긔디 몯홀 ᄃᆞᆺᄒᆞ도다.

— 두보, 「춘망」

언해　대표 작품
• 춘망_두보
• 강촌_두보
• 강남봉이구년_두보
• 절구_두보

■ 언해의 문학사적 의의
• 우리말 문학을 발전시키는 중요한 계기가 됨.
• 불교나 유교의 경전 및 여러 문학서가 번역되어 학문과 문화의 보급에 큰 도움이 됨.

[현대어 풀이]
나라가 망하니 산과 강물만 남아 있고 / 성 안의 봄에는 풀과 나무만 무성하구나. / 시절을 한탄하니 꽃이 (나에게) 눈물을 흘리게 하고 / (가족과) 이별하였음을 슬퍼하니 새소리조차 마음을 놀라게 하네. / 전쟁이 석 달을 이어지니 / 집에서 온 편지(소식)는 만금보다 값지도다. / 하얗게 센 머리를 긁으니 또 짧아져서 / (남은 머리카락을) 다 모아도 비녀를 이기지 못할 것 같구나.

이 작품은 중국 당나라 현종 때의 시인인 두보가 안녹산의 반란군 무리에 잡혀 감금되었을 때 지은 작품으로, 앞부분에서는 전란의 와중에 폐허가 된 성의 풍경을 묘사하고, 뒷부분에는 헤어진 가족을 그리워하며 시국을 걱정하는 심정과 늙어서 쇠약해진 자신의 모습에 대한 한탄을 드러냄으로써 선경 후정의 시상 전개 방식을 보여 주고 있다.

■ 『두시언해』

중국 당나라의 시인 두보(杜甫)의 시 전편을 52부로 분류하여 한글로 번역한 시집으로, 분류두공부시언해(分類杜工部詩諺解)를 줄여서 부르는 말임.

민요

예로부터 민중들 사이에서 자연적으로 발생하여 구비 전승된 노래. 민중들의 사상, 생활, 감정을 담고 있으며, 기능에 따라 기능요와 비기능요로 나눌 수 있음.

형식적 특징	• 연속체의 긴 노래로, 후렴이 붙어 있는 경우가 많음. • 후렴을 경계로 연이 나뉘며 각 연은 관련을 갖기도 하지만 독립적일 수도 있음. • 주로 3음보 또는 4음보의 율격을 지님.
내용적 특징	• 기능에 따라 일을 하면서 부르는 노동요, 의식을 행하면서 부르는 의식요, 놀이를 하면서 부르는 유희요 등이 있으며(기능요), 기능과는 상관없이 순수하게 노래의 즐거움을 누리기 위해 부르는 민요들도 있음(비기능요). • 남녀 간의 사랑, 노동의 고달픔과 보람, 삶의 애환 등 민중의 삶과 정서가 솔직하게 담김.

✏ 작품으로 공부하기

잘하고 자로 하네 에히요 산이가 자로 하네. → 후렴구
　잘, 자주　흥을 돋우는 감탄사
이봐라 농부야 내 말 듣소 이봐라 일꾼들 내 말 듣소. → 선창

잘하고 자로 하네 에히요 산이가 자로 하네. → 후창

하늘님이 주신 보배 편편옥토가 이 아닌가.　　　　　　　　　　　　　　– 작자 미상, 「논매기 노래」
　자부심과 낙천적 태도

이 노래는 농사일을 천직으로 생각하는 낙천적인 민중들의 정서가 반영된 민요로, 논의 김을 맬 때 고달픔을 잊고 일의 능률을 올리기 위해 부르던 노동요이다. '잘하고 자로 하네 에히요 산이가 자로 하네.'라는 후렴구는 리듬감을 형성할 뿐 아니라, 흥을 돋게 하여 일의 능률을 향상시킨다.

　　　　　　　　　　　　　　　　　■ : 반복
형님 온다 형님 온다 분고개로 형님 온다.
형님 마중 누가 갈까 형님 동생 내가 가지.
형님 형님 사촌 형님 시집살이 어떱데까?
이애 이애 그 말 마라 시집살이 개집살이.
앞밭에는 당추 심고 뒷밭에는 고추 심어, → 대구
고추 당추 맵다 해도 시집살이 더 맵더라.　　　　　　– 작자 미상, 「시집살이 노래」

반복법과 대구법을 통해 리듬감 형성

이 노래는 여성들이 부르던 부요(婦謠)로, 봉건 사회에서 겪어야 했던 여성들의 고통과 애환을 잘 표현하고 있다. 사촌 자매가 대화하는 방식으로 이루어져 있으며, 4음보의 규칙적인 율격을 지키고 있다. 반복법과 대구법 등 민요에 쓰이는 다양한 표현법이 사용되었다.

민요　대표 작품

• 논매기 노래_작자 미상
• 시집살이 노래_작자 미상
• 아리랑_작자 미상
• 강강술래_작자 미상
• 초부가_작자 미상
• 옹헤야_작자 미상

■ 민요의 성격

구전성	민중들의 입에서 입으로 전해지는 구비 문학임.
서민성	민중들의 생활 속에서 불렸기 때문에 민중들의 일상적인 생활 감정이 잘 드러남.
형식성	노래로 불리기에 적합한 율격과 형식으로 다듬어져 일정한 형식을 가지는 문학임
비전문성	전문성이 없는 일반 백성들이 생활 속에서 쉽게 배우고 부르던 노래임.

01 공무도하가(公無渡河歌)_백수 광부의 아내 · 해가(海歌)_작자 미상

'공무도하'는 '임이여 그 물을 건너지 마오.'라는 뜻으로, (가)의 화자는 물을 건너다가 빠져 죽은 임에 대한 슬픔과 체념을 애절하게 노래하고 있다. '해가'는 '바닷가에서 부른 노래'라는 의미로, (나)는 바다로 끌려간 수로 부인이 육지로 돌아오기를 기원하며 백성들이 모여 부른 노래이다.

가

公無渡河
공 무 도 하
ㄱ임이여, 그 물을 건너지 마오.
➜ 물을 건너려는 임을 만류함.

公竟渡河
공 경 도 하
임은 마침내 물을 건너시네.
➜ 임이 물을 건넘.

墮河而死
타 하 이 사
물에 빠져 돌아가시니,
➜ 임이 물에 빠져 죽음.

當奈公何
당 내 공 하
아아, 가신 임을 어이할꼬.
➜ 임과의 이별에 대한 슬픔과 체념

/ 배경 설화 / 고조선의 뱃사공 곽리자고가 아침 일찍 배를 손질하고 있는데, 머리가 허옇게 센 미친 사람이 술병을 들고 물을 건너고 있었다. 그의 아내가 그 뒤를 따르며 말렸지만 결국 그는 물에 빠져 죽고 말았다. 이에 그의 아내는 공후(箜篌)를 뜯으며 슬프게 노래를 부르고는 자신도 물에 몸을 던져 죽었다. 곽리자고가 목격한 내용을 아내 여옥에게 일러 주자, 여옥이 그 노래를 공후로 연주하였다고 전해진다.

나

龜乎龜乎出首露
구 호 구 호 출 수 로
거북아 거북아 ㄴ수로를 내놓아라

掠人婦女罪何極
약 인 부 녀 죄 하 극
남의 아내 앗았으니*그 죄가 얼마나 큰가?
➜ 수로 부인을 돌려 달라 요구함.

汝若悖逆不出獻
여 약 패 역 불 출 헌
네 만약 거스르고 내놓지 않는다면

入網捕掠燔之喫
입 망 포 략 번 지 끽
그물로 너를 잡아서 구워 먹으리라.
➜ 요구를 받아들이지 않을 경우에 대해 위협함.

 어휘 풀이

 **앗았으니** : 빼앗았으니, 가로챘으니

/ 배경 설화 / 신라 성덕왕 때 순정공이 강릉 태수로 부임해 가는 길에 임해정에 이르러 점심을 먹는데, 갑자기 바다 용이 나타나서 수로 부인을 끌고 바닷속으로 들어가 버렸다. 몹시 당황하던 차에 한 노인이 나타나 "옛사람이 이르기를 여러 사람이 말을 하면 쇠도 녹인다고 하는데, 바닷속의 용인들 어찌 두려워하지 않겠습니까?" 하였다. 이에 순정공이 그 지역의 백성들을 모아 막대로 언덕을 치며 이 노래를 불렀다고 한다.

 작품 핵심 **단축키**

👁 (가) - 화자가 처한 상황

화자 (가)의 화자는 ☐을 건너려는 임을 만류하였지만 임은 결국 ☐을 건너다 죽음.

🔍 (나) - '그물'의 의미

시어 (나)의 '그물'은 화자가 '거북'을 ☐☐하는 수단임.

✒ (가), (나) - 돈호법

표현 (가)의 '☐☐☐', (나)의 '거북아'에서는 사람이나 사물의 이름을 불러 주의를 환기하는 돈호법이 사용됨.

---

1 (가)와 (나)에 대한 설명으로 가장 적절한 것은?

① (가)는 화자의 감정을 절제하여 표현하고 있다.
② (나)는 화자의 시선이 가까운 곳에서 먼 곳으로 이동하고 있다.
③ (가)는 (나)와 달리 선경 후정의 방식을 활용하고 있다.
④ (나)는 (가)와 달리 소망 성취를 위한 주술적 기원의 대상이 드러나 있다.
⑤ (가)와 (나)는 모두 계절감을 주는 어휘를 활용하고 있다.

 손쉬운 **개념**

* **선경 후정(先景後情)**
앞부분에는 경치를, 뒷부분에는 화자의 정서나 감정 등을 제시하는 시상 전개 방식을 말한다.

2 〈보기〉를 바탕으로 (가)의 '물'의 의미를 이해한 내용으로 적절한 것만 묶은 것은?

● 보기 ●

원형적 의미란 개인이나 민족을 넘어 고대로부터 현재까지 이어져 인류에게 보편적으로 적용되는 문학적 의미를 말한다. 특히 문학에서 '물'은 '모성' 혹은 '여성', '정화'와 '재생', '이별'과 '죽음', '충만한 사랑', '합일', '포용' 등의 다양한 원형적 의미를 지닌다.

ㄱ. 첫 행의 '물'은 화자와 임이 하나가 된다는 점에서 '합일'을 의미한다.
ㄴ. 2행의 '물'은 이쪽과 저쪽을 갈라놓는 존재로, '이별'의 의미를 지닌다.
ㄷ. 3행의 '물'은 임을 이승에서 떠나게 한 존재로, '죽음'을 의미한다.

① ㄱ ② ㄱ, ㄴ ③ ㄱ, ㄷ
④ ㄴ, ㄷ ⑤ ㄱ, ㄴ, ㄷ

3 ㉠과 ㉡에 대한 설명으로 가장 적절한 것은?

① ㉠과 ㉡ 모두 화자에게 새로운 희망을 갖게 하는 존재이다.
② ㉠과 ㉡ 모두 객관적 상관물로, 화자의 외로움을 부각하는 대상이다.
③ ㉠은 화자에게 슬픔을 주는 존재이고, ㉡은 창작의 계기가 되는 존재이다.
④ ㉠은 화자에게 절망을 안겨 주는 존재이고, ㉡은 화자에게 예찬의 대상이다.
⑤ ㉠은 화자의 삶을 변화시키는 존재이고, ㉡은 화자의 슬픔을 위로하는 존재이다.

☑ 손쉬운 개념

＊ 객관적 상관물

화자의 감정을 객관화하여 표현하기 위한 대상물로, 화자의 감정을 간접적으로 드러내는 역할을 한다. 객관적 상관물은 화자의 정서를 대변해 주는 감정 이입의 대상을 의미하기도 하지만, 화자가 어떤 정서를 느끼게 되는 계기를 제공하는 대상물을 지칭하기도 한다.

4 (가)와 〈보기〉를 비교하여 감상한 내용으로 적절하지 <u>않은</u> 것은?

● 보기 ●

雨歇長提草色多	비 개인 긴 둑엔 풀빛 더 파란데
送君南浦動悲歌	남포(南浦)에서 임 보내니 슬픈 노래 울린다.
大洞江水何時盡	대동강 저 물은 그 언제나 다할 것인고?
別淚年年添綠波	해마다 흘린 눈물로 푸른 물결 더 보태네.

– 정지상, 「송인(送人)」

① (가)와 달리 〈보기〉에는 공간이 구체적으로 제시되어 있군.
② (가)와 달리 〈보기〉에는 색채 이미지가 뚜렷하게 나타나 있군.
③ 〈보기〉와 달리 (가)에는 화자와 임이 갈등을 겪는 이유가 드러나 있군.
④ (가)와 〈보기〉에서 '물'은 모두 임과 화자 사이의 경계를 의미하는군.
⑤ (가)와 〈보기〉의 화자는 모두 사랑하는 임과 이별하는 상황에 처해 있군.

5 (나)와 〈보기〉를 비교하여 감상한 내용으로 적절하지 <u>않은</u> 것은?

> ● 보기 ●
>
> | 龜何龜何 | 거북아, 거북아 |
> | 首其現也 | 머리를 내어라. |
> | 若不現也 | 내어놓지 않으면, |
> | 燔灼而喫也 | 구워서 먹으리. |
>
> – 구간 등, 「구지가(龜旨歌)」

① (나)와 달리 〈보기〉의 '거북'은 화자에게 순응하고 있다.
② 〈보기〉와 달리 (나)는 요청의 근거를 제시하고 있다.
③ (나)와 〈보기〉는 모두 청자가 구체적으로 설정되어 있다.
④ (나)와 〈보기〉는 모두 직설적인 어법을 통해 소망을 드러내고 있다.
⑤ (나)와 〈보기〉는 모두 '가정 – 위협'의 구조로 시상이 전개되고 있다.

손쉬운 작품 검색

공무도하가_ 백수 광부의 아내

주제 ▶ 임과의 사별에 대한 슬픔

\# 여성 화자_아내   \# 강을 건너는 임   \# 임을 만류함
\# 남편의 죽음   \# 아내의 슬픔

특징 ▶ '물'의 상징적 의미를 통해 시상을 전개함.

\# 중심 소재_물   \# '물'의 의미 변화
\# 임에 대한 사랑   \# 이별의 공간   \# 죽음의 공간

해가_ 작자 미상

주제 ▶ 수로 부인의 귀환을 요구함.

\# 납치된 수로 부인   \# 거북 = 수로 부인을 납치해 간 용
\# 명령   \# 소원 성취를 위한 위협

특징 ▶ 액(厄)을 막고 소원 성취를 비는 재액 극복의 주술요로 불림.

\# 신라 시대   \# 수로 부인을 구출하기 위해 부른 노래
\# 노래를 불러 소원 혹은 목표를 달성함

02 정읍사(井邑詞) _어느 행상인의 아내

이 노래의 제목은 배경 설화와 관련이 깊다. 백제 시대 '정읍'이라는 지역에 살던 한 여인이 행상을 떠나 오래도록 돌아오지 않는 남편의 신변을 염려하여 불렀다는 설화에서 '정읍에 사는 여인이 부른 노래'라는 의미의 '정읍사'라는 제목이 붙여진 것이다.

EBS 다수록 작품

ⓐ**둘하 노피곰 도두샤**

어긔야 **머리곰 비취오시라.**

어긔야 어강됴리

아으 다롱디리

➜ 기 : 달에게 남편의 밤길을 비추어 줄 것을 기원함.

져재 녀러신고요

어긔야 **즌 딜룰 드듸욜셰라.**

어긔야 어강됴리

➜ 서 : 남편의 안전을 염려함.

어느이다 노코시라.

어긔야 내 가논 딜 **졈그룰셰라.**

어긔야 어강됴리

아으 다롱디리

➜ 결 : 남편의 무사 귀환을 기원함.

* 달님이시여, 높이높이 돋으시어

아, 멀리멀리 비추어 주십시오.

어긔야 어강됴리

아으 다롱디리

시장에 가 계신가요?

아, 진 곳을 디딜까 두려워라!

어긔야 어강됴리

어느 곳에든 (짐을) 놓으십시오.

아, 내 임 가는 그 길 저물까 두려워라!

어긔야 어강됴리

아으 다롱디리

/ 배경 설화 / 전주(全州)의 속현(屬縣)인 정읍(井邑)에 한 부부가 있었다. 남편이 행상을 떠나 오래도록 돌아오지 않자 아내는 산 위 바위에 올라 남편을 기다렸는데, 그곳에서 남편이 밤길에 해를 당하지나 않을까 염려하며 이 노래를 불렀다고 한다. 이 여인이 남편을 기다렸던 바위를 세상 사람들은 망부석(望夫石)이라고 불렀다.

어휘 풀이

- **둘하** : 달님이시여. '하'는 극존칭 호격 조사
- **노피곰** : 높이높이. '곰'은 앞말의 뜻을 강조하는 보조사
- **져재** : 시장에, 저자에
- **녀러신고요** : 가 계신가요?
- **즌 딜** : 진 곳, 험한 곳
- **드듸욜셰라** : 디딜까 두려워라. '~ㄹ셰라'는 혹시 그러할까 염려하는 뜻을 나타내는 종결 어미
- **졈그룰셰라** : 저물까 두려워라.

작품 핵심 **단축키**

 **남편을 염려하는 화자**	 **남편의 직업을 나타내는 시어**	 **여음구의 활용**
화자 화자는 행상을 떠나 오래도록 돌아오지 않는 남편을 ☐☐하며 기다리고 있음.	시어 ☐☐'를 통해 화자의 남편이 행상인임을 알 수 있음.	표현 '어긔야 어강됴리 아으 다롱디리'는 ☐☐을 형성하는 여음구임.

1 윗글의 화자에 대한 설명으로 가장 적절한 것은?

① 임이 해(害)를 당할까 염려하고 있다.
② 임에 대한 변함없는 믿음을 드러내고 있다.
③ 소식을 알 수 없는 임에 대해 원망하고 있다.
④ 임과의 이별이 자신의 탓이라고 여기고 있다.
⑤ 자신에 대한 임의 오해가 풀리기를 바라고 있다.

2 본문에 제시된 〈배경 설화〉를 참고하여 윗글을 감상한 내용으로 적절하지 <u>않은</u> 것은?

① '노피곰'과 '머리곰'에는 남편이 있는 곳에 광명이 있기를 바라는 아내의 심정이 암시되어 있군.
② '비취오시라'에서는 대상을 높이면서 화자가 원하는 바를 직접 드러내고 있군.
③ '져재'는 행상 나간 남편이 있을 곳으로 아내가 예상하는 장소겠군.
④ '즌 ᄃᆡ'는 남편이 안전하게 있을 수 있는 이상적인 공간이겠군.
⑤ '졈그롤셰라'에는 아내의 애절한 심정이 함축적으로 드러나 있군.

3 〈보기〉는 신라 시대에 지어진 향가이다. 윗글의 ⓐ와 〈보기〉의 ⓑ를 비교한 설명으로 가장 적절한 것은?

> ─● 보기 ●─
>
> ⓑ달님이시여 이제
> 서방 정토까지 가시렵니까?
> 가시거든 무량수불(無量壽佛) 앞에
> 일러 사뢰옵소서.
> 맹세 깊으신 부처님께 우러러
> 두 손을 모아
> 왕생(往生)을 원하여 왕생(往生)을 원하여
> 그리워하는 사람 있다고 사뢰옵소서.
> 아, 이 몸 남겨 두고
> 사십팔대원(四十八大願)을 이루실까.
>
> – 광덕, 「원왕생가(願往生歌)」

① ⓐ와 ⓑ는 모두 임을 대신하는 역할을 한다.
② ⓐ는 ⓑ와 달리 화자의 감정이 이입된 대상이다.
③ ⓑ는 ⓐ와 달리 시간의 경과를 보여 주는 역할을 한다.
④ ⓑ는 ⓐ와 달리 낭만적 분위기를 조성하는 역할을 한다.
⑤ ⓑ는 ⓐ와 달리 화자의 소망을 다른 대상에게 전하는 중계자의 역할을 한다.

손쉬운 **작품 검색**

정읍사_어느 행상인의 아내

주제 ▶ 행상 나가 있는 남편의 무사 귀환을 기원함.

화자 = 행상인의 아내　# 남편을 기다림
걱정　# 염려　# 간절함

특징 ▶ 초월적 존재인 달에게 기원하는 형식을 취함.

달　# 높이 떠 있음　# 밝음
어두운 길을 밝혀 줌　# 비나이다 비나이다
기원의 대상

바른답 알찬풀이 ● 4쪽

03 제망매가(祭亡妹歌) _월명사

'죽은 누이[亡妹]'를 위해 '제사[祭]'를 지내는 '노래[歌]'라는 의미의 제목이다. 승려 신분인 작가가 누이를 잃고, 그 죽음을 추도하며 부른 제문(祭文) 형식의 향가이다.

생사(生死) 길은
㉠예 있으매 ㉡머뭇거리고,
나는 간다는 말도
못다 이르고 어찌 갑니까.

➡ 기 : 죽음에 대한 인식과 죽은 누이에 대한 슬픔

㉢어느 가을 이른 ⓐ바람에
이에 저에 떨어질 ⓑ잎처럼
㉣한 가지에 나고
가는 곳 모르온저.

➡ 서 : 혈육의 죽음에서 느끼는 인생의 무상감

아아, ㉤미타찰(彌陀刹)에서 만날 나
도(道) 닦아 기다리겠노라.

➡ 결 : 슬픔의 종교적 승화

 **어휘 풀이**

● **미타찰(彌陀刹)** : 극락세계. 서방 정토(아미타불이 살고 있는, 괴로움이 없으며 지극히 안락하고 자유로운 세상)

 작품 핵심 **단축키**

👁 **화자가 처한 상황**	🔍 **'나'가 가리키는 대상**	✒ **비유와 상징**
화자 · 화자는 죽은 ☐☐를 위해 제사를 지내며 명복을 빌고 있음.	시어 · 3행의 '나'는 죽은 누이를, 9행의 '나'는 ☐☐를 가리킴.	표현 · 비유와 상징을 통해 죽은 누이를 ☐☐하는 화자의 마음을 세련되게 표현함.

1 윗글에 대한 설명으로 적절하지 않은 것은?

① 혈육의 죽음을 제재로 하고 있다.
② 인간의 유한함에 대해 절망하고 있다.
③ 슬픔을 이겨 내려는 의지가 담겨 있다.
④ 죽은 이에 대한 추모의 마음을 담고 있다.
⑤ 불교의 윤회 사상에 대한 인식이 전제되어 있다.

 손쉬운 **개념**

* **의지의 유무**

의지란 어떤 일을 이루고자 하는 마음을 뜻한다. 의지가 있는지 없는지를 살피려면 화자가 무엇인가를 이루고자 하는 적극적인 태도를 드러내고 있는지를 확인해야 한다.

2 〈보기〉를 참고하여 윗글을 정리한 내용으로 가장 적절한 것은?

> ● 보기 ●
>
> 10구체 향가는 대체로 '기(4행) — 서(4행) — 결(2행)'의 3단 구성에 의해 시상이 전개된다.

	기(1~4행)	서(5~8행)	결(9~10행)
①	현세에서의 삶	내세에서의 삶	불교에의 귀의
②	삶과 죽음의 초극	죽은 누이에 대한 그리움	재회에 대한 기대
③	혈육의 두터운 정	혈육의 죽음에서 느끼는 슬픔	인생의 무상함
④	죽은 누이에 대한 그리움	누이와의 행복했던 과거 회상	인생의 유한함에 대한 한탄
⑤	죽은 누이에 대한 안타까움	인생의 무상함	누이와의 재회에 대한 다짐

3 〈보기〉는 윗글을 창작하기 전 작가가 구상한 내용을 가정한 것이다. 적절한 내용을 모두 고른 것은?

> ● 보기 ●
>
> ㄱ. '죽음'이라는 제재는 상징의 방법으로 표현해야지.
> ㄴ. 청자와 대화하는 형식으로 혈육의 정을 보여 줘야지.
> ㄷ. 후렴구를 사용하여 주제 의식을 효과적으로 부각해야지.
> ㄹ. 감탄사를 사용하여 고조된 정서를 효과적으로 표현해야지.

① ㄱ, ㄴ   ② ㄱ, ㄹ   ③ ㄴ, ㄷ   ④ ㄷ, ㄹ   ⑤ ㄱ, ㄴ, ㄷ

4 ㉠~㉤을 이해한 내용으로 적절하지 <u>않은</u> 것은?

① ㉠ : 화자가 속해 있는 세상, 즉 '이승'을 의미한다고 볼 수 있겠군.
② ㉡ : 생사의 문제에 대한 인간적 고뇌를 담고 있다고 볼 수 있겠군.
③ ㉢ : 화자가 겪어야만 했던 '시련'을 의미한다고 볼 수 있겠군.
④ ㉣ : 화자와 누이는 동기간이므로 '한 부모'를 의미한다고 볼 수 있겠군.
⑤ ㉤ : 화자의 지향을 함축하는 공간이라고 볼 수 있겠군.

5 윗글의 ⓐ, ⓑ와 〈보기〉의 밑줄 친 시어들을 비교하여 이해한 내용으로 적절하지 <u>않은</u> 것은?

보기

A. 간밤에 부던 <u>바람</u> 만정 <u>도화(桃花)</u> 다 지겠다
　　아이는 비를 들어 쓸려고 하는구나
　　낙화인들 꽃이 아니랴 쓸어 무엇 하리오

B. <u>바람</u> 불어 쓰러진 <u>나무</u> 비 온다 싹이 나며
　　임 그려 든 병이 약 먹다 나을쏘냐
　　저 임아 널로 든 병이니 네 고칠까 하노라

---

① ⓐ와는 달리 A의 '바람'은 화자의 시련을 상징하고 있다.
② ⓐ와 B의 '바람'은 어떤 결과를 가져오는 원인으로 작용하고 있다.
③ ⓑ와는 달리 A의 '도화'는 화자의 감회와 흥취를 부각하고 있다.
④ ⓑ와는 달리 B의 '나무'는 화자 자신을 비유하고 있다.
⑤ ⓑ, A의 '도화', B의 '나무'는 수동성을 함축하고 있다.

손쉬운 작품 검색

제망매가_월명사

주제 ▶ 죽은 누이에 대한 추모

\# 누이동생을 위한 오빠의 노래
\# 추모의 노래　\# 누이의 명복을 빎　\# 극락왕생

특징 ▶ 뛰어난 비유를 통해 누이의 죽음으로 인한 슬픔을 종교적으로 승화함.

\# 가을에 떨어지는 나뭇잎 = 누이의 죽음
\# 오누이의 관계 = 한 가지에 나옴　\# 월명사_승려
\# 불교적 믿음을 통해 재회 다짐

04 찬기파랑가(讚耆婆郎歌) _충담사

'기파랑을 찬양하는 노래'라는 뜻으로, 신라 경덕왕 때 승려 충담사가 화랑인 기파랑을 추모하면서 그의 높은 기상을 예찬한 작품이다.

열치매
나타난 ㉠달이
흰 구름 따라 가는 것 아니냐?　　　　　　　→ 기 : 기파랑의 고결한 모습
새파란 ㉡냇가에
기랑의 모습이 있구나.
이로부터 냇가 ㉢조약에
낭이 지니시던
마음의 끝을 따르련다.　　　　　　　　　　→ 서 : 기파랑의 인품 찬양
아아, ㉣잣가지 높아
㉤서리를 모를 화랑이여.　　　　　　　　　→ 결 : 기파랑의 절개 예찬

　　　　　　　　　　　　　　　　　　　　　　　　　　　　　　　− 양주동 옮김

어휘 풀이
- **열치매** : 열어젖히매
- **화랑(花郎)** : 신라 때에 두었던 민간 수양 단체. 심신의 단련과 사회의 선도를 이념으로 함.

작품 핵심 단축키

화자와 달의 대화	향가의 특징을 보여 주는 시어	자연물을 통한 비유
화자 · 화자는 달과 □□ 형식의 대화를 주고받으며 기파랑을 추모하고 있음.	시어 · '□□'는 낙구의 첫머리에 감탄사를 사용하는 10구체 향가의 특징을 보여 줌.	표현 · 기파랑의 □□을 자연물의 속성에 비유하여 표현함.

 **손쉬운 개념**

＊ 색채 이미지
이미지란 시어에 의해 떠오르는 영상이나 감각을 의미한다. 이미지는 감각에 따라 시각 · 청각 · 후각 · 미각 · 촉각으로 구체화되어 나타나는데, 사물의 빛깔과 관련된 색채 이미지는 시각적 이미지에 속한다.

1 윗글에 대한 설명으로 적절하지 않은 것은?

① 비유적 표현이 나타나 있다.
② 주술적 성격이 강하게 드러나 있다.
③ 대상을 예찬하는 어조가 나타나 있다.
④ 상징성이 강한 시어를 사용하고 있다.
⑤ 색채 이미지를 사용하여 내용을 전개하고 있다.

2 윗글을 바탕으로 영상을 제작한다고 할 때, 화자의 모습으로 가장 적절한 것은?

① 눈을 맞으며 서러움에 잠겨 있는 모습
② 큰 나무 곁에서 누군가를 기다리는 모습
③ 책상에 앉아 지그시 눈을 감고 있는 모습
④ 누군가의 무덤에서 눈물을 흘리고 있는 모습
⑤ 달을 올려다보며 누군가를 생각하고 있는 모습

3 〈보기〉는 윗글의 구조를 도식화한 것이다. 〈보기〉를 참고하여 윗글을 감상한 내용으로 적절하지 <u>않은</u> 것은?

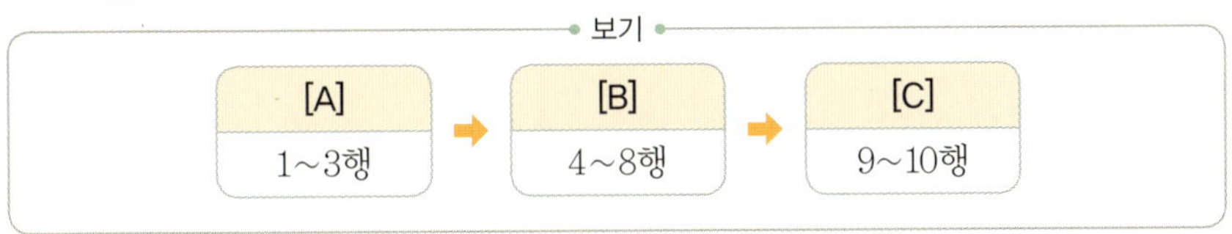

① [A]에서는 '기파랑'의 자태를 비유적으로 제시하고 있다.
② [A]~[B]에서는 문답의 형식을 활용하여 시상을 전개하고 있다.
③ [B]에서는 '기파랑'의 원만하고 강직한 인품을 예찬하고 있다.
④ [B]에서는 부당한 현실에 맞선 '기파랑'의 모습을 그리고 있다.
⑤ [C]에서는 자연물에 비유하여 '기파랑'의 절개를 강조하고 있다.

4 ㉠~㉤ 중 '기파랑'의 인품을 비유한 시어가 <u>아닌</u> 것은?

① ㉠　　　② ㉡　　　③ ㉢　　　④ ㉣　　　⑤ ㉤

5 〈보기〉의 '선생님'의 질문에 대한 답으로 가장 적절한 것은?

---- • 보기 • ----

선생님 : 「찬기파랑가」는 신라 말기에 지어진 10구체 향가입니다. 향가는 훗날 창작된 시조나 가사 등의 전통 시가 양식에도 영향을 주었어요. 다음 작품은 조선 전기에 창작된 시조입니다. 「찬기파랑가」를 바탕으로 볼 때, 다음 작품에 남아 있는 향가의 특징은 무엇일까요?

선인교(仙人橋) 나린 물이 자하동(紫霞洞)에 흘너드러,
반천 년(半千年) 왕업(王業)이 물소릭뿐이로다.
아희야, 고국 흥망(古國興亡)을 무러 무엇ᄒ리오.

– 정도전

① 자연과의 조화로운 삶을 추구하고 있다.
② 4음보를 반복하여 운율을 획득하고 있다.
③ 감탄사를 사용하여 시상을 마무리하고 있다.
④ 후렴구를 반복하여 형태적 안정감을 얻고 있다.
⑤ 전통적 소재를 활용하여 시적 의미를 형상화하고 있다.

손쉬운 **작품 검색**

찬기파랑가_충담사

주제 ▶ 기파랑의 고매한 인품에 대한 찬양

\# 화랑인 기파랑   \# 고고한 인격
\# 기파랑의 인품 나열   \# 그리움   \# 추모

특징 ▶ 기파랑의 인품을 자연물의 속성에 비유하여 구체적으로 제시함.

\# 기파랑의 인품을 나타내는 상징적 시어
\# 달   \# 냇가   \# 조약돌   \# 잣가지
\# 기파랑에 대한 화자의 존경심을 형상화

05 한림별곡(翰林別曲) _한림 제유

'한림원(翰林院)의 여러 선비[諸儒]들이 지은 노래'라는 의미로, 현전하는 최고(最古)의 경기체가 작품이다. 신흥 사대부들이 지닌 학문에 대한 자부심과 그들이 즐겼던 향락적인 풍류 생활이 잘 나타나 있다.

EBS 다수록 작품

원슌문(元淳文) 인노시(仁老詩) 공노ᄉ륙(公老四六)
니졍언(李正言) 딘한림(陳翰林) 솽운주필(雙韻走筆)
튱긔딕 칙(冲基對策) 광균경의(光鈞經義) 량경시부(良鏡詩賦)
㉠ 위 시댱(試場)ㅅ 경(景) 긔 엇더ᄒ니잇고.
[A] 엽(葉) 금혹ᄉ(琴學士)의 옥슌문싱(玉笋門生) 금혹ᄉ(琴學士)
의 옥슌문싱(玉笋門生)
위 날조차 몃 부니잇고. 〈제1장〉
➜ 명문장과 금의의 문하생에 대한 찬양

* 유원순의 문장, 이인로의 시, 이공로의 사륙변려문

이규보와 진화가 쌍운을 내어 빠르게 써 내려간 시

유충기의 대책문, 민광균의 경서 풀이, 김양경의 시와 부

아, 시험장의 광경이 그 어떠합니까?

금의가 배출한 옥으로 된 죽순처럼 뛰어난 제자들, 금의가 배출한 옥으로 된 죽순처럼 뛰어난 제자들,

아, 나까지 모두 몇 분입니까?

㉡ 당한셔(唐漢書) 장로ᄌ(莊老子) 한류문집(韓柳文集)
니두집(李杜集) 난디집(蘭臺集) 빅락텬집(白樂天集)
모시샹셔(毛詩尙書) 주역춘츄(周易春秋) 주디례긔(周戴禮記)
㉢ 위 주(註)조쳐 내 외옺 경(景) 긔 엇더ᄒ니잇고.
엽(葉) 대평광긔(大平廣記) ᄉ빅여 권(四百餘卷) 대평광긔(大平廣記) ᄉ빅여 권 (四百餘卷)
위 력남(歷覽)ㅅ 경(景) 긔 엇더ᄒ니잇고. 〈제2장〉
➜ 명저의 나열과 독서에 대한 자긍심

* 『당서』와 『한서』, 『장자』와 『노자』, 한유와 유종원의 문집

이백과 두보의 시집, 난대 영사들의 시문집, 백거이의 문집

『시경』과 『서경』, 『주역』과 『춘추』, 『대대례』와 『소대례』를

아, 주석(註釋)마저 줄곧 외우는 광경이 그 어떠합니까?

『대평광기』 400여 권, 『대평광기』 400여 권

아, 두루 읽는 광경이 그 어떠합니까?

당당당(唐唐唐) 당츄ᄌ(唐楸子) 조협(皂莢) 남긔
홍(紅)실로 홍(紅) 글위 미요이다.
혀고시라 밀오시라 뎡쇼년(鄭少年)하.
㉣ 위 내 가논 디 ᄂᆞᆷ 갈셰라.
엽(葉) 샥옥셤셤(削玉纖纖) 솽슈(雙手)ㅅ 길헤 샥옥셤셤(削玉纖纖) 솽슈(雙手)ㅅ 길헤
㉤ 위 휴슈동유(携手同遊)ㅅ 경(景) 긔 엇더ᄒ니잇고. 〈제8장〉
➜ 그네뛰기의 즐거움과 풍류 생활에 대한 찬양

* 호두나무, 쥐엄나무에

붉은 실로 붉은 그네를 맵니다.

(그네를) 당기어라 밀어라, 정 소년이여,

아, 내가 가는 곳에 남이 갈까 두렵습니다.

옥을 깎은 듯 고운 두 손길에, 옥을 깎은 듯 고운 두 손길에

아, (여인들과) 손을 잡고 노는 광경이 그 어떠합니까?

⭐ 어휘 풀이

- **시댱(試場)** : 과거 시험장
- **옥슌문싱(玉笋門生)** : 옥으로 된 죽슌처럼 뛰어난 문하생이라는 뜻으로, 금 학사의 문인들을 미화한 말
- **날조차** : 나까지, 나를 포함해서
- **내 외옺** : 내리 외우는
- **력남(歷覽)** : 책을 두루두루 읽는 것
- **홍(紅) 글위** : 붉은 그네
- **샥옥셤셤(削玉纖纖)** : 옥을 깎아 만든 듯이 곱고 보드라운 손
- **솽슈(雙手)ㅅ 길헤** : 두 손을 마주 잡고 가는 길에
- **휴슈동유(携手同遊)** : 손에 손을 잡고 함께 노는 것

 작품 핵심 **단축키**

 **신흥 사대부로서의 화자**

화자 | 화자는 신흥 사대부로서 읽은 책들을 나열하며 자신들의 학문적 경지에 대한 □□□을 드러냄.

 **유희의 수단**

시어 | 당당당 당츄ᄌ 조협 남긔 홍실로 홍 □□ 미요이다. 혀고시라 밀오시라 명쇼년하.

소재의 나열

표현 | 구체적 사물을 운율에 맞게 나열하는 □□법을 활용하여 시상을 전개하고 있음.

1 윗글에 대한 설명으로 적절하지 않은 것은?

① 후렴구를 반복하여 주제 의식을 강조하고 있다.
② 3음보의 율격*을 사용하여 리듬감을 형성하고 있다.
③ 의문형 어미를 사용하여 화자의 태도를 부각하고 있다.
④ 역설적 표현*을 활용하여 화자의 정서를 강조하고 있다.
⑤ 분절체*의 형식으로 시적 대상을 다양하게 제시하고 있다.

손쉬운 개념

*** 율격**
시에서 활용하는 음악적인 격식을 말한다. 글자 수를 반복하는 음수율과 음보를 반복하는 음보율이 있다.

*** 역설적 표현**
겉으로는 모순되는 내용이지만 그 속에 중요한 진리가 숨어 있는 표현을 말한다.

*** 분절체**
시가 작품을 시상에 따라 연이나 장으로 나누어 구성하는 시의 형식으로, '분연체'라고도 한다.

2 각 장의 제재가 순서대로 바르게 배열된 것은?

	〈제1장〉	〈제2장〉	〈제8장〉
①	서적(書籍)	음악(音樂)	시부(詩賦)
②	명필(名筆)	시부(詩賦)	화원(花園)
③	시부(詩賦)	서적(書籍)	추천(鞦韆)
④	명주(名酒)	서적(書籍)	누각(樓閣)
⑤	추천(鞦韆)	명필(名筆)	음악(音樂)

3 ㉠~㉤ 중, 〈보기〉와 같은 평가를 받게 된 이유와 가장 관계가 깊은 것은?

> • 보기 •
>
> 「한림별곡」과 같은 노래는 문인의 입에서 나왔지만, 방탕한 뜻이 있고 거만한 데다가 비루(鄙陋)하고 외설(猥褻)스러워 더욱이 군자가 숭상할 바가 못된다.
> — 이황, 「도산 이곡 발(跋)」 중에서
>
> • 비루(鄙陋) : 행동이나 성질이 너절하고 더러움.

① ㉠   ② ㉡   ③ ㉢   ④ ㉣   ⑤ ㉤

4 [A]에 담긴 화자의 태도를 나타내는 말로 가장 적절한 것은?

① 자가당착(自家撞着)
② 자괴지심(自愧之心)
③ 자승자박(自繩自縛)
④ 자강불식(自强不息)
⑤ 자화자찬(自畵自讚)

5 〈보기〉를 바탕으로 윗글을 감상한 내용으로 적절하지 <u>않은</u> 것은?

─● 보기 ●─

　이 노래는 고려의 무신 정권에 새롭게 참여한 신흥 사대부들의 문학적 역량과 풍부한 학식, 풍류적 삶의 태도 등을 엿볼 수 있는 경기체가이다. 전체 8장의 분절체로, 각 장은 전대절 4행과 후소절 2행의 총 6행으로 구성되어 있으며, 신흥 사대부들의 자부심을 표현한 대표적인 귀족 문학이라고 할 수 있다.

① 각 장의 전대절이나 후소절에 나타나는 '위 ~ 경(景) 긔 엇더ᄒ니잇고'에 신흥 사대부들의 자부심이 담겨 있군.

② 각 장의 후소절은 전대절과 달리 화자의 감정을 우의적인 방법으로 표현하여 주제 의식을 효과적으로 전달하고 있군.

③ 〈제1장〉에서 사대부들의 문학적 역량을, 〈제2장〉에서 풍부한 학식을, 〈제8장〉에서 풍류적 삶의 태도를 엿볼 수 있군.

④ 〈제1장〉, 〈제2장〉의 전대절은 〈제8장〉의 전대절과 달리 대상을 나열하는 방법으로 시상을 전개하고 있군.

⑤ 〈제8장〉의 전대절은 〈제1장〉, 〈제2장〉의 전대절에 비해 우리말의 아름다움을 살려 대상을 생동감 있게 표현하고 있군.

손쉬운 **작품 검색**

한림별곡 _ 한림 제유

주제 ▶ 신흥 사대부의 학문적 자부심과 향락적 풍류

\# 금의의 문하생 찬양　　\# 학문에 대한 자부심　　\# 과시욕
\# 향락적인 풍류 생활　　\# 신흥 사대부의 생활상

특징 ▶ 구체적인 사물(사실)을 나열하여 화자의 흥취를 표현함.

\# 명문장과 명저의 나열　　\# 시험장의 광경
\# 그네뛰기　　\# 즐거움　　\# 찬양　　\# 자부심

06 동동(動動) _작자 미상

반복되는 후렴구를 지닌 월령체 고려 가요로, 후렴구의 '동동'은 북소리를 나타낸 의성어이다. 다달이 전개되는 시상의 흐름에 따라 임을 향한 연모의 정이 설움과 한(恨)의 정서로 표출되어 있다.

덕(德)으란 곰비예 받줍고 복(福)으란 림비예 받줍고

덕(德)이여 복(福)이라 호늘 나스라 오소이다

아으 동동(動動)다리　　　　　　　➜ 덕과 복을 빎.

＊ 덕일랑 신령님께 바치옵고, 복일랑 임금님께 바치옵고,
　덕이며 복이라 하는 것을 바치러 오십시오.

정월(正月)ㅅ 나릿므른 아으 어져 녹져 ᄒ논딩

누릿 가온딩 나곤 몸하 ᄒ올로 녈셔

아으 동동(動動)다리　　　　　　　➜ 홀로 살아가야 하는 고독감

＊ 정월의 냇물은 아아 얼었다 녹았다 하는데
　세상 가운데 이 몸은 홀로 살아가는구나.

이월(二月)ㅅ 보로매 아으 노피 현 **등(燈)ㅅ블** 다호라

만인(萬人) 비취실 즈싀샷다

아으 동동(動動)다리　　　　　　　➜ 임의 훌륭한 인품을 찬양함.

＊ 2월 보름에 아아 (내 임은) 높이 켜 놓은 등불 같구나.
　만인을 비추실 모습이시도다.

삼월(三月) 나며 개(開)ᄒ 아으 만춘(滿春) **돌욋고지여**

ᄂᆞ믹 브롤 즈슬 디녀 나샷다

아으 동동(動動)다리　　　　　　　➜ 임의 아름다운 모습을 찬양함.

＊ 3월 지나며 핀 아아 늦봄의 진달래꽃이여.
　남들이 부러워할 모습을 지니고 태어나셨구나.

사월(四月) 아니 니저 아으 오실셔 **곳고리 새여**

므슴다 녹사(錄事)니믄 녯나를 닛고 신뎌

아으 동동(動動)다리　　　　　　　➜ 오지 않는 임에 대한 원망과 그리움

＊ 4월을 잊지 않고 아아 오는구나 꾀꼬리 새여.
　무엇 때문에 녹사님은 옛날을 잊고 계시는가.

오월(五月) 오일(五日)애 아으 수릿날 **아춤 약(藥)**은

즈믄 힐 장존(長存)ᄒ샬 약(藥)이라 받줍노이다

아으 동동(動動)다리　　　　　　　➜ 임의 만수무강을 기원함.

＊ 5월 5일(단오)에 아아 단옷날 아침 약은
　천년을 길이 사실 약이기에 바치옵니다.

유월(六月)ㅅ 보로매 아으 별해 ᄇ론 ㉠빗 다호라

도라보실 니믈 젹곰 좃니노이다

아으 동동(動動)다리　　　　　　　➜ 자신을 버린 임을 사모함.

＊ 6월 보름(유두일)에 아아 벼랑에 버린 빗 같구나.
　돌아보실 임을 잠시나마 따르겠습니다.

칠월(七月)ㅅ 보로매 아으 백종(百種) 배(排)ᄒ야 두고

니믈 ᄒ딩 녀가져 원(願)을 비습노이다

아으 동동(動動)다리　　　　　　　➜ 임과 함께 살고자 소망함.

＊ 7월 보름(백중)에 아아 여러 가지 제물을 벌여 놓고,
　임과 함께 살고자 소원을 비옵니다.

＊ **어휘 풀이**

- **곰비예** : 뒤에, 다음 잔에, 신령님께
- **림비예** : 앞에, 앞 잔에, 임금님께
- **나스라** : 바치러, 드리러, 진상(進上)하러
- **돌욋고지여** : 진달래꽃이여.
- **녹사(錄事)** : 고려 때의 벼슬 이름
- **백종(百種)** : 백 가지 곡식의 씨앗. 온갖 음식
- **배(排)ᄒ야** : (음식을) 차려, 벌여

팔월(八月)ㅅ 보로미 아으 가배(嘉俳)나리마른

니믈 뫼셔 녀곤 오늘낤 가배(嘉俳)샷다

아으 동동(動動)다리 　　➜ 임 없이 보내는 한가윗날의 쓸쓸함

* 8월 보름(한가위)은 아아 한가윗날이지만

　임을 모시고 지내야만 오늘이 뜻있는 한가윗날입니다.

구월(九月) 구일(九日)애 아으 약(藥)이라 먹논

ⓛ황화(黃花) 고지 안해 드니 새셔 가만ᄒ얘라

아으 동동(動動)다리 　　➜ 임 없는 집에서의 적막감

* 9월 9일(중양절)에 아아 약이라고 먹는

　노란 국화꽃이 집 안에 피니 초가집이 고요하구나.

시월(十月)애 아으 져미연ⓒ보룻 다호라

것거 ᄇ리신 후(後)에 디니실 ᄒ 부니 업스샷다

아으 동동(動動)다리 　　➜ 임에게 버림받은 슬픔과 고독

* 10월 아아 잘게 썬 보리수나무 같구나.

　꺾어 버리신 후에 (나무를) 지니실 한 분이 없으시구나.

십일월(十一月)ㅅ 봉당 자리예 아으 ⓔ한삼(汗衫) 두퍼 누워

슬홀 ᄉ라온뎌 고우닐 스싀옴 녈셔

아으 동동(動動)다리 　　➜ 독수공방하는 외로움

* 11월 봉당 자리(흙바닥)에 아아 홑적삼을 덮고 누워

　슬픈 일이구나. 사랑하는 임과 이별하고 제각기 살아가는구나.

십이월(十二月)ㅅ 분디남ᄀ로 갓곤 아으 나슬 반(盤)잇 져 다호라

니믜 알ᄑ 드러 얼이노니 소니 가재다 므릇 숩노이다

아으 동동(動動)다리 　　➜ 임과 인연을 맺지 못한 한(恨)

* 12월 분디나무로 깎은 아아 (임께 드릴) 소반 위의 젓가락 같구나.

　임의 앞에 들어 가지런히 놓으니 손님이 가져다 (입에) 뭅니다.

★ **어휘 풀이**
- **져미연** : 저민, 잘게 썰어 놓은
- **봉당(封堂)** : 안방과 건넌방 사이의 마루를 놓을 자리에 마루를 놓지 아니하고 흙바닥 그대로 둔 곳
- **한삼(汗衫)** : 홑적삼, 속적삼
- **반(盤)잇** : 소반 위의
- **져** : 젓가락

작품 핵심 단축키

👁 화자 **임을 향한 화자의 애절한 마음**
임을 향한 여인의 애절한 정서가 각 달의 □□□□과 관련하여 잘 나타나고 있음.

🔍 시어 **버림받은 화자를 비유한 시어**
'빗'과 '□□'은 임에게 버림받은 화자 자신을 비유적으로 표현한 시어임.

🖋 표현 **전 13연의 달거리 노래**
각 달의 특성을 제시하며 임에 대한 송축과 연모의 정을 드러내는 □□□ 형식을 활용하고 있음.

1 **윗글에 대한 설명으로 적절하지 <u>않은</u> 것은?**

① 한 해 열두 달의 순서에 맞추어 노래하고 있다.

② 비유적 표현을 통해 화자의 처지를 구체화하고 있다.

③ 다양한 사물을 활용하여 화자의 정서를 드러내고 있다.

④ 계절이 바뀜에 따라 화자가 처한 상황이 변화하고 있다.

⑤ 후렴구를 반복적으로 사용하여 리듬감을 형성하고 있다.

바른답 알찬풀이 ● 8쪽

2 ㉠~㉢에 대한 이해로 적절한 것을 〈보기〉에서 모두 골라 묶은 것은?

● 보기 ●

(가) ㉠과 ㉢은 모두 화자를 가리키는 대상이다.
(나) ㉠은 ㉣과 달리 과거 회상의 매개체가 되는 대상이다.
(다) ㉡은 ㉣과 달리 구체적인 세시 풍속의 대상에 해당한다.
(라) ㉠, ㉡, ㉢은 모두 화자의 외로운 감정을 환기하는 객관적 상관물*이다.

① (가), (나)　　　② (가), (라)　　　③ (나), (다)
④ (가), (다), (라)　　　⑤ (나), (다), (라)

손쉬운 **개념**

＊ **객관적 상관물**
화자의 정서를 드러내는 데 관계된 모든 소재나 대상을 가리키는 개념이다. 감정 이입과 혼동할 수 있는데, 감정 이입은 객관적 상관물 중에서도 화자의 정서가 투영된 대상물이 화자의 감정을 가진 것처럼 표현하는 것을 말한다.

3 〈보기〉를 바탕으로 윗글을 이해한 학생의 반응으로 적절하지 않은 것은?

● 보기 ●

선생님 : 이 작품에서 '임'은 공적인 대상이면서도 사적인 대상으로서 두 가지 성격을 지니고 있어요. 공적인 대상으로서의 '임'은 임금을 비롯한 추앙의 대상으로 설정되어 찬양과 기원의 정서나 태도를, 사적인 대상으로의 '임'은 연모의 대상으로 설정되어 원망과 한의 정서나 태도를 촉발하고 있지요. 자, 그럼 각 월령에서 그려진 임의 모습과 그에 따른 화자의 태도가 어떠한지 말해 볼까요?

① 진서 : 이월령에서는 임을 만인을 비추는 '등불'이라 표현하였는데, 이는 임금의 훌륭한 인격을 드러내기 위한 것으로 볼 수 있습니다.
② 연우 : 삼월령에서는 임을 남이 부러워할 '진달래꽃'이라 표현하였는데, 이는 임금의 빼어난 모습에 대한 예찬이라고 볼 수 있습니다.
③ 지현 : 사월령에서는 '꾀꼬리 새'를 활용하고 있는데, 이는 과거의 자신의 아름다운 모습만 사랑하는 임을 원망하는 태도라고 볼 수 있습니다.
④ 희진 : 오월령에서는 화자가 임에게 천년을 사시게 할 '아침 약'을 바친다고 표현하였는데, 이는 임금의 만수무강에 대한 기원을 담고 있다고 볼 수 있습니다.
⑤ 다희 : 십이월령에서는 손님이 가져간 '젓가락'을 제시하였는데, 이는 임과 함께하지 못하는 자신의 상황에 대한 한(恨)의 정서를 담아낸 것이라고 볼 수 있습니다.

손쉬운 **작품 검색**

동동_작자 미상

주제 ▶ 임에 대한 송축 및 연모의 정

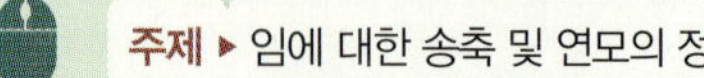

높이 켠 등불 같은 임　　# 진달래꽃 같은 임
만수무강 기원　　# 임 = 송도의 대상, 연모의 대상

특징 ▶ 월령체 형식으로 세시 풍속에 따라 사랑의 감정을 노래함.

1월부터 12월까지　　# 시간의 흐름　　# 세시 풍속
임을 향한 마음

07 정석가(鄭石歌) _작자 미상

'정석(鄭石)'은 '딩아 돌하'를 가차(假借. 어떤 뜻을 나타내는 한자가 없을 때 음이 같은 자를 빌려 쓰는 방법)한 것이다. '딩'은 '정(鉦)'이라는 악기를, '돌'은 '경쇠[磬]'라는 악기를 의미한다. '정석'을 화자가 연모하는 인물의 이름으로 보기도 한다.

딩아 돌하 당금(當今)에 계샹이다.

딩아 돌하 당금(當今)에 계샹이다.

션왕셩티(先王聖代)예 노니ᄋ와지이다.

➡ 서사(1연) : 태평성대에 대한 소망

* 징이여 돌이여 지금에 (임금님이) 계십니다.

   징이여 돌이여 지금에 (임금님이) 계십니다.

   태평성대에 놀고 싶습니다.

삭삭기 셰몰애 별헤 나는

삭삭기 셰몰애 별헤 나는

㉠구은 밤 닷 되를 심고이다.

그 바미 우미 도다 삭나거시아

그 바미 우미 도다 삭나거시아

유덕(有德)ᄒ신 님믈 여히ᄋ와지이다.

* 바삭바삭한 가는 모래 벼랑에

   바삭바삭한 가는 모래 벼랑에

   구운 밤 다섯 되를 심습니다.

   그 밤이 움이 돋아 싹이 나야만

   그 밤이 움이 돋아 싹이 나야만

   덕이 있으신 임과 이별하고 싶습니다.

옥(玉)으로 ㉡련(蓮)ㅅ고즐 사교이다.

옥(玉)으로 련(蓮)ㅅ고즐 사교이다.

바회 우희 접듀(接柱)ᄒ요이다.

그 고지 삼동(三同)이 퓌거시아

그 고지 삼동(三同)이 퓌거시아

유덕(有德)ᄒ신 님 여히ᄋ와지이다.

* 옥으로 연꽃을 새깁니다.

   옥으로 연꽃을 새깁니다.

   (그 꽃을) 바위 위에 접을 붙입니다.

   그 꽃이 세 묶음이 피어야만

   그 꽃이 세 묶음이 피어야만

   덕이 있으신 임과 이별하고 싶습니다.

므쇠로 ㉢텰릭을 몰아 나는

므쇠로 텰릭을 몰아 나는

텰ㅅ(鐵絲)로 주룸 바고이다.

그 오시 다 헐어시아

그 오시 다 헐어시아

유덕(有德)ᄒ신 님 여히ᄋ와지이다.

* 무쇠로 철릭을 재단하여

   무쇠로 철릭을 재단하여

   철사로 주름을 박습니다.

   그 옷이 다 헐어야만

   그 옷이 다 헐어야만

   덕이 있으신 임과 이별하고 싶습니다.

므쇠로 ㉣한 쇼를 디여다가

므쇠로 한 쇼를 디여다가

텰슈산(鐵樹山)애 노호이다.

그 쇼 텰초(鐵草)를 머거아

그 쇼 텰초(鐵草)를 머거아

유덕(有德)ᄒ신 님 여히ᄋ와지이다.

➡ 본사(2~5연) : 임과의 영원한 사랑에 대한 기원

* 무쇠로 큰 소를 만들어서

   무쇠로 큰 소를 만들어서

   쇠로 된 나무가 있는 산에 놓습니다.

   그 소가 쇠로 된 풀을 먹어야만

   그 소가 쇠로 된 풀을 먹어야만

   덕이 있으신 임과 이별하고 싶습니다.

★ **어휘 풀이**

- **딩아 돌하** : '징이여 돌이여' 혹은 '정석(鄭石)아'로 해석함.
- **셰몰애** : 가는 모래
- **별헤** : 벼랑에
- **텰릭** : 철릭. 옛 무관이 입던 군복
- **한 쇼** : 큰 소(牛)
- **텰슈산(鐵樹山)** : 쇠로 된 나무가 있는 산

구스리 ⓜ바회예 디신들

구스리 바회예 디신들

[A] 긴힛둔 그츠리잇가.

즈믄 히룰 외오곰 녀신들

즈믄 히룰 외오곰 녀신들

신(信)잇둔 그츠리잇가.

* 구슬이 바위에 떨어진들

구슬이 바위에 떨어진들

끈이야 끊어지겠습니까?

천년을 외로이 살아간들

천년을 외로이 살아간들

(임에 대한) 믿음이야 끊어지겠습니까?

★ **어휘 풀이**
- **긴힛둔** : 끈이야
- **외오곰** : 외로이, 홀로
- **녀신둘** : 살아간들, 지낸들

➡ 결사(6연) : 임에 대한 믿음과 영원한 사랑

작품 핵심 단축키

👁 영원한 사랑을 노래하는 화자	🔍 사랑, 믿음을 의미하는 시어	✒ 과장법, 반복법, 반어법
화자 화자는 불가능한 상황 설정을 통해 임과 □□할 수 없다는 의지를 드러냄.	**시어** 6연에서 '□□'은 임에 대한 사랑을, '□'은 임에 대한 믿음을 나타냄.	**표현** 불가능한 상황을 □□되게 설정하여 □□하면서 임과 이별하지 않겠다는 의지를 반어적으로 표현함.

1 윗글에 대한 설명으로 적절하지 않은 것은?

① 여음*을 사용하여 흥취를 북돋우고 있다.
② 음보를 규칙적으로 사용하여 리듬감을 형성하고 있다.
③ 각 연에 동일한 시구를 반복하여 의미를 강조하고 있다.
④ 과장법과 반어법을 활용하여 화자의 의지를 강조하고 있다.
⑤ 감각적 이미지를 활용하여 대상의 아름다움을 예찬하고 있다.

🧭 손쉬운 **개념**

＊ 여음(餘音)
특별한 의미 없이 흥이나 음악적 효과를 위해 삽입하는 어절이나 어구를 의미한다.

2 윗글을 〈보기〉와 같이 도식화하여 이해한 내용으로 적절하지 않은 것은?

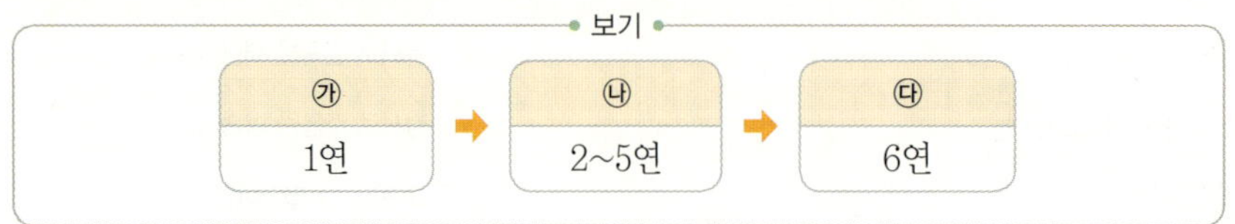

① ㉮는 ㉰와 달리 직설적으로 화자의 생각을 드러내고 있다.
② ㉮와 달리 ㉯는 실생활의 모습이 반영된 행동을 바탕으로 하고 있다.
③ ㉯의 각 연과 달리 ㉰는 전반부와 후반부가 대응하고 있다.
④ ㉰와 달리 ㉯는 후렴구를 활용하여 형식적인 통일성을 드러내고 있다.
⑤ ㉮, ㉯, ㉰로 시상이 전개될수록 의미가 점층적으로 고조되고 있다.

3 ㉠~㉺ 중 그 기능이 나머지와 다른 것은?

① ㉠   ② ㉡   ③ ㉢   ④ ㉣   ⑤ ㉤

4 [A]에 대한 설명으로 적절하지 <u>않은</u> 것은?

① 이별의 상황을 가정하고 있다.
② 외로움의 정서가 드러나 있다.
③ 비유적인 표현을 사용하고 있다.
④ 화자의 의지적인 태도가 드러나 있다.
⑤ 임에 대한 변함없는 마음을 노래하고 있다.

5 윗글과 〈보기〉의 공통점으로 가장 적절한 것은?

> ● 보기 ●
>
> 병풍(屛風)에 그린 황계(黃鷄) 수탉이 두 나래 둥덩 치고,
> 짜른 목을 길게 빼어 긴 목을 에후리여,
> 사경(四更) 일 점(一點)에 날 새라고 꼬꾀요 울거든 오라는가.
> 자네 어이 그리하야 아니 오던고.
>
> — 작자 미상, 「황계사(黃鷄詞)」 중에서
>
> • **사경(四更) 일 점(一點)** : 하룻밤을 오경(五更)으로 나눈 넷째 부분인 사경(四更)의 한 시점(時點). '사경'은 새벽 1시에서 3시 사이를 이름.

① 과거와 현재의 대비를 통해 시적 정황을 암시하고 있다.
② 불가능한 상황을 바탕으로 화자의 심리를 드러내고 있다.
③ 구체적인 대상을 추상화하여 주제 의식을 부각하고 있다.
④ 자연에서 발견한 가치를 통해 삶의 태도를 성찰하고 있다.
⑤ 일상생활의 관찰을 통해 사물에서 삶의 교훈을 얻어내고 있다.

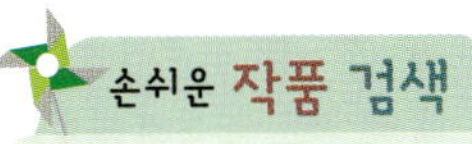

손쉬운 **작품 검색**

정석가_작자 미상

주제 ▶ 태평성대에 대한 희구(希求), 임에 대한 영원한 사랑

\# 임 = 임금, 사랑하는 이　# 태평성대
\# 절대 헤어지지 않음　# 강한 의지

특징 ▶ 불가능한 상황을 전제로 화자의 생각을 드러냄.

\# 이별의 조건　# 모래 벼랑에 심은 구운 밤
\# 바위 위의 옥(玉)꽃　# 무쇠로 된 옷　# 무쇠로 된 소

08 가시리 _작자 미상

'가시리'는 '가시렵니까?'라는 의미로, 사랑하는 임을 보내는 여인의 애절한 심정을 담고 있다. 보내고 싶지 않지만 보내야 하는 여인의 마음에서 우리 민족의 전통적인 한(恨)의 정서를 읽어 낼 수 있다.

교과서 다수록 작품

가시리 가시리잇고 나는
ᄇ리고 가시리잇고 나는
위 증즐가 대평성대(大平盛代)

→ 1연(기) : 이별의 상황에 대한 슬픔과 하소연

＊ 가시렵니까? 가시렵니까?
(나를) 버리고 가시렵니까?
위 증즐가 대평성대

날러는 엇디 살라 ᄒ고
ᄇ리고 가시리잇고 나는
위 증즐가 대평성대(大平盛代)

→ 2연(승) : 떠나는 임에 대한 원망(하소연)

＊ 나더러는 어찌 살라 하고
버리고 가시렵니까?
위 증즐가 대평성대

잡ᄉ와 두어리마ᄂᆞᆫ
선ᄒ면 아니 올셰라
위 증즐가 대평성대(大平盛代)

→ 3연(전) : 이별에 대한 두려움과 체념

＊ 붙잡아 두고 싶지만
서운하면 오지 않을까 두렵습니다.
위 증즐가 대평성대

어휘 풀이
- **잡ᄉ와** : 붙잡아
- **선ᄒ면** : 서운하면. 귀찮게 하면
- **아니 올셰라** : 오지 않을까 두렵습니다.
- **셜온** : 서러운

셜온 님 보내ᄋᆸ노니 나는
가시는 듯 도셔 오쇼셔 나는
위 증즐가 대평성대(大平盛代)

→ 4연(결) : 체념적 수용과 재회에 대한 소망

＊ 서러운 임 보내오니
가시자마자 곧 돌아오십시오.
위 증즐가 대평성대

작품 핵심 단축키

👁 화자의 상황	🔍 소망의 표출	✒ 시구의 반복
화자 화자는 사랑하는 임을 떠나보내는 ☐☐의 상황에 처해 있음.	**시어** 어쩔 수 없이 이별을 수용한 화자는 '☐☐☐☐☐☐ ☐☐'에서 임에 대한 자신의 소망을 직접적으로 표출함.	**표현** 1연과 2연에서는 '☐☐☐ ☐☐☐☐'라는 시구를 반복하여 리듬감을 형성하고 화자의 정서를 강조하고 있음.

1 윗글에 대한 설명으로 적절하지 <u>않은</u> 것은?

① a-a-b-a 구조*를 활용하여 화자의 정서를 강조하고 있다.
② 악률을 맞추기 위한 여음*을 활용하여 운율감을 높이고 있다.
③ 연을 구분하여 시상을 전개하는 분절체로 작품을 구성하고 있다.
④ 의문형 문장을 활용하여 화자가 느끼는 애상감을 심화시키고 있다.
⑤ 영탄적 표현을 사용하여 현실에 대한 부정적 인식을 드러내고 있다.

기출 문제

2 윗글을 심화 학습하는 과정에서 〈보기〉의 자료를 접하였다. 이를 바탕으로 윗글을 감상한 내용으로 적절하지 <u>않은</u> 것은?

● 보기 ●

「가시리」의 형식상 특징
• 3음보를 기본 율격으로 하여 리듬감을 형성함.
• 음악적 효과를 높여 주는 역할을 하는 후렴구를 반복함.

「가시리」의 내용상 특징
• 자신에게 닥친 부당한 상황을 어쩔 수 없이 받아들이는 데서 오는 한(恨)의 정서가 나타남.
• 이별의 상황에 적극적으로 대응하지 못하고 체념하는 소극적인 화자의 태도가 담겨 있음.

① '가시리 가시리잇고'에서 3 · 3 · 2조의 3음보 율격을 확인할 수 있군.
② '위 증즐가 대평성대'는 음악적 효과를 높여 주는 후렴구라고 할 수 있군.
③ '날러는 엇디 살라 ᄒ고'는 임을 붙잡지 못하고 체념하는 심정을 드러내고 있군.
④ '선ᄒ면 아니 올셰리'에는 이별의 상황에 소극적으로 대응하는 이유가 드러나 있군.
⑤ '셜온 님 보내ᄋᆞ노니'에는 어쩔 수 없이 이별을 받아들이는 한의 정서가 담겨 있군.

3 윗글의 시적 상황을 경험한 화자가 〈보기〉의 노래를 했다고 가정할 때, 〈보기〉의 화자에 대한 설명으로 가장 적절한 것은?

● 보기 ●

어져 내 일이야 그릴 줄을 모로던가.
이시라 하더면 가랴마는 제 구태여
보내고 그리는 정(情)은 나도 몰라 하노라.
　　　　　　　　　　　　　　　　　　　- 황진이

① 이별할 당시에 임을 서운하게 했던 자신의 태도를 회상하면서 후회하고 있다.
② 임을 원망했던 이별 당시의 심정을 떠올리면서 그리움이 더욱 깊어지고 있다.
③ 임이 돌아오기를 바라던 이별 당시의 소망이 이루어지리라 여전히 기대하고 있다.
④ 임이 떠날 당시의 괴로움을 극복하고 이제는 차분한 마음으로 임을 기다리고 있다.
⑤ 당시에는 임의 마음을 헤아려 임을 보냈지만 지금은 임을 떠나보낸 자신의 행동을 자책하고 있다.

＊ a-a-b-a 구조
a의 구절이 반복되다가 b 부분에서 변화를 주는 구조로, 고전시가에서 자주 나타난다. 예를 들어 '창 내고져 창 내고져 이내 가슴의 창 내고져'에서도 a-a-b-a 구조를 엿볼 수 있다.

＊ 여음(餘音)
본 가사의 앞·뒤·가운데에서 의미 표현보다는 감흥과 운율을 일으키는 어절이나 구절을 의미한다.

4 윗글과 〈보기〉를 비교하여 감상한 내용으로 적절하지 <u>않은</u> 것은?

─ 보기 ─

서경(西京)이 아즐가 서경(西京)이 서울이지마는
위 두어렁셩 두어렁셩 다링디리
새로 닦은 아즐가 새로 닦은 소성경˚ 사랑하지마는
위 두어렁셩 두어렁셩 다링디리
이별한다면 아즐가 이별한다면 길쌈 베˚ 버리고
위 두어렁셩 두어렁셩 다링디리
사랑해 주신다면 아즐가 사랑해 주신다면 울면서 따르겠습니다
위 두어렁셩 두어렁셩 다링디리

– 작자 미상, 「서경별곡(西京別曲)」

- **소성경** : '작은 서울'이라는 뜻으로 지금의 평양을 일컬음.
- **길쌈 베** : 길쌈(실을 내어 옷감을 짜는 모든 일)하던 베

① 윗글과 달리 〈보기〉에서는 화자가 이별을 거부하는 상황이 나타나 있다.
② 〈보기〉와 달리 윗글에서는 화자가 여성임을 암시하는 소재가 나타나 있다.
③ 윗글의 화자는 자기희생적인 모습을, 〈보기〉의 화자는 자기중심적인 모습을 보이고 있다.
④ 윗글과 〈보기〉에서는 모두 상황의 가정을 통해 화자의 정서를 드러내고 있다.
⑤ 윗글과 〈보기〉에서는 모두 임에 대한 화자의 감정이 직설적으로 표출되고 있다.

09 청산별곡(靑山別曲) _작자 미상

'청산'이라는 작품의 배경과 '별곡'이라는 노래 이름이 결합된 제목이다. '청산'은 예부터 우리나라 사람들에게 이상향을 의미하는 공간이었고, '별곡'은 중국의 가곡에 상대하여 우리의 가요를 지칭하여 이르던 말이다.

EBS 다수록 작품

살어리 살어리랏다 ⓐ청산(靑山)애 살어리랏다.
멀위랑 ᄃ래랑 먹고 청산(靑山)애 살어리랏다.
얄리얄리 얄랑셩 얄라리 얄라　　　➜ 1연 : 청산에 살고 싶은 소망

＊ 살겠노라 살겠노라. 청산에서 살겠노라.
　머루랑 다래를 먹고 청산에서 살겠노라.

우러라 우러라 ⓑ새여 자고 니러 우러라 새여.
널라와 시름 한 나도 ㉠자고 니러 우니로라.
얄리얄리 얄라셩 얄라리 얄라　　　➜ 2연 : 삶의 비애

＊ 우는구나 우는구나 새여, 자고 일어나서 우는구나 새여.
　너보다 시름 많은 나도 자고 일어나서 울며 지내노라.

가던 ⓒ새 가던 새 본다 믈 아래 가던 새 본다.
잉 무든 장글란 가지고 믈 아래 가던 새 본다.
얄리얄리 얄라셩 얄라리 얄라　　　➜ 3연 : 속세에 대한 미련

＊ 날아가던 새(갈던 사래)를 본다. 물 아래(평원 지대)로 날아가던 새를 본다.
　이끼 묻은 쟁기(녹슨 무기)를 가지고 물 아래로 날아가던 새를 본다.

이링공 뎌링공 ᄒ야 나즈란 디내와손뎌,
오리도 가리도 업슨 ㉡바므란 쏘 엇디 호리라.
얄리얄리 얄라셩 얄라리 얄라　　　➜ 4연 : 삶의 처절한 고독

＊ 이럭저럭하여 낮은 지내왔건만
　올 사람도 갈 사람도 없는 밤은 또 어찌 지낼 것인가?

어듸라 더디던 ⓓ돌코 누리라 마치던 돌코.
믜리도 괴리도 업시 마자셔 우니노라.
얄리얄리 얄라셩 얄라리 얄라　　　➜ 5연 : 운명에 대한 체념

＊ 어디에다 던지던 돌인가? 누구를 맞히려던 돌인가?
　미워할 이도 사랑할 이도 없이 (그 돌에) 맞아서 울고 있노라.

살어리 살어리랏다 ㉢바ᄅ래 살어리랏다.
ᄂᆞᄆᆞ자기 구조개랑 먹고 바ᄅ래 살어리랏다.
얄리얄리 얄라셩 얄라리 얄라　　　➜ 6연 : 바다에 살고 싶은 소망

＊ 살겠노라 살겠노라. 바다에서 살겠노라.
　나문재, 굴, 조개를 먹고 바다에서 살겠노라.

가다가 가다가 드로라 에졍지 가다가 드로라.
사ᄉ미 짒대예 올아셔 ᄒ금(奚琴)을 혀거를 드로라.
얄리얄리 얄라셩 얄라리 얄라　　　➜ 7연 : 삶의 기적을 바라는 절박한 심정

＊ 가다가 가다가 듣노라. 외딴 부엌을 지나가다가 듣노라.
　사슴이 장대에 올라가서 해금 켜는 것을 듣노라.

가다니 빅브른 도긔 ⓔ설진 강수를 비조라.
조롱곳 누로기 ᄆᆡ와 잡ᄉᆞ와니 내 엇디 ᄒ리잇고.
얄리얄리 얄라셩 얄라리 얄라　　　➜ 8연 : 술을 통한 고뇌의 해소

＊ 가더니 배가 불룩한 독에 진한 술을 빚는구나.
　조롱박꽃 같은 누룩이 매워 (나를) 붙잡으니 나는 어찌하리오.

★ 어휘 풀이

● **니러** : 일어나
● **널라와** : 너보다. '라와'는 비교격 조사
● **한** : 많은
● **이링공 뎌링공** : 이럭저럭, 이렇게 저렇게
● **ᄂᆞᄆᆞ자기** : 나문재. 바다풀의 일종
● **구조개** : 굴과 조개
● **에졍지** : 외딴 부엌
● **짒대** : 장대
● **혀거를** : 켜는 것을
● **빅브른** : 배가 불룩한
● **설진** : (술의 농도가) 진한
● **강수** : 강한 술
● **조롱곳** : 조롱박꽃
● **누로기** : 누룩이. '누룩'은 술을 빚는 데 쓰는 발효제

작품 핵심 **단축키**

 **현실을 떠나고픈 화자**	**화자가 살고 싶은 곳**	**대칭적 구조**
화자 삶의 고통과 비애로 힘들어하던 화자는 ☐을 통해 현실의 괴로움을 잊으려 하고 있음.	시어 ☐☐과 ☐☐는 화자가 추구하는 이상향이자 현실 도피의 공간임.	표현 1~4연과 5~8연이 대응되는 공간을 중심으로 ☐☐ 구조를 이루고 있음.

1. 윗글에 대한 설명으로 적절하지 <u>않은</u> 것은?

① 정형적 율격*에 의해 리듬감을 형성하고 있다.
② 현실에서 벗어나고자 하는 소망이 나타나 있다.
③ 공간적 대비를 통해 대칭 구조를 보여 주고 있다.
④ 반복과 변주*를 통해 화자의 처지를 드러내고 있다.
⑤ 현재 처해 있는 상황을 극복하려는 의지를 보여 주고 있다.

손쉬운 개념

＊ 정형적 율격
겉으로 드러나 보이는 운율을 말한다. 글자 수와 음보 등이 일정하게 반복되는지를 확인해야 한다.

＊ 반복과 변주
'반복'은 시어, 시구, 시행 등을 되풀이하여 의미를 강조하거나 리듬감을 형성하는 것, '변주'는 동일한 반복을 피하기 위해 형식에 약간의 변화를 주는 것을 말한다.

2. ⓐ~ⓔ에 대한 이해로 적절하지 <u>않은</u> 것은?

① ⓐ : 소망의 공간일 뿐 화자가 도달하지 못하는 공간이다.
② ⓑ : 화자의 정서가 투영*된 대상으로 볼 수 있다.
③ ⓒ : ⓑ와 표기는 같지만 다른 의미로 해석할 수 있다.
④ ⓓ : 화자가 처한 비극적 운명을 짐작하게 한다.
⑤ ⓔ : 일시적으로 화자의 고통을 잊게 해 주는 매개체로 볼 수 있다.

손쉬운 개념

＊ 정서의 투영
화자의 정서를 자연물을 통해 드러내는 표현을 말한다.
예 그녀와 손잡고 걷는 길 달도 환히 웃는다.

3. 윗글의 ㉠과 ㉡을 활용하여 시적 화자의 정서를 표현한 내용으로 가장 적절한 것은?

① 우는 새가 바로 나라고 생각하니 적막한 밤이라도 새와 함께라면 외로움을 떨칠 수 있을 것 같다.
② 깊은 밤, 아무도 오지 않는 산 가운데에 있으려니 공포와 두려움이 밀려와 나도 모르게 눈물이 난다.
③ 꿈에도 그리던 청산에 들어왔지만 밤만 되면 고독감이 깊어져 두고 온 가족들 걱정으로 시름에 잠긴다.
④ 사랑하는 사람과 헤어지고 홀로 맞이하는 밤이라 그런지 청산에서 짝을 잃고 우는 새보다 더 큰 슬픔으로 통곡한다.
⑤ 문제를 해결할 수 있을까 하여 청산에 들어왔으나 밤이 되어 절망적 고독 속에서 지내야 하니, 우는 새보다 더 서글프다.

4 〈보기〉의 밑줄 친 시어 중 ⓒ의 함축적 의미와 가장 유사한 것은?

> ● 보기 ●
>
> 이것은 소리 없는 아우성
> 저 푸른 해원(海原)을 향하여 흔드는
> 영원한 노스탤지어의 손수건
> 순정(純情)은 물결같이 바람에 나부끼고
> 오로지 맑고 곧은 이념의 푯대 끝에
> 애수(哀愁)는 백로처럼 날개를 펴다.
> 아아 누구던가
> 이렇게 슬프고도 애달픈 마음을
> 맨 처음 공중에 달 줄을 안 그는.
>
> — 유치환, 「깃발」

① 해원　　② 순정　　③ 푯대　　④ 애수　　⑤ 공중

5 〈보기〉의 관점에서 윗글을 감상한 내용으로 적절하지 않은 것은?

> ● 보기 ●
>
> 　우주를 자적(自適)하면 우주는 멋이었다. 우주에 회의(懷疑)하면 우주는 슬픈 속(俗)이었다. 〈중략〉 한 바리 밥과 산나물로 족히 목숨을 이으고 일상(一床)의 서(書)가 있으니 이로써 살아 있는 복이 족하지 않은가. 시를 읊을 동쪽 언덕이 있고 발을 씻을 맑은 물이 있으니 어지러운 세상에 허물할 이가 누군가. 어찌 세상이 괴롭다 하느뇨. 이는 구태여 행복을 찾으려 함이니, 슬프다, 복을 찾는 사람이여. 행복이란 찾을수록 멀어가는 것이 아닌가.
>
> — 조지훈, 「멋 설(說)」 중에서
>
> ● 회의(懷疑) : 의심을 품음. 또는 마음속에 품고 있는 의심

① 현재의 행복과 즐거움에 만족하는 태도를 갖는 것은 어떨까?
② '청산'을 찾아가는 것은 도리어 행복으로부터 멀어지는 행위로군.
③ 내가 처한 곳에서 최선을 다하면 행복은 저절로 다가오는 법이지.
④ 현실이 괴롭다고 계속해서 새로운 곳만 찾으려는 것은 부질없는 행동이야.
⑤ 현실의 고통에 얽매이지 않고 유유자적하는 삶을 지향하는 것이 바람직하지.

손쉬운 **작품 검색**

청산별곡_작자 미상

주제 ▶ 삶의 고통과 비애

현실의 고통　　# 자연에서 살고 싶음　　# 체념
술로 고뇌 해소

특징 ▶ 상징적 · 비유적 표현과 시구의 반복을 통해 의미를 강조함.

청산과 바다　　# 이상향, 도피처　　# 믈 아래
속세　　# 살어리 살어리랏다　　# 소망

10 송인(送人) _정지상

'송인'은 '사람을 보내다'라는 의미이다. 임을 보내는 상황, 즉 이별의 상황에서 느끼는 화자의 안타까움과 슬픔을 아름답게 형상화하고 있는 작품이다.

雨歇長堤草色多 우 헐 장 제 초 색 다	비 개인 긴 둑엔 풀빛 더 파란데	➡ 기 : 봄날 강변의 아름다운 경치
送君南浦動悲歌 송 군 남 포 동 비 가	남포(南浦)에서 임 보내니 슬픈 노래 울린다.	➡ 승 : 이별의 슬픔
大洞江水何時盡 대 동 강 수 하 시 진	대동강 저 물은 그 언제나 다할 것인고?	➡ 전 : 대동강에 대한 원망
別淚年年添綠波 별 루 년 년 첨 록 파	㉠해마다 흘린 눈물로 푸른 물결 더 보태네.	➡ 결 : 이별의 한(恨)

★ 어휘 풀이

• 남포(南浦) : 평안남도 서남부에 위치한 대동강 하구의 포구 이름

작품 핵심 **단축키**

👁 임과의 이별을 슬퍼하는 화자	🔍 이별의 슬픔을 환기하는 '물'	✒ 대조
화자 — 화자는 이별의 공간인 ☐☐ ☐의 ☐☐에서 임을 떠나보내면서 이별의 슬픔을 드러내고 있음.	시어 — '비', '강', '물', '물결'은 '☐☐'의 이미지와 결합하면서 이별의 슬픔을 심화시킴.	표현 — 비가 내린 뒤 생명력이 넘치는 ☐☐의 모습과 임과 이별하는 인간의 처지가 대비됨.

1

윗글에 대한 설명으로 가장 적절한 것은?

① 생략*을 통해 화자의 심리를 감추고 있다.
② 이별의 상황을 공간적으로 형상화하고 있다.
③ 상황의 변화에 따른 태도의 변화를 드러내고 있다.
④ 부정적 현실을 극복해 나가려는 의지를 드러내고 있다.
⑤ 청자에게 말을 건네는 방식으로 친근감을 드러내고 있다.

⊘ 손쉬운 **개념**

★ 생략(省略)

문장을 완결하여 끝내지 않고, 구절을 간결하게 줄이거나 빼 버림으로써 표현에 변화를 주는 수사법이다. 독자에게 여운이나 암시를 주는 효과가 있다.

2

1~2행을 〈보기〉와 같이 도식화할 때, 빈칸에 들어갈 내용으로 가장 적절한 것은?

● 보기 ●

1행 : 비 갠 후 강변의 푸른 풀빛	←대조→	2행 : 임을 보내는 애절한 슬픔

효과 : _______________

① 의인법을 통해 인간과 자연의 조화를 보여 주고 있다.
② 상반되는 배경을 설정하여 상황을 아름답게 처리하고 있다.
③ 자연의 풍경과 이별의 상황을 대비하여 화자의 정서를 심화하고 있다.
④ 계절적 배경을 제시함으로써 선명한 이미지를 보여 주고 있다.
⑤ 색채 대비를 통해 미묘한 정서의 변화를 효과적으로 보여 주고 있다.

3 ㉠에 대한 설명으로 적절하지 <u>않은</u> 것은?

① 1행의 '풀빛'과 시각적으로 어울린다.
② 3행의 '언제나 다할 것인고?'와 의미가 호응한다.
③ 과장된 표현으로 이별의 슬픔을 강조하여 드러낸다.
④ 이별의 정한(情恨)*이 '푸른 물결'의 흐름으로 심화된다.
⑤ 해마다 더해 가는 삶의 무상감이 '푸른 물결'과 대응한다.

＊ 이별의 정한

사랑하는 임과의 이별에 대해 아쉬워하는 마음인 정(情)과, 사랑하는 임에 대한 원망인 한(恨)을 느끼는 것을 의미한다. 고전과 현대의 작품들에서 많이 찾아볼 수 있는 화자의 감정이다.

4 윗글과 〈보기〉를 비교하여 감상한 내용으로 적절하지 <u>않은</u> 것은?

─● 보기 ●─

이 비 그치면 / 내 마음 강나루 긴 언덕에
서러운 풀빛이 짙어 오것다.

푸르른 보리밭 길 / 맑은 하늘에
종달새만 무에라고 지껄이것다.

이 비 그치면 / 시새워 벙글벙글 고운 꽃밭 속
처녀애들 짝하며 새로이 서고

임 앞에 타오르는 / 향연(香煙)과 같이
땅에선 또 아지랑이 타오르것다.

− 이수복, 「봄비」

① 윗글과 〈보기〉는 모두 유사한 정서를 드러내고 있다.
② 〈보기〉와 달리 윗글은 도치법과 설의법을 활용하고 있다.
③ 〈보기〉와 달리 윗글은 임과 사별(死別)한 아픔을 보여 주고 있다.
④ 윗글과 달리 〈보기〉는 동일한 시구를 반복하여 운율을 형성하고 있다.
⑤ 윗글과 달리 〈보기〉는 배경을 생명력 넘치는 동적(動的) 이미지와 연결 짓고 있다.

손쉬운 **작품 검색**

송인_정지상

주제 ▶ 이별의 정한(情恨)

\# 남포 = 이별의 공간   \# 슬픈 노래
\# 마르지 않는 눈물

특징 ▶ 다양한 표현 방법을 통해 이별의 슬픔을 극대화함.

\# 풀빛   \# 슬픈 노래   \# 푸른 물결
\# 감각적 이미지   \# 설의법   \# 과장법

11 용비어천가(龍飛御天歌) _정인지 등

'용(龍)'은 왕을 상징한다. 그 용이 '날아[飛]', '하늘[天]의 뜻'에 따라 '세상을 다스린다[御]'는 의미가 '용비어천(龍飛御天)'이다. 세종은 훈민정음을 창제한 직후 조선 건국의 정당성을 알리는 이 노래를 짓도록 하였다.

EBS 다수록 작품

가 해동(海東) 육룡(六龍)이 ᄂᆞᄅᆞ샤 일마다 천복(天福)이시니.

고성(古聖)이 동부(同符)ᄒᆞ시니. 〈제1장〉

➜ 조선 건국의 정당성

✳ 우리나라의 여섯 용이 나시어 하시는 일마다 모두 하늘의 복을 받으시니.
(이것은) 중국의 옛 성군들이 하신 일과 부절을 맞춘 듯이 일치하시니.

나 불휘 기픈 남ᄀᆞᆫ ᄇᆞᄅᆞ매 아니 뮐씨 곶 됴코 여름 하ᄂᆞ니.

ᄉᆡ미 기픈 므른 ᄀᆞᄆᆞ래 아니 그츨씨 내히 이러 바ᄅᆞ래 가ᄂᆞ니. 〈제2장〉

➜ 조선 왕조의 무궁한 발전에 대한 기원

✳ 뿌리가 깊은 나무는 바람에 흔들리지 아니하므로, 꽃이 좋고 열매가 많으니.
샘이 깊은 물은 가뭄에 그치지 아니하므로, 내를 이루어 바다에 가나니.

다 말ᄊᆞᄆᆞᆯ 술ᄫᅵ리 하디 천명(天命)을 의심(疑心)ᄒᆞ실씨 ᄭᅮ므로 뵈아시니.

놀애를 브르리 하디 천명(天命)을 모ᄅᆞ실씨 ᄭᅮ므로 알외시니. 〈제13장〉

➜ 천명(天命)에 의한 조선 건국

✳ (주나라 무왕에게 은나라 주왕을 치라는) 말씀을 사뢰는 사람이 많되, (무왕이) 천명을 의심하시므로 (하늘이) 꿈으로써 (주왕을 치라고) 재촉하시니.
(고려 말에 이씨를 찬양하는) 노래를 부르는 사람이 많되, (태조가) 천명을 모르시므로 (나라를 세우지 않았더니 하늘이) 꿈으로 (그 천명을) 알리시니.

라 굴허에 ᄆᆞᄅᆞᆯ 디내샤 도ᄌᆞ기 다 도라가니 반(半) 길 노핀들 년기 디나리잇가.

석벽(石壁)에 ᄆᆞᄅᆞᆯ 올이샤 도ᄌᆞᄀᆞᆯ 다 자ᄇᆞ시니 현 번 ᄠᅱ운들 ᄂᆞ미 오ᄅᆞ리잇가. 〈제48장〉

➜ 태조의 비범한 능력과 투쟁에서의 승리

✳ (금나라 태조가) 골목에 말을 지나게 하시어 (뒤쫓아 오던) 도적이 다 돌아가니, 반 길 높이인들 다른 사람이 지나겠습니까?
(태조가) 돌 절벽에 말을 올리시어 도적을 다 잡으시니, 몇 번을 뛰어오르게 한들 남이 오르겠습니까?

마 천세(千世) 우희 미리 정(定)ᄒᆞ샨 한수(漢水) 북(北)에, 누인개국(累仁開國)ᄒᆞ샤 복년(卜年)이 ᄀᆞᆺ 업스시니.

성신(聖神)이 니ᅀᅡ샤도 경천근민(敬天勤民)ᄒᆞ샤ᅀᅡ 더욱 구드시리이다.

님금하 아ᄅᆞ쇼셔 ㉠낙수(洛水)예 산행(山行) 가 이셔 하나빌 미드니잇가. 〈제125장〉

➜ 후대 왕들에 대한 당부와 권계

✳ 천 년 전에 미리 (도읍지로) 정하신 한강 북쪽 땅(한양)에 여러 대에 걸쳐 어진 덕을 쌓아 나라를 여시어 점지해 받은 왕조의 운수가 끝이 없으시니.
성스러운 후대 왕이 대를 이으셔도 하늘을 공경하고 백성을 다스리는 데에 부지런히 힘쓰셔야 (왕조가) 더욱 굳건할 것입니다.
임금이시여, (다음 교훈을) 아소서. (하나라 태강왕이) 낙수에 사냥을 나가서 (할아버지가 이룬 것만을 믿고 백 일이 지나도록 돌아오지 않아 폐위를 당하였는데, 임금께서도) 할아버지(육조)만을 믿을 것입니까?

★ 어휘 풀이

- **동부(同符)** : 사물이나 현상이 서로 꼭 들어맞음. '부(符)'는 돌이나 나무로 만들어 신표로 삼던 물건인 '부절'의 준말로, 둘로 잘랐다가 신분 확인 시 맞추어 보았음.
- **뮐씨** : 흔들리므로
- **여름** : 열매
- **술ᄫᅵ리** : 사뢰는 사람, 드리는 사람
- **굴허에** : 구렁에, 골목에
- **년기** : 남이, 다른 사람이
- **우희** : 위에. (시기적으로) '이전에'의 뜻
- **누인개국(累仁開國)** : 어진 덕을 쌓아 나라를 엶.
- **복년(卜年)** : 왕조(王朝)의 운명을 이름.
- **경천근민(敬天勤民)** : 하늘을 공경하고 백성을 위하여 부지런히 일함.

작품 핵심 단축키

화자의 태도

화자 │ 화자는 조선 건국의 ☐☐☐을 천명하고 후대 왕들에게 권계하며, 왕조의 번영을 기원하고 있음.

번성한 왕조를 비유하는 시어

시어 │ 〈제2장〉의 '불휘 기픈 낢'은 ☐☐이 튼튼한 나라를, '시미 기픈 믈'은 유서가 깊은 나라를 비유하는 시어임.

비교법

표현 │ 〈제13, 48장〉에서는 전절에서 ☐☐ 역대 성왕의 사적을, 후절에서는 ☐☐ 육조의 행적을 드러내고 이를 비교함으로써 조선 건국의 정당성을 밝힘.

---

1 윗글에 대한 설명으로 적절하지 <u>않은</u> 것은?

① 설의법을 통해 시적 의미를 강조하고 있다.
② 비유적이고 함축적인 표현을 사용하고 있다.
③ 부름과 명령의 형식*을 통해 주제를 전달하고 있다.
④ 자연물을 의인화하여 상황을 생동감 있게 묘사하고 있다.
⑤ 유사한 시어와 통사 구조의 반복으로 운율을 형성하고 있다.

손쉬운 개념

＊ 부름과 명령의 형식

상대방을 부르는 형식은 '돈호법', 상대방에게 무엇을 시키거나 요구하는 형식은 '명령법'이며, 이 수사법은 강한 호소력과 권위를 느끼게 하는 효과가 있다.

2 〈보기〉를 고려하여 (가), (다), (라)의 내용을 풀이한 내용으로 적절하지 <u>않은</u> 것은?

> ── 보기 ──
>
> 「용비어천가」는 전절에서는 중국의 역대 성왕들의 행적을, 후절에서는 육조의 행적을 중심으로 한 조선의 사적을 노래하고 있다. 이를 통해 이 둘이 동등한 가치를 지닌 일임을 밝힘으로써 육조의 영웅적 면모를 강조하고, 조선 건국의 정당성을 부여하고자 한 것이다.

① (가)의 '해동(海東)'에서 (다)의 '말ᄊᆞᆷᆯ 솔ᄫᆞ리 하ᄃᆡ'와 '놀애를 브르리 하ᄃᆡ'와 같은 사건이 있었던 것이군.
② (가)에서 말한 '육룡(六龍)이 ᄂᆞᄅᄾᅡ'의 한 사례가 (라)의 '석벽(石壁)에 ᄆᆞᄅᆯ 올이샤 도ᄌᆞᄀᆞᆯ 다 자ᄇᆞ시니'이겠군.
③ (가)에서 언급한 '일'은 (다)에서 말한 '천명(天命)'과 관련된 것이겠군.
④ (가)에서 '천복(天福)'이 있었다는 주장의 근거는 (다)의 'ᄭᅮ므로 알외시니'이겠군.
⑤ (가)의 '고성(古聖)'이 동부(同符)'함은 (라)에서 '반(半) 길 노ᄑᆡᆫ들 ᄂᆞᆷ기 ᄃᆞ나리잇가'와 '현 번 ᄲᅱ운들 ᄂᆞ미 오ᄅᆞ리잇가'를 대응시킴으로써 드러냈군.

`기출 문제`

3 (나)와 (마)에 대한 설명으로 적절하지 <u>않은</u> 것은?

① (나)에서는 유사한 자연의 이치가 내포된 두 사례를 나란히 배열하고 있다.
② (마)에서는 행에 따라 종결 어미를 달리하고 있다.
③ (나)와 달리, (마)는 전언의 수신자를 명시하고 있다.
④ (마)와 달리, (나)는 한자어를 배제하고 순우리말의 어감을 살리고 있다.
⑤ (나)와 (마)는 모두 자연 현상과 인간의 삶을 대조적으로 보여 주고 있다.

4 〈보기〉의 ⓐ~ⓔ 중 (다)와 (라)를 통해 확인할 수 있는 것을 바르게 묶은 것은?

---- 보기 ----

영웅 서사시에서는 영웅의 ⓐ신이한 탄생과 ⓑ어린 시절 겪는 시련, 그 시련의 극복을 보여 준다. 그리고 ⓒ비범한 능력에 의한 투쟁에서의 승리가 나타난다. 한편 영웅에게는 ⓓ초월적 존재의 도움이 있으며, ⓔ위험으로부터 구출해 주는 현실적 조력자가 등장하기도 한다.

① ⓐ, ⓓ   ② ⓐ, ⓔ   ③ ⓑ, ⓒ   ④ ⓒ, ⓓ   ⑤ ⓓ, ⓔ

5 〈보기〉는 ㉠과 관련한 고사이다. 이를 참고하여 (마)를 감상한 내용으로 적절한 것은?

---- 보기 ----

하(夏)나라 시조인 우(禹)임금은 위대한 업적을 남긴 성군이었다. 하지만 그의 손자인 태강왕(太康王)은 할아버지의 공만 믿고 정사(政事)를 게을리하며 사냥만 일삼다가 왕위에서 쫓겨났다.

① 후대 왕들에게 환골탈태(換骨奪胎)를 부탁하고 있군.
② 후대 왕들이 부국강병(富國强兵)에 힘쓸 것을 당부하고 있군.
③ 후대 왕들로 하여금 온고지신(溫故知新)하도록 요구하고 있군.
④ 후대 왕들에게 와신상담(臥薪嘗膽)의 교훈을 일깨워 주고 있군.
⑤ 후대 왕들에게 반면교사(反面敎師)로 삼을 일을 제시하고 있군.

손쉬운 작품 검색

용비어천가_정인지 등

주제 ▶ 조선 건국의 정당성과 후대 왕에 대한 권계

\# 새 왕조의 창업   # 조선 건국의 정당성 강조
\# 조선을 건국한 육조(六祖)의 업적을 찬양
\# 왕권 확립과 수호   # 송축가

특징 ▶ 중국의 고사를 인용함으로써 조선의 정당성을 강조함.

\# 전절과 후절의 대구 형식
\# 전절_중국 역대 성인과 제왕의 사적
\# 후절_육조의 행적   #조선 건국은 하늘의 뜻!

12

오백 년 도읍지를~·눈 마자 휘어진 대를~·이 몸이 주거 가셔~

(가)는 고려의 유신으로서 폐허가 된 옛 도읍지를 돌아본 감회를 노래하고 있고, (나)는 두 왕조(고려와 조선)를 섬길 수 없다는 선비의 지조와 충절을 담고 있다. (다)는 사육신(死六臣)의 한 사람인 작가가 단종의 복위를 꾀하다가 발각되어 처형될 때 자신의 충정을 노래한 작품이다.

가 오백 년(五百年) 도읍지(都邑地)를 필마(匹馬)로 도라드니
산천(山川)은 의구(依舊)ᄒ되 인걸(人傑)은 간듸 업다
어즈버 태평연월(太平烟月)이 쑴이런가 ᄒ노라

— 길재

✻ 오백 년이나 이어 온 고려의 옛 도읍지에 혼자서 말을 타고 돌아오니,
산천은 예나 다름없으나 인걸은 간 데 없다.
아아, 고려의 태평했던 시절이 한낱 꿈인 듯하구나.

나 눈 마자 휘어진 대를 뉘라셔 굽다튼고
구블 절(節)이면 눈 속에 프를소냐
아마도 세한 고절(歲寒高節)은 너쑨인가 ᄒ노라

— 원천석

✻ 눈 맞아 휘어진 대나무를 누가 굽었다고 했던가?
(쉽게) 굽어질 절개면 눈 속에서 푸르겠는가?
아마도 극심한 한겨울 추위 속에서 홀로 절개를 지키는 이는 너뿐인가 하노라.

다 이 몸이 주거 가셔 무어시 될소 ᄒ니
봉래산(蓬萊山) 제일봉(第一峰)에 낙락장송(落落長松) 되야 이셔
백설(白雪)이 만건곤(滿乾坤)ᄒ올 제 독야청청(獨也靑靑)ᄒ리라

— 성삼문

✻ 이 몸이 죽은 뒤에 무엇이 될까 생각해 보니
봉래산 제일 높은 봉우리에 우뚝 솟은 소나무가 되어서
흰 눈이 온 세상을 덮을 때 홀로 푸르리라.

⭐ 어휘 풀이

- **필마(匹馬)** : 데리고 가는 사람 없이 혼자서 말을 타고 감.
- **인걸(人傑)** : 특히 뛰어난 인재(人材)
- **절(節)** : 절개. 신념, 신의 따위를 굽히지 아니하고 굳게 지키는 꿋꿋한 태도
- **봉래산(蓬萊山)** : 여름의 금강산을 달리 이르는 말

🥤 작품 핵심 단축키

👁 **(다) – 화자의 태도**	🔍 **(나) – 시어의 대비**	✒ **(가) – 운율의 형성**
화자 (다)의 화자는 자신이 죽는다면 ''으로 태어나 눈 속에서도 끝까지 푸르겠다는 의지적 태도를 보임.	**시어** (나)에서는 대조적 의미의 시어인 '눈'과 ''를 통해 화자가 지향하는 바를 드러냄.	**표현** (가)에서는 3·4조 또는 4·4조의 음보 율격을 활용해 리듬감을 형성함.

1 (가)~(다)에 대한 설명으로 적절한 것은?

① (가)와 (나)는 감탄사를 활용하여 화자의 집약된 감정을 드러내고 있다.
② (가)와 (다)는 색채의 대비*를 통해 시어의 함축적 의미를 강조하고 있다.
③ (나)와 (다)는 자연물을 활용하여 우의적으로 주제를 드러내고 있다.
④ (가)~(다)는 모두 대상을 의인화하여 대상의 면모를 강조하고 있다.
⑤ (가)~(다)는 모두 설의적 표현을 사용하여 화자의 태도를 강조하고 있다.

2 〈보기〉를 바탕으로 (가)를 이해한 내용으로 적절하지 <u>않은</u> 것은?

> ● 보기 ●
>
> (가)의 작가는 고려 왕조가 몰락하자 벼슬을 그만두고 고향에 은거하다가 영화로 웠던 고려의 옛 도읍지인 개성을 찾게 된다. 개성을 돌아보며 고려의 충신들이 사라진 현실에 대한 안타까움과 유한한 인간사에서 오는 무상감을 느끼게 되고 작가는 자신의 이러한 감회를 한 편의 시조에 담아 표현하였다.

① '오백 년 도읍지'는 단절된 고려 왕조의 시간과 공간을 표현한 것으로, 망국의 안타까움을 담고 있다고 할 수 있겠군.
② '필마'는 벼슬을 그만둔 채 고려의 옛 도읍지를 돌아보는 화자의 처지가 반영된 소재라고 할 수 있겠군.
③ '산천'은 변함이 없는데 고려의 옛 '인걸'들은 찾을 수 없는 상황이 화자에게 무상감을 환기시키고 있다고 할 수 있겠군.
④ '태평연월'은 화자가 지향하는 가치로, 옛 고려 왕조를 되찾겠다는 의지를 담고 있는 시어라고 할 수 있겠군.
⑤ '꿈이런가 ᄒ노라'는 고려 왕조의 영화가 부질없는 꿈처럼 덧없이 사라진 데에서 오는 화자의 고뇌를 담고 있는 표현으로 볼 수 있겠군.

3 기출 문제
〈보기〉를 바탕으로 (나)를 감상한 내용으로 적절하지 <u>않은</u> 것은?

> ● 보기 ●
>
> (나)의 작가 원천석은 고려 말의 학자이자 문인이다. 이성계가 새로운 왕조를 세우려 하자, 고려의 신하들은 그에게 협력하는 사람과 격렬하게 저항하는 사람으로 나뉘었다. 이 상황에서 작가는 새 왕조에 반대하여 치악산에 은거하였다. 조선 건국 후 태종이 즉위하여 여러 차례 벼슬을 내리고 그를 불렀으나 끝내 응하지 않았다. (나)는 이런 상황을 반영하고 있다.

① 초장의 '눈'은 새로운 왕조에 협력을 강요하는 세력을 의미한다고 볼 수 있겠군.
② 초장의 '휘어진'은 이성계 세력에 강력하게 맞서지 않고 은거한 작가의 삶과 관련된다고 볼 수 있겠군.
③ 중장의 '절(節)'은 고려의 신하로서 새 왕조에 반대하고 끝내 벼슬을 거절한 것과 관련된다고 볼 수 있겠군.
④ 중장의 '눈 속에 프를소냐'는 새 왕조에 협력하는 사람들에 대한 원망이 담겨 있다고 볼 수 있겠군.
⑤ 종장의 '너'는 초장의 '대'와 동일한 대상으로, 조선의 건국 과정에서 보여 준 작가의 태도와 유사한 특성을 가지고 있다고 볼 수 있겠군.

---

4. (다)의 화자와 〈보기〉의 화자가 공통적으로 지향하는 삶의 가치로 가장 적절한 것은?

> ● 보기 ●
>
> 바람에 휘엿노라 구븐 솔 웃지 마라.
> 춘풍(春風)에 픠온 곳이 매양에 고아시랴.
> 풍표표(風飄飄) 설분분(雪紛紛)할 제 네야 날을 부로리라.
>
> – 안평 대군
>
> - **고아시랴** : 곱겠느냐
> - **풍표표 설분분할 제** : 바람 세차게 불고 눈 흩날릴 때
> - **부로리라** : 부러워하리라

① 자연을 벗하며 살면서 세속적 가치에 초연한 삶
② 시련을 겪을수록 더욱 강인해지는 생명력이 넘치는 삶
③ 타인의 고난과 아픔을 공유하며 함께 극복해 나가는 삶
④ 겉으로 드러나는 외양보다 내면의 아름다움을 중시하는 삶
⑤ 힘겨운 상황에서도 시류에 영합하지 않고 소신을 지키는 삶

손쉬운 작품 검색

오백 년 도읍지를~ _ 길재

주제 ▶ 망국의 한과 회고의 정

오백 년이나 이어온 왕조_고려
조선의 건국　# 변해 버린 도읍지　# 허망하다

특징 ▶ 대조법을 활용하여 무상감을 부각함.

산과 강_그 모습 그대로　# 자연_변하지 않음
그 많던 고려의 인재들이 사라짐　# 인간_변함

눈 마자 휘어진 대를~ _원천석

주제 ▶ 대나무의 절개를 예찬함, 고려 왕조에 대한 충성심

고려 멸망　# 조선 건국
고려 왕조의 충신으로 남고자 하는 화자

특징 ▶ 대조적 시어를 사용하여 주제를 드러내고 있음.

눈 ↔ 대나무　# 대나무를 휘게 하는 눈_시련
대나무_눈 속에서 푸르름을 지키는 존재

이 몸이 주거 가셔~ _성삼문

주제 ▶ 죽어서도 변할 수 없는 절개, 임(단종)에 대한 충절

죽음_극한 상황의 설정　# 단종_세조로 인해 유배를
간 임금　# 영원히 임(단종)을 따르겠다

특징 ▶ 소나무를 통해 화자의 의지를 우의적으로 표현함.

눈 속에서도 푸른 소나무　# 소나무 = 화자
눈 = 시련　# 임(단종)에 대한 변함없는 화자의 충절

13 십 년을 경영ᄒ여~·짚방석 내지 마라~·두류산 양단수를~

(가)는 초려 삼간에서 자연과 함께 살고 싶은 마음을 노래한 작품이다. (나)는 '낙엽', '달'과 같은 소재를 통해 자연에서의 소박한 풍류를 드러내고 있다. (다)는 구체적인 공간 묘사를 통해 이상향으로서의 자연의 모습을 그리고 있다.

가 십 년(十年)을 경영(經營)ᄒ여 ㉠초려 삼간(草廬三間) 지여 내니
나 ᄒ 간 달 ᄒ 간에 청풍(淸風) ᄒ 간(間) **맛져 두고**
㉡강산(江山)은 들일 ᄃᆡ 업스니 둘러 두고 보리라.

– 송순

✳ 십 년을 계획하여 세 칸짜리 초가집을 지어 내니,
나 한 칸, 달 한 칸, 맑은 바람에게 한 칸씩 맡겨 두고,
강산은 들여놓을 곳이 없으니 (집 주위에) 둘러놓고 보리라.

나 짚방석 내지 마라 낙엽(落葉)엔들 못 앉으랴.
솔불* 혀지 마라 어제 진 달 돋아 온다.
아희야 ㉢박주산채(薄酒山菜)일망정 없다 말고 내어라.

– 한호

✳ 짚방석 내지 마라. 낙엽엔들 못 앉겠느냐.
관솔불 켜지 마라. 어제 진 달이 돋아 온다.
아이야, 변변하지 못한 술과 산나물일지라도 없다 말고 내어 오너라.

다 ㉣**두류산(頭流山)** 양단수(兩端水)를 녜 듯고 이제 보니
도화(桃花) 쁜 묽은 물에 산영(山影)조ᄎ 잠겻셰라.
아희야 무릉(武陵)이 어듸오 ㉤나는 옌가 ᄒ노라.

– 조식

✳ 지리산 양단수를 옛날에 듣고 이제 보니,
복숭아꽃 뜬 맑은 물에 산 그림자까지 어려 있구나.
아이야, 무릉도원이 어디냐? 나는 여기인가 하노라.

★어휘 풀이

- **솔불** : 관솔불. 송진이 많이 엉긴, 소나무의 가지에 붙인 불
- **박주산채(薄酒山菜)** : 맛이 변변하지 못한 술과 산나물
- **두류산(頭流山)** : 지리산의 다른 이름
- **양단수(兩端水)** : 두 갈래로 갈라져 흐르는 물줄기
- **산영(山影)** : 산의 그림자

작품 핵심 단축키

👁 (가) – 자연 속에서 사는 화자

화자 (가)의 화자는 작은 초가집에서 자연과 더불어 살면서 ☐☐ ☐☐하고자 하는 태도를 드러냄.

🔍 (다) – 시어의 기능

시어 (다)에서는 ☐☐라는 소재를 통해 동양적 이상향인 '무릉'을 연상케 하는 방식으로 자연의 아름다움을 강조함.

🖊 (나) – 대조법

표현 (나)에서는 인위적인 '짚방석'과 '☐☐'을 자연적인 '☐☐', '달'과 대비시켜 자연 친화적인 태도를 드러냄.

1 (가)~(다)의 공통점으로 가장 적절한 것은?

① 과거의 삶에 대해 미련이 남아 있다.
② 특정 대상을 그리워하는 정서가 드러나 있다.
③ 시적 현실에 대한 화자의 만족감이 나타나 있다.
④ 시대 현실에 대한 풍자 의식을 바탕으로 하고 있다.
⑤ 현재의 상황이 개선되리라는 기대감이 나타나 있다.

2 ㉠~㉤에 대한 설명으로 적절하지 <u>않은</u> 것은?

① ㉠ : 자연에서의 삶을 추구하는 구체적 공간이다.
② ㉡ : 화자가 함께하기를 거부하는 대상 중 하나에 해당한다.
③ ㉢ : 욕심 없이 살아가는 소박한 삶에 대한 추구가 나타나 있다.
④ ㉣ : 화자가 이상적인 공간으로 여기고 예찬하는 대상이다.
⑤ ㉤ : 화자가 직접적으로 자신의 생각을 밝혀 전달하고자 하는 바를 강조하고 있다.

3 (나)에 나타난 표현상의 특징으로 적절한 것을 〈보기〉에서 모두 고른 것은?

─● 보기 ●─

ㄱ. 대립적인 시어를 병치*하여 화자가 추구하는 바를 드러내고 있다.
ㄴ. 설의적 표현*을 사용하여 대상에 대한 화자의 태도를 강조하고 있다.
ㄷ. 자연물에 감정을 이입하여 화자의 정서가 변화하는 양상을 드러내고 있다.
ㄹ. 영탄적 표현*을 사용하여 대상이 지닌 아름다움의 속성을 부각하고 있다.

① ㄱ, ㄴ　　② ㄱ, ㄷ　　③ ㄴ, ㄷ　　④ ㄴ, ㄹ　　⑤ ㄷ, ㄹ

4 〈보기〉의 관점에서 (가)~(다)를 이해한 내용으로 적절하지 <u>않은</u> 것은?

─● 보기 ●─

　'강호 한정(江湖閑情)'은 자연 속의 한가롭고 평화로운 분위기에서 느껴지는 정서를 말한다. 사대부들은 한가로움을 느끼는 대상으로서의 자연을 단순한 자연물의 집합체가 아니라, 도(道)가 구현된 완전한 세계라고 인식하였다. 따라서 자연에 대한 지향은 곧 학문을 닦는 것과 마찬가지로 보다 완전한 존재로서 자신을 수양하는 과정의 하나이며, 이때 등장하는 자연물 역시 그러한 의미를 담고 있는 대상물로 인식될 수 있는 것이다.

① (가)에서 '십 년을 경영'했다는 것은 완전한 존재로서 자신을 수양하는 과정으로도 볼 수 있겠군.
② (가)에서 '맞겨 두고'는 자연과 항상 함께하고자 하는 지향 의식이 구체화된 표현이라고 볼 수 있겠군.
③ (다)에서 '두류산'은 단순한 자연물의 집합체가 아니라, 도(道)가 구현된 완전한 세계로 화자에게 인식되고 있군.
④ (나)와 (다)의 '아희'는 화자에게 자연에 대한 지향 의식이 형성되는 계기를 마련해 주는 대상으로 인식되고 있군.
⑤ (가)~(다)의 화자 모두 평화로운 자연의 풍경 속에 있다는 점에서 강호 한정의 정서 상태를 보인다고 할 수 있겠군.

☉ 손쉬운 개념

＊ 병치
두 가지 이상의 대상을 나란히 제시하는 표현 방식으로, 병치의 방법을 사용하면 대상의 특성이나 의미를 부각하여 드러낼 수 있다.

＊ 설의적 표현
설의적 표현은 이미 주어진 답의 내용이 있음에도 불구하고 물음의 형식을 사용하여 표현하는 방식이다. 예를 들어 '이 얼마나 아름다운 세상인가?'는 아름다운 세상임을 강조하기 위한 의도로 물음의 형식을 사용한 표현이다.

＊ 영탄적 표현
'아, 오!'와 같은 감탄사나 '－구나, －노라' 같은 어미 등을 사용해 감정을 강하게 드러내는 표현법을 의미한다.

5 (가)의 화자와 (다)의 화자가 만나 대화를 나누었다고 할 때, 그 내용으로 적절하지 <u>않은</u> 것은?

> (가)의 화자 : 저는 십 년이란 시간 동안 자연에서 지낼 준비를 했지요. 당신은 지리산에 어떻게 오게 되었나요? ······························ ①
>
> (다)의 화자 : 음……. 저는 지리산에 대한 이야기를 들었던 기억을 바탕으로 찾아오게 되었지요. 당신도 자연을 사랑하는 마음이 깊군요. ············ ②
>
> (가)의 화자 : 네, 그래서 달과 바람과 함께 지내고 싶어 방을 한 칸씩 내어 주었죠. 당신이 본 자연은 어땠나요? ····························· ③
>
> (다)의 화자 : 물가에 산 그림자가 비치고, 복숭아꽃이 물결을 따라 흘러가는 풍경은 과거에 대한 그리움을 더해 주었지요. ······················ ④
>
> (가)의 화자 : 정말 아름다웠겠군요. 제게 달과 바람이 지니는 의미나 당신에게 산영(山影)이 지니는 의미는 모두 통한다고 볼 수 있겠군요. ·············· ⑤

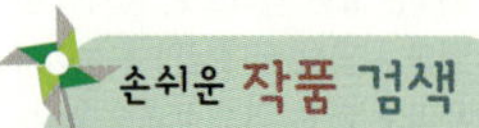

손쉬운 작품 검색

십 년을 경영ᄒ여~ _ 송순

주제 ▶ 자연애와 안빈낙도(安貧樂道)

\# 10년 동안의 계획 \# 자연과 함께하는 삶
\# 달 \# 청풍 \# 강산 \# 만족감

특징 ▶ 자연을 소유의 대상이 아닌 동등한 인격체로 여기는 물아일체의 자연관이 나타남.

\# 자연은 내 친구 \# 나 방 한 칸
\# 달에게 방 한 칸 \# 바람에게도 방 한 칸

짚방석 내지 마라~ _ 한호

주제 ▶ 산촌에서의 안빈낙도

\# 자연 속에서의 삶   \# 박주산채_소박한 삶
\# 가진 게 없어도 만족하는 삶

특징 ▶ 대비되는 소재를 병치하여 시상을 전개함.

\# 낙엽, 달 = 자연적 소재 \# 짚방석, 솔불 = 인위적 소재
\# 인위적인 것은 싫어! \# 있는 그대로의 자연이 좋아

두류산 양단수를~ _ 조식

주제 ▶ 두류산의 절경 예찬

\# 지리산 \# 이곳이 무릉도원 \# 아름다운 풍경

특징 ▶ 문답법을 통해 화자의 감흥을 부각함.

\# 스스로 묻고 답하기 \# 종장 \# 아이야
\# 무릉도원이 어디냐?_물음 \# 나는 여기인가 하노라_답

14 동지ㅅ둘 기나긴 밤을~·이화우 흣뿌릴 제~·묏버들 갈히 것거~

(가)~(다)는 모두 기녀들의 작품으로, 자신의 감정을 순수하고 솔직하게 드러내었다. (가)는 임과의 재회에 대한 소망을, (나)는 임을 그리워하는 마음을, (다)는 임에 대한 순수한 사랑을 감상적으로 드러내고 있다.

가 ㉠동지(冬至)ㅅ둘 기나긴 밤을 한 허리를 버혀 내여,
춘풍(春風) 니블 아래 서리서리 너헛다가,
어론 님 오신 날 밤이여든 구뷔구뷔 펴리라.

* 동짓달 기나긴 밤의 한가운데를 베어 내어
봄바람처럼 따뜻한 이불 아래 서리서리 넣어 두었다가
정든 임이 오시는 날 밤이면 굽이굽이 펴리라.

– 황진이

나 ㉡이화우(梨花雨) 흣뿌릴 제 울며 잡고 이별한 임
추풍낙엽(秋風落葉)에 저도 날 생각는가.
천 리(千里)에 외로운 꿈만 오락가락 하노매.

* 배꽃이 비처럼 흩날릴 때 울며 (손을) 잡고 이별한 임
가을바람에 나뭇잎 떨어지는 이때에 임도 나를 생각하고 계실까?
천 리 떨어진 곳에서 외로운 꿈만 오락가락하는구나.

– 계랑

다 ㉢묏버들 갈히 것거 보내노라 님의손디
자시는 창(窓) 밧긔 심거 두고 보쇼셔.
밤비예 새닙곳 나거든 날인가도 너기쇼셔.

* 산에 있는 버들가지 중에서 (아름다운 것을) 골라 꺾어 임에게 보내노라.
주무시는 방의 창문 밖에 심어 두고 보소서.
밤비에 새잎이 나면 마치 나를 본 것처럼 여기소서.

– 홍랑

어휘 풀이
- **어론** : 사랑하는, 정분을 맺은
- **갈히** : 가리어, 골라
- **새닙곳** : 새잎만. '곳'은 강세의 뜻을 나타내는 보조사

작품 핵심 단축키

(다) – 임을 그리워하는 화자
화자 (다)의 화자는 이별한 임에게 '▢▢▢'을 보내고 새잎이 나거든 자신이라고 여겨 주기를 소망하고 있음.

(나) – 시어의 기능
시어 (나)에서는 봄을 나타내는 시어 '이화우'와 가을을 나타내는 시어 '▢▢▢▢'을 통해 시간의 변화를 나타냄.

(가) – 추상적 개념의 구체화
표현 (가)에서는 추상적 개념인 '동지ㅅ둘 기나긴 ▢'이라는 ▢▢을 '한 허리를 버혀' 낸다고 함으로써 구체화하여 표현함.

1 (가)~(다)의 공통점으로 가장 적절한 것은?

① 대상의 부재가 창작의 계기가 되고 있다.
② 대상에 대한 예찬적인 태도가 드러나 있다.
③ 미래에 대한 희망적인 전망이 제시되어 있다.
④ 현재 상황에 대한 긍정적인 인식이 드러나 있다.
⑤ 자연과의 조화로운 삶에 대한 소망이 드러나 있다.

2 (다)의 창작 과정에서 고려했을 사항으로 적절하지 <u>않은</u> 것은?

① 도치법*을 사용하여 정서를 표현하자.
② 상징적인 의미를 지닌 소재를 활용하자.
③ 과장법과 연쇄법을 통해 상황을 제시하자.
④ 특정 어미를 반복하여 간절한 소망을 전하자.
⑤ 자연물을 이용해 임을 향한 마음을 드러내자.

손쉬운 개념

＊ **도치법**
문장 성분의 어순을 바꾸어서 뜻
을 강조하는 표현이다.

3 〈보기〉를 참고할 때, 다음 시의 ⓐ~ⓔ 중 (가)와 동일한 표현이 나타난 것은?

● 보기 ●

　(가)는 '밤'의 한 부분을 베어 내어 보관했다가 임이 오시는 날 밤에 펼치겠다고
하고 있다. 이는 추상적 개념인 '시간'을 구체적인 사물로 전환하여 표현한 것이다.

> ⓐ<u>까마득한 날에</u>
> 하늘이 처음 열리고
> 어디 닭 우는 소리 들렸으랴.
>
> ⓑ<u>모든 산맥들이</u>
> 바다를 연모해 휘달릴 때도
> 차마 이곳을 범하진 못하였으리라.
>
> ⓒ<u>끊임없는 광음(光陰)을</u>
> 부지런한 계절이 피어선 지고
> 큰 강물이 비로소 길을 열었다.
>
> 지금 눈 내리고
> ⓓ<u>매화 향기 홀로 아득하니</u>
> 내 여기 가난한 노래의 씨를 뿌려라.
>
> 다시 천고(千古)의 뒤에
> 백마 타고 오는 초인이 있어
> ⓔ<u>이 광야에서 목 놓아 부르게 하리라.</u>
>
> — 이육사, 「광야(曠野)」

① ⓐ　　　② ⓑ　　　③ ⓒ　　　④ ⓓ　　　⑤ ⓔ

4 ㉠~㉢의 의미 및 기능으로 적절한 것끼리 묶인 것은?

	㉠	㉡	㉢
①	자연의 시간	봄비의 미화	화자의 소망이 응축된 사물
②	임과의 재회의 시간	이별의 이미지	화자의 원망이 담긴 대상
③	재회를 가로막는 장애물	계절감의 표현	이별의 징표
④	임이 부재하는 시간	애상적 분위기 조성	화자의 분신
⑤	낭만적 분위기 강조	임과 이별하는 순간	화자가 부러워하는 대상

손쉬운 작품 검색

동지ㅅ돌 기나긴 밤을~ _황진이

주제 ▶ 임을 기다리는 애타는 마음

\# 오지 않는 임 \# 동지_임을 기다리는 긴 시간 \# 그리움

특징 ▶ 추상적인 개념을 구체적으로 형상화함.

\# 기나긴 밤을 베어 냄 \# 밤 \# 시간_추상적인 개념
\# 시간을 눈에 보이는 구체적인 사물처럼 표현

이화우 흩뿌릴 제~ _계랑

주제 ▶ 임을 그리워하는 마음

\# 과거에 이별한 임 \# 이별_슬픔 \# 외로움 \# 그리움

특징 ▶ 임과의 이별로 느끼는 시간적·공간적 거리감을 형상화함.

\# 봄에 이별 \# 가을이 되어도 소식이 없는 임
\# 봄 → 가을_계절의 변화 \# 시간적 거리
\# 천 리_먼 거리 \# 공간적 거리 \# 그리움 심화

묏버들 갈히 것거~ _홍랑

주제 ▶ 임에 대한 그리움과 사랑

\# 사랑의 선물 \# 묏버들 \# 날 생각해 줘

특징 ▶ 자연물을 소재로 임에 대한 지고지순한 사랑을 전함.

\# 묏버들 새잎 \# 화자의 분신 \# 화자를 떠올리게 하는 매개체 \# 임의 곁에 있고 싶은 마음

15 도산십이곡(陶山十二曲)_이황

'도산십이곡(陶山十二曲)'은 도산 서원에서 지은 열두 곡을 뜻한다. 이 작품은 벼슬에서 물러난 이황이 고향에 돌아와 도산 서원에서 후학을 양성하면서 지은 전 12수의 연시조로, 자연을 통해 유교적 질서와 이상을 노래하고 있다.

가 이런들 엇더ᄒ며 뎌런들 엇더ᄒ료.

　　초야우생(草野愚生)이 ㉠이러타 엇더ᄒ료.

　　ᄒ믈며 천석고황(泉石膏肓)을 고텨 므슴ᄒ료.　〈제1곡〉

　　➜ 자연에 대한 깊은 사랑

* 이런들 어떠하며 저런들 어떠하겠는가?

시골에 묻혀 사는 어리석은 사람이 이렇게 산들 어떠하겠는가?

하물며 자연을 사랑하고 즐기는 병을 고쳐 무엇 하겠는가?

나 연하(煙霞)로 지블 삼고 풍월(風月)로 버들 사마,

　　태평성대(太平聖代)예 병(病)으로 늘거 가뇌,

　　㉡이 듕에 ᄇ라ᄂ 이른 허므리나 업고쟈.　〈제2곡〉

　　➜ 자연과의 동화와 허물 없는 삶의 추구

* 안개와 노을로 집을 삼고, 바람과 달로 벗을 삼아

태평성대에 병으로 늙어 가지만,

이 중에 바라는 일은 허물이나 없었으면 하네.

다 고인(古人)도 날 몯 보고 나도 고인(古人) 몯 뵈.

　　㉢고인(古人)을 몯 뵈도 녀던 길 알픠 잇ᄂ.

　　녀던 길 알픠 잇거든 아니 녀고 엇뎔고.　〈제9곡〉

　　➜ 옛 성현들의 삶을 따르고자 하는 의지

* 옛 성현도 나를 보지 못하고 나도 옛 성현을 뵙지 못하네.

옛 성현들을 못 뵈어도 그분들이 가던 길(학문 수양의 길)이 앞에 있네.

가던 길(올바른 길)이 앞에 있는데 아니 가고 어찌할 것인가?

라 당시(當時)예 녀던 길흘 몃 ᄒ를 ᄇ려두고,

　　㉣어듸 가 ᄃ니다가 이제아 도라온고.

　　이제아 도라오나니 녀 ᄃ ᄆᄋ 마로리.　〈제10곡〉

　　➜ 학문 수양에 정진하려는 의지

* 당시에 가던 길을 몇 해나 버려두고,

어디 가서 다니다가 이제서야 돌아왔는가?

이제야 돌아왔으니 다른 데 마음 두지 않겠노라.

마 청산(靑山)은 엇뎨ᄒ야 만고(萬古)애 프르르며,

　　유수(流水)는 엇뎨ᄒ야 주야(晝夜)애 긋디 아니ᄂ고.

　　우리도 그치디 마라 ㉤만고상청(萬古常靑)호리라.　〈제11곡〉

　　➜ 끊임없이 학문을 수양하려는 의지

* 푸른 산은 어찌하여 변함없이 푸르르며,

흐르는 물은 어찌하여 밤낮으로 그치지 않는가?

우리도 그치지 말아 영원히 푸르리라.

★ **어휘 풀이**

- **초야우생(草野愚生)** : 시골에 묻혀 사는 어리석은 사람
- **천석고황(泉石膏肓)** : 자연의 아름다운 경치를 몹시 사랑하고 즐기는 성벽(性癖)
- **연하(煙霞)** : 안개와 노을. 고요한 자연의 경치
- **고인(古人)** : 옛 어른. 옛 성현
- **녀던 길** : 가던 길. 학문 수양에 힘쓰던 길
- **만고상청(萬古常靑)** : 아주 오랜 세월 동안 변함없이 언제나 푸름.

 작품 핵심 **단축키**

 화자의 삶의 태도	자연을 의미하는 시어	설의법
화자 화자는 □□에 묻혀 살고 싶은 소망과 학문 수양에 대한 의지를 드러냄.	**시어** (나)의 '연하', '□□', (마)의 '□□', '유수'는 모두 자연을 의미함.	**표현** (라)의 중장과 (마)의 □□에서는 공통적으로 설의적 표현이 사용됨.

1 (가)~(마)에 대한 설명으로 적절하지 <u>않은</u> 것은?

① (가) : 설의법을 사용하여 화자의 생각을 전달하고 있다.
② (나) : 대조적인 소재를 제시함으로써 주제를 강조하고 있다.
③ (다) : 연쇄적 표현*을 사용하여 시상을 전개하고 있다.
④ (라) : 단호한 어조로 화자의 의지를 드러내고 있다.
⑤ (마) : 유사한 문장 구조의 반복을 통해 운율을 형성하고 있다.

2 ㉠~㉤에 대한 설명으로 적절하지 <u>않은</u> 것은?

① ㉠ : '천석고황(泉石膏肓)'과 함축적 의미가 유사하다.
② ㉡ : 화자가 처한 부정적 상황을 의미한다.
③ ㉢ : 화자가 본받고자 하는 대상에 해당한다.
④ ㉣ : 반성적 의미가 내포되어 있는 말이다.
⑤ ㉤ : 화자가 추구하는 삶을 환기하는 말이다.

3 〈보기〉를 참고하여 윗글을 감상한 내용으로 적절하지 <u>않은</u> 것은?

> ● 보기 ●
>
> 「도산십이곡」은 이황이 벼슬을 사직하고 고향에 돌아와 아름다운 자연 속에서 학문 수양을 하면서 지은 연시조이다. 전체 12수 중에서 전 6곡은 '언지(言志)'라고 하는데 자연에 묻혀 살고 싶은 소망을 노래하고 있다. 후 6곡은 '언학(言學)'이라고 하는데 학문 수양에 임하는 자세를 노래하고 있다. 이 작품에서 자연은 인생의 교훈을 깨닫게 해 주는 대상이라 할 수 있다.

① (가)의 '초야우생'은 벼슬을 떠나 자연 속에서 생활하는 화자를 표현한 말이다.
② (나)의 '연하'와 '풍월'은 자연에서 살고 싶은 화자의 소망을 나타내는 소재이다.
③ (다)의 '녀던 길'은 학문 수양의 길로서 화자가 추구하는 삶의 자세를 환기한다.
④ (라)의 '년 듸'는 화자가 궁극적으로 도달하고자 하는 삶의 최종 목표를 가리킨다.
⑤ (마)의 '청산'과 '유수'는 화자에게 학문 수양의 올바른 자세를 깨닫게 해 주는 자연물에 해당한다.

손쉬운 작품 검색

도산십이곡_이황 

주제 ▶ 자연에 묻혀 살고 싶은 소망과 학문 수양에의 다짐

\# 속세를 떠남   \# 자연이 좋아   \# 학문에 정진하는 삶의 자세   \# 자연_불변하는 존재   \# 자연을 본받자

특징 ▶ 전 6곡 언지(言志)와 후 6곡 언학(言學), 총 12수로 구성됨.

\# 화자의 두 가지 마음   \# 자연을 즐기는 삶   \# 학문 수양의 의지   \# 제1~6곡_언지   \# 제7~12곡_언학

16 상춘곡(賞春曲) _정극인

'상춘곡(賞春曲)'은 '봄을 맞아 경치를 구경하며 즐기는 노래'를 뜻한다. 이 작품은 조선 시대 사대부들이 현실에서 벗어나 자연을 벗 삼아 지내면서 지어 부른 시가 창작의 한 경향인 강호가도의 대표 작품이라 할 수 있다.

㉠홍진(紅塵)에 뭇친 분네 이내 생애(生涯) 엇더ᄒ고.

넷사롬 풍류(風流)를 미출가 뭇 미출가.

천지간(天地間) 남자(男子) 몸이 날만 ᄒ 이 하건마ᄂᆞᆫ,

산림(山林)에 뭇쳐 이셔 지락(至樂)을 ᄆᆞᄅᆞᆯ 것가.

수간모옥(數間茅屋)을 벽계수(碧溪水) 앏픠 두고,

송죽(松竹) 울울리(鬱鬱裏)예 풍월주인(風月主人) 되여셔라.
　　　　　　➡ 서사 : 자연에 묻혀 풍류를 즐기는 생활에 대한 자부심

엇그제 겨을 지나 새봄이 도라오니,

[A]
도화 행화(桃花杏花)ᄂᆞᆫ 석양리(夕陽裏)예 퓌여 잇고,

녹양방초(綠楊芳草)ᄂᆞᆫ 세우 중(細雨中)에 프르도다.

칼로 ᄆᆞᆯ아 낸가 붓으로 그려 낸가,

조화신공(造化神功)이 물물(物物)마다 헌ᄉᆞᆸ다.

㉡수풀에 우ᄂᆞᆫ 새ᄂᆞᆫ 춘기(春氣)를 ᄆᆞᆺ내 계워 소ᄅᆡ마다 교태(嬌態)로다.
　　　　　　➡ 본사 1 : 봄의 경치

물아일체(物我一體)어니 흥(興)이ᄋᆡ 다를소냐.

시비(柴扉)예 거러 보고 정자(亭子)애 안자 보니,

㉢소요음영(逍遙吟詠)ᄒ야 산일(山日)이 적적ᄒᆞᆫ듸,

한중진미(閑中眞味)를 알 니 업시 호재로다.
　　　　　　➡ 본사 2 : 한가로운 봄의 흥취

㉣이바 니웃드라, 산수 구경 가쟈스라.

[B]
답청(踏靑)으란 오늘 ᄒ고, 욕기(浴沂)란 내일 ᄒ새.

아춤에 채산(採山)ᄒ고, 나조히 조수(釣水)ᄒ새.
　　　　　　➡ 본사 3 : 산수 구경에의 권유

[C]
ᄀᆞᆺ 괴여 닉은 술을 갈건(葛巾)으로 밧타 노코,

곳나모 가지 것거 수 노코 먹으리라.

[D]
화풍(和風)이 건듯 부러 녹수(綠水)를 건너오니,

청향(淸香)은 잔에 지고 낙홍(落紅)은 옷세 진다.

준중(樽中)이 뷔엿거든 날ᄃᆞ려 알외여라.

소동(小童) 아ᄒᆡ ᄃᆞ려 주가(酒家)에 술을 믈어,

얼운은 막대 집고 아ᄒᆡᄂᆞᆫ 술을 메고,

미음완보(微吟緩步)ᄒ야 시냇ᄀᆞ의 혼자 안자,

명사(明沙) 조ᄒᆞᆫ 믈에 잔 시어 부어 들고,

청류(淸流)를 굽어보니 ᄶᅥ오ᄂᆞ니 도화(桃花) ㅣ로다.

무릉(武陵)이 갓갑도다. 져 ᄆᆡ이 건 거인고.
　　　　　　➡ 본사 4 : 술과 풍류

✳ 속세에 묻혀 사는 사람들이여, 이 나의 생활이 어떠한가?
옛사람들의 풍류에 미칠까 못 미칠까?
세상에 남자의 몸으로 태어나서 나만 한 사람이 많건마는,
(왜 그들은) 자연에 묻혀 사는 지극한 즐거움을 모른단 말인가?
작은 초가집을 푸른 시냇물 앞에 지어 두고,
소나무와 대나무가 울창한 숲속에서 자연의 주인이 되었구나.

✳ 엊그제 겨울이 지나가고 새봄이 돌아오니,
복숭아꽃과 살구꽃은 석양 속에 피어 있고,
푸른 버드나무와 향기로운 풀은 가랑비 속에 푸르도다.
칼로 마름질했는가, 붓으로 그려 냈는가.
조물주의 신비한 능력이 사물마다 굉장하구나.
수풀에 우는 새는 봄기운을 못 이기고 소리마다 아양을 떠는구나.

✳ 자연과 내가 하나가 되었으니 흥겨움이 다르겠느냐?
사립문 주변을 걸어도 보고 정자에 앉아도 보고,
천천히 거닐며 시를 읊조리기도 하면서 산속에서의 생활이 적적한데,
한가로움 속에서 느끼는 참다운 맛을 아는 사람 없이 혼자로구나.

✳ 이바 이웃 사람들이여, 자연 경치를 구경 가자꾸나.
산책은 오늘 하고 냇물에서 목욕하는 것은 내일 하세.
아침에 산나물 캐고, 저녁에 낚시질 하세.

✳ 갓 괴어 익은 술을 칡베로 만든 두건에 걸러 놓고,
꽃나무 가지를 꺾어 술잔 수를 세며 마시리라.
화창한 봄바람이 문득 불어 푸른 시냇물을 건너오니,
맑은 향기는 잔에 어리고, 떨어지는 꽃잎은 옷에 진다.
술독이 비었거든 나에게 아뢰어라.
어린아이를 보내 술집에 술이 있는지 물어
(술을 받아다가) 어른은 지팡이를 짚고 아이는 술동이를 메고,
낮은 소리로 흥얼거리며 천천히 걸어서 시냇가에 혼자 앉아
깨끗한 모래 위를 흐르는 맑은 물에 잔을 씻어 (술을) 부어 들고
맑은 시냇물을 굽어보니 떠오는 것이 복숭아꽃이로다.
무릉도원이 가깝구나. 저 산이 그곳이 아닌가?

송간 세로(松間細路)에 **두견화(杜鵑花)**를 부치 들고,

봉두(峰頭)에 급피 올나 구름 소긔 안자 보니,

천촌만락(千村萬落)이 곳곳이 버려 잇닉.

┌ 연하일휘(煙霞日輝)는 금수(錦繡)를 재폇는 듯.
[E]
└ 엇그제 검은 들이 봄빗도 유여(有餘)홀샤.

➜ 본사 5 : 봉두에서의 경치 조망

ㅁ 공명(功名)도 날 씌우고 부귀(富貴)도 날 씌우니,

청풍명월(淸風明月) 외(外)에 엇던 벗이 잇스올고.

단표누항(簞瓢陋巷)에 훗튼 혜음 아니 ᄒ닉.

아모타, 백년행락(百年行樂)이 이만흔 들 엇지ᄒ리.

➜ 결사 : 안빈낙도의 삶

* 소나무 사이 좁은 길로 진달래꽃을 부여잡고서

봉우리 끝에 급히 올라 구름 속에 앉아 보니,

수많은 집들이 곳곳에 벌여 있네.

안개와 노을과 빛나는 햇살은 화려한 비단을 펼쳐 놓은 듯하구나.

엊그제 검은색이었던 들판에 봄빛이 넘치는구나.

* 공명도 날 꺼리고 부귀도 날 꺼리니

맑은 바람과 밝은 달 외에 어떤 벗이 있으리오

소박한 생활 속에서 헛된 생각 아니 하네,

아아, 한평생 즐겁게 지내는 것이 이만하면 어떠한가?

★ 어휘 풀이

- **지락(至樂)** : 더할 나위 없는 즐거움
- **벽계수(碧溪水)** : 물빛이 맑아 푸르게 보이는 시냇물
- **풍월주인(風月主人)** : 맑은 바람과 밝은 달 등의 아름다운 자연을 즐기는 사람
- **소요음영(逍遙吟詠)** : 자유롭게 이리저리 슬슬 거닐며 나지막이 시를 읊조림.
- **한중진미(閑中眞味)** : 한가한 가운데 깃드는 참다운 맛
- **답청(踏靑)** : 봄에 파랗게 난 풀을 밟으며 산책함.

- **욕기(浴沂)** : 기수(沂水)에서 목욕한다는 뜻으로, 명리를 잊고 유유자적함을 이르는 말
- **채산(採山)** : 산나물을 캠.
- **조수(釣水)** : 물에서 낚시를 함.
- **갈건(葛巾)** : 칡 섬유로 짠 베로 만든 두건
- **화풍(和風)** : 솔솔 부는 화창한 바람
- **낙홍(落紅)** : 떨어지는 꽃잎
- **미음완보(微吟緩步)** : 작은 소리로 읊으며 천천히 거닒.

- **명사(明沙)** : 아주 곱고 깨끗한 모래
- **연하일휘(煙霞日輝)** : 안개와 노을과 빛나는 햇살이라는 뜻으로, 아름다운 자연 경치를 비유적으로 이르는 말
- **유여(有餘)홀샤** : 남아서 넘치는구나
- **단표누항(簞瓢陋巷)** : 누항에서 먹는 한 그릇의 밥과 한 바가지의 물이라는 뜻으로, 선비의 청빈한 생활을 이르는 말
- **백년행락(百年行樂)** : 한평생 잘 놀고 즐겁게 지냄.

작품 핵심 단축키

자연 속에서 사는 화자

화자 화자는 아름다운 □ 의 경치를 감상하며 자연 속의 삶에서 느끼는 □□□과 자부심을 드러냄.

대조적인 의미의 시어

시어 결사 부분에서 '청풍명월'과 '□□□□'은 자연 친화적이고 소박한 삶을, □□과 '부귀'는 세속적인 가치를 추구하는 삶을 의미함.

시상 전개 방식

표현 '수간모옥' → '정자' → '시냇ᄀ' → '봉두'로 □□이 이동되면서 시상이 전개됨.

---

1 윗글에 나타난 '자연'의 속성으로 적절하지 <u>않은</u> 것은?

① 유유자적한 삶을 가능하게 하는 공간이다.
② 취흥을 향유할 수 있는 이상적인 공간이다.
③ 인간이 물아일체를 경험할 수 있는 공간이다.
④ 인간의 세속적인 욕망과 동떨어진 순수한 세계이다.
⑤ 인간이 보잘것없는 존재임을 깨닫게 하는 대상이다.

2 윗글을 공간의 이동에 따라 〈보기〉와 같이 구조화하여 감상한다고 할 때, 적절하지 <u>않은</u> 것은?

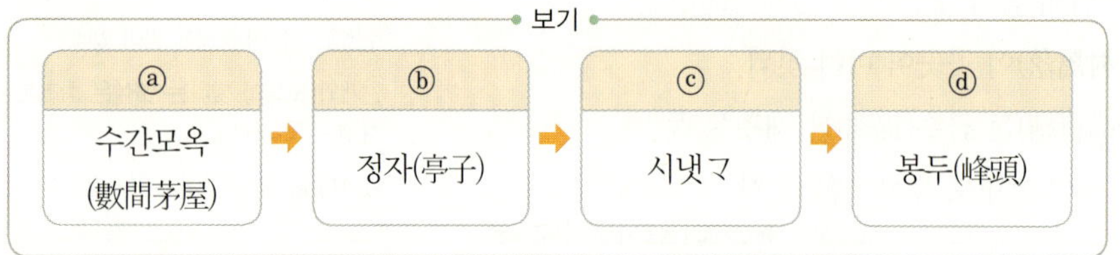

① ⓐ는 소나무와 대나무에 둘러싸인, 세속과 단절된 공간이다.
② ⓑ에서 화자는 시를 읊고 풍경을 감상하며 여유를 즐기고 있다.
③ ⓒ에서 화자는 혼자 술을 마시며 과거 자신이 살던 속세를 떠올려 보고 있다.
④ ⓒ에서 ⓓ로 옮겨 갈 때 수직적인 공간 이동을 보이고 있다.
⑤ ⓓ에서 화자는 넓은 공간을 조망하고 있다.

3 ㉠~㉤에 대한 설명으로 적절하지 <u>않은</u> 것은?

① ㉠ : 물음의 형식을 통해 자신의 삶에 대한 자부심을 드러내고 있다.
② ㉡ : 자연물에 자신의 감정을 투영하여 봄을 맞는 즐거움을 표현하고 있다.
③ ㉢ : 다른 사람과의 대비를 통해 홀로 사는 고독감을 나타내고 있다.
④ ㉣ : 청유형 어미를 활용하여 탈속적 삶에 동참할 것을 촉구하고 있다.
⑤ ㉤ : 주체와 객체가 전도된 표현*으로 자신의 인생관을 밝히고 있다.

손쉬운 개념

＊ **주체와 객체가 전도된 표현**
주체는 인간과 같이 인식 능력을 갖고 있는 존재이고, 객체는 주체의 행위가 미치는 대상을 말한다. 주체와 객체가 전도된다는 것은 인식 능력이 없는 존재가 주체가 되고 인식 능력이 있는 존재가 객체가 되는 것을 말한다.

4 윗글의 시어를 해석한 것으로 적절하지 <u>않은</u> 것은?

① 홍진(紅塵) : '산림(山林)'과 대비되는 속세를 의미한다.
② 풍월주인(風月主人) : '산림(山林)'에서의 '지락(至樂)'을 모르는 세상 사람들을 뜻한다.
③ 두견화(杜鵑花) : '연하일휘(煙霞日輝)'와 같이 화자의 감흥을 자아내는 자연물이다.
④ 천촌만락(千村萬落) : '봉두(峰頭)'와 대비되는 인간 세상을 뜻한다.
⑤ 흣튼 혜음 : '공명(功名)'과 '부귀(富貴)'와 같은 세속적인 가치를 추구하는 삶을 뜻한다.

5 〈보기〉를 바탕으로 윗글을 감상한 내용으로 적절하지 <u>않은</u> 것은?

● 보기 ●

가사 문학은 조선 전기 사대부들이 지녔던 삶의 양식이나 그들의 사유 체계를 잘 담고 있다. 「상춘곡」에는 '절제와 균형'이라는 유교적 세계관에 입각한 조선조 사대부들의 사고가 중요한 요소로 작용하고 있다.

---

① [A] : '석양'과 '세우'의 하강 이미지 속에 피어나는 '꽃'과 파랗게 돋는 '풀'의 상승 이미지는 조화를 이루고 있군.

② [B] : '오늘'과 '내일'로, '아침'과 '나좋'으로 봄놀이를 적절히 조절하여 안배하는 모습이 인상적이군.

③ [C] : 술을 과하게 마시지 않으려고 '곳나모 가지'로 술잔을 세는 모습에서 사대부의 절제된 풍류가 느껴지는군.

④ [D] : 술과 더불어 '청향'과 '낙홍'에 취해 고조되는 감정을 '진다'는 표현을 통해 다스리는군.

⑤ [E] : '검은 들'이 '봄빗'으로 넘치는 것은 인간과 자연이 조화로운 합일을 이루어 감을 의미하는군.

17 면앙정가(俛仰亭歌) _송순

'면앙정(俛仰亭) 주변에서 부르는 노래'라는 뜻의 제목이다. '면앙정'은 정자 이름이면서 송순의 호(號)이기도 한데, 땅을 굽어보고 하늘을 우러러본다는 의미를 담고 있다.

무등산(无等山) 흔 활기 뫼희 동다히로 버더 이셔

멀리 쎄쳐 와 제월봉(霽月峯)의 되여거늘

무변대야(無邊大野)의 므슴 짐쟉 흐노라

일곱 구비 흘머움쳐 므득므득 버려는 듯.

가온대 구비는 굼긔 든 늘근 뇽이

선줌을 곳 씨야 머리를 안쳐시니

너럭바회 우희

송죽(松竹)을 헤혀고 정자(亭子)를 안쳐시니

구름 튼 청학(靑鶴)이 천 리(千里)를 가리라

두 느릐 버렷는 듯.　　➡ 서사 : 제월봉의 형세와 면앙정의 모습

옥천산(玉泉山) 용천산(龍泉山) 느린 믈히

정자(亭子) 압 너븐 들히 올올(兀兀)히 펴진 드시

넙거든 기노라 프료거든 희지마니

쌍룡(雙龍)이 뒤트는 듯 긴 깁을 치 폇는 듯

어드러로 가노라 므슴 일 비얏바

듯는 듯 쓰로는 듯 밤눗즈로 흐르는 듯.

므소친 사정(沙汀)은 눈굿치 펴졋거든

어즈러온 기럭기는 므스거슬 어로노라

안즈락 느리락 모드락 흐트락

노화(蘆花)을 스이 두고 우러곰 좃니는고.

너븐 길 밧기요 긴 하늘 아릭

㉠두르고 쇼즌 거슨 뫼힌가 병풍(屏風)인가 그림가 아닌가.

노픈 듯 느즌 듯 긋는 듯 닛는 듯

숨거니 뵈거니 가거니 머믈거니

이츠러온 가온듸 일홈는 양흐야 하늘도 젓치 아녀

웃득이 셧는 거시 추월산(秋月山) 머리 짓고

용귀산(龍歸山) 봉선산(鳳旋山)

불대산(佛臺山) 어등산(魚登山)

용진산(湧珍山) 금성산(錦城山)이

허공(虛空)의 버러거든

원근(遠近) 창애(蒼崖)의 머믄 것도 하도 할샤.

➡ 본사 1 : 면앙정에서 바라본 풍경

* 무등산 한 줄기 산이 동쪽으로 뻗어 있어

멀리 떨치고 나와 제월봉이 되었거늘,

끝없이 넓은 들판에서 무슨 생각을 하느라고

일곱 굽이가 함께 뭉쳐서 우뚝우뚝 벌여 놓은 듯하네.

가운데 굽이는 구멍에 든 늙은 용이

선잠을 막 깨어 머리를 얹어 놓은 듯하니,

넓고 평평한 바위 위에

소나무 대나무를 헤치고 정자를 앉혔으니,

구름을 탄 푸른 학이 천 리를 가려고

두 날개를 벌리고 있는 듯하네.

* 옥천산, 용천산에서 흘러내린 물이

정자 앞 넓은 들에 끊임없이 펼쳐진 듯이

넓거든 길지 말거나 푸르거든 희지 말지,

두 마리의 용이 뒤트는 듯, 긴 비단을 활짝 펼친 듯

어디로 가느라고 무슨 일이 바빠서

달리는 듯 따라가는 듯 밤낮으로 흐르는 듯하네.

물 따라간 바닷가 모래밭은 눈처럼 펼쳐져 있는데,

어지럽게 나는 기러기는 무엇을 어르느라고

앉았다 날았다, 모였다 흩어졌다

갈대꽃을 사이에 두고 울면서 따라다니느냐?

넓은 길 밖이요, 긴 하늘 아래

두르고 꽂은 것은 산인가, 병풍인가 그림인가 아닌가.

높은 듯 낮은 듯, 끊어지는 듯 이어지는 듯

숨거니 보이거니, 가거니 머물거니

어지러운 가운데 이름이 난 것처럼 하늘도 두려워하지 않고

우뚝하게 서 있는 것이 추월산 머리를 이루고

용귀산, 봉선산,

불대산, 어등산,

용진산, 금성산이

허공에 늘어서 있으니,

멀고 가까운 푸른 절벽에 머문 것도 많기도 많구나.

- **무변대야(無邊大野)** : 끝없이 넓은 들판
- **노화(蘆花)** : 갈대꽃
- **깁** : 명주실로 바탕을 조금 거칠게 짠 비단
- **창애(蒼崖)** : 아주 높은 절벽

흰구름 브흰 연하(煙霞) 프로니는 산람(山嵐)이라.

천암(千巖) 만학(萬壑)을 제 집을 사마 두고

나명셩 들명셩 일히도 구는지고.

오르거니 느리거니

장공(長空)의 써나거니 광야(廣野)로 거너거니

프르락 블그락 여트락 지트락

사양(斜陽)과 섯거디어 세우(細雨)조츠 쓰리는다.

남여(藍輿)를 비야 트고

솔 아리 구븐 길로 오며 가며 흐는 적의

녹양(綠楊)의 우는 황앵(黃鶯) 교태(嬌態) 겨워 흐는괴야.

나모 새 즈즈지어 수음(樹陰)이 얼린 적의

백 척(百尺) 난간(欄干)의 긴 조으름 내여 펴니

수면(水面) 양풍(凉風)이야 긋칠 줄 모르는가.

ⓛ 즌서리 쌔진 후의 산 빗치 금슈(錦繡)로다.

황운(黃雲)은 쏘 엇지 만경(萬頃)의 편거기요.

어적(漁笛)도 흥을 계워 둘롤 쓰라 브니는다.

초목(草木) 다 진 후의 강산(江山)이 미몰커늘

조물(造物)리 헌亽흐야 빙설(氷雪)노 쑤며 내니

경궁요대(瓊宮瑤臺)와 옥해 은산(玉海銀山)이

안저(眼底)에 버려셰라.

ⓒ 건곤(乾坤)도 가음 열샤 간 대마다 경이로다.

➜ 본사 2 : 면앙정의 사계절 경치

인간(人間)을 써나와도 내 몸이 겨를 업다.

이것도 보려 흐고 져것도 드르려코

브람도 혀려 흐고 둘도 마즈려코

밤으란 언제 줍고 고기란 언제 낙고

시비(柴扉)란 뉘 다드며 딘 곳츠란 뉘 쓸려뇨.

ⓔ 아츰이 낫브거니 나조히라 슬흘소냐.

오늘리 부족(不足)커니 내일(來日)이라 유여(有餘)흐랴.

이 뫼히 안자 보고 져 뫼히 거러 보니

번로(煩勞)흔 무음의 브릴 일리 아조 업다.

쉴 사이 업거든 길히나 젼흐리야.

다만 흔 청려장(靑藜杖)이 다 므듸여 가노미라.

술리 닉엇거니 벗지라 업슬소냐.

블닉며 트이며 혀이며 이아며

온가지 소리로 취흥(醉興)을 비야거니

근심이라 이시며 시름이라 브터시랴.

누으락 안즈락 구브락 져츠락

★ 어휘 풀이

● 연하(煙霞) : 안개와 노을을 아울러 이르는 말
● 산람(山嵐) : 산 아지랑이
● 남여(藍輿) : 의자와 비슷하고, 뚜껑이 없는 가마. 승지나 참의 이상의 벼슬아치가 탔다.
● 황앵(黃鶯) : 꾀꼬리
● 황운(黃雲) : 넓은 들판에 벼가 누렇게 익은 모습을 비유적으로 이르는 말
● 어적(漁笛) : 어부가 부는 피리
● 경궁요대(瓊宮瑤臺) : 옥으로 꾸민 궁궐과 누대(樓臺)라는 뜻으로, 호화스러운 궁궐을 이르는 말
● 옥해 은산(玉海銀山) : 옥빛 바다와 은빛 산
● 청려장(靑藜杖) : 명아줏대로 만든 지팡이

을프락 푸람ᄒ락 노혜로 소긔니

천지(天地)도 넙고 넙고 일월(日月)도 ᄒ가ᄒ다.

희황(羲皇)을 모롤러니 이 적이야 긔로고야.

 신선(神仙)이 엇더턴지 이 몸이야 긔로고야.

강산풍월(江山風月) 거늘리고 내 백 년(百年)을 다 누리면

악양루상(岳陽樓上)의 이태백(李太白)이 사라 오다,

호탕 정회(浩蕩情懷)야 이에서 더ᄒ소냐.

이 몸이 이렁 굼도 역군은(亦君恩)이샷다.

➜ 결사 : 풍류 생활의 즐거움과 임금의 은혜

(시를) 읊었다가 휘파람을 불었다가 마음껏 노니,

천지도 넓고 넓으며 세월도 한가하다.

복희씨의 태평성대를 모르고 지냈더니 지금이야 말로 그때로구나.

신선이 어떤 것인지, 이 몸이야말로 신선이로 구나.

(아름다운) 자연을 거느리고 내 평생을 다 누리면

악양루 위의 이태백이 살아온다 한들

넓고 끝없는 정다운 회포가 이보다 더할 것이냐?

이 몸이 이렇게 지내는 것도 역시 임금님의 은혜 이도다.

★ **어휘 풀이**

● **희황(羲皇)** : 중국 고대 전설상의 제왕 복희씨의 다른 이름. 여기서는 복희씨의 태평성대를 가리킴.

작품 핵심 단축키

👁 화자의 태도

화자   화자는 ☐☐☐ 주변의 경치에 감탄하며 자연 속에서 풍류를 즐기면서도 ☐☐의 은혜에 대한 감사를 잊지 않고 있음.

🔍 계절감을 드러내는 시어

시어   가을의 계절감을 드러내는 시어로는 '즌서리', '금슈', '☐☐'이 있음.

✒ 시상 전개 방식

표현   시선의 이동과 ☐☐☐의 변화에 따라 면앙정 주변의 아름다운 경치를 묘사하고 있음.

---

1. 윗글에 대한 설명으로 가장 적절한 것은?

① 인간 세계와 대비되는 자연 세계의 우월성을 나타내고 있다.
② 관념적인 주제에서 벗어나 생활과 밀착된 주제를 다루고 있다.
③ 하루 동안의 일과를 시간의 흐름에 따라 구성하여 노래하고 있다.
④ 화자의 이동 경로에 따라 달라지는 다양한 경치를 묘사하고 있다.
⑤ 전반부에는 주로 경치를, 후반부에는 정경과 함께 감흥*을 표현하였다.

🧭 손쉬운 개념

＊ 전반부 경치 후반부 감흥
시조나 한시, 가사 등에서 자주 나타나는 시상 전개 방식인 '선경 후정'을 풀어 쓴 말이다. 먼저 주변의 경치나 시적 상황에 대해 묘사하고, 이에 대한 화자의 정서를 뒤에 드러내는 전개 방식이다.

2. 윗글의 표현상 특징으로 적절하지 <u>않은</u> 것은?

① 대상을 의인화하여 생동감을 부여하고 있다.
② 대구와 열거를 사용하여 리듬감을 살리고 있다.
③ 설의법을 사용하여 화자의 심리를 강조하고 있다.
④ 문답법을 구사하여 의미 전달의 효과를 높이고 있다.
⑤ 비교법을 사용하여 화자의 자긍심을 드러내고 있다.

3 윗글을 읽고 면앙정과 주변 경치를 한 폭의 그림으로 그리기 위해 구상한 내용으로 적절하지 <u>않은</u> 것은?

① 멀리 보이는 산봉우리들을 다양하게 그려서 운치를 살려야겠어.
② 면앙정의 위치는 산봉우리의 일곱 굽이 중 가운데 굽이에 잡아야겠어.
③ 정자의 지붕은 학이 양 날개를 펼치고 있는 모습처럼 날렵하게 그려야겠어.
④ 정자 앞쪽에는 넓고 길게 이어진 두어 줄기 시냇물이 흐르도록 표현해야겠어.
⑤ 주위에 나무나 풀이 없는 높은 바위 위에 면앙정을 그려 넣어서 그 위상을 나타내야겠어.

4 ㉠~㉤ 중 〈보기〉의 밑줄 친 부분의 예로 가장 적절한 것은?

> ● 보기 ●
>
> 　조선 시대에는 현실에서 벗어나 초야에 묻혀 은둔 생활을 하는 사대부들이 많았다. 그들은 자연의 흥취를 맛보며 사는 만족감을 작품으로 표현하였는데, 이때 자연에서의 즐거움을 한껏 과시하기 위해 <u>과장된 표현</u>을 사용하기도 하였다. 당대 사대부 중 정치 현실에서 소외되었거나 좌절을 경험했던 사람들은 현실에 미련이 남아 갈등을 겪었으며, 이러한 갈등을 해소하기 위해 과장된 표현을 써서 스스로 위안을 삼았던 것이다.

① ㉠　　　　② ㉡　　　　③ ㉢　　　　④ ㉣　　　　⑤ ㉤

18 속미인곡(續美人曲) _정철

'미인곡'의 속편이라는 뜻으로, '미인곡'은 정철이 지은 「사미인곡(思美人曲)」을 가리킨다. 임금을 천상에서 인연이 있었던 임으로 설정하고 그 임을 사모하는 심정을 두 여인 간의 대화 형식으로 표현하고 있다.

뎨 가는 뎌 각시 본 듯도 흔뎌이고.	

뎨 가는 뎌 각시 본 듯도 흔뎌이고.

텬샹(天上) 백옥경(白玉京)을 엇디ᄒᆞ야 니별(離別)ᄒᆞ고,

ᄒᆡ 다 뎌 져믄 날의 눌을 보라 가시ᄂᆞᆫ고.

어와 네여이고 내 ᄉᆞ셜 드러 보오.

내 얼굴 이 거동이 님 괴얌 즉 ᄒᆞᆫ가마ᄂᆞᆫ

엇딘디 날 보시고 네로다 녀기실ᄉᆡ

나도 님을 미더 군ᄠᅳᆮ디 전혀 업서

이릭야 교틱야 어ᄌᆞ러이 구돗ᄯᅥᆫ디

반기시ᄂᆞᆫ 눗비치 녜와 엇디 다ᄅᆞ신고.

누어 싱각ᄒᆞ고 니러 안자 혜여ᄒᆞ니

㉠ 내 몸의 지은 죄 뫼ᄀᆞ티 ᄊᆞ혀시니

하ᄂᆞᆯᄒᆡ라 원망ᄒᆞ며 사ᄅᆞᆷ이라 허믈ᄒᆞ랴.

셜워 플텨 혜니 조믈(造物)의 타시로다.

→ 서사 : 갑녀가 임과 헤어진 이유를 묻자, 을녀(시적 화자)가 조물주의 탓이라고 답함.

글란 싱각 마오.

ᄆᆡ친 일이 이셔이다.

님을 뫼셔 이셔 님의 일을 내 알거니

믈 ᄀᆞ튼 얼굴이 편ᄒᆞ실 적 몇 날일고.

츈한 고열(春寒苦熱)은 엇디ᄒᆞ야 디내시며

츄일동텬(秋日冬天)은 뉘라셔 뫼셧ᄂᆞᆫ고.

죽조반(粥早飯) 죠셕(朝夕) 뫼 녜와 ᄀᆞᆺ티 셰시ᄂᆞᆫ가.

㉡ 기나긴 밤의 좀은 엇디 자시ᄂᆞᆫ고.

님다히 쇼식(消息)을 아므려나 아쟈 ᄒᆞ니

오늘도 거의로다 ᄂᆡ일이나 사ᄅᆞᆷ 올가.

내 ᄆᆞᆷ 둘 ᄃᆡ 업다. 어드러로 가쟛 말고.

잡거니 밀거니 놉픈 뫼ᄒᆡ 올라가니

구룸은 ᄏᆞ니와 안개ᄂᆞᆫ 므스 일고.

산쳔(山川)이 어둡거니 일월(日月)을 엇디 보며

지쳑(咫尺)을 모ᄅᆞ거든 쳔 리(千里)를 ᄇᆞ라보랴.

출하리 믈ᄀᆞ의 가 ᄇᆡ 길히나 보쟈 ᄒᆞ니

ᄇᆞ람이야 믈결이야 어둥졍 된뎌이고.

샤공은 어딕 가고 븬 ᄇᆡ만 걸렷ᄂᆞ니.

[A] (왼쪽 본문 "님다히 쇼식…"부터 "븬 ᄇᆡ만 걸렷ᄂᆞ니"까지)

＊ 〔갑녀〕 저기 가는 저 각시 본 듯도 하구나.

하늘의 백옥경(임금 계신 궁궐)을 어찌하여 이별하고

해 다 져서 저문 날에 누구를 보러 가시는고?

〔을녀〕 어와 너로구나. 내 이야기 들어 보오.

내 얼굴 이 거동이 임의 사랑을 받음 직한가마는

어쩐지 날 보시고 너로구나 (하며 특별하게) 여기시기에

나도 임을 믿어 다른 생각 전혀 없어

아양이며 교태며 어지럽게 하였던지

반기시는 얼굴빛이 옛날과 어찌 다르신고?

누워 생각하고 일어나 앉아 헤아리니

내 몸의 지은 죄가 산같이 쌓였으니

하늘을 원망하며 사람을 탓하겠는가.

서러워 풀어 생각하니 조물주의 탓이로다.

＊ 〔갑녀〕 그렇게는 생각 마오.

〔을녀〕 (마음속에) 맺힌 일이 있습니다.

임을 모셔 봐서 임의 일을 내 알거니

물 같은 (허약한) 몸이 편하실 때 몇 날일까.

봄 추위와 여름 더위는 어떻게 지내시며

가을날 겨울날에는 누가 모셨는고?

죽조반 조석 진지는 예전과 같이 잡수시게 하는가?

기나긴 밤에 잠은 어찌 주무시는가?

임 계신 곳 소식을 어떻게 해서라도 알고자 하니

오늘도 저물었네, 내일이나 (임의 소식을 전해 줄) 사람이 올까?

내 마음 둘 데 없다. 어디로 가자는 말인가?

잡기도 하고 밀기도 하면서 높은 산에 올라가니

구름은 물론이거니와 안개는 무슨 일인가?

산천이 어두운데 해와 달을 어찌 보며

가까운 거리도 모르는데 천 리를 바라볼까?

차라리 물가에 가 뱃길이나 보려 하니

바람과 물결 때문에 어수선하게 되었구나.

사공은 어디 가고 빈 배만 걸려 있는고?

강텬(江天)의 혼쟈 셔셔 디는 히룰 구버보니 / 넓은 강가에 혼자 서서 지는 해를 굽어보니
님다히 쇼식(消息)이 더옥 아득ᄒ뎌이고. / 임 계신 곳 소식이 더욱 아득하구나.
모쳠(茅簷) 춘 자리의 밤듕만 도라오니 / 초가집 찬 잠자리에 한밤중에 돌아오니
ⓒ반벽쳥등(半壁靑燈)은 눌 위ᄒ야 불갓ᄂ고. / 벽 가운데 걸린 푸른 등불은 누굴 위해 밝았는고?
오ᄅ며 ᄂ리며 헤쁘며 ᄇ니니 / 오르내리며 헤매며 서성대니
져근덧 녁진(力盡)ᄒ야 풋ᄌ음을 잠간 드니 / 잠깐 사이에 힘이 다해 풋잠을 잠깐 드니
졍셩(精誠)이 지극ᄒ야 ᄭ움의 님을 보니 / 정성이 지극하여 꿈에 임을 보니
옥(玉) ᄀ튼 얼굴이 반(半)이나마 늘거셰라. / 옥 같은 모습이 반이 넘게 늙었구나.
ⓔᄆᄋᆷ의 머근 말ᄉᆷ 슬ᄏ장 ᄉᆲ쟈 ᄒ니 / 마음에 품은 말씀 실컷 아뢰고자 하니
눈믈이 바라 나니 말인들 어이 ᄒ며 / 눈물이 연달아 나니 말씀인들 어찌 하며
졍(情)을 못다 ᄒ야 목이조차 몌여ᄒ니 / 정회를 못다 풀어 목조차 메었는데
오뎐된 계셩(鷄聲)의 ᄌ음은 엇디 ᄭ돗던고. / 방정맞은 새벽닭 울음소리에 잠은 어찌 깨었던고?

➜ 본사 : 을녀의 사연 – 임에 대한 염려와 간절한 그리움

어와, 허ᄉ(虛事)로다. 이 님이 어ᄃᆡ 간고. / ＊〔을녀〕어와, 헛된 일이로다. 이 임이 어디 갔는고?
결의 니러 안자 ⓜ창(窓)을 열고 ᄇ라보니 / 잠결에 일어나 앉아 창을 열고 바라보니
어엿븐 그림재 날 조출 ᄲᆞᆫ이로다. / 가엾은 그림자가 날 좇을 뿐이로다.
출하리 싀여디여 낙월(落月)이나 되야이셔 / 차라리 죽어서 지는 달이나 되어서
님 겨신 창(窓) 안ᄒᆡ 번드시 비최리라. / 임 계신 창 안에 환하게 비치리라.
각시님 ᄃᆞᆯ이야ᄏᆞ니와 구ᄌ즌비나 되쇼셔. / 〔갑녀〕각시님, 달은 커녕 궂은비나 되소서.

➜ 결사 : 죽어서라도 임을 따르겠다는 굳은 의지

- **백옥경(白玉京)** : 하늘 위에 옥황상제가 산다고 하는 곳
- **ᄉ셜(辭說)** : 사설. 늘어놓는 말이나 이야기
- **거동(擧動)** : 몸을 움직임. 또는 그런 짓이나 태도
- **괴얌 즉** : 사랑받음 직
- **군ᄯ디** : 딴생각이, 딴마음이
- **이리야** : 아양이야, 재롱이야
- **죽조반(粥早飯)** : 아침 먹기 전에 일찍 먹는 죽
- **뫼** : '밥'의 높임말
- **셰시ᄂ는가** : 올리시는가, 잡수시게 하는가
- **지쳑(咫尺)** : 아주 가까운 거리
- **모쳠(茅簷)** : 초가지붕의 처마
- **반벽쳥등(半壁靑燈)** : 벽 가운데 달린 등불
- **헤쁘며** : 허둥거리며, 서성거리며
- **녁진(力盡)ᄒ야** : 기운이 다해서, 지쳐서
- **오뎐된** : 방정맞은, 경망스러운
- **결의** : 잠결에
- **싀여디여** : 죽어 없어져서
- **구ᄌ즌비** : 궂은비. 끄느름하게 오랫동안 내리는 비

작품 핵심 **단축키**

 임을 그리워하는 화자	 '낙월'과 '구즌비'의 의미	 시상 전개 방식
화자 화자는 임에게 버림받은 □□으로, 임에 대한 간절한 그리움을 드러내고 있음.	**시어** '낙월'과 '구즌비'는 모두 □□의 분신으로, 임을 향한 지극한 □□을 의미함.	**표현** 두 명의 화자가 □□를 주고받는 형식으로 시상이 전개됨.

1 윗글에 대한 설명으로 적절하지 <u>않은</u> 것은?

① 계절의 변화에 따라 시상을 전개하고 있다.
② 우리말의 묘미를 잘 살린 어휘를 구사하고 있다.
③ 자연물을 활용하여 화자의 생각을 드러내고 있다.
④ 일정한 음보율의 반복을 통해 리듬감을 살리고 있다.
⑤ 설의법과 영탄법*을 통해 화자의 감정을 표출하고 있다.

2 윗글을 바탕으로 삽화를 그린다고 할 때, 그 내용으로 적절하지 <u>않은</u> 것은?

① 임의 사랑을 믿는 여인이 교태를 부리는 모습을 그린다.
② 예전과 달리 무심하게 여인을 바라보는 임의 표정을 그린다.
③ 여인이 꿈속에서 임을 만나 하소연을 늘어놓는 모습을 그린다.
④ 여인이 피곤함을 이기지 못해 잠깐 풋잠에 드는 모습을 그린다.
⑤ 한 여인이 안면이 있던 다른 여인을 만나 대화를 나누는 모습을 그린다.

3 ㉠~㉤에 대한 설명으로 적절하지 <u>않은</u> 것은?

① ㉠ : 임과의 이별을 자신의 탓으로 여기고 있다.
② ㉡ : 임을 염려하는 마음이 드러나 있다.
③ ㉢ : 자신의 외로운 처지를 새삼 느끼고 있다.
④ ㉣ : 임에 대한 절절한 그리움이 나타나 있다.
⑤ ㉤ : 주변의 인물로 인해 심리적 갈등을 겪고 있다.

4 [기출 문제]
[A]의 시상 전개 과정을 〈보기〉와 같이 정리할 때, (ㄱ)과 (ㄴ)에 들어갈 내용으로 적절한 것은?

● 보기 ●

공간	방해물	상황	화자의 정서
높픈 뫼	구롬, 안개	일월을 볼 수 없음.	막막함
믈ㄱ	브람, 믈결	(ㄱ)	외로움
모쳠(茅簷) 춘 자리	계성	꿈을 깸.	(ㄴ)

	(ㄱ)	(ㄴ)
①	뱃사공이 없음.	조급함
②	빈 배만 걸림.	안타까움
③	기운이 다함.	애틋함
④	눈물이 쏟아짐.	절박함
⑤	목이 멤.	섭섭함

5 〈보기 1〉과 〈보기 2〉를 고려하여, 윗글의 창작 의도를 유추한 내용으로 가장 적절한 것은?

● 보기 1 ●

우리 문학사에서 남성 작가가 여성 화자의 목소리로 연정이나 원망을 노래하는 전통은 뚜렷한 계보를 형성하고 있다. 초나라 굴원의 「사미인(思美人)」에 시원을 두고 있는 미인곡계 가사는 물론이고, 김만중, 최성대, 신유한, 이옥 등의 한시 작가들도 그 계보를 잇고 있다. 이는 고신(孤臣)과 원녀(怨女)는 유사한 처지라는 당대인들의 생각에 기반을 둔 것으로, 여성 화자의 목소리는 조정에서 쫓겨나서도 임금을 그리워하는 신하의 간절함을 드러내는 데 효과적이기 때문이다.

- **고신(孤臣)** : 임금의 신임이나 사랑을 받지 못하는 신하
- **원녀(怨女)** : 원망(怨望)을 품은 여자라는 뜻으로, 남편이 없어 슬퍼하는 여자를 이르는 말

● 보기 2 ●

송강 정철은 50대 초반에 당쟁에 휘말려 사간원 및 사헌부의 탄핵을 받았다. 이후 정철은 조정에서 물러나 4년간 전라남도 담양에 은거하며 불우한 생활을 하였는데, 「사미인곡」과 「속미인곡」은 그때 지은 작품이다.

① 자신을 잊어버린 임금에 대한 원망의 마음을 전하기 위한 것이군.
② 자신의 변함없는 충절과 임금께 돌아가고 싶은 마음을 전하기 위한 것이군.
③ 조정에서 물러나기 전 임금을 곁에서 모셨던 추억을 다시 떠올리기 위한 것이군.
④ 자신의 불우한 처지를 임금께 전해 임금이 자신을 불쌍히 여겨 주기를 바라는 것이군.
⑤ 자신을 탄핵한 사헌부의 잘못을 임금께 알려 자신의 억울함을 호소하기 위한 것이군.

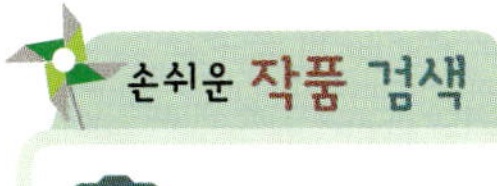

속미인곡_정철

주제 ▶ 임(임금)을 향한 그리움, 연군의 정

\# 임과의 이별　　\# 임 = 임금
\# 천상에서 임을 모시던 선녀 = 임금을 모시던 신하
\# 일편단심　　\# 충신연주지사

특징 ▶ 두 여성 화자의 대화 형식으로 시상을 전개함.

\# 갑녀_보조 화자　　\# 을녀_중심 화자
\# 을녀의 하소연을 유도하는 갑녀
\# 작가의 처지를 대변하는 을녀

19 규원가(閨怨歌) _허난설헌

'규방 아낙의 원망하는 노래'라는 뜻으로, 남편에게 사랑받지 못하고 독수공방하며 홀로 외롭게 지내는 화자가 밖으로만 도는 남편을 원망하며 자신의 기구한 신세를 한탄하는 내용이다.

엇그제 저멋더니 ᄒ마 어이 다 늘거니.

소년 행락(少年行樂) 생각ᄒ니 일러도 속절업다.

늘거야 서른 말ᄉᆞᆷ ᄒ쟈니 목이 멘다.

부생모육(父生母育) 신고(辛苦)ᄒ야 이내 몸 길러 낼 제

공후 배필(公侯配匹)은 못 바라도 군자호구(君子好逑) 원(願)ᄒ더니,

삼생(三生)의 원업(怨業)이오 월하(月下)의 연분(緣分)으로,

장안 유협(長安遊俠) 경박자를 꿈ᄀᆞ치 만나 잇서,

당시(當時)의 용심(用心)ᄒ기 살어름 디듸는 듯,

삼오 이팔(三五二八) 겨오 지나 천연 여질(天然麗質) 절로 이니,

이 얼골 이 태도(態度)로 백년 기약(百年期約) ᄒᆞ얏더니,

연광(年光)이 훌훌ᄒ고 조물(造物)이 다시(多猜)ᄒ야,

봄바람 가을 믈이 뵈오리 북 지나듯

설빈 화안(雪鬢花顔) 어듸 두고 면목가증(面目可憎) 되거고나.

내 얼골 내 보거니 어느 님이 날 괼소냐.

스스로 참괴(慚愧)ᄒ니 누구를 원망(怨望)ᄒ리.

➡ 기 : 세월의 덧없음과 초라한 현재 처지에 대한 한탄

삼삼오오(三三五五) 야유원(冶遊園)의 새 사람이 나단 말가.

곳 피고 날 저믈 제 정처(定處) 업시 나가 잇어,

[A] 백마 금편(白馬金鞭)으로 어듸어듸 머무는고.

원근(遠近)을 모르거니 소식(消息)이야 더욱 알랴.

인연(因緣)을 긋쳐신들 싱각이야 업슬소냐.

얼골을 못 보거든 그립기나 마르려믄,

열두 째 김도 길샤 설흔 날 지리(支離)ᄒ다.

옥창(玉窓)에 심근 매화(梅花) 몃 번이나 픠여 진고.

겨울밤 차고 찬 제 자최눈 섯거 치고,

여름날 길고 길 제 구준비ᄂᆞᆫ 므스 일고.

삼춘 화류(三春花柳) 호시절(好時節)의 경물(景物)이 시름업다.

가을 들 방에 들고 실솔(蟋蟀)이 상(床)에 울 제,

긴 한숨 디ᄂᆞᆫ 눈물 속절업시 혬만 만타.

아마도 모진 목숨 죽기도 어려울사.

➡ 승 : 방탕한 임에 대한 원망과 자신의 처지에 대한 서글픈 심정

✱ 엇그제 젊었더니 벌써 어이하여 다 늙었는가?

어린 시절 즐거움을 생각하니 (어떤) 말을 해도 다 소용없는 일이로구나.

늙어서 서러운 말들을 하자니 목이 멘다.

부모님께서 나를 낳아 몹시 고생하며 이 몸을 길러 내실 때

높은 벼슬아치의 짝은 바라지 못해도 군자의 좋은 짝을 원했는데,

삼생의 원망스러운 업보요 월하노인의 연분으로,

장안의 놀러 다니는 가벼운 사람을 꿈같이 만나 있어,

(시집올) 당시에는 마음 쓰기를 살얼음 디디는 듯,

열다섯, 열여섯 살을 겨우 지나 타고난 아름다움이 절로 나타나니,

이 모습과 이 태도로 평생을 약속하였더니,

세월이 빨리 지나가고 조물주가 시기함이 많아,

봄바람 가을 물이 베틀의 올에 북 지나가듯 하니,

아름다운 얼굴 어디 두고 보기 싫은 얼굴 되었구나.

내 얼굴 내가 보거니 어느 임이 날 사랑할 것인가?

스스로 부끄러워하니 누구를 원망하리?

✱ 삼삼오오 다니는 기생집에 새 기생이 나타났다는 말인가?

꽃 피고 날 저물 때 정처 없이 집 밖에 나가 있어

호사스러운 행장으로 어디 어디에 머무르시는고?

가까이 있는지 멀리 있는지 모르는데 (임의) 소식이야 더욱 알겠느냐.

인연을 끊으려고 한들 (임에 대한) 생각마저 없겠느냐?

얼굴을 못 보거든 그립기나 말 것이지,

열두 때(하루) 길기도 길구나, 서른 날(한 달)이 지루하다.

창밖에 심어 놓은 매화 몇 번이나 피고 졌는가?

겨울밤 차고 찬 때, 자국눈 섞어 내리고,

여름날 길고 긴 때, 궂은비는 무슨 일인고?

봄날 온갖 꽃 피고 버들잎이 돋아나는 좋은 시절에 아름다운 경치를 보아도 아무 생각이 없다.

가을 달이 방에 들고 귀뚜라미는 침상에서 울 때,

긴 한숨 떨어지는 눈물에 속절없이 생각만 많다.

아마도 모진 목숨 죽기도 어렵겠구나.

도로혀 풀쳐 혜니 이리ᄒᆞ여 어이ᄒᆞ리.

청등(靑燈)을 돌라 노코 녹기금(綠綺琴) 빗기 안아,

벽련화(碧蓮花) 한 곡조를 시름 조ᄎᆞ 섯거 타니,

소상 야우(瀟湘夜雨)의 댓소리 섯도ᄂᆞᆫ 듯,

화표(華表) 천 년(千年)의 별학(別鶴)이 우니ᄂᆞᆫ 듯,

옥수(玉手)의 타는 수단(手段) 녯 소래 잇다마ᄂᆞᆫ,

부용장(芙蓉帳) 적막(寂寞)ᄒᆞ니 뉘 귀에 들리소니,

간장(肝腸)이 구곡(九曲) 되야 구븨구븨 ᄭᅳ쳐서라.

➜ 전 : 독수공방의 외로움과 한(恨)을 거문고로 달램.

출하리 잠을 드러 쑴의나 보려 ᄒᆞ니,

바람의 디ᄂᆞᆫ 닢과 풀 속에 우는 즘생,

므스 일 원수로서 잠조차 쌔오ᄂᆞᆫ다.

천상(天上)의 견우직녀(牽牛織女) 은하수(銀河水) 막혀서도,

칠월 칠석(七月七夕) 일년 일도(一年一度) 실기(失期)치 아니거든,

우리 님 가신 후는 **무슨 약수(弱水) 가렷관듸,**

오거나 가거나 소식(消息)조차 ᄭᅳᆫ쳣는고.

난간(欄干)의 비겨 셔서 님 가신 듸 바라보니,

초로(草露)ᄂᆞᆫ 맷쳐 잇고 모운(暮雲)이 디나갈 제,

죽림(竹林) 푸른 고듸 새소리 더욱 설다.

➜ 결 : 임을 기다리며 자신의 기구한 운명을 한탄함.

● **소상 야우(瀟湘夜雨)** : 소상강의 밤비, 소상 팔경의 하나로 처량하고 구슬픈 정경
● **화표(華表)** : 묘 앞에 세우는 망주석(望柱石)
● **부용장(芙蓉帳)** : 연꽃을 그리거나 수놓은 휘장
● **홍안(紅顏)** : 붉은 얼굴이라는 뜻으로, 젊어서 혈색이 좋은 얼굴을 이르는 말

* 돌이켜 풀어 생각하니 이렇게 살아서 어찌할 것인가?

등불을 돌려 놓고 푸른빛 거문고를 비스듬히 안아,

벽련화 한 곡조를 근심에 잠겨 타니,

소상강의 밤비 속에 대나무 소리가 함께 들리는 듯,

(무덤 앞에 세우는) 망주석에 천 년 만에 돌아온 이별의 학이 우는 듯,

고운 손으로 타는 재주, 옛날 소리 남아 있다마는,

연꽃무늬가 있는 휘장을 친 방 안이 텅 비었으니 누구의 귀에 들릴 것인가?

마음속이 뒤틀려서 굽이굽이 끊어지네.

* 차라리 잠이 들어 꿈에서나 (임을) 보려 하니

바람에 떨어지는 잎과 풀 속에 우는 벌레는

무슨 일로 원수가 되어 (나의) 잠조차 깨우는가?

하늘의 견우와 직녀는 은하수가 막혀 있어도

칠월 칠석 일 년에 한 번씩은 때를 놓치지 않고 만나는데,

우리 임 가신 후에는 무슨 건너지 못할 강이 가렸기에,

오거나 가거나 소식조차 끊어졌는고?

난간에 기대어 서서 임 가신 데를 바라보니,

풀에 이슬은 맺혀 있고 저녁 구름이 지나갈 때,

대나무 숲 푸른 곳에 새소리는 더욱 서럽구나.

세상에 서러운 사람 수없이 많다 하지만,

운명이 기구한 여자야 나와 같은 이 또 있을까?

아마도 이 임의 탓으로 살 듯 말 듯 하여라.

작품 핵심 단축키

임을 기다리는 화자

화자   화자는 집을 나간 ☐☐을 기다리고 있음.

'쑴'과 '약수'의 의미와 기능

시어   '쑴'은 임과의 ☐☐을 가능하게 하는 매개물, '☐☐☐'과 '우는 즘생'은 화자를 잠들지 못하게 하는 방해물을 의미함.

감정 이입

표현   화자는 '☐☐'과 '새'에 자신의 서글픈 심정을 이입하고 있음.

---

1   **윗글의 화자에 대한 설명으로 적절하지 <u>않은</u> 것은?**

① 화자는 남편의 행방에 대해 알지 못하고 있다.
② 화자는 남편의 행실을 부정적으로 평가하고 있다.
③ 화자는 과거와 현재를 대비하며 현실을 비관하고 있다.
④ 화자는 자신을 멀리하는 남편에 대한 원망을 드러내고 있다.
⑤ 화자는 남편과 자신을 맺어 준 부모에게 서운함을 표출하고 있다.

바른답 알찬풀이 ● 23쪽

2 윗글의 표현상 특징으로 적절하지 <u>않은</u> 것은?

① 4음보를 사용하여 리듬감을 자아내고 있다.
② 계절의 변화를 통해 외로움을 표현하고 있다.
③ 비유적 표현을 통해 대상의 모습을 예찬하고 있다.
④ 시간의 흐름을 통해 삶의 허무함을 표현하고 있다.
⑤ 설의적 표현을 통해 자신의 처지를 탄식하고 있다.

3 [A]와 [B]에 대한 설명으로 가장 적절한 것은?

① [A]에는 대상의 사회적 지위가 구체적으로 드러난다.
② [A]는 [B]와 같은 화자의 정서를 유발하는 원인이 된다.
③ [A]는 화자의 과거 상황을, [B]는 현재의 상황을 보여 준다.
④ [B]에는 [A]의 부정적 상황을 극복하려는 화자의 태도가 드러난다.
⑤ [A]에는 대상에 대한 긍정적인 인식이, [B]에는 부정적인 인식이 드러난다.

4 〈보기〉를 참고하여 윗글을 감상한 내용으로 적절하지 <u>않은</u> 것은?

> ● 보기 ●
>
> 　허난설헌(1563~1589)은 용모가 단정하고 글재주가 뛰어나 어릴 때부터 '신동'이라는 말을 들으며 행복하게 자랐다. 15세 무렵 김성립과 혼인하였는데, 남편은 풍류에 빠져 결혼 생활에 대한 의지가 없었고, 또한 아내의 글재주에 대한 일종의 열등감까지 있어 그녀를 멀리하였다고 한다. 게다가 허난설헌은 어린 딸과 아들마저 연이어서 잃는 슬픔을 겪게 된다. 결국 허난설헌은 원만치 못한 결혼 생활을 하다가 27세의 젊은 나이로 요절했다. 그녀는 사대부 여인의 단아하고 우아한 문체로 자신의 슬픈 운명을 한탄하는 「규원가」를 지었다.

① 어린 시절의 행복한 모습은 '소년 행락'으로 알 수 있군.
② 남편이 풍류에 빠진 모습은 '장안 유협 경박자'로 표현되는군.
③ '부용장 적막ᄒ니'를 통해 원만치 못한 결혼 생활이 드러나는군.
④ '무슨 약수 가렷관듸'를 통해 먼저 죽은 자식에 대한 그리움을 표현하였군.
⑤ '박명ᄒ 홍안'을 통해 자신의 슬픈 운명을 한탄하는 모습이 드러나는군.

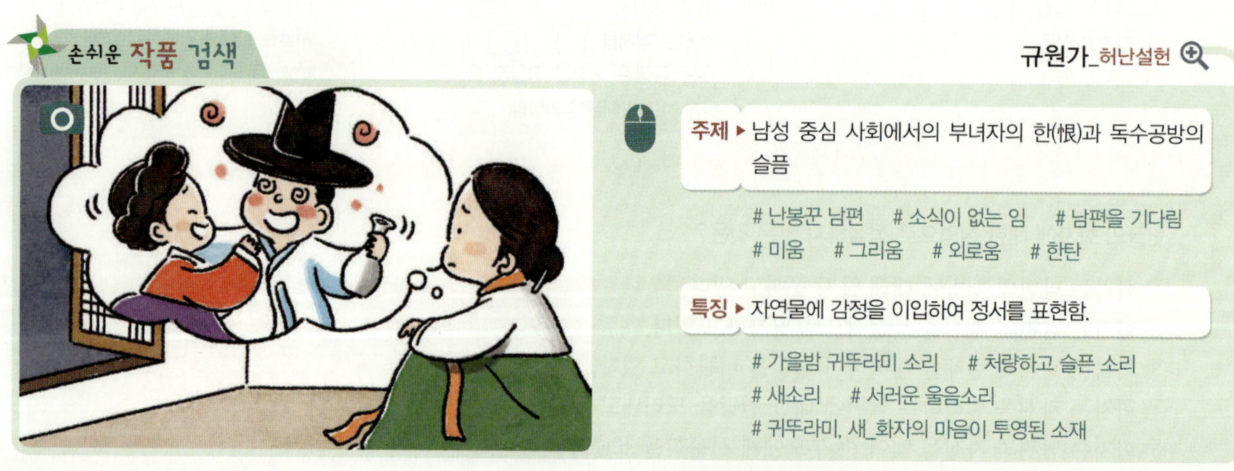

20 노래 삼긴 사름~ · 청강에 비 듯는 소리~ · 국화야 너는 어이~

(가)는 '노래'를 통해 근심과 걱정을 풀어 보려는 바람을, (나)는 병자호란의 패배로 인해 볼모로 잡혀 가는 비애를, (다)는 서리가 내리는 추운 날씨에도 굴하지 않고 피는 '국화'의 절개를 형상화하고 있다.

가 노래 삼긴 사름 시름도 하도 할샤.

닐러 다 못 닐러 불러나 푸돗든가.

진실(眞實)로 풀릴 거시면 나도 불러 보리라.

— 신흠

* 노래를 (처음으로) 만든 사람은 시름이 많기도 많았겠구나.

말로 하려 하나 다 못하여 (노래를) 불러서 풀었던가?

(노래를 불러서) 진실로 풀릴 것 같으면 나도 (노래를) 불러 보리라.

나 청강(靑江)에 비 듯는 소리 긔 무어시 우읍관되

만산 홍록(滿山紅綠)이 휘드르며 웃는고야.

두어라, 춘풍(春風)이 몃 날이리 우을 듸로 우어라.

— 효종(孝宗)

* 청강에 비 떨어지는 소리가 무엇이 우습기에

온 산에 가득한 꽃과 풀들이 몸을 흔들면서 웃는구나.

두어라, 봄바람이 이제 며칠이나 남았으리? 웃고 싶은 대로 웃어라.

다 국화(菊花)야 너는 어이 삼월동풍(三月東風) 다 지내고

낙목한천(落木寒天)에 네 홀로 피었느냐

아마도 오상고절(傲霜孤節)은 너뿐인가 하노라

— 이정보

* 국화야, 너는 어찌하여 삼월의 봄바람 다 지내고,

나뭇잎이 떨어지는 추운 계절에 네 홀로 피었느냐?

아마도 매서운 서리를 이겨 내는 높은 절개는 너뿐인가 하노라.

★ 어휘 풀이

- **삼긴** : 만든
- **청강(靑江)** : 푸른 강. 여기서는 청나라를 가리킴.
- **우읍관되** : 우습기에
- **삼월동풍(三月東風)** : 3월에 부는 봄바람
- **낙목한천(落木寒天)** : 나뭇잎이 다 떨어진 춥고 쓸쓸한 계절
- **오상고절(傲霜孤節)** : 서릿발이 심한 속에서도 굴하지 아니하고 외로이 지키는 절개라는 뜻

작품 핵심 단축키

👁 (다) – 선비로서의 자세를 다짐

화자 '□□'라는 자연물을 통해 선비로서의 지조를 지키겠다는 굳은 의지를 보이고 있음.

🔍 (나) – 상황을 드러내는 시어

시어 자연물인 '□□□□'이 화자를 비웃고 있는 것으로 의인화하여 볼모로 잡혀가는 화자의 처지를 드러냄.

✒ (가) – 화자의 정서 강조

표현 중장에서 의문형 어미를 사용하는 □□□을 통해 자신의 정서를 강조하고 있음.

1 (가)~(다)에 대한 설명으로 적절하지 <u>않은</u> 것은?

① (가)와 (나)는 현실에 대한 부정적 인식이 드러나 있다.
② (가)와 (다)는 의문형 어미를 사용하여 정서를 부각하고 있다.
③ (나)와 (다)는 자연적 소재를 중심으로 시상을 전개하고 있다.
④ (가)~(다)는 음보를 규칙적으로 반복하여 리듬감을 형성하고 있다.
⑤ (가)~(다)는 대상에 인격을 부여하여 주제의 전달 효과를 높이고 있다.

2 (가)를 감상한 내용으로 적절하지 <u>않은</u> 것은?

① 연쇄법*을 사용하여 시상을 자연스럽게 전개하고 있군.
② 상황을 가정하여 화자의 절박한 심정을 부각하고 있군.
③ 화자는 자신이 소망하는 바를 직설적으로 토로하고 있군.
④ '노래'는 화자가 시름을 해소하기 위한 수단이라고 할 수 있군.
⑤ 화자는 삶의 무상감*에서 오는 내적 갈등으로 인해 고뇌하고 있군.

☆ 손쉬운 개념

✴ 연쇄법
앞 구절의 끝 어구를 다음 구절의 앞 구절에 이어받아 이미지나 심상을 강조하는 수사법을 말한다.

✴ 무상감
모든 것이 덧없다고 여기는 느낌을 말한다.

3 〈보기〉를 참고하여 (나)를 이해한 내용으로 적절하지 <u>않은</u> 것은?

> **── 보기 ──**
>
> 이 시조는 병자호란의 패배로 인해 청나라에 볼모로 잡혀가게 된 봉림 대군(효종)의 비통한 심정이 담긴 작품이다. 여기서 '청강(靑江)'은 '청나라'를, '만산 홍록(滿山紅綠)'은 '청나라 군사'를, '춘풍(春風)'은 '청나라 세력'을 우의적으로 표현한 것으로, 자신을 비웃는 청나라 병사들에 대한 울분과 함께 병자호란의 치욕을 갚겠다는 설욕 의지를 표현하고 있다.

① '청강에 비 듯는 소릐'에는 병자호란의 패배로 청나라에 볼모로 잡혀가는 화자의 비통한 심정이 담겨 있다고 볼 수 있겠군.
② '긔 무어시 우읍관딕'에는 병자호란의 패배로 치욕을 겪고 있는 화자가 자신의 처지를 자조하는 모습이 담겨 있다고 할 수 있겠군.
③ '만산 홍록이 휘드르며 웃는고야'에는 볼모로 잡혀가는 화자를 조롱하며 비웃고 있는 청나라 병사들의 태도가 담겨 있다고 볼 수 있겠군.
④ '춘풍이 몃 날이리'에는 청나라 세력이 지금은 위세를 떨치고 있지만, 그것이 오래가지는 않을 것이라는 화자의 믿음이 담겨 있다고 할 수 있겠군.
⑤ '우을 딕로 우어라'에는 훗날 병자호란의 치욕에 대해 복수하겠다는 화자의 의지가 담겨 있다고 볼 수 있겠군.

4 다음 중 시적 대상에 대한 화자의 태도가 (다)와 가장 유사한 것은?

① 오리의 짧은 다리 학의 다리 되도록애 / 검은 가마귀 해오라비 되도록애 / 향복무강(亨福無疆)ᄒ샤 억만세(億萬世)를 누리소서. — 김구

② 높으나 높은 낡에 날 권하여 올려 두고 / 이보오 벗님네야 흔들지나 말았으면 / 떨어져 죽기는 섫지 아녀도 임 못 볼까 하노라. — 이양원

③ 공명(功名)을 즐겨 마라 영욕(榮辱)이 반이로다 / 부귀(富貴)를 탐치 마라 위기(危機)를 밟느니라 / 우리는 일신(一身)이 한가하니 두려운 일 없어라. — 김삼현

④ 흔 손에 막딕 잡고 쏘 흔 손에 가싀 쥐고, / 늙는 길 가싀로 막고 오는 백발(白髮) 막딕로 치려터니 / 백발(白髮)이 제 몬져 알고 즈럼길노 오더라. — 우탁

⑤ 간밤의 눈 갠 후(後)의 경믈(景物)이 달랃고야 / 압희는 만경류리(萬頃琉璃) 뒤희는 천텹옥산(千疊玉山) / 선계(仙界)ㄴ가 불계(佛界)ㄴ가, 인간(人間)이 아니로다 — 윤선도, 「어부사시사」

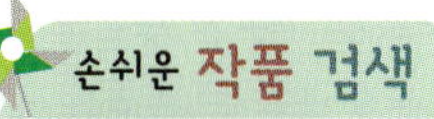

노래 삼긴 사룸~ _신흠

주제 ▶ 노래를 통해 시름을 풀고 싶은 마음

\# 노래 \# 시름 \# 말로 다하지 못하는 시름
\# 노래로 불러서 해소

특징 ▶ 시름을 풀고자 하는 마음을 솔직하게 표현함.

\# 근심이 사라지기를 원함 \# 노래로 해소가 된다면
\# 나도 불러 보리라

청강에 비 듯는 소릭~ _효종

주제 ▶ 청나라에 볼모로 잡혀가는 울분과 설욕 의지

\# 꽃과 풀의 웃음 = 청나라 병사의 비웃음
\# 복수심 \# 의지

특징 ▶ 자연물을 의인화하여 화자의 처지를 표현함.

\# 만산 홍록 \# 꽃과 풀 \# 청나라 군사
\# 화자를 비웃음

국화야 너는 어이~ _이정보

주제 ▶ 선비의 높은 절개와 지조 예찬

\# 추운 계절 \# 시련과 역경에 굴하지 않음
\# 홀로 피어 있음 \# 오상고절 \# 지조와 절개

특징 ▶ 봄과 가을의 계절 대비를 통해 국화의 고고한 기상을 표현함.

\# 삼월동풍 \# 낙목한천
\# 계절의 변화와 대조적 상황 \# 추운 계절에 핀 국화

21

개를 여라믄이나 기르되~ · 어이 못 오던가~ · 귀뚜리 저 귀뚜리~

(가)는 임이 오지 않자 엉뚱하게 개한테 화풀이하는 상황을 해학적으로 표현한 작품이다. (나)는 자신을 찾지 않는 임에 대한 원망의 심정을 드러내고 있으며, (다)는 쓸쓸한 가을날 슬피 우는 귀뚜라미 소리를 통해 화자의 외로움을 드러내고 있다.

가 ㉠개를 여라믄이나 기르되 요 개같이 얄미우랴

　미운 님 오며는 꼬리를 홰홰 치며 뛰락 나리뛰락 반겨서 내닫고 고운 님 오며는 뒷발을 버동버동 무르락 나으락 캉캉 짖어서 돌아가게 한다

　쉰밥이 그릇그릇 난들 너 먹일 줄이 있으랴.

– 작자 미상

✻ 개를 열 마리 넘게 기르지만 이 개같이 얄미우랴.

미운 임이 오면 꼬리를 홰홰 치면서 뛰어올랐다 내리뛰었다 하면서 반겨 맞이하고, 고운 임이 오면 뒷발을 버둥거리면서 물러섰다가 나아갔다가 캉캉 짖어 돌아가게 한다.

쉰밥이 그릇그릇 남을지언정 너 먹일 줄 있으랴?

나 어이 못 오던가 무삼 일로 못 오던가

　너 오난 길에 무쇠 성(城)을 싸고 성 안에 담 싸고 담 안에 집을 짓고 집 안에 뒤주 노코 뒤주 안에 궤(櫃)를 짜고 그 안에 너를 필자형(必字形)으로 결박하여 너코 쌍배목 외걸쇠 금거북 자물쇠로 슈긔슈긔 잠가 잇더냐 네 어이 그리 아니 오더니

　한 해도 열두 달이오 한 달도 셜흔 날의 날 와 볼 할이 업스랴

– 작자 미상

✻ 어찌하여 못 오던가, 무슨 일로 못 오던가?

너 오는 길에 무쇠로 성을 쌓고, 성 안에 담을 쌓고, 담 안에 집을 짓고, 집 안에 뒤주를 놓고, 뒤주 안에 궤를 짜고, 그 안에 너를 묶어 넣고, 쌍배목, 외걸쇠, 금거북 자물쇠로 꼭꼭 잠가 두었느냐? 너는 어째서 그렇게 오지 않느냐?

한 해도 열두 달이오 한 달도 서른 날인데 나를 보러 올 하루가 없단 말이냐?

다 ㉡귀뚜리 저 귀뚜리 어여쁘다 저 귀뚜리

　어인 귀뚜리 지는 달 새는 밤에 긴 소리 짧은 소리 절절(節節)이 슬픈 소리 제 혼자 울어 예어 사창(紗窓) 여윈 잠을 살뜰히도 깨우는고야

　두어라 제 비록 미물(微物)이나 무인 동방(無人洞房)의 내 뜻 알 이는 저뿐인가 하노라

– 작자 미상

✻ 귀뚜라미, 저 귀뚜라미, 불쌍하다 저 귀뚜라미.

어찌하여 귀뚜라미가 지는 달, 새는 밤에 긴 소리 짧은 소리, 마디마디 슬픈 소리로 저 혼자 계속 울어, 사창 안의 얕은 잠을 잘도 깨우는구나.

두어라, 제가 비록 미물이지만 독수공방하는 내 뜻을 알아줄 이는 너뿐인가 하노라.

★ 어휘 풀이

- **여라믄** : 여남은. 열이 조금 넘는 수
- **뒤주** : 쌀 같은 곡식을 담아 두는 세간
- **쌍배목** : 쌍으로 된 문고리를 걸어 두는 장치
- **외걸쇠** : 문을 잠그기 위한 'ㄱ' 자 모양의 빗장
- **슈긔슈긔** : 꼭꼭
- **사창(紗窓)** : 비단을 바른 창. 여인이 기거하는 방을 이름.
- **살뜰히도** : 알뜰하게도
- **무인 동방(無人洞房)** : 홀로 지내는 여인의 방

작품 핵심 **단축키**

 **(가) - 임을 그리워하는 화자**

화자　화자는 상반된 행동을 하는 □에게 책임을 떠넘기는 기법을 통해 임에 대한 그리움을 드러냄.

 **(다) - 감정 이입의 대상**

시어　화자는 밤새 우는 '□□□'에게 감정을 이입하여 화자의 외로움을 표현함.

 **(나) - 주제의 구현 방법**

표현　중장에서 연쇄법을 이용하여 자신을 찾아오지 않는 임에 대한 원망과 □□□을 동시에 드러냄.

1 〈보기〉의 ⓐ~ⓔ 중, (가)~(다)에서 근거를 찾을 수 <u>없는</u> 것은?

> ● 보기 ●
>
> 사설시조는 임진왜란과 병자호란 이후 높아진 평민들의 의식과 산문정신*이 빚어낸 산물이다. 형식 면에서는 ⓐ평시조의 기본형에서 두 구 이상이 길게 늘어났으며, 내용 면에서도 ⓑ실생활에 관한 소재를 주로 다루어 ⓒ서민들의 솔직함과 진솔함이 잘 드러나 있다. 표현 면에서는 ⓓ화자의 심정을 직설적으로 표현하는 경우가 많으며, 대화체를 많이 사용하였다. 또한 ⓔ사회 비판적 대상을 희화화*하여 웃음을 유발하기도 하였다.

① ⓐ　　　② ⓑ　　　③ ⓒ　　　④ ⓓ　　　⑤ ⓔ

🕐 손쉬운 **개념**

＊ **산문정신(散文精神)**
외형적 규범이나 낭만적 감상, 시적 감각을 배제하고, 현실을 객관적으로 탐구하여 자유로운 문장으로 표현하려는 문학상의 태도를 말한다.

＊ **희화화(戱畵化)**
대상의 성격과 외양 또는 사건을 우스꽝스럽게 표현하는 것으로, 이를 통해 웃음을 유발한다.

2 (나)를 창작하기 위해 다음의 내용을 메모했다고 할 때, 작품에 반영되지 <u>않은</u> 것은?

시 창작 노트

- 주제 면 : 임을 기다리는 안타까운 마음 ⋯⋯⋯⋯⋯⋯⋯⋯⋯⋯ ①
- 소재 면 : 임이 화자에게 오지 못하게 하는 장애물 ⋯⋯⋯⋯⋯⋯ ②
- 표현 방식 면 ⋯⋯⋯⋯⋯⋯⋯⋯⋯⋯⋯⋯⋯⋯⋯⋯⋯⋯⋯⋯ ③
  - 시각적 · 청각적 이미지를 사용함.
  - 열거와 연쇄적 표현을 통해 리듬감을 형성함.
- 시상 전개 면 ⋯⋯⋯⋯⋯⋯⋯⋯⋯⋯⋯⋯⋯⋯⋯⋯⋯⋯⋯⋯ ④
  - 가정적 상황을 설정함.
  - 임이 오지 않는 이유를 묻고, 그 이유를 추측함.
- 어조와 태도 면 ⋯⋯⋯⋯⋯⋯⋯⋯⋯⋯⋯⋯⋯⋯⋯⋯⋯⋯⋯ ⑤
  - 오지 않는 임을 원망하는 어조로 표현함.
  - 임이 오기를 바라는 간절한 태도가 드러나게 함.

3 (다)의 표현상 특징으로 적절하지 <u>않은</u> 것은?

① 자연물에 화자의 감정을 이입하고 있다.
② 대구와 반복을 통해 운율을 형성하고 있다.
③ 초장에서 'a－a－b－a'의 구조를 보이고 있다.
④ 대화의 형식을 사용하여 주제를 부각하고 있다.
⑤ 청각적 이미지를 활용하여 화자의 심리를 드러내고 있다.

바른답 알찬풀이 ● 26쪽

4. ㉠과 ㉡에 대한 설명으로 가장 적절한 것은?

① ㉠과 ㉡은 모두 화자가 동병상련을 느끼는 대상이다.
② ㉠과 ㉡은 모두 화자에게 슬픔의 정서를 유발하는 존재이다.
③ ㉠과 ㉡은 모두 화자가 자신을 성찰하는 계기가 되는 대상이다.
④ ㉠은 화자가 책임을 전가하는 대상이고, ㉡은 화자의 감정이 이입된 대상이다.
⑤ ㉠은 화자의 처지와 대비되는 존재이고, ㉡은 화자의 현재 상황과 동일시되는 존재이다.

손쉬운 개념

＊ 감정 이입
자연물 또는 풍경과 같은 대상에 자신의 감정이나 정신을 불어넣거나, 대상으로부터 느낌을 직접 받아들여 대상과 자기가 서로 통한다고 느끼는 것을 말한다.

손쉬운 작품 검색

개를 여라믄이나 기르되~ _작자 미상

주제 ▶ 임에 대한 간절한 기다림과 원망

\# 오지 않는 임
\# 얄미운 개가 방해해서 못 오는 걸까?

특징 ▶ 의성어와 의태어를 사용함.

\# 꼬리를 훼훼   \# 뛰락 나리뛰락   \# 뒷발을 버동버동
\# 므르락 나으락   \# 캉캉

어이 못 오던가~ _작자 미상

주제 ▶ 오지 않는 임을 기다리는 안타까운 마음

\# 날 보러 오지 않는 임
\# 무슨 일 때문에 못 오는 걸까?
\# 장애물이 많아서일까?

특징 ▶ 열거법, 연쇄법을 사용하여 상황을 강조하여 표현함.

\# 무쇠로 된 성과 담   \# 집 안의 뒤주   \# 그 안의 궤
\# 묶인 임   \# 자물쇠

귀뚜리 저 귀뚜리 ~ _작자 미상

주제 ▶ 독수공방의 외로움

\# 혼자 우는 귀뚜라미   \# 내 잠을 깨우네
\# 독수공방하는 내 맘을 너는 아는구나!

특징 ▶ 청각적 심상을 활용하여 화자의 심정을 환기시킴.

\# 귀뚜라미 소리   \# 긴 소리 짧은 소리
\# 절절이 슬픈 소리   \# 계속 우는 소리

22

댁들에 동난지이 사오~ · 두터비 파리를 물고~ · 싀어마님 며느라기 낫바~

(가)는 한자어를 쓰는 게젓 장수의 허세 부리는 태도를 비꼬는 작품이며, (나)는 관리들의 횡포와 허세를 우의적으로 풍자한 작품이다. (다)는 시집살이를 하는 며느리의 고충과 시댁 식구에 대한 원망을 진솔하게 담아낸 작품이다.

가 댁들에 동난지이 사오 저 ㉠장사야 네 황화* 그 무엇이라 웨는다 사자

　　외골내육(外骨內肉) 양목(兩目)이 상천(上天) 전행(前行) 후행(後行) 소(小)아리 팔족(八足) 대(大)아리 이족(二足) 청장(淸醬)* 아스슥하는 동난지이 사오

　　ⓐ장사야 하 거북이 웨지 말고 게젓이라 하렴은

　　　　　　　　　　　　　　　　　　　　　　－ 작자 미상

＊ 사람들아, 동난젓 사오. 저 장수야, 네 물건을 무엇이라 외치느냐? 사자.

밖은 단단하고 안은 물렁하며 두 눈은 위로 솟아 하늘을 향하고 앞뒤로 가는 작은 발 여덟 개, 큰 발 두 개, 진하지 않은 간장에 (씹으면) 아삭아삭한 소리가 나는 동난젓 사오.

장수야, 그렇게 거북하게 말하지 말고 게젓이라 하려무나.

나 ㉡두터비 파리를 물고 두엄* 우희 치다라 안자

　　것넌 산 바라보니 ㉢백송골(白松鶻)이 떠 잇거늘 가슴이 금즉하여 풀덕 뛰여 내닷다가 두엄 아래 잣바지거고

　　모쳐라 날낸 낼식만정 에헐질 번하괘라.

　　　　　　　　　　　　　　　　　　　　　　－ 작자 미상

＊ 두꺼비가 파리를 물고 두엄 위에 뛰어올라 앉아,

건너편 산을 바라보니 흰 송골매가 떠 있거늘 가슴이 섬뜩하여 펄쩍 뛰어 내닫다가 두엄 아래 자빠졌구나.

마침 날랜 나였기에 망정이지 피멍 들 뻔했구나.

- **황화** : 여러 가지 자질구레한 일용 잡화, 팔려고 내놓은 물건
- **청장(淸醬)** : 진하지 않은 맑은 간장
- **두엄** : 풀, 짚, 가축의 배설물 따위를 썩힌 거름
- **알살픠신** : 매서운
- **되죵고신** : 말라빠진
- **겨론** : 엮은
- **당피** : 좋은 곡식
- **돌피** : 품질이 떨어지는 곡식
- **멋곳** : 메꽃

다 ㉣싀어마님 며느라기 낫바 벽 바흘 구로지 마오

　　빗에 바든 며느린가 갑세 쳐 온 며느린가 밤나모 서근 등걸 휘초리 나니ᄀᆞᆺ치 알살픠신 싀아바님 볏 뵌 쇳동ᄀᆞᆺ치 되죵고신 싀어마님 삼 년(三年) 겨론 망태에 새 송곳 부리ᄀᆞᆺ치 샢죡ᄒᆞ신 ㉤싀누으님 당피 가론 밧틔 돌피 나니ᄀᆞᆺ치 싀노란 외곳 ᄀᆞᆺ튼 피쫑 누는 아들 ᄒᆞ나 두고

　　건 밧틔 멋곳 ᄀᆞᆺ튼 며느리를 어듸를 낫바 ᄒᆞ시ᄂᆞᆫ고

　　　　　　　　　　　　　　　　　　　　　　－ 작자 미상

＊ 시어머님 며느리가 미워 부엌 바닥을 구르지 마오.

빚에 받은 며느리인가, (물건) 값에 쳐 온 며느리인가. 밤나무 썩은 등걸에 회초리 난 것처럼 매서우신 시아버님, 볕을 쬔 쇠똥같이 말라빠진 시어머님, 삼 년 동안 엮은 망태에 새 송곳 부리같이 뾰족하신 시누이님, 좋은 곡식 갈아 놓은 밭에 나쁜 곡식 난 것같이 샛노란 오이꽃 같은 피똥 누는 아들 하나 두고,

기름진 밭에 메꽃 같은 며느리를 어디를 미워하시는고?

작품 핵심 단축키

	(가) – 대상에 대한 태도
화자	손님은 게젓 장수의 현학적 태도와 허세에 대해 ☐☐적으로 비판함.

	(나) – 시어의 상징적 의미
시어	'백송골'은 중앙 관리 또는 외세를, '두터비'는 ☐☐☐☐를, '파리'는 힘없는 ☐☐을 상징함.

	(다) – 비유를 통한 해학적 묘사
표현	시집 식구들의 ☐☐과 외양을 일상적인 사물에 비유하여 해학적으로 묘사함.

1

(가)~(다)의 공통점으로 가장 적절한 것은?

① 대화를 통해 주제 의식을 부각하고 있다.
② 설의적 표현을 통해 정서를 강화하고 있다.
③ 반어적 표현*으로 시적 상황을 제시하고 있다.
④ 열거를 사용하여 대상의 특성을 강조하고 있다.
⑤ 대상의 행동을 구체적으로 제시하며 비판하고 있다.

손쉬운 개념

* **반어적 표현**
'반어'는 속마음과 반대로 표현하는 것을 의미한다. 화자의 표현과 상황이 모순되지만, 표현 자체에는 모순이 없다는 점에서 역설과는 차이를 보인다.

2

ⓐ를 통해 비판하고자 하는 바로 가장 적절한 것은?

① 서민을 속여 질 나쁜 물건을 팔려는 행위
② 남을 배려하지 않고 자신의 이익만을 추구하는 행위
③ 자신의 이익을 위해 학문을 왜곡하여 이용하는 태도
④ 쉬운 말을 두고 일부러 어렵게 표현하는 현학적인 태도*
⑤ 상황에 맞지 않는 말을 하여 타인에게 상처를 주는 행위

손쉬운 개념

* **현학적(衒學的) 태도**
학식이 있음을 자랑하는 태도로, 대개는 부정적인 의미로 쓰인다.

3

㉠~㉤ 중 대상에 대한 화자의 태도가 나머지와 <u>다른</u> 것은?

① ㉠   ② ㉡   ③ ㉢   ④ ㉣   ⑤ ㉤

4

<보기>를 참고하여 (나)를 감상한 내용으로 가장 적절한 것은?

───● 보기 ●───

이 작품은 조선 후기의 사설시조로, 당시 탐관오리들의 비굴한 모습을 동물 세계의 약육강식(弱肉强食)에 빗대어 풍자한 작품이다. 즉 자신보다 신분이 낮은 서민은 못살게 굴고 자신보다 강한 권력자에게는 비굴하게 구는 탐관오리의 모습을 비판한 것이다. 이를 통해 양반의 위선적인 모습과 이를 조롱하는 당시 서민들의 정서를 파악할 수 있다.

① '백송골'을 보고 놀라는 '두터비'를 통해 중간 권력층의 비애를 엿볼 수 있군.
② '두엄'과 '것넌 산'의 대비를 통해 조선 후기 신분 제도의 모순을 강조하고 있군.
③ 작가는 '파리'를 통해 권력층을 조롱하는 당대 서민들의 모습을 표현하고 있군.
④ 작가는 '두엄' 아래 자빠지는 '두터비'의 모습을 통해 권력의 무상함을 말하고 있군.
⑤ '두터비'가 '날낸 낼싀만졍'이라고 자랑하는 모습에서 풍자*의 효과가 발생하고 있군.

손쉬운 개념

* **풍자(諷刺)**
남의 결점을 다른 것에 빗대어 폭로하고 공격하는 것을 말한다. 부정한 권력자들에 대한 풍자, 모순된 사회에 대한 풍자, 소시민적인 태도에 대한 풍자 등 대상의 부정적인 면을 비판하는 데 그 목적이 있다.

5

(다)와 〈보기〉를 비교한 내용으로 적절하지 <u>않은</u> 것은?

● 보기 ●

흥보기도 싫다마는 저 부인(婦人)의 거동 보소. 시집간 지 석 달 만에 시집살이 심하다고 친정에 편지하여 시집 흉을 잡아내네. 게염할사 시아버니 암상할사 시어머니, 고자질에 시누이와 엄숙하기 맏동서라. 요악(妖惡)한 아우 동서 여우 같은 시앗년에, 드세도다 남녀 노복(男女奴僕) 들며 나며 흠구덕에, 남편이나 믿었더니 십벌지목(十伐之木) 되었에라.

— 작자 미상, 「용부가(庸婦歌)」 중에서

① (다)에서는 며느리를 통해, 〈보기〉에서는 제삼자를 통해 시상을 전개하고 있다.
② (다)에는 시집 식구들에 대한 비판이, 〈보기〉에는 며느리에 대한 비판이 드러나 있다.
③ (다)는 며느리의 시집살이를, 〈보기〉는 부인의 잘못된 행실을 소재로 하고 있다.
④ 〈보기〉는 (다)와 달리 동일한 음운을 반복하여 리듬감을 살리고 있다.
⑤ (다)와 〈보기〉 모두 대상의 부정적 행동에 초점을 맞추고 있다.

손쉬운 작품 검색

댁들에 동난지이 사오～_작자 미상

주제 ▶ 현학적 태도와 허세 비판

\# 동난지이 = 게젓　　\# 한자어
\# 그냥 쉽게 게젓이라고 하렴

특징 ▶ 대화체 형식으로 시상을 전개하며, 감각적인 의성어를 사용하여 상황을 사실적으로 제시함.

\# 동난지이 사오　　\# 장사야　　\# 아스슥하는 동난지이

두터비 파리를 물고～_작자 미상

주제 ▶ 탐관오리의 횡포와 비굴함, 허세를 풍자함.

\# 파리를 물고　　\# 백송골에는 가슴이 금즉
\# 나였기에 안 다친 거지

특징 ▶ 약육강식의 현실을 동물 세계를 통해 우화적으로 표현함.

\# 두터비　　\# 파리　　\# 백송골　　\# 상징적 의미

싀어마님 며느라기 낫바～_작자 미상

주제 ▶ 시집살이의 어려움을 한탄하고, 며느리를 구박하는 세태를 비판함.

\# 며느리를 미워하는 시어머니　　\# 매서운 시아버지
\# 뾰족한 시누이　　\# 원망과 한탄

특징 ▶ 일상적인 사물에 시댁 식구들을 비유하여 나열함.

\# 회초리　　\# 쇠똥　　\# 망태
\# 송곳　　\# 곡식　　\# 오이꽃

23 어부사시사(漁父四時詞) _윤선도

어부의 사계절 흥취를 노래한 연시조이다. 이때 '어부(漁父)'는 고기잡이를 생업으로 하는 어부가 아니라 한가하게 낚시를 즐기는 풍류객을 뜻하며, '사시사(四時詞)'는 춘하추동 각 10수씩인 작품의 형식과 관련이 있다.

가 우는 거시 벅구기가 푸른 거시 **버들숩가**

이어라 이어라

어촌(漁村) 두어 집이 닛 속의 나락들락

지국총(至匊悤) 지국총(至匊悤) 어스와(於思臥)

말가흔 기픈 소희 온간 고기 쒸노ᄂ다. 〈춘사(春詞) 4〉

➤ 봄날 어촌(漁村)의 아름다운 풍경 – 어촌에서의 유유자적한 삶

* 우는 것이 뻐꾸기인가, 푸른 것이 버드나무 숲인가.
노를 저어라, 노를 저어라.
어촌 두어 집이 안개 속에 들락날락하는구나.
찌그덩 찌그덩 어기여차!
맑고 깊은 연못에 온갖 고기 뛰노는구나.

나 년닙히 밥 싸 두고 반찬으란 쟝만 마라

닫 드러라 닫 드러라

청약립(青篛笠)은 써 잇노라 **녹사의(綠蓑衣)** 의 가져오냐

지국총(至匊悤) 지국총(至匊悤) 어스와(於思臥)

무심(無心)흔 빅구(白鷗)는 내 좃는가 제 좃는가. 〈하사(夏詞) 2〉

➤ 소박한 어옹(漁翁)의 생활 – 물아일체적 삶의 즐거움

* 연잎에 밥을 싸고 반찬은 준비하지 마라.
닻을 들어라, 닻을 들어라.
삿갓은 이미 썼노라, 도롱이를 가져왔느냐.
찌그덩 찌그덩 어기여차!
욕심 없는 갈매기는 내가 저를 좇는가, 아니면 제가 나를 좇는가.

다 믈외(物外)예 조흔 일이 **어부(漁夫) 생애(生涯)** 아니러냐

빅 떠라 빅 떠라

어옹(漁翁)을 욷디 마라 그림마다 그렷더라

지국총(至匊悤) 지국총(至匊悤) 어스와(於思臥)

ᄉ시(四時) 흥(興)이 흔가지나 츄강(秋江)이 을듬이라 〈추사(秋詞) 1〉

➤ 추강(秋江)에서의 어부 생활의 흥취 – 속세를 벗어난 삶에 대한 자부심

* 속세를 벗어난 곳에 깨끗한 일이 고기잡이의 생활이 아니더냐.
배를 띄워라, 배를 띄워라.
늙은 고기잡이라고 비웃지 마라, 그림마다 어옹이 그려져 있더라.
찌그덩 찌그덩 어기여차!
사계절의 흥취가 다 좋지만 그 중에서도 가을 강이 으뜸이라.

라 간밤의 눈갠 후(後)의 **경물(景物)**이 달랃고야

이어라 이어라

압희는 만경류리(萬頃琉璃) 뒤희는 천텹옥산(千疊玉山)

지국총(至匊悤) 지국총(至匊悤) 어스와(於思臥)

선계(仙界)ㄴ가 블계(佛界)ㄴ가 **인간(人間)**이 아니로다 〈동사(冬詞) 4〉

➤ 눈 덮인 강촌(江村)의 아름다움 – 눈 덮인 자연 경관에 대한 경탄

* 간밤에 눈 갠 뒤에 경치가 달라졌구나!
노를 저어라, 노를 저어라.
앞에는 유리처럼 맑고 잔잔한 넓은 바다, 뒤에는 겹겹이 눈 덮인 아름다운 산이로다.
찌그덩 찌그덩 어기여차!
여기는 신선이 사는 선경인가, 아니면 부처가 사는 극락정토인가? 인간 세상이 아니로다.

★ 어휘 풀이

- **닛 속의** : 안개 속에
- **나락들락** : 들락날락. 안개로 인해 집들이 보였다 안 보였다 하는 것을 나타냄.
- **지국총(至匊悤) 지국총(至匊悤)** : 노를 젓는 소리를 나타내는 의성어
- **어스와(於思臥)** : '어기여차' 외치는 소리를 나타내는 의성어
- **소희** : 소(沼)에, 연못에
- **청약립(青篛笠)** : 대나무 껍질을 엮어서 만든 삿갓
- **녹사의(綠蓑衣)** : 도롱이. 비옷
- **무심(無心)흔** : 사심(邪心)이 없는, 욕심이 없는
- **믈외(物外)** : 세속을 초월한 곳
- **조흔** : 깨끗한
- **경물(景物)** : 계절에 따라 달라지는 경치
- **만경류리(萬頃琉璃)** : 유리 같이 맑고 깨끗한 바다
- **천텹옥산(千疊玉山)** : 수없이 겹쳐진 눈 덮인 산

 믉구의 외로운 솔 혼자 어이 싁싁ᄒ고

비 미여라 비 미여라

머흔 구룸 흔(恨)티 마라 셰샹(世上)을 ᄀ리온다

지국총(至匊悤) 지국총(至匊悤) 어ᄉ와(於思臥)

파랑셩(波浪聲)을 염(厭)티 마라 **딘훤(塵喧)**을 딘ᄂ 또다

〈동사(冬詞) 8〉

➡ 속세와 단절된 삶의 추구 – 자신의 삶에 대한 자부심

* 물가의 외로운 소나무 어이하여 홀로 씩씩하게 서 있는가.
배를 매어라, 배를 매어라.

험한 구름을 원망하지 마라. 온 세상을 가려 준다.

찌그덩 찌그덩 어기여차!

물결 소리를 싫어하지 마라. 속세의 더러운 소음을 막아 주는구나.

작품 핵심 **단축키**

	자연 속에서 지내고픈 화자		눈 내린 어촌 풍경		시상의 전개
화자	(다)에서 화자는 속세를 벗어나 자연 속에서 한가롭게 살아가는 자신의 모습을 그림마다 그려진 '☐☐'과 동일시하고 있음.	시어	(라)의 '☐☐☐☐'와 '쳔텹옥산'은 눈이 갠 후의 어촌의 풍경을 표현한 시어임.	표현	이 작품은 춘하추동, 즉 ☐☐의 흐름에 따라 시상이 전개됨.

---

1 윗글에 대한 설명으로 적절하지 **않은** 것은?

① 과거와 미래를 대비하여 주제를 부각하고 있다.
② 음보를 규칙적으로 사용하여 리듬감을 살리고 있다.
③ 통사 구조*가 유사한 구절을 대응시켜 운율을 형성하고 있다.
④ 감각적 이미지를 활용하여 대상의 아름다움을 드러내고 있다.
⑤ 각 수마다 동일한 여음구*를 사용하여 형태적 통일감을 주고 있다.

 손쉬운 **개념**

* **통사 구조**
통사 구조란 문장 성분들의 짜임, 즉 문장 성분들을 배열하는 방식을 말한다.

* **여음구**
연 단위 시가의 앞 · 뒤 · 가운데에 위치하여 의미 표현보다는 감흥과 율조에 영향을 미치는 어절이나 구절을 이르는 말이다.

기출 문제
2 윗글을 국악 뮤지컬로 공연하고자 할 때, 그에 대한 의견으로 적절하지 **않은** 것은?

① 계절감을 드러낼 수 있는 무대 배경을 준비해야겠군.
② 주인공이 어부로서 자신의 직업의식을 드러내는 독창이 필요하겠군.
③ 배 띄우는 장면이나 노 젓는 장면에서는 코러스가 뱃노래를 부르는 것도 좋겠군.
④ 무대 효과를 사용하여 안개가 껴서 신비롭게 보이는 어촌의 풍경을 보여 주어야겠군.
⑤ 탈속적인 분위기를 드러내기 위해 고요하면서도 평화로운 느낌의 음악이 필요하겠군.

바른답 알찬풀이 ●28쪽

3 (가)~(마)의 시어 및 시구에 대한 이해로 적절하지 않은 것은?

① (가)의 '버들숩'과 (나)의 '녹사의'는 시간적 배경을 나타내는 소재이다.
② (나)의 '년닙'은 (다)의 '어부 생애'의 성격을 드러내기 위한 소재이다.
③ (다)의 '믈외'는 (라)의 '인간'과는 대조적인 속성을 지닌 공간이다.
④ (마)의 '파랑셩'은 (라)의 '경물'의 아름다움을 강조하기 위한 소재이다.
⑤ (마)의 '딘훤'은 (마)의 '셰샹'이 지닌 속성과 관련이 있는 시어이다.

기출 문제

4 (마)와 〈보기〉를 비교하여 감상한 내용으로 가장 적절한 것은?

● 보기 ●

강호 한 꿈을 꾼 지도 오래러니
입과 배가 누가 되어 어즈버 잊었도다
저 믈을 바라보니 푸른 대도 하도 할샤
훌륭한 군자들아 낚대 하나 빌려스라
갈대꽃 깊은 곳에 명월 청풍 벗이 되어
임자 없는 풍월 강산에 절로절로 늙으리라
무심한 백구(白鷗)야 오라 하며 말라 하랴
다툴 이 없을 건 다만 이건가 여기노라

– 박인로, 「누항사(陋巷詞)」

① 〈보기〉는 (마)와 달리 현실 개혁에 대한 화자의 의지를 드러내고 있다.
② (마)는 〈보기〉와 달리 현재의 삶에 순응하려는 자세를 보이고 있다.
③ (마)의 '구룸'은 〈보기〉의 '명월'과 달리 부정적 현실을 차단하는 자연물로 기능하고 있다.
④ (마)는 '믉ㄱ'와 '셰샹'의 대비를 통해, 〈보기〉는 '강호'와 '풍월 강산'의 대비를 통해 주제를 부각하고 있다.
⑤ (마)와 〈보기〉 모두 화자 자신의 삶에 대해 반성하는 태도를 보이고 있다.

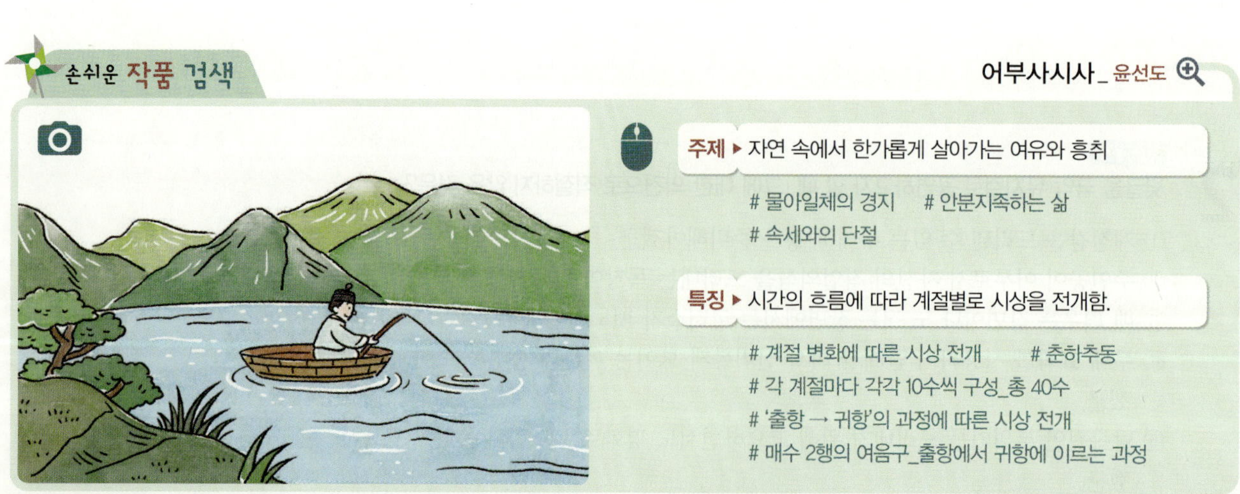

손쉬운 **작품 검색**

어부사시사 _ 윤선도

주제 ▶ 자연 속에서 한가롭게 살아가는 여유와 흥취

\# 물아일체의 경지   \# 안분지족하는 삶
\# 속세와의 단절

특징 ▶ 시간의 흐름에 따라 계절별로 시상을 전개함.

\# 계절 변화에 따른 시상 전개   \# 춘하추동
\# 각 계절마다 각각 10수씩 구성_총 40수
\# '출항 → 귀항'의 과정에 따른 시상 전개
\# 매수 2행의 여음구_출항에서 귀항에 이르는 과정

24 누항사(陋巷詞) _박인로

'누항(陋巷)'이란 '좁고 누추한 거리'를 뜻하는 말로, 『논어』에서는 '가난하지만 학문을 수행하며 도(道)를 추구하는 공간'을 의미한다. 화자는 가난한 삶을 살지만 이를 원망하지 않고 자연을 벗 삼아 충·효·우애를 실천하며 살겠다고 노래하고 있다.

어리고 우활(迂闊) 홀산이 닉 우히 더니 업다.

길흉화복(吉凶禍福)을 하날긔 부쳐 두고,

누항(陋巷) 깁푼 곳의 초막(草幕)을 지어 두고,

풍조우석(風朝雨夕)에 석은 딥히 셥히 되야,

서홉 밥 닷홉 죽(粥)에 연기(煙氣)도 하도 할샤.

설 데인 숙냉(熟冷)애 뷘 빅 쇡일 쓴이로다.

생애(生涯) 이러ᄒ다 장부(丈夫) 쯧을 옴길넌가.

안빈 일념(安貧一念)을 적을망정 품고 이셔,

수의(隨宜)로 살려 ᄒ니 날로조차 저어(齟齬)ᄒ다.

➜ 서사 : 안빈 일념(安貧一念)으로 살고자 하나 생활은 갈수록 곤궁해짐.

ᄀᆞ을히 부족(不足)거든 봄이라 유여(有餘)ᄒ며,

주머니 뷔엿거든 병(瓶)의라 담겨시랴.

빈곤(貧困)ᄒ 인생(人生)이 천지간(天地間)의 나쑨이라.

기한(飢寒)이 절신(切身)ᄒ다 일단심(一丹心)을 이질는가.

분의 망신(奮義忘身)ᄒ야 죽어야 말녀 너겨,

우탁 우낭(于橐于囊)의 줌줌이 모와 녀코,

병과 오재(兵戈五載)예 감사심(敢死心)을 가져 이셔,

이시 섭혈(履尸涉血)ᄒ야 몃백전(百戰)을 지닉연고. 〈중략〉

➜ 본사 1 : 임진왜란에 참전하여 죽을 고비를 넘겼던 일을 회상함.

쇼 ᄒ 적 듀마 ᄒ고 엄섬이 ᄒ는 말삼,

친절(親切)호라 너긴 집의 달 업슨 황혼(黃昏)의 허위허위 다라가셔,

구디 다든 문(門) 밧긔 어득히 혼자 서셔,

큰 기춤 아함이을 양구(良久)토록 ᄒ온 후(後)에,

어와 그 뉘신고 염치(廉恥) 업산 닉옵노라.

초경(初更)도 거읜디 긔 엇지 와 겨신고.

연년(年年)에 이러ᄒ기 구차(苟且)ᄒ 줄 알건만는,

쇼 업슨 궁가(窮家)애 혜염 만하 왓삽노라.

공ᄒ니나 갑시나 주엄 즉도 ᄒ다마는,

다만 어제밤의 거넨 집 져 사름이,

목 불근 수기치(雉)을 옥지읍(玉脂泣)게 쑤어 닉고,

간 이근 삼해주(三亥酒)을 취(醉)토록 권(勸)ᄒ거든,

이러한 은혜(恩惠)을 어이 아니 갑흘넌고.

* 어리석고 세상 물정에 어두운 것은 나보다 더한 사람이 없다.
  길흉화복을 하늘에게 맡겨 두고,
  누추한 깊은 곳에 초가를 지어 놓고,
  변화무쌍한 날에 썩은 짚이 땔감이 되어
  세 홉의 밥과 다섯 홉의 죽을 만드는데 연기가 많기도 많구나.
  덜 데운 숭늉으로 고픈 배를 속일 뿐이로다.
  살림살이가 이렇게 구차하다고 한들 대장부의 뜻을 바꿀 것인가?
  (가난한 삶 속에서도) 마음을 편안히 가지겠다는 한 가지 생각을 적을망정 품고 있어,
  옳은 일을 좇아 살려 하니 날이 갈수록 뜻대로 되지 아니한다.

* 가을에 (식량이) 부족한데 봄이라고 여유가 있겠으며,
  주머니가 비었는데 (술)병이라고 (술)이 담겨 있겠는가?
  가난한 인생이 이 세상에 나뿐이라.
  굶주림과 추위가 몸을 괴롭게 한다고 일편단심을 잊을 것인가?
  의에 분발하여 내 몸을 잊고 죽어서야 말겠노라고 마음먹어.
  전대와 망태에 한 줌 한 줌씩 모아 넣고,
  전쟁 5년 동안에 용감하게 죽고야 말겠다는 마음을 가지고 있어
  주검을 밟고 피를 건너(는 혈전을) 몇백 번을 치루었던가?

* 소 한 번 (빌려) 주마 하고 탐탁지 않게 하는 말을 친절하다고 여긴 집에 달도 없는 황혼에 허우적허우적 달려가서.
  굳게 닫은 문밖에 우두커니 혼자 서서
  큰 기침과 '에헴' 하는 인기척 소리를 꽤 오래도록 한 후에,
  (집 주인이) "아 거기 누구신가?" (하고 묻기에)
  "염치없는 저올시다." (하고 대답했더니)
  "초경도 거의 지났는데 그대 어찌하여 와 계신가?"
  "해마다 이러하기가 구차한 줄 알지만,
  소 없는 가난한 집에서 걱정이 많아 왔습니다." (하니,)
  "공것이거나 값을 치거나 간에 (소를 빌려) 주었으면 좋겠지마는,
  다만 어젯밤에 건넛집 (사는) 저 사람이
  목이 붉은 수꿩을 구슬 같은 기름이 끓어오르게 구워 내고,
  갓 익은 삼해주를 취하도록 권하였는데,
  이러한 은혜를 어떻게 갚지 않겠는가?

내일(來日)로 주마 ᄒ고 큰 언약(言約) ᄒ야거든,

실약(失約)이 미편(未便)ᄒ니 사셜이 어려왜라.

실위(實爲) 그러ᄒ면 혈마 어이홀고.

헌 먼덕 수기 스고 측 업슨 집신에 설피설피 믈너 오니,

풍채(風采) 저근 형용(形容)애 기 즈칠 ᄲ이로다.

➤ 본사 2 : 소를 빌리러 갔다가 소 주인에게 수모를 당하고 돌아옴.

와실(蝸室)에 드러간들 잠이 와사 누어시랴.

북창(北牕)을 비겨 안자 새배를 기다리니

무정(無情)ᄒ 대승(戴勝)은 이니 한(恨)을 도우ᄂ다.

종조 추창(終朝惆悵)ᄒ야 먼 들흘 바라보니,

즐기ᄂᆫ 농가(農歌)도 흥(興) 업서 들리ᄂ다.

세정(世情) 모론 한숨은 그칠 줄을 모르ᄂ다. 〈중략〉

춘경(春耕)도 거의거다 후러쳐 더뎌두쟈.

➤ 본사 3 : 야박한 세태를 한탄하며 한 해 농사를 포기하게 된 상황을 탄식함.

강호(江湖) ᄒ 꿈을 ᄭ우언지도 오리러니

구복(口腹)이 위루(爲累)ᄒ야 어지버 이져쩌다.

첨피 기욱(瞻彼淇燠)ᄒ듸 녹죽(綠竹)도 하도 할샤.

유비군자(有斐君子)들아 낙디 ᄒ나 빌려스라.

노화(蘆花) 깁픈 곳애 명월청풍(明月淸風) 벗이 되야,

님지 업슨 ⓐ풍월강산(風月江山)애 절로절로 늘그리라.

무심(無心)ᄒ 백구(白鷗)야 오라 ᄒ며 말라 ᄒ랴.

다토리 업슬슨 다문 인가 너기로라.

➤ 결사 1 : 자연 속에 살아가며 늙기를 소망함.

이제야 쇼 빌리리 맹세(盟誓)코 다시 마쟈.

무상(無狀)ᄒ 이 몸애 무슨 지취(志趣) 이스리마ᄂᆫ,

두세 이렁 밧논을 다 무겨 더뎌두고,

이시면 죽(粥)이오 업시면 굴믈망정,

남의 집 남의 거슨 전혀 부러 말렷노라.

니 빈천(貧賤) 슬히 너겨 손을 헤다 믈너가며,

남의 부귀(富貴) 불리 너겨 손을 치다 나아오랴.

인간(人間) 어니 일이 명(命) 밧긔 삼겨시리. 〈중략〉

빈이 무원(貧而無怨)을 어렵다 ᄒ건마ᄂᆫ,

니 생애(生涯) 이러호디 설온 ᄯᆞᆺ은 업노왜라.

단사표음(簞食瓢飮)을 이도 족(足)히 너기로라.

평생(平生) ᄒ 뜻이 온포(溫飽)애ᄂᆫ 업노왜라.

태평천하(太平天下)애 **충효(忠孝)를** 일을 삼아,

화형제(和兄弟) 신붕우(信朋友) 외다 ᄒ리 뉘 이시리.

그 밧긔 남은 일이야 삼긴 ᄃᆡ로 살렷노라.

➤ 결사 2 : 빈이 무원과 안분지족의 삶

---

* **어휘 풀이**

• **유비군자(有斐君子)** : 교양 있는 선비(군자)
• **빈이 무원(貧而無怨)** : 가난하여도 원망하지 않음.
• **단사표음(簞食瓢飮)** : 대나무로 만든 밥그릇에 담은 밥과 표주박에 든 물. 청빈하고 소박한 생활
• **온포(溫飽)** : 따뜻하게 입고 배불리 먹음.

내일 (소를 빌려) 주마 하고 굳게 약속하였기에
약속을 어기기가 편하지 못하니 (부탁을 거절하는) 말씀하기가 어렵구려."(라고 한다.)
정말로 그렇다면 설마 어찌하겠는가?
헌 모자를 숙여 쓰고 축 없는 짚신을 신고 맥없이 물러 나오니
풍채 적은 (내) 모습에 개가 짖을 뿐이로구나.

* 작고 누추한 집에 들어간들 잠이 와서 누워 있겠는가?
북쪽 창문에 기대어 앉아 새벽을 기다리니,
무정한 오디새는 나의 한을 복돋는구나.
아침이 끝날 때까지 슬퍼하며 먼 들을 바라보니
즐기는 농부들의 노래도 흥이 없게 들리는구나.
세상 물정을 모르는 한숨은 그칠 줄을 모른다.
봄갈이도 거의 다 지났다. 팽개쳐 던져 버리자.

* 자연을 벗 삼아 살겠다는 한 꿈을 꾼 지도 오래더니,
먹고사는 것이 거리낌이 되어, 아아, 슬프게도 잊었구나.
저 냇가를 바라보니 푸른 대나무가 많기도 많구나.
교양 있는 선비들아, 낚싯대 하나 빌려 다오.
갈대꽃 깊은 곳에 밝은 달과 맑은 바람이 벗이 되어,
임자가 없는 자연 속에서 절로절로 늙으리라.
무심한 갈매기야 (나더러) 오라고 하며 (오지) 말라고 하랴?
다툴 이가 없는 것은 다만 이것뿐인가 여기노라.

* 이제는 소 빌리기를 맹세코 다시 말자.
보잘것없는 이 몸이 무슨 (가륵한) 뜻이나 취향이 있겠는가마는,
두세 이랑 되는 밭과 논을 다 묵혀 던져 두고,
있으면 죽을 먹고 없으면 굶을망정
남의 집 남의 것은 전혀 부러워하지 않겠노라.
나의 가난과 천함을 싫게 여겨 손을 내젓는다고 (나의 빈천이) 물러가며,
남의 부귀를 부럽게 여겨 손짓을 한다고 (남의 부귀가) 나에게 오겠느냐?
인간 세상의 어느 일이 운명과 상관없이 생겼겠는가?

가난하여도 원망하지 않는 것이 어렵다고 하건마는
내 생활이 이러하되 서러운 뜻은 없노라.
가난한 생활이지만 이것도 만족하게 여기노라.
평생에 한 뜻이 따뜻하게 입고 배불리 먹는 데에는 없노라.
태평스러운 세상에 충성과 효도를 일로 삼아
형제간에 화목하고 벗과 신의 있게 사귀는 것을 그르다 할 사람이 누가 있겠는가?
그 밖의 나머지 일이야 타고난 대로 살겠노라.

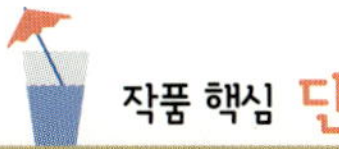

화자	이상과 현실 사이의 고뇌	시어	화자가 추구하는 소박한 삶	표현	대화 형식
화자	화자는 □□을 벗 삼아 살고 자하는 이상과, 먹고사는 문제에 시달리는 현실 사이에서 고뇌하는 모습을 보임.	시어	'□□□□을 어렵다 ᄒ건마ᄂᆞᆫ' '□□□□을 이도 족(足)히 너기로라.'	표현	□를 빌리러 간 화자와 주인과의 대화를 통해, 화자가 처한 상황을 실감 나게 전달함.

1 윗글에 대한 설명으로 적절하지 <u>않은</u> 것은?

① 개인의 체험을 사실적으로 드러내고 있다.
② 당시 서민들의 생활상을 주로 묘사하고 있다.
③ 4음보의 운율을 사용하여 리듬감을 형성하고 있다.
④ 객관적 상관물을 통해 화자의 정서를 드러내고 있다.
⑤ 부분적으로 대화체 형식을 통해 시상을 전개하고 있다.

2 윗글의 화자가 추구하는 삶의 태도로 가장 적절한 것은?

① 세상 사람들을 피해 자연에 은거하는 삶
② 술로 근심을 잊으며 낙천적으로 사는 삶
③ 농사를 지으며 경제적 궁핍에서 벗어나는 삶
④ 불교에 귀의하여 초월적 세계를 지향하는 삶
⑤ 자연을 벗 삼아 살면서 유교적 가치관을 실현하는 삶

3 〈보기〉를 참고하여 윗글을 이해한 내용으로 적절하지 <u>않은</u> 것은?

> ● 보기 ●
>
> 이 작품에는 임진왜란에 참전했다가 전쟁이 끝난 뒤에 고향으로 돌아온 화자의 빈궁한 현실과 그에 대한 대응 방식, 삶의 태도, 가치관 등이 사실적으로 형상화되어 있다.

① '설 데인 숙냉(熟冷)애 뷘 빅 쇠일 ᄯᆞᆫ이로다.'는 화자가 매우 궁핍한 생활에 처해 있음을 단적으로 보여 주고 있어.
② '안빈 일념(安貧一念)'을 통해 화자의 가치관을 압축적으로 드러내고 있어.
③ '이시 섭혈(履尸涉血)'은 화자가 임진왜란에 참전했을 때의 상황을 구체적으로 보여 주고 있어.
④ '세정(世情) 모른 한숨은 그칠 줄을 모르ᄂᆞ다.'를 통해 화자의 주된 현실 대응 방식을 드러내고 있어.
⑤ '충효(忠孝)를 일을 삼아'에서는 화자가 지향하는 삶의 태도를 드러내고 있어.

4 윗글의 ⓐ와 〈보기〉의 ⓑ를 비교한 설명으로 가장 적절한 것은?

● 보기 ●

내 님믈 그리ᅀᆞ와 우니다니	내가 임을 그리워하여 울며 지내더니
산(山) 졉동새 난 이슷ᄒᆞ요이다.	산 접동새와 나는 (처지가) 비슷합니다.
아니시며 거츠르신 ᄃᆞᆯ 아으	(참소하는 말이) 옳지 않으며 거짓인 줄, 아아!
ⓑ잔월 효성(殘月曉星)이 아시리이다.	잔월 효성만이 아실 것입니다.
넉시라도 님은 ᄒᆞᆫ ᄃᆡ 녀져라 아으	넋이라도 임과 한곳에서 살고 싶어라. 아아!
벼기더시니 뉘러시니잇가.	(나에게 허물이 있다고) 우기던 이가 누구였습니까?
과(過)도 허믈도 천만(千萬) 업소이다.	(나는) 잘못도 허물도 전혀 없습니다.
ᄆᆞᆯ힛 마리신뎌	뭇 사람의 (모함하는) 말이로구나.
슬읏븐뎌 아으	슬프구나, 아아!
니미 나ᄅᆞᆯ ᄒᆞ마 니ᄌᆞ시니잇가.	임이 나를 벌써 잊으셨습니까?
아소 님하, 도람 드르샤 괴오쇼셔.	아아 임이시여, 마음을 돌이켜 다시 사랑해 주소서.
	– 정서, 「정과정(鄭瓜亭)」

● **잔월 효성(殘月曉星)** : 새벽녘의 달과 별

① ⓐ는 화자가 지향하는 탈속적인 세계이고, ⓑ는 화자의 결백을 입증해 줄 수 있는 초월적인 존재이다.

② ⓐ는 화자가 현재 누리고 있는 현실적인 세계이고, ⓑ는 화자가 앞으로 누리기를 원하는 이상적인 세계이다.

③ ⓐ는 화자가 친근감을 느끼고 있는 의인화된 대상이고, ⓑ는 화자가 경외감을 느끼고 있는 신앙적인 대상이다.

④ ⓐ는 화자에게 즐거움을 가져다주는 풍류의 대상이고, ⓑ는 화자에게 비애감을 가져다주는 비극적인 존재이다.

⑤ ⓐ는 화자만이 지닌 독특한 자연관을 투영한 존재이고, ⓑ는 당시의 지배 계층이 지닌 보편적인 자연관을 대변하는 존재이다.

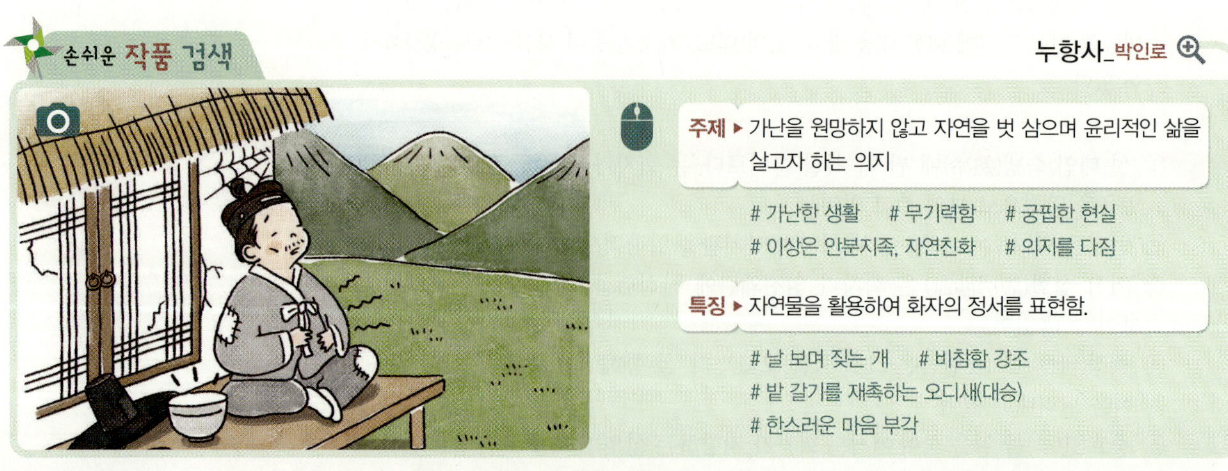

손쉬운 **작품 검색**

누항사_박인로

주제 ▶ 가난을 원망하지 않고 자연을 벗 삼으며 윤리적인 삶을 살고자 하는 의지

\# 가난한 생활   \# 무기력함   \# 궁핍한 현실
\# 이상은 안분지족, 자연친화   \# 의지를 다짐

특징 ▶ 자연물을 활용하여 화자의 정서를 표현함.

\# 날 보며 짖는 개   \# 비참함 강조
\# 밭 갈기를 재촉하는 오디새(대승)
\# 한스러운 마음 부각

25

덴동 어미 화전가 _작자 미상

여성들이 화전놀이를 하며 부른 규방 가사로, 화전놀이를 즐기는 흥겨운 상황 속에서 '덴동 어미'의 기구한 인생 역정을 액자식으로 담아 노래한 작품이다. '덴동 어미'는 '불에 데인 아이의 어머니'라는 뜻으로, 여기에는 파란만장한 삶을 살았던 덴동 어미의 고통스러웠던 인생 역정이 반영되어 있다.

난데없는 ㉠두견새가 머리 위에 둥둥 떠서

불여귀 불여귀 슬피 우니 서방님 죽은 넋이로다

새야 새야 두견새야 내가 올 줄 어찌 알고 / 여기 와서 슬피 울어 내 서럼을 불러내나

반가와서 울었던가 서러워서 울었던가

서방님의 넋이거든 내 앞으로 날아오고 / 임의 넋이 아니거든 아주 멀리 날아가게

두견새가 펄쩍 날아 내 어깨에 앉아 우네

임의 넋이 분명하다 애고 탐탐 반가워라

나는 살아 육신이 왔네 넋이라도 반가워라

근 오십 년 이곳 있어 날 오기를 기다렸나

어이할고 어이할고 후회막급 어이할거나

새야 새야 울지 마라 새 보기도 부끄러워

내 팔자를 셔겨더면 새 보기도 부끄럽쟎지

첨에 당초에 친정 와서 서방님과 함께 죽어

저 새와 같이 자웅 되어 천만 년이나 살아 볼 걸

내 팔자를 내가 속아 기어이 한번 살아 볼라고

첫째 낭군은 추천에 죽고 둘째 낭군은 괴질에 죽고

셋째 낭군은 물에 죽고 넷째 낭군은 불에 죽어

이 내 한번 못 잘 살고 내 신명이 그만일세

첫째 낭군 죽을 때에 나도 한가지 죽었거나

살더래도 수절하고 다시 가지나 말았다면

산을 보아도 부끄럽쟎고 저 새 보아도 무렴찮지

살아생전에 못된 사람 죽어서 귀신도 악귀로다

나도 수절만 하였다면 열녀각은 못 세워도 / 남이라도 칭찬하고 불쌍하게나 생각할 걸

남이라도 욕할 게요 친정 일가들 반가할까 〈중략〉

내 팔자가 사는 대로 내 고생이 닫는 대로 / 좋은 일도 그뿐이요 그른 일도 그뿐이라

춘삼월 호시절에 화전놀음 왔거들랑

꽃빛일랑 곱게 보고 새소리는 좋게 듣고 / 밝은 달은 예사 보며 맑은 바람 시원하다

좋은 동무 좋은 놀음에 서로 웃고 놀아 보소

사람의 눈이 이상하여 제대로 보면 관계찮고

고운 꽃도 새겨보면 눈이 캄캄 안 보이고 / 귀도 또한 별일이지 그대로 들으면 괜찮은걸

새소리도 고쳐 듣고 슬픈 마음 절로 나네

마음 심 자가 제일이라 단단하게 맘 잡으면

➔ 고향에 돌아온 덴동 어미가 두견새를 보며 죽은 남편을 떠올림.

➔ 덴동 어미의 기구한 인생 유전과 수절하지 못한 것에 대한 부끄러움

★ **어휘 풀이**

● **셔겨더면** : 새겼더라면
● **못 잘 살고** : 잘 살지 못하고
● **무렴찮지** : 무렴하지 않지. '무렴하다'는 염치가 없음을 느껴 마음이 부끄럽고 거북한 것을 뜻함.
● **열녀각(烈女閣)** : 열녀의 행적을 기리기 위하여 세운 누각

꽃은 절로 피는 거요 새는 예사 우는 거요 / 달은 매양 밝은 거요 바람은 일상 부는 거라

마음만 예사 태평하면 예사로 보고 예사로 듣지

보고 듣고 예사하면 고생될 일 별로 없소　　　　　➡ 모든 것이 마음먹기에 달렸음을 깨닫고 화전놀이를 즐길 것을 권함

앉아 울던 청춘과부 황연대각 깨달아서 / 뎬동 어미 말 들으니 말씀마다 개개 옳애

이 내 수심 풀어내어 이리저리 부쳐 보세

이팔청춘 이 내 마음 봄 춘 자로 부쳐 보고 / 화용월태 이 내 얼굴 꽃 화 자로 부쳐 두고

술술 나는 긴 한숨은 세우 춘풍 부쳐 두고 / 밤이나 낮이나 숱한 수심 우는 새나 가져가게

일촌간장 쌓인 근심 도화 유수로 씻어 볼까

천만 첩이나 쌓인 설움 웃음 끝에 하나 없네

구곡간장 깊은 설움 그 말끝에 실실 풀려

삼동설한 쌓인 눈이 봄 춘 자 만나 실실 녹네

자네 말은 봄 춘 자요 내 생각은 꽃 화 자라

봄 춘 자 만난 꽃 화 자요 꽃 화자 만난 봄 춘 자라

얼시고나 좋을시고 좋을시고 봄 춘 자

화전놀음 봄 춘 자 봄 춘 자 노래 들어 보소　　　　　➡ 뎬동 어미의 말에 깨달음을 얻고 화전놀이를 즐기는 청춘과부

- **황연대각(晃然大覺)** : 환하게 모두 깨달음
- **화용월태(花容月態)** : 아름다운 여인의 얼굴과 맵시를 이르는 말
- **세우 춘풍(細雨春風)** : 가랑비와 봄바람
- **도화 유수(桃花流水)** : 복사꽃이 물에 떨어져 흘러감.
- **구곡간장(九曲肝腸)** : 깊은 마음속 또는 시름이 쌓인 마음속을 비유적으로 이르는 말
- **삼동설한(三多雪寒)** : 눈 내리고 추운 겨울 석 달 동안

작품 핵심 **단축키**

뎬동 어미의 인생
화자 — 뎬동 어미는 ☐ 명의 남편이 모두 죽는 기구한 삶을 삶.

'열녀각'의 의미
시어 — '열녀각'은 여인들의 ☐☐을 중시했던 당대의 시대적 분위기를 보여 줌.

인물 간의 대화
표현 — 이 작품은 신세 한탄을 하던 ☐☐☐☐가 뎬동 어미의 충고를 듣고 깨달음을 얻는 대화 상황으로 구성되어 있음.

---

1 윗글에 대한 설명으로 적절하지 <u>않은</u> 것은?

① 대구의 방식을 활용하여 리듬감을 주고 있다.
② 두 명의 화자가 등장하여 시상을 전개하고 있다.
③ 계절적 배경을 활용하여 분위기를 조성하고 있다.
④ 음보의 규칙적인 배열을 통해 운율을 형성하고 있다.
⑤ 과거와 현재의 대조를 통해 주제 의식을 강조하고 있다.

기출 문제

2 윗글의 인물에 대한 이해로 가장 적절한 것은?

① 뎬동 어미는 계획적인 삶이 중요하다고 생각하고 있군.
② 뎬동 어미는 본격적으로 화전놀이를 떠날 채비를 하겠군.
③ 뎬동 어미는 청춘과부에게 생명력을 불어넣는 역할을 하는군.
④ 청춘과부는 자연의 변화에 무감각한 사람이 되어 버렸군.
⑤ 청춘과부는 가난이 사람을 성숙하게 만드는 것이라고 믿게 되었군.

3 〈보기〉를 참고하여 윗글을 감상한 내용으로 적절하지 <u>않은</u> 것은?

> **● 보기 ●**
>
> '덴동 어미'라는 여인이 가부장제 사회에서 겪은 비극적인 삶의 이야기를 담고 있는 「덴동 어미 화전가」는 덴동 어미의 인생 유전을 통해 가혹한 운명 앞에 속수무책일 수밖에 없는 인간의 삶과 그로 인한 슬픔과 고통을 매우 사실적으로 표현하고 있다. 이 작품은 덴동 어미의 운명론적 세계관을 보여 주는 동시에, 삶에 대한 달관의 경지도 보여 준다.

① '마음만 예사 태평하면 예사로 보고 예사로 듣지'에서 덴동 어미가 삶에 대한 달관의 경지에 이르렀음을 알 수 있다.

② '내 팔자가 사는 대로 내 고생이 닫는 대로'에서 덴동 어미가 자신의 운명을 받아들이고 이에 순응하고 있음을 알 수 있다.

③ 첫 번째 남편이 죽은 후 세 번 개가를 했다는 것에서 덴동 어미가 운명을 핑계 삼아 더 나은 삶을 살기 위해 그 어떠한 노력도 하지 않았음을 알 수 있다.

④ 네 명의 남편이 사고나 병으로 죽었다는 것에서 덴동 어미가 자신이 어찌할 수 없는 가혹한 운명 때문에 비극적인 삶을 살 수밖에 없었음을 확인할 수 있다.

⑤ 수절하지 않았다는 이유로 사람들에게 비난 받을 것을 걱정하는 덴동 어미의 태도에서 가부장제 사회에서 개가한 여성이 겪어야만 했던 고통을 확인할 수 있다.

4 〈보기〉에서 ㉠에 대한 설명으로 적절한 것을 모두 고른 것은?

> **● 보기 ●**
>
> ㄱ. 덴동 어미가 그리워하는 대상을 떠올리게 하는 매개체이다.
> ㄴ. 덴동 어미의 마음이 투영된 대상으로, 분신과도 같은 존재이다.
> ㄷ. 덴동 어미가 현재의 삶에 대해 자족감을 갖도록 하는 대상이다.
> ㄹ. 덴동 어미로 하여금 과거의 결정에 대해 부끄러움을 느끼게 하는 대상이다.

① ㄱ, ㄷ   ② ㄱ, ㄹ   ③ ㄴ, ㄷ
④ ㄱ, ㄴ, ㄹ   ⑤ ㄴ, ㄷ, ㄹ

---

② 손쉬운 개념

＊ 삶에 대한 달관의 경지
'달관'은 인생의 진리를 꿰뚫어 보아 사소한 일에 집착하지 않고 넓고 멀리 바라봄을 뜻한다. 따라서 달관의 경지라는 것은 사소한 일에 얽매이거나 흔들리지 않는 경지로, 세속적 욕망이나 삶의 고통에 흔들리거나 연연해하지 않는 상태를 의미한다.

손쉬운 작품 검색

덴동 어미 화전가_작자 미상

주제 ▶ 덴동 어미의 기구한 인생 역정과 긍정적인 삶의 자세

네 번의 결혼과 남편들의 죽음   # 운명을 수용
삶에 대한 달관   # 일체유심조   # 화전놀이

특징 ▶ 액자 구성을 통해 덴동 어미의 비극적인 삶을 사실적으로 담아냄.

외화_화전놀이의 시작과 끝
내화_덴동 어미의 인생 역정
덴동 어미의 삶_조선 시대 말의 사회상 반영

26 보리타작[打麥行] _정약용

'보리타작[打麥]'하는 것을 노래한 '행(行, 한시의 형식)'이라는 뜻으로, 보리타작하는 농민들의 모습을 사실적으로 묘사한 작품이다. 화자는 농민들의 삶을 긍정적으로 바라보며 벼슬길을 좇았던 자신의 삶을 되돌아보고 있다.

新蒭濁酒如渾白 신 추 탁 주 여 동 백	새로 거른 막걸리 젖빛처럼 뿌옇고	
大碗麥飯高一尺 대 완 맥 반 고 일 척	큰 사발에 보리밥, 높기가 한 자로세.	
飯罷取耞登場立 반 파 취 가 등 장 립	밥 먹자 도리깨* 잡고 마당에 나서니	
雙肩漆澤翻日赤 쌍 견 칠 택 번 일 적	검게 탄 두 어깨 햇볕 받아 번쩍이네.	➜ 기(1~4행) : 농민들의 활기차고 건강한 모습
呼邪作聲擧趾齊 호 야 작 성 거 지 제	옹헤야 소리 내며 발맞추어 두드리니	
須臾麥穗都狼藉 수 유 맥 수 도 랑 자	삽시간에 보리 낟알 온 마당에 가득하네.	
雜歌互答聲轉高 잡 가 호 답 성 전 고	주고받는 노랫가락 점점 높아지는데	
但見屋角紛飛麥 단 견 옥 각 분 비 맥	보이느니 지붕 위에 보리 티끌뿐이로다.	➜ 승(5~8행) : 타작 마당의 역동적인 전경
觀其氣色樂莫樂 관 기 기 색 락 막 락	그 기색* 살펴보니 즐겁기 짝이 없어	
了不以心爲形役 료 불 이 심 위 형 역	마음이 몸의 노예 되지 않았네.	➜ 전(9~10행) : 힘든 노동에도 즐거움을 잃지 않는 모습
樂園樂郊不遠有 락 원 락 교 불 원 유	㉠낙원이 먼 곳에 있는 게 아닌데	
何苦去作風塵客 하 고 거 작 풍 진 객	무엇하러 벼슬길에 헤매고 있으리오.	➜ 결(11~12행) : 벼슬에 집착한 자신의 삶에 대한 반성

★ 어휘 풀이

- **자** : 길이의 단위. 한 자는 한 치의 열 배로 약 30.3cm가량
- **도리깨** : 곡식의 낟알을 떠는 데 쓰는 농구
- **기색(氣色)** : 얼굴에 드러나는 빛

작품 핵심 **단축키**

👁 **성찰과 반성**	🔍 **대조적인 시어**	🖋 **농민의 건강함**
화자 화자는 건강한 노동을 하는 ☐☐들의 모습을 통해 자신의 삶을 성찰하고 반성함.	**시어** '☐☐'은 세속적인 욕망에서 벗어난 공간으로, 세속적인 권력에 대한 욕망을 상징하는 '☐☐☐'과 대조됨.	**표현** '큰 사발에 보리밥, 높기가 한 자로세'에서는 ☐☐☐을 사용하여 농민의 건강한 모습을 나타냄.

1 윗글에 대한 설명으로 적절한 것은?

① 삶의 모습을 대비하여 내면적 갈등을 드러내고 있다.
② 일상적인 소재를 활용하여 자신의 삶을 성찰하고 있다.
③ 고통스러운 현실에 대해 달관한 자세를 보여 주고 있다.
④ 과거와 현재를 비교하여 과거를 그리워하는 심정을 표출하고 있다.
⑤ 자연물에 인격을 부여하여 자연과의 합일에 대한 의지를 강조하고 있다.

손쉬운 개념

* **달관(達觀)**
사소한 사물이나 일에 얽매이지 않고 세속을 벗어난 인생관에 이르는 것을 의미한다.

2 윗글의 표현상 특징으로 적절하지 <u>않은</u> 것은?

① 역동적 묘사*를 통해 현장감을 조성하고 있다.
② 감각적 이미지*를 활용하여 생동감을 주고 있다.
③ 묻고 대답하는 방식으로 화자의 심리를 드러내고 있다.
④ 설의적 표현을 통해 새로운 삶에 대한 다짐을 부각하고 있다.
⑤ 선경 후정의 시상 전개를 통해 풍경과 정서를 표현하고 있다.

손쉬운 개념

* **역동적(力動的) 묘사**
힘차고 활발하게 움직이는 듯한 느낌을 표현한 것을 말한다. 시어나 구절 등에 움직임이 드러나는지 확인해야 한다.

* **감각적 이미지**
이미지가 구체적인 감각과 연결되는 것을 말한다. 전달되는 감각의 종류에 따라 시각, 청각, 후각, 미각, 촉각적 이미지로 나눌 수 있다.

3 ㉠의 함축적 의미를 〈보기〉에서 찾아 알맞은 것끼리 묶은 것은?

> ● 보기 ●
> ㄱ. 세속적 욕망에서 벗어난 공간이다.
> ㄴ. 유유자적한 풍류*를 즐길 수 있는 공간이다.
> ㄷ. 몸과 마음이 즐겁게 일할 수 있는 공간이다.
> ㄹ. 현실에는 존재하지 않는 이상적인 공간이다.

① ㄱ, ㄴ   ② ㄱ, ㄷ   ③ ㄱ, ㄹ   ④ ㄴ, ㄷ   ⑤ ㄴ, ㄹ

손쉬운 개념

* **풍류(風流)**
멋스럽고 풍치가 있는 일 또는 그렇게 노는 일이라는 뜻이다. 주로 '풍류를 알다', '풍류를 즐기다'와 같이 사용하고, 고전 시가의 주제와 밀접한 관계를 이루는 경우가 많다.

4 윗글과 〈보기〉의 그림을 비교하여 감상한 내용으로 가장 적절한 것은?

● 보기 ●

▲ 김홍도, 「타작(打作)」

① 윗글과 〈보기〉에 드러난 농민들의 모습에서 수확의 기쁨이 느껴지는군.

② 윗글의 화자와 〈보기〉의 '갓 쓴 사람'은 술잔을 들이키며 풍류를 즐기고 있군.

③ 윗글의 화자와 〈보기〉의 '갓 쓴 사람'은 농민들을 감독하고 군림하는 입장에서 관찰하고 있군.

④ 윗글은 개인적인 노동의 과정을 다루고 있는 반면, 〈보기〉는 집단적인 노동의 과정을 형상화하고 있군.

⑤ 윗글의 화자는 부정적인 현실에 대해 비판적인 태도를 드러내지만, 〈보기〉의 '갓 쓴 사람'은 부정적인 현실을 외면하고 있군.

27 시집살이 노래 _작자 미상

봉건적 가족 관계 속에서 여성이 겪어야 했던 한스러운 삶과 체념을 다루고 있는 노래로, 시집살이로 인해 억압받았던 현실을 사실적으로 보여 줌과 동시에 해학을 통해 이를 수용하고 인내하는 태도를 드러내고 있다.

형님 온다 형님 온다 분고개로 형님 온다.
형님 마중 누가 갈까 형님 동생 내가 가지.
㉠형님 형님 사촌 형님 시집살이 어떻데까? ➔ 형님의 친정 방문과 사촌 동생의 시집살이에 대한 호기심
㉡이애 이애 그 말 마라 시집살이 개집살이.
앞밭에는 당추˚ 심고 뒷밭에는 고추 심어,
고추 당추 맵다 해도 시집살이 더 맵더라.
둥글둥글 수박 식기(食器) 밥 담기도 어렵더라.
도리도리 도리소반(小盤)˚ 수저 놓기 더 어렵더라.
㉢오 리(五理) 물을 길어다가 십 리(十里) 방아 찧어다가,
아홉 솥에 불을 때고 열두 방에 자리 걷고,
외나무다리 어렵대야 시아버니같이 어려우랴?
나뭇잎이 푸르대야 시어머니보다 더 푸르랴?
시아버니 호랑새요 시어머니 꾸중새요,
동세 하나 할림˚새요 시누 하나 뾰죽새요,
㉣시아지비 뾰중새요 남편 하나 미련새요,
자식 하난 우는 새요 나 하나만 썩는 샐세.
귀먹어서 삼 년이요 눈 어두워 삼 년이요,
말 못 해서 삼 년이요 석삼년을 살고 나니,
배꽃 같은 요내 얼굴 호박꽃이 다 되었네.
삼단 같은 요내 머리 비사리˚춤이 다 되었네.
백옥 같은 요내 손길 오리발이 다 되었네.
열새 무명˚ 반물치마˚ 눈물 씻기 다 젖었네.
두 폭붙이 행주치마 콧물 받기 다 젖었네.
㉤울었던가 말았던가 베갯머리 소(沼) 이뤘네. ➔ 형님의 신세 한탄 : 시집살이의 애환과 고충
그것도 소(沼)이라고 거위 한 쌍 오리 한 쌍
쌍쌍이 때 들어오네. ➔ 시집살이의 고통을 해학적으로 체념하며 수용함.

★ 어휘 풀이
- **당추** : 당초. 고추
- **도리소반(小盤)** : 둥글게 생긴 조그마한 상
- **할림** : 남의 허물을 잘 일러바침.
- **비사리** : 벗겨 놓은 싸리의 껍질. 아주 거친 것
- **열새 무명** : 아주 고운 무명
- **반물치마** : 짙은 남빛 치마

 작품 핵심 **단축키**

👁 **화자의 상황**	

화자  화자는 사촌 동생에게 자신의 고된 ☐☐☐☐의 어려움을 한탄하고 있음.

🔍 **대조적 시어**

시어 화자는 ☐☐과 호박꽃, 삼단과 비사리춤, 백옥과 오리발을 대비하여 자신의 삶을 강조함.

🖊 **비유의 효과**

표현 화자는 시집식구들의 모습을 에 비유하여 그들의 성격을 절묘하고 해학적으로 그리고 있음.

1

윗글에 대한 설명으로 적절하지 <u>않은</u> 것은?

① 반어를 활용하여 의미를 강조하고 있다.
② 열거와 반복으로 운율을 형성하고 있다.
③ 4음보 율격으로 리듬감을 조성하고 있다.
④ 비유의 방식으로 대상을 형상화하고 있다.
⑤ 대구와 대조*의 방식으로 정서를 드러내고 있다.

⊘ 손쉬운 개념

＊ 대구와 대조
'대구'는 비슷한 어조나 어세를 가진 것으로 짝 지은 둘 이상의 글귀를 말하며, 한시를 비롯한 시가 문장에서 많이 쓰인다. 이와 달리, '대조'는 서로 달라서 대비가 되는 것을 말한다.

2

㉠～㉤에 대한 이해로 적절하지 <u>않은</u> 것은?

① ㉠ : 질문을 던져 시집살이에 대한 호기심을 드러내고 있다.
② ㉡ : 해학적 표현*을 통해 시집살이가 어렵다는 것을 강조하고 있다.
③ ㉢ : 과장법을 활용하여 가사 노동의 강도가 높다는 것을 표현하고 있다.
④ ㉣ : 성을 잘 내는 '시아지비'와 외모가 우스꽝스러운 '남편'을 가리키고 있다.
⑤ ㉤ : 고된 시집살이로 인해 '베갯머리 소'가 만들어질 정도로 눈물을 많이 흘렸음을 보여 주고 있다.

⊘ 손쉬운 개념

＊ 해학적 표현
'해학'은 유머러스한 상황에서 즐거움을 유발하는 것을 말한다. 비슷하게 혼동하는 '풍자'는 은근히 빗대어 꼬집고 비판하지만, 해학은 대상이나 현상에 대한 긍정적인 웃음을 유발한다는 점에서 차이를 보인다. 이는 주로 판소리계 고전 소설에서 많이 발견할 수 있다.

3

〈보기〉를 바탕으로 윗글을 감상한 내용으로 적절하지 <u>않은</u> 것은?

● 보기 ●

입에서 입으로 구전되는 민요는 서민들이 일상생활에서 느끼는 감정을 진솔하게 담고 있다. 그러므로 민요에는 사회 제도 및 관습으로 인한 서민들의 고통과 절망, 허무와 애환 등 한(恨)의 정서가 담겨 있다. 또한 민요는 이러한 정서를 해학적으로 표현함으로써 고된 일상을 지속할 수 있는 힘을 주기도 한다.

① 구전되는 갈래이기 때문에 서민들의 일상적인 구어체로 시상이 전개되고 있군.
② 봉건적 대가족 제도하에서 일방적으로 희생될 수밖에 없었던 여인들의 한을 담고 있군.
③ 남편조차 만날 수 없는 고통 속에서 살아가야만 했던 여인의 외로움을 진솔하게 표현하고 있군.
④ 못 본 척, 안 들은 척, 아무런 불만도 없는 척 생활해야 했던 당시의 시집살이로 인한 고통을 반영하고 있군.
⑤ 자신의 손을 오리발에 비유하는 등 웃음을 유발하는 해학적인 표현을 통해 고된 일상을 지속할 수 있는 힘을 얻을 수 있었겠군.

4 〈보기〉를 참고하여 윗글을 영상 다큐멘터리로 제작하려고 한다. 기획 회의의 내용으로 적절하지 <u>않은</u> 것은?

● 보기 ●

내레이션(narration)	화면 밖에서 장면의 진행 내용을 설명하는 말소리
배경 음악(BGM)	특정한 분위기를 조성하기 위해 삽입되는 음악
오버랩(overlap)	한 화면이 끝나기 전에 다음 화면이 겹쳐지며 앞의 화면이 사라지게 하는 기법
클로즈업(close-up)	어떤 대상이나 인물을 화면에 크게 나타내는 기법
몽타주(montage)	따로따로 촬영한 화면을 결합하여 새로운 장면이나 내용으로 만드는 기법

① 혼례 전의 얼굴과 혼례 후의 얼굴을 <u>오버랩</u>하여 시집살이의 어려움을 드러내야지.

② 엄하게 꾸중만 하고 마음으로 감싸 주지 않는 시댁 식구에 대한 한탄을 <u>내레이션</u> 기법으로 보여 주는 건 어떨까?

③ 멀리 떨어진 우물에서 물을 길어 밥을 해야 하는 힘겨운 가사 노동을 서글픈 <u>배경 음악</u>과 함께 보여 주어야겠어.

④ 화자의 하루의 일과를 <u>몽타주</u> 기법으로 보여 줌으로써 강도 높은 가사 노동에 시달려야 하는 며느리의 고된 일상을 보여 주는 것도 필요해.

⑤ 마지막 장면에는 고된 일상 속에서도 아이들을 보며 환하게 웃는 화자의 얼굴을 <u>클로즈업</u>하여 고된 시집살이를 자식들을 통해 이겨 내는 모습을 보여 주어야지.

제2장 고전 산문

BC 2333	BC 57	BC 37	BC 18	676년	918년	1170년
고조선 건국	신라 건국	고구려 건국	백제 건국	삼국 통일	고려 건국	무신의 난

원시 · 고대	고려 시대

- **원시 시대** : 국가의 형태가 나타남에 따라 건국의 정당성을 알리고, 자신들의 지배를 합리화하려는 의도로 건국 신화가 만들어짐.
- **삼국 시대, 통일 신라 시대** : 신화에서 전설과 민담으로 분화 · 발전되었으며, 귀족 상류층의 주도로 한문학이 발달하기 시작함. 당대의 문장가들과 승려들에 의해 창작된 한문학은 왕에게 권고하기 위해 지은 창작 설화, 적장에게 보내는 격문, 성지를 순례하고 쓴 기행 수필 등 글의 성격이 다양하였음.

28 주몽 신화 · 작자 미상

29 지하국 대적 퇴치 설화 · 작자 미상

- **고려 전기** : 한문 수필인 설(說)이 등장하여 글쓴이의 날카로운 비평 의식을 드러내었으며, 민간에서 떠도는 이야기를 모아 다듬어 쓴 패관 문학이 발달하여 이를 모아서 엮어 낸 책들이 출간되기도 함.
- **고려 후기** : 무신 집권 이후 등장한 신진 사대부들에 의해 전(傳)의 형식으로 사물을 의인화하여 교훈적인 내용을 전달하는 가전체가 나타남.

30 공방전 · 임춘

31 이옥설 · 이규보

1392년	1443년	1592년	1636년	1894년
조선 건국	훈민정음 창제	임진왜란	병자호란	갑오개혁

조선 전기

- 성리학 중심의 유교 문화를 확립한 시기로, 유교적 이념을 바탕으로 한 귀족 문학이 주류를 이룸.
- 훈민정음이 창제됨에 따라 각종 구비 문학이 한글로 정착됨.
- 초현실적인 내용을 다룬 한문 소설이 등장함.
- 꿈속의 사건을 통해 역사나 현실에 대한 작가의 비판적인 관점을 드러내는 몽유록계 소설이 등장함.

조선 후기

- 최초의 한글 소설인 「홍길동전」을 비롯한 한글 소설이 다수 창작되었으며 그 내용도 다양화됨.
- 실학사상을 바탕으로 진보적인 주제 의식을 선보인 연암 박지원의 한문 소설이 등장함.
- 민중들의 사고방식과 생활 양식, 현실에 대한 비판 의식이 반영된 판소리와 민속극이 널리 향유됨.

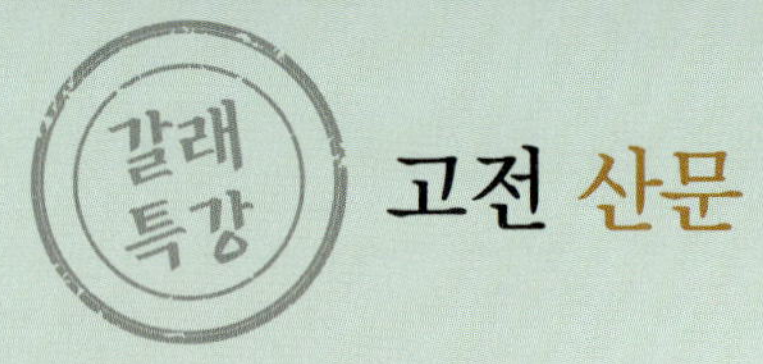

고전 산문

설화

한 민족 사이에서 구전되어 온, 일정한 구조를 가진 꾸며낸 이야기. 전승자가 신성시하면 '신화', 신성시하지는 않지만 진실이라는 인식이 있으면 '전설', 신성성과 진실성은 없지만 흥미롭다고 인식되면 '민담'으로 분류함.

신화	고대 사람들의 신앙과 원시적인 표상을 반영한 신성한 이야기로, 특정 부족이나 민족에게 전해 내려오는 신 또는 영웅의 사적(事績), 민족 태고의 역사 등이 주된 내용임.
전설	어떤 사물이나 현상, 특정 지역과 관련하여 전해 내려오는 이야기로, 지형이나 사물 등 실제하는 구체적 증거가 존재함.
민담	예로부터 민간에 전하여 내려오는 이야기로, 조상들의 슬기와 해학이 담겨 있으며 흥미와 교훈성을 중시함.

✏️ 작품으로 공부하기

옛날 환인(桓因)의 서자 환웅(桓雄)이 자주 천하에 뜻을 두고 인간 세상을 탐내어 구하였다. 아버지가 아들의 뜻을 알고는 삼위태백(三危太伯)을 내려다보니 인간을 널리 이롭게 할 만하여, 즉시 천부인(天符印) 세 개를 주어 내려보내 인간 세상을 다스리게 하였다. 〈중략〉
└▶ 홍익인간의 이념

이때 환웅이 신령스러운 쑥 한 다발과 마늘 스무 개를 주면서 말하였다.

"너희가 이것을 먹되, 100일 동안 햇빛을 보지 않으면 곧 사람의 형상을 얻으리라."
고난과 시련

곰과 호랑이는 그것을 받아먹으면서 삼칠일(三七日) 동안 금기했는데, 금기를 잘 지킨 곰은 여자의 몸이 되었지만 호랑이는 금기를 지키지 못하여 사람의 몸이 되지 못하였다.

그러나 웅녀(熊女)는 혼인할 상대가 없었으므로 매일 신단수 아래에서 아이를 가질 수 있게 해 달라고 빌었다. 환웅이 잠시 사람으로 변해 그녀와 혼인하여 아들을 낳았으니 단군왕검이라고 불렀다.

하늘의 신성한 혈통과 지상계를 대표하는
곰(웅녀)의 정기를 이어받은 특별한 존재 ↗

— 작자 미상, 「단군 신화」

우리나라 최초 국가인 고조선의 건국 신화로, '홍익인간(弘益人間 : 널리 인간을 이롭게 함.)'의 건국 이념과 고조선의 건국 내력을 밝혀 주고 있는 우리 민족의 대표 신화이다. '환인 – 환웅 – 단군'의 삼대기 구조를 이루고 있으며, 즉 천상적 존재인 환인, 천상과 지상을 매개하는 환웅, 천상적 존재와 지상적 존재의 결합을 상징하는 단군의 삼대에 걸친 이야기를 통해 우리 민족이 천손(天孫)의 혈통임을 드러내고 있다. 또한 천상계를 대표하는 환웅과 지상계를 대표하는 지모신 격인 웅녀의 혼인으로 단군이 탄생했다는 것을 통해 「단군 신화」가 전형적인 천부지모형의 신화적 성격을 지녔음을 알 수 있다.

가전

사물을 의인화하여 그 가계(家系)와 생애(生涯), 공과(功過) 등을 전기(傳記) 형식으로 서술하는 문학 양식. 고려 중기 이후에 성행하였으며, 고려 후기에는 신진 사대부의 산문 갈래로 자리를 잡음.

형식적 특징	• 사물을 역사적 인물로 의인화하여, 인간사의 다양한 문제를 간접적·우의적으로 다루며 풍자함. • 일반적으로 '도입 – 전개 – 비평'의 세 부분으로 구성됨. '도입'에서는 사물의 내력과 성질, '전개'에서는 인물의 성품과 행적, '비평'에서는 대상에 대한 세상 사람들의 후일담을 다룸.
내용적 특징	• 세상 사람들에게 경계심을 일깨워 주는 내용을 다룸. • 주인공이 의인화된 사람이기 때문에 가계나 행적을 역사적 사실에 의지하기 위해 많은 전고(典故)나 고사(故事)를 활용함.

설화 〔대표 작품〕

신화
• 단군 신화_작자 미상
• 주몽 신화_작자 미상
• 박혁거세 신화_작자 미상

전설
• 조신의 꿈_작자 미상
• 용소와 며느리 바위_작자 미상

민담
• 구복 여행_작자 미상

가전 〔대표 작품〕

국순전 (임춘)	술을 의인화하여 향락에 빠진 군주를 풍자하고 술로 인한 패가망신의 위험을 경계함.
공방전 (임춘)	돈을 의인화한 작품으로, '돈'의 흥망성쇠를 통해서 재물에 대한 탐욕을 경계함.
국선생전 (이규보)	술을 의인화하여 바람직한 인간의 모습을 통해 군자의 처신을 경계함.
청강사자 현부전 (이규보)	거북을 의인화하여 안분지족의 처세와 말과 행동을 조심할 것을 경계함.

작품으로 공부하기

국순(麴醇)의 자(字)는 자후(子厚)이다. 그 조상은 농서(隴西) 출신이다. 90대(代) 선조였던 모(牟)
→ 술을 의인화함.　　　　　　　　　　　　　　　　　　　　　　　　　　보리를 의인화함. ←
가 후직(后稷)을 도와 백성들을 먹여 공이 있었다. 〈중략〉

사신(史臣)은 이렇게 말했다. → 끝부분에 사신의 평을 덧붙여서 서술자의 창작 의도를 드러냄.

"국씨의 조상이 백성에게 공로가 있고, 청백한 기상을 자손에게 물려주었다. 울창주(鬱鬯酒)는 주
나라에서 칭송이 하늘에 닿을 듯했으니, 가히 그 조상의 기풍이 있다 하겠다. 순이 가난한 집안에
서 자라나 높은 벼슬에 오르는 영광을 얻게 되어 술 단지와 술상 사이에 서서 담론하게 되었다. 그
러나 옳고 그름을 변론하지 못하고, 왕실이 어지러워져도 붙들지 못하여 마침내 천하의 웃음거리
가 되었으니, 산도(山濤)의 말을 족히 믿을 만하다."

– 임춘, 「국순전」

> 이 작품은 사물을 의인화하여 전기 형식으로 서술한 가전이다. 이 글에서는 '술'을 사람인 것처럼 인격을 부여하
> 여 이야기를 꾸며 냈다. 글의 마지막 부분에 사신(史臣)의 평을 덧붙이는 것이 가전의 특징인데, 이 작품에서도 사
> 신의 평을 통해 술에 빠져 향락만 일삼고 올바른 정치를 하지 않는 임금과 신하들을 풍자함으로써 세상 사람들에
> 게 경계심을 일깨워 주고 있다.

■ 가전의 문학사적 의의
- 창의성과 허구성이 가미된 개인의 창작물로, 소설 문학에 한 단계 접근한 문학 양식임.
- 설화와 소설을 이어 주는 교량적 역할을 함.

고전 소설

조선 전기부터 개화기 이전까지 우리 문학사에 등장한 소설. 조선 후기에 이르러 산문 문학
의 발달과 함께 본격적으로 창작되었으며, 군담 소설을 비롯하여 애정 소설, 풍자 소설, 가
정 소설 등 다양한 종류의 작품이 창작됨.

형식적 특징	• 시간적 순서에 따라 이야기가 전개됨. • 평면적, 전형적 인물을 등장인물로 설정함. • 비현실적이며 우연적인 사건이 주로 전개됨. • 전기적(傳奇的) 사건 묘사를 위해 과장된 표현을 사용함.
내용적 특징	• 대부분 권선징악(勸善懲惡)의 주제를 담음. • 작품의 대부분이 행복한 결말로 끝을 맺음.

작품으로 공부하기

홍계월 → 여성 영웅

맹길이 겁을 먹고 말을 돌려 도망쳤다. 홍 원수가 크게 꾸짖었다.

"네가 가면 어디로 가리요? 도망치지 말고 내 칼을 받으라."

「　」: 주인공의 활약상 → 전기적 요소

「홍 원수가 철통같이 달려가니, 원수의 준총마가 시뻘건 주둥이를 벌리고 순식간에 맹길의 말꼬리
를 물고 늘어졌다. 맹길이 크게 놀라 몸을 돌이켜 장창을 높이 들고 원수를 해치고자 했다. 홍 원수
가 크게 분노하며 칼을 들어 맹길을 치자, 두 팔이 떨어져 나갔다. 또 이리저리 헤집고 돌아다니며
적졸을 모두 진멸하니, 피가 흘러 냇물을 이루고 주검이 산과 같이 쌓였다.」

– 작자 미상, 「홍계월전」

> 이 작품은 여성 영웅 소설로, 주인공 홍계월의 영웅적 활약상을 그려 내고 있다. 고귀한 혈통을 지닌 출생, 어린
> 시절 겪게 되는 위기와 조력자의 도움, 여성임이 밝혀지며 겪는 갈등, 그리고 그러한 갈등을 극복하고 위업을 성
> 취하며 행복한 결말을 맺는 구조로 구성되어 있다. 여성임에도 불구하고 전쟁 영웅으로서의 면모를 발휘하며 가
> 정과 사회에서 모두 인정받게 되는 결말은 조선 후기에 성장한 여성 의식을 보여 주는 대목이다.

고전 소설 대표 작품
- **영웅 군담 소설** : 임경업전, 박씨전, 유충렬전 등
- **애정 소설** : 숙영낭자전, 운영전, 남윤전, 심생전, 주생전 등
- **가정 소설** : 창선감의록, 장화홍련전, 정을선전, 월영낭자전, 반씨전 등
- **풍자 소설** : 유광억전, 박지원의 한문 소설 등
- **우화 소설** : 서동지전, 까치전, 황새결송 등
- **몽유 · 몽자류 소설** : 구운몽, 옥루몽 등
- **판소리계 소설** : 흥보전, 심청전, 춘향전, 토끼전, 옹고집전, 이춘풍전, 장끼전 등

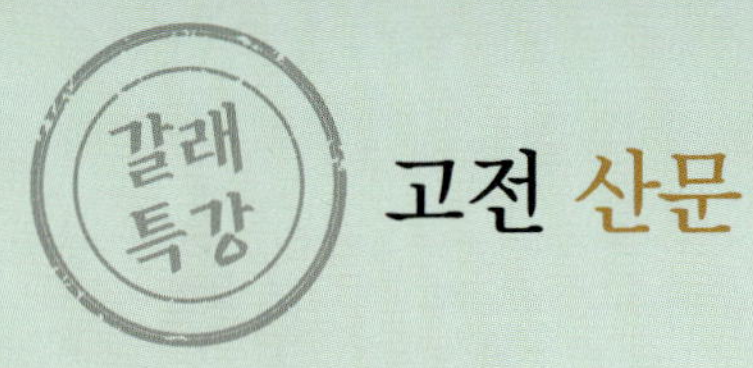

고전 수필

고려 시대 패관 문학에서부터 조선 후기까지 창작된 자유로운 형식의 글을 통칭함. 이치에 따라 사물을 해석하고 시비(是非)를 밝히면서 의견을 개진하거나, 일상적인 삶에서 느낀 생각을 자유롭게 서술한 작품이 많음.

형식적 특징	• 특별한 갈래적 형식(특정한 형식)이 존재하지 않음. • 고려 ~ 조선 전기에는 주로 한문으로 된 작품이 창작됨. • 조선 후기에 이르러 한글로 창작되어 우리말의 아름다움이 두드러지게 나타남.
내용적 특징	• 소재와 제재가 다양함. • 일상생활에서의 생각이나 느낌을 자유롭게 개성적으로 표현함.

✏ 작품으로 공부하기

○ : 해 주변의 '붉은 기운'을 비유한 표현

「그 붉은 위로 흘흘 움직여 도는데, 처음 났던 붉은 기운이 백지(白紙) 반장(半張) 넓이만치 반듯이 비치며, 밤 같던 기운이 해 되어 차차 커 가며, 큰 쟁반만 하여 불긋불긋 번듯번듯 뛰놀며, 적색(赤色)이 온 바다에 끼치며, 먼저 붉은 기운이 차차 가시며, 해 흔들며 뛰놀기 더욱 자주 하며, 항 같고 독 같은 것이 좌우(左右)로 뛰놀며, 황홀(恍惚)히 번득여 양목(兩目)이 어지러우며, 붉은 기운이 명랑(明朗)하여 첫 홍색을 헤치고, 천중(天中)에 쟁반 같은 것이 수레바퀴 같아 물속으로부터 치밀어 받치듯이 올라붙으며, 항·독 같은 기운이 스러지고, 처음 붉어 겉을 비추던 것은 모여 소 혀처럼 드리워져 물속에 풍덩 빠지는 듯싶더라.」

: '해'를 비유한 표현

「 」: 일출의 장관을 생생하게 묘사함.

일색(日色)이 조요(照耀)하며 물결의 붉은 기운이 차차 가시며, 일광(日光)이 청랑(晴朗)하니, 만고천하(萬古天下)에 그런 장관은 대두(對頭)할 데 없을 듯하더라.

– 의유당, 「동명일기」

↳ 일출의 장관을 예찬함.

이 글은 『의유당 관북 유람 일기(意幽堂關北遊覽日記)』라는 문집에 실린 작품으로, 의유당이 함흥 판관으로 부임하는 남편을 따라 함흥 근처의 명승고적을 유람한 내용을 담은 한글 기행 수필이다. 특히 제시된 부분은 귀경대에서 바라본 일출의 장관을 생생하게 묘사한 대목으로, 뛰어난 관찰력과 세련된 표현력으로 그 모습이 생동감 있게 서술되어 있다. 여성 특유의 섬세한 필치가 돋보이는 작품이다.

판소리

전문 창자(唱者)가 고수(鼓手)의 북장단과 추임새에 맞추어 서사적인 이야기를 구연하는 우리 고유의 민속악. 창자는 이야기를 소리(노래, 창)와 아니리(말)로 엮어 발림(몸짓)을 곁들이며 구연하고, 고수는 노래에 추임새를 넣음. 조선 후기 서민들의 정서를 대변하는 서민 문학이라고 할 수 있음.

형식적 특징	• 음악적 요소와 극적 요소가 많이 포함됨.
	  – 음악적 요소 : 창
	  – 문학적 요소 : 사설(아니리)
	  – 연극적 요소 : 발림
	• 운문체(4·4조)로 표현됨.

내용적 특징	• 주로 서민들의 삶의 질곡과 애환을 담음. • 풍자적, 해학적인 요소가 많음.

고전 수필 `대표 작품`

• 주옹설 _ 권근
• 한중록 _ 혜경궁 홍씨
• 동명일기 _ 의유당
• 을대연행록 _ 홍대용
• 조침문 _ 유씨 부인
• 『서포만필』 _ 김만중
• 『열하일기』 _ 박지원

■ **고전 수필의 발전 과정**

조선 전기
한문 수필로 고려 시대부터 지어진 '설(設)'이나 '논(論)'의 형식이 계속 이어져 창작되었으며, 내용과 주제가 다양함.

조선 후기
임진왜란과 병자호란 이후 산문 문학이 발달하면서 일기, 서간, 전기, 기행 등 다양한 형식이 나타나게 됨.

판소리 `대표 작품`

흥보가	흥보와 놀보를 통해 형제간의 우애를 강조하고 인과응보에 따른 권선징악을 나타냄.
심청가	심청의 부모에 대한 지극한 효심과 이를 통한 인과응보의 주제를 드러냄.
춘향가	성춘향과 이몽룡의 사랑 이야기를 통해 당시 사회적 특권 계급의 횡포를 고발하고 춘향의 정절을 찬양하면서 천민의 신분 상승 욕구를 나타냄.
적벽가	적벽전에서 관우가 조조를 잡지 않고 길을 터 주어 조조가 화용도까지 달아나는 장면을 노래함.

✏️ **작품으로 공부하기**

[아니리] → 창을 하는 중간에 가락을 붙이지 않고 이야기하듯 엮어 나가는 사설

　문 밖에를 가만히 내다보니 자기 영감이 분명하것다. 눈물 씻고 바라보니 흥보가 들어오거늘,

　"여보 영감 매 맞았소? 매 맞았거든 어디 곤장 맞은 자리 상처나 좀 봅시다."

　"놔 둬. 상처고 여편네 죽은 것이고, 요망스럽게 여편네가 밤새도록 울더니 돈 한 푼 못 벌고 매 한
　　　　　　　　　언어유희
대를 맞았으면 인사불성 쇠아들이다." / 흥보 마누라 좋아라고,

[중중모리] → 판소리 장단의 하나로 극적인 상황이나 춤추는 대목, 활보하는 대목에 쓰임.

　"얼씨구나 절씨구 얼씨구 절씨구 지화자 좋네. 얼씨구나 좋을시구. 영감이 엊그저께 병영 길을 떠
나신 후 부디 매를 맞지 말고 무사히 돌아오시라고 하느님 전에 빌었더니 매 아니 맞고 돌아오시
니 어찌 아니 즐거운가. 얼씨구나 절씨고. 옷을 헐벗어도 나는 좋고 굶어 죽어도 나는 좋네. 얼씨
구나 절씨구."

– 작자 미상, 「흥보가」

> 이 작품은 조선 후기에 널리 불린 판소리로, 창자가 창과 아니리를 번갈아 하면서 풀어내는 이야기이다. 세속적·
> 물질적 가치관이 팽배해져 가던 조선 후기 사회를 배경으로 하여 흥보는 선하지만 가난한 인물로, 놀보는 부자이
> 지만 악한 인물로 설정하여 당대 현실의 문제점을 해학적이고 풍자적으로 그려 내었다. 제시된 부분은 돈을 벌기
> 위해 매품을 팔러 간 흥보가 무사 귀환하자, 이를 기뻐하는 흥보 처의 모습을 노래한 대목이다. 경제적 가치보다
> 가족과 사랑을 우선시하는 흥보 처의 가치관이 반영되어 있다.

민속극

　예로부터 전승된 다양한 형태의 극 양식을 총칭하는 말. 서민들에 의해 주도적으로 향유되
었기 때문에 당시 서민들의 삶의 모습이 생생하게 담겨 있음.

형식적 특징	• 극중 장소와 공연 장소가 일치함. • 특별한 무대 장치나 소품이 필요하지 않음. • 관중이나 악사가 극에 개입할 수 있음.
내용적 특징	• 서민들의 생활상과 가치관이 생생하게 반영되어 있음. • 지배층과 봉건적 질서에 대한 풍자와 비판이 드러나 서민 의식의 성장을 엿볼 수 있음.

✏️ **작품으로 공부하기**

쇠뚝이 : 염려 마라, 정해 주마. (삼현을 청하여 까끼걸음으로 장내를 돌다가 의막을 정하여 놓고서 말뚝
이의 얼굴을 탁 친다. 삼현 중지.) 얘! 의막을 정해 놓고 왔다. 혹시 그놈들이 담배질을 하더라도 아
래윗간은 분명해야 하지 않겠느냐! 　└→ 특별한 무대 장치 없이 공간이 형성되는 가면극의 특성

말뚝이 : 영락없지! ■ : 하인 신분이지만 양반의 무식과 허위의식을 폭로하고 희화화함으로써 양반층의 무능함을 풍자함.

쇠뚝이 : 그래서 말뚝을 뺑뺑 돌려서 박고 띠를 두르고 문은 하늘로 냈다. 〈중략〉

쇠뚝이 : 옳겠다. 그러면 그 양반들이 어데 있느냐? └→ 돼지우리를 의막으로 정하고 양반들을 돼지 몰 듯 하는 모습 → 양반에 대한 조롱

말뚝이 : 저기들 있으니 들어 모시자. (타령조. 까끼걸음으로 샌님 일행을 돼지 몰아넣듯 채찍질을 하면
서 "두두." 한다. 삼현 중지.)

– 작자 미상, 「양주 별산대놀이」

> 이 작품은 경기도 양주 지방에서 연행되어 온 민속 가면극으로 전체 8과장으로 구성되어 있다. 파계승과 무능한
> 양반층의 횡포 등 당대 현실의 부조리에 대한 비판이나 서민들의 삶의 애환을 풍자와 해학으로 풀어내고 있다.

민속극 〔대표 작품〕

봉산 탈춤	황해도 봉산 지방에 전승되어 온 가면극으로, 양반에 대한 풍자와 조롱, 가부장적 사회의 모순을 고발함.
양주 별산대 놀이	경기도 양주 지방에서 연행되어 온 가면극으로, 불합리한 현실에 대한 폭로와 지배 계층에 대한 저항 의식을 담고 있음.
하회 별신굿 탈놀이	경상북도 안동 하회 마을에서 전승되어 온 탈놀이로, 양반 계층에 대한 민중의 비판 의식이 해학적인 언어 구사와 재담을 통해 드러남.
꼭두 각시 놀음	현전하는 유일한 인형극으로 남사당패에 의해 연희되었으며, 특권 계층의 도덕적 허위에 대한 풍자가 드러남.

28 주몽 신화(朱蒙神話) _작자 미상

고구려의 시조인 '주몽[동명 성왕(東明聖王)]'의 생애를 다룬 건국 신화이다. 알에서 태어난 주몽이 고난과 시련을 극복하고 고구려를 건국하는 이야기가 담겨 있다.

하백은 크게 노하여 사자를 보내 말하기를 "너는 어떤 사람인데 나의 딸을 머물게 하였는가?" 하니 왕은 대답하되 "나는 천제의 아들로 이제 하백에게 구혼하고자 한다." 하였다. 하백이 다시 사자를 보내 말하기를 "네가 천제의 아들로 나에게 구혼을 하려 한다면 마땅히 중매를 보내야 할 터인데 이제 갑자기 나의 딸을 붙잡아 둔 것은 어찌 실례가 아니겠는가?" 하였다.

왕은 부끄럽게 여겨 장차 하백을 가서 보려 하고 방으로 들어가지 못하고 그 여자를 놓아주려고 하였으나 여자는 이미 왕과 정이 들어서 떠나가려고 하지 않았다. 그리고 왕에게 권하기를 "오룡거만 있으면 하백의 나라에 도달할 수 있다."고 하였다. 왕이 하늘을 가리켜 고하니 문득 오룡거가 공중으로부터 내려왔다.

왕과 여자가 수레를 타니 풍운(風雲)이 갑자기 일어나며 하백의 궁에 이르렀다. 하백은 예(禮)를 갖추어 이들을 맞이하고 자리를 정한 뒤에 말하되, "혼인하는 법은 천하에 통용하는 법인데 어찌하여 예를 잃고 나의 가문을 욕되게 하였는가? 왕이 천제의 아들이라면 무슨 신이함이 있는가?" 하니 왕이 말하되 "오직 시험해 볼 따름이다."라고 했다. 이에 하백이 뜰 앞의 물에서 이어(鯉魚)가 되어 놀자 왕은 수달로 변화해서 이를 잡았다. 하백이 다시 사슴이 되어 달아나니 왕은 늑대가 되어 이를 쫓고, 하백이 꿩으로 변화하니 왕은 매가 되어 이를 쳤다. 하백이 이 사람은 참으로 천제의 아들이라 여기고 예로써 혼인을 이루고, 왕이 딸을 데려갈 마음이 없을까 겁내서 잔치를 베풀고 술을 왕에게 권해서 크게 취하게 한 뒤 딸과 함께 작은 가죽 가마에 넣어서 오룡거에 실어 승천하도록 하였다. 그 수레가 물을 채 빠져나오기 전에 왕은 바로 술이 깨어서 여자의 황금 비녀를 취해서 가죽 가마를 찌르고 그 구멍으로 홀로 나와 하늘로 올라갔다.

하백은 크게 노하여 그 딸에게 말하되 "너는 나의 가르침을 따르지 않고 나의 가문을 욕되게 했다." 하고 좌우에 명령해서 딸의 입을 잡아 늘여 그 입술의 길이가 삼 척이나 되게 하고 다만 노비 두 사람을 주어 우발수(優渤水) 가운데로 귀양 보냈다.

➤ 해모수에게 분노하여 유화를 귀양 보내는 하백

어사(漁師) 강력부추(强力扶鄒)가 금와왕에게 고하기를, "요즈음 양중(梁中)에 고기를 가져가는 자가 있는데 어떤 짐승인지 알지 못하겠다."고 하였다. 왕은 이에 어사를 시켜서 그물로 이것을 끌어내게 하였더니 그물이 찢어졌다. 다시 쇠그물을 만들어 끌어내니 비로소 한 여자가 돌 위에 앉아서 나왔다. 그 여자는 입술이 길어서 말을 할 수가 없으므로 그 입술을 세 번 자른 뒤에야 말을 했다. 왕은 천제자의 비(妃)임을 알고 별궁(別宮)에 두었는데 그 여자는 햇빛을 받고 그 때문에 임신해서 신작(神雀) 사년 계해(癸亥) 여름 사월에 주몽(朱蒙)을 낳았는데 울음소리가 매우 크고 생김새가 영웅답고 기이했다.

➤ 햇빛을 받고 주몽을 낳은 유화

처음 주몽을 낳을 때 왼편 겨드랑이로 한 알을 낳았는데 크기가 다섯 되들이쯤 되었다. 왕이 이를 괴이하게 여겨 말하되 "사람이 새알을 낳은 것은 상서롭지 못하다." 하고 사람을 시켜서 이 알을 말 기르는 곳에 버렸으나 말들이 밟지 않았고, 깊은 산에 버렸으나 온갖 짐승이 모두 보호했다. 구름이 낀 날에도 그 알 위에는 언제나 햇빛이 있으므로 왕은 알을 가져다가 그 어미에게 보내고 기르도록 했다.

➤ 주몽의 신이한 출생

알은 마침내 열리고 한 사내아이를 얻었는데, 낳은 지 한 달이 못 되어 말을 하였다. 주몽은 어머니에게 파리들이 눈을 물어 잠을 잘 수 없으니 자신을 위하여 활과 화살을 만들어 달라고 했다. 그의 어머니가 갈대로 활과 화살을 만들어 주자, 이것으로 방거(紡車) 위의 파리를 쏘았는데 화살이 날면 모두 맞았다. 부여에서 활 잘 쏘는 사람을 주몽이라고 하였다.
→ 주몽의 비범한 능력

주몽은 나이가 장대해지자 재능도 겸비하였다. 금와왕에게 아들 일곱이 있었는데 항상 주몽과 같이 사냥하였다. 왕자와 종자 사십여 인은 겨우 사슴 한 마리를 잡았으나 주몽은 사슴을 쏘아 잡은 것이 아주 많았다. 왕자는 이를 질투해서 주몽을 잡아 나무에 매어 놓고 사슴을 빼앗아 가 버렸는데, 주몽은 나무를 뽑아서 돌아왔다. 태자(太子)인 대소(帶素)가 왕에게 말하되 "주몽은 신용(神勇)이 있는 사람이고 눈길이 남다르니 만약 일찍 도모하지 않으면 반드시 후환이 있을 것입니다." 하였다. 왕은 주몽에게 말을 기르게 하여 그 뜻을 시험코자 하였다. 주몽은 속으로 한을 품고 어머니에게 말하되, "나는 천제의 손(孫)으로 다른 사람을 위해서 말을 먹이고 있으니 사는 것이 죽는 것만 못합니다. 남쪽 땅으로 가서 국가를 세우고자 하나 어머니가 계시기로 감히 마음대로 못합니다." 하였다. 그 어머니가 말하되, "이것은 내가 밤낮으로 고심하던 일이다. 내가 듣기로는 먼 길을 가는 사람은 모름지기 좋은 말이 있어야 한다고 했으니 내가 말을 골라 주겠다." 하고 드디어 말 기르는 곳으로 가서 긴 말채찍으로 마구 치니 여러 말이 모두 놀라서 달리는데 한 누른 말이 두 길이나 되는 난간을 뛰어넘었다. 주몽은 그 말이 좋은 말임을 알고 몰래 말 혀끝에 바늘을 찔러 놓았더니 그 말은 혀가 아파서 물과 풀을 먹지 못하고 야위어 갔다.
→ 주몽의 재주와 시련

왕이 말 기르는 곳을 순행하다가 여러 말이 모두 살찐 것을 보고 크게 기뻐하며 마른 말을 주몽에게 주었다. 주몽은 이를 얻어서 바늘을 뽑고 더욱 잘 먹였다. 주몽은 오이(烏伊), 마리(摩離), 협보(陝父) 등 삼 인(三人)과 같이 남쪽으로 행하여 개사수(蓋斯水)에 이르렀으나 건널 배가 없었다. 추격하는 병사들이 문득 닥칠까 두려워서 이에 채찍으로 하늘을 가리키며 탄식하되, "나는 천제의 손이요 하백의 외손으로서 지금 난을 피해 여기 이르렀으니 황천후토(皇天后土)는 나를 불쌍히 여겨 급히 주교(舟橋)를 보내소서." 하고 활로써 물을 치니 고기와 자라들이 떠올라 다리를 이루어서 주몽이 건널 수가 있었다. 얼마 안 있어 추격병이 이르렀는데 그들이 물에 이르자 물고기와 자라늘의 다리는 곧 없어지고 이미 다리로 올라섰던 자는 몰사하였다.
→ 조력자의 도움과 위기의 극복

주몽이 어머니와 이별에 임하여 차마 떨어지지 못하니 그 어머니가 말하되, "너는 어미의 염려는 하지 마라." 하고 이에 오곡의 씨앗을 싸서 주었는데, 주몽은 생이별하는 마음이 간절해서 보리 씨앗을 잃고 말았다. 주몽이 큰 나무 아래서 쉬더니 한 쌍의 비둘기가 날아왔다. 주몽은, "응당 이것은 신모(神母)가 보리씨를 보내는 것이다."라고 말한 후 이에 활을 다려 이를 쏘아 한 살에 함께 잡아서 목구멍을 열고 보리씨를 꺼낸 다음 비둘기에게 물을 뿜으니 비둘기는 다시 살아나서 날아갔다. 주몽은 스스로 띠자리[茆菰] 위에 앉아서 임금과 신하의 위계를 정했다.
→ 주몽의 고구려 건국

작품 핵심 단축키

👤 고귀한 혈통의 인물	⚡ 주몽의 시련과 위기	✒ 신화적 화소의 반영
인물 주인공인 주몽은 □□과 □□의 결합으로 태어난 고귀한 혈통을 지닌 인물임.	**사건 갈등** 주몽의 비범함을 시기한 왕자 □□와 여러 신하들이 주몽을 죽이려 함.	**서술** 주인공이 천제의 자손으로 묘사되고 □에서 태어나는 등 다양한 신화적 화소를 반영함.

1 윗글의 내용으로 적절하지 않은 것은?

① 하백은 해모수의 능력을 시험하였다.
② 하백은 딸의 행실을 문제 삼아 귀양을 보냈다.
③ 주몽의 이름은 그가 지닌 능력과 관련이 있다.
④ 금와왕은 유화가 낳은 알을 정성껏 보호하였다.
⑤ 유화는 하백과 해모수의 만남이 이루어지게 하였다.

2 〈보기〉는 이규보가 쓴 「동명왕편 서문」의 일부이다. 이를 참고할 때, 윗글의 역할로 가장 적절한 것은?

> ● 보기 ●
>
> 동명왕의 일은 여러 사람의 눈을 현혹한 것이 아니고 실로 나라를 세운 신기한 사적(史跡)이니 이것을 기술하지 않으면 후인들이 장차 어떻게 볼 것인가? 그러므로 시를 지어 기록하여 우리나라가 본래 성인(聖人)의 나라라는 것을 천하에 알리고자 하는 것이다.

① 삶에 지친 사람들에게 위로와 용기를 준다.
② 고구려의 역사에 대한 객관적인 자료가 된다.
③ 주변 국가에서 올바른 역사의식을 갖도록 한다.
④ 다른 나라와 우호적인 관계를 유지하도록 한다.
⑤ 우리나라 사람들에게 민족적 자긍심을 심어 준다.

3 〈보기〉를 바탕으로 윗글을 감상할 때, 밑줄 친 '신성 의식'과 관계가 깊은 것은?

> ● 보기 ●
>
> 「주몽 신화」에서 두드러진 특징은 하늘과 물에 대한 '신성 의식'이 나타난다는 점이다. 즉, 하늘의 상징인 남신과 물의 상징인 여신이 만나 새로운 국가의 시조를 탄생시킨다는 것이다.

① 한 국가의 건국 과정에 관한 이야기라는 점
② 주몽이 온갖 시련을 극복하고 왕이 되었다는 점
③ 주몽이 해모수와 유화 사이에서 태어났다는 점
④ 주몽이 오이, 마리, 협보의 도움을 받아 위기를 극복한다는 점
⑤ 특정한 동식물을 신성하게 여기는 당대인들의 의식을 반영하였다는 점

4 〈보기〉는 「단군 신화」의 줄거리이다. 윗글과 〈보기〉를 비교하여 이해한 내용으로 적절하지 <u>않은</u> 것은?

● 보기 ●

옛날 환인(桓因)의 서자 환웅(桓雄)이 자주 천하에 뜻을 두어 인간 세상을 다스리고 싶어 하자 아버지가 아들의 뜻을 알고는 천부인(天符印) 세 개를 주어 내려보내 인간 세상을 다스리게 하였다. 환웅은 풍백(風伯) · 우사(雨師) · 운사(雲師)를 거느리고 인간 세상의 여러 가지 일을 주관하였다. 그때 곰과 호랑이가 환웅에게 사람이 되기를 기원하자, 환웅은 쑥 한 다발과 마늘 스무 개를 주어 이것을 먹되, 100일 동안 햇빛을 보지 않으면 사람이 될 수 있다고 말했다. 금기를 잘 지킨 곰은 여자의 몸이 되었지만 호랑이는 금기를 지키지 못하여 사람의 몸이 되지 못하였다. 사람이 된 웅녀(熊女)는 환웅과 혼인하여 아들을 낳았으니 그가 바로 단군왕검이다. 단군은 평양성에 도읍을 정하고 나라의 이름을 조선이라고 불렀다.

① 윗글과 〈보기〉 모두 삼대(三代)에 걸친 이야기에 해당하는군.
② 윗글과 〈보기〉 모두 건국에 관한 이야기를 담고 있는 신화로군.
③ 〈보기〉와 달리 윗글에서는 조력자의 도움으로 위기를 극복하는군.
④ 윗글과 달리 〈보기〉에서는 반대 세력과의 투쟁 과정이 제시되는군.
⑤ 윗글은 하늘과 물의 결합을 보여 주지만, 〈보기〉는 하늘과 땅의 결합을 보여 주는군.

손쉬운 작품 검색

주몽 신화_작자 미상

전체 줄거리

기 금와왕은 태백산 남쪽 우발수에서 하백의 딸 유화를 만나, 천제의 아들 해모수와 정을 통하다 귀양 오게 된 사정을 듣고는 그녀를 데려와 별궁에 머물게 한다. 어느 날 햇빛이 유화를 비추자 유화에게 태기가 생긴다.

승 유화가 알을 낳자 금와왕은 상서롭지 못하다며 버리게 하지만 짐승들이 알을 보호하자 다시 유화에게 보낸다. 얼마 뒤 알에서 아이가 나왔는데 생김새가 영웅답고 기이하였으며, 활을 매우 잘 쏘아 이름을 주몽이라고 하였다.

전 금와왕의 아들들이 주몽을 시기하여 죽이려 하자 주몽은 오이, 마리, 협보와 함께 피신한다. 주몽 일행이 급박한 상황에 처하자 물고기와 자라가 다리를 만들어 주어 무사히 강을 건널 수 있게 된다.

결 주몽은 졸본성에 이르러 도읍을 정하고 고구려를 건국한 뒤 비류왕의 송양을 복속시키고 나라를 공고히 한다.

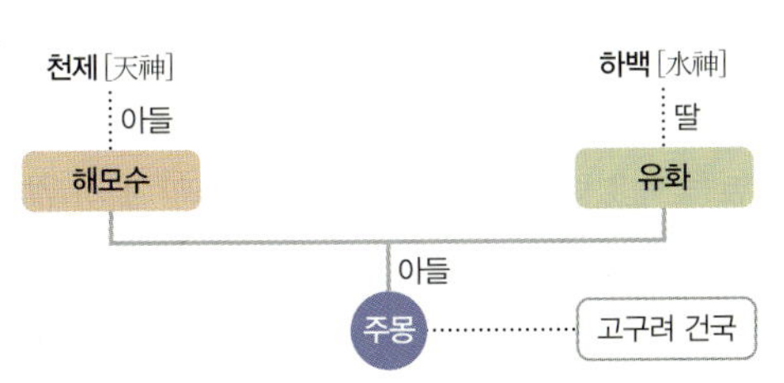

주제 ▶ 주몽의 영웅적인 일생과 고구려의 건국

\# 활을 잘 쏨　\# 뛰어난 능력　\# 적대자들의 시기
\# 탈출 후 고구려 건국

특징 ▶ 후대 영웅 서사 문학의 전형을 보여 줌.

\# 고귀한 혈통　\# 신이한 탄생　\# 기아와 구출
\# 비범한 능력　\# 시련과 위기
\# 고난의 극복과 위업 달성

29 지하국 대적 퇴치 설화(地下國大賊退治說話) _작자 미상

지하 세상의 큰 적을 물리친 내용을 담은 설화라는 뜻으로, 서민인 주인공이 지하국에서 괴물을 퇴치하면서 권선징악(勸善懲惡)의 교훈과 신분 상승의 욕망을 실현하는 민담이다.

/ **앞부분 줄거리** / 지하국의 아귀가 왕의 세 공주를 납치해 가자 왕은 아귀를 제압하고 공주들을 구출하는 자에게 막내딸과 혼사를 올리게 하겠다고 말한다. 이에 한 무사가 용감하게 나서서 부하들과 아귀의 소굴을 찾아 나섰지만 찾지 못하고 피곤하여 그만 잠이 든다. 그 때 머리가 하얀 노인이 꿈에서 나타나 커다란 바위 구멍이 아귀의 세계로 가는 길이라는 것을 알려 준다.

무사는 가르침대로 산을 넘어 커다란 바위가 있는 곳으로 갔다. 그는 부하들에게 명하여 튼튼한 밧줄을 만들게 하고 바구니를 하나 짜도록 했다. 그리고 부하들을 향해, / "누가 먼저 광주리를 타고 내려가서 아귀의 동정을 살피고 오겠는가?" / 라고 물었으나 한 사람도 응답하는 자가 없었다.

그는 부하들에게 내려가라고 명령하였다. 그리고, / "만일 도중에 위험한 일이 생기면 줄을 흔들어라. 그러면 줄을 끌어 올리겠다." / 라고 하였다. 한 부하는 무서워서 지상에서 조금 내려가자마자 줄을 흔들었다. 또 어떤 부하는 거의 밑바닥까지 가서 줄을 흔들었다. 무사는 할 수 없이 자신이 내려가기로 했다. 그는 부하들과 달리 구멍의 끝까지 무난히 내려갔다.

➜ 무사는 부하들을 지상에 두고 홀로 지하로 내려 감.

구멍의 끝까지 내려가 보니 눈앞에 넓고 신비한 세계가 펼쳐져 있었다. 그중에 제일 큰 집이 아귀의 집이었다. 그는 아귀의 집에 바로 들어가는 것이 어리석다는 것을 깨닫고, 아귀의 집 우물곁에 있는 큰 나무에 올라가 동정을 살피기로 했다. 조금 있으니 한 아름다운 여인이 머리에 물 항아리를 이고 우물에 물을 길러 오고 있었다. 그 여인의 얼굴을 자세히 보니 공주 중의 한 사람이었다. 공주가 항아리에 물을 길어 들어 올리려고 하는 순간에 무사는 나뭇잎을 한 주먹 따서 훌훌 떨어뜨렸다. 공주는 물을 버리고 다시 길었다. 그는 다시 나뭇잎을 떨어뜨렸다. 세 번 만에 공주는 머리를 저으면서, 나무 위를 쳐다보고 깜짝 놀라며 말하였다.

"당신은 이 세상 사람입니까? 어떻게 이런 아귀의 세상에 들어오게 된 것입니까?"

➜ 지하 세계로 들어온 무사와 공주의 만남

무사는 나무에서 내려와 지금까지의 사정을 말했다. 그러자 공주는 이렇게 말하였다.

"아귀의 집은 사나운 문지기가 지키고 있습니다. 아귀의 집으로 어떻게 들어갈 수 있겠습니까?"

무사는 대답하기를, / "제가 젊었을 때 약간의 술법을 배웠습니다. 제가 지금 수박으로 변해 있을 테니 이렇게 이렇게 하여 주십시오." / 라고 말하고 열 발자국 정도 물러서 공중으로 날아올라 세 번 공중제비를 하더니 즉시 수박이 되었다.

➜ 수박으로 변하여 아귀의 집으로 들어간 무사

공주는 그것을 치맛자락에 싸서 거침없이 집 안에까지 들어가 찬장에 얹어 놓았다. 문지기는 공주의 치맛자락을 조사했지만 별로 의심하지 않았다.

그렇지만 빈틈없는 아귀는 / "어쩐지 사람 냄새가 난다. 어찌 된 것이냐?" / 라고 말하며 코를 킁킁거리더니 크게 노하며 공주들을 불러 세워 꾸짖었다. 그렇지만 공주들은 태연한 얼굴로, / "그럴 리가 있습니까? 아마 몸이 불편하셔서 그런가 봅니다." / 라고 시치미를 떼었다. 아귀는 그때 마침 몸이 좋지 않았다.

공주들은 독한 술을 빚어 놓고 아귀의 병이 낫기를 기다리고 있었다. 며칠 후 공주들은 독한 술과 세 마리 돼지를 준비해 연회를 베풀었다.

"주인님의 병환이 나았으므로 즐거운 마음에 이 자리를 만들었습니다. 오늘은 마음껏 노시지요."

공주들이 전에 없이 애교를 부리며 술을 권하자, 아귀는 마음이 흐뭇하여 걸러 놓은 독한 술을 모두 마셨다.

공주들이 아귀를 무릎에 눕혀 머리의 이까지 잡아 주었기 때문에 아귀는 이제 공주들이 자신의 말을 잘 들어준다고 생각하며 아주 기뻐했다. 그러고는 / "오늘은 너희들이 나를 위해 잔치를 베풀어 주었으니 그 대신 그대들의 소원을 들어주지." / 라고 말했다.

"우리에게는 별다른 소원이 없습니다만 하나 알고 싶은 게 있습니다. 주인님은 이 세상에서 제일 강하신 분이시니 죽는 일은 없겠지요?"

아귀는 취한 상태에서 공주들의 칭찬을 듣자 의심하지 않고 대답해 주었다.

"나라고 죽지 않겠는가. 나의 겨드랑이 밑에 비늘이 두 개씩 있는데, 그것을 떼어 버리면 나의 목숨은 없지. 하지만 이것을 뗄 놈이 이 세상에 있을까? 하하하." ➡ 공주들에게 자신의 약점을 말해 위기를 자초하는 아귀

아귀는 껄껄 웃다가 쓰러져 코를 골면서 잠이 들었다. 이때 한 공주가 좋은 기회를 놓칠세라 아귀가 평소 지니고 있던 장도(粧刀)를 뽑아 들었다. 순간 칼이 '징징' 하고 울리기 시작했다. 공주는 재빨리 아귀의 좌우 겨드랑이에서 넉 장의 비늘을 베어 냈다. 그러자 아귀의 머리가 몸에서 떨어져 위로 솟아 천장에 붙었다가 다시 떨어지며 몸에 붙으려 했다. 하지만 다른 공주가 준비해 둔 재를 목이 떨어진 곳에 뿌렸더니 아귀의 머리는 끝내 몸에 붙지 않고 땅에 나동그라졌고, 결국 아귀는 죽었다. ➡ 공주들이 지혜와 용기로 아귀를 퇴치함.

어휘 풀이

- **동정(動靜)** : 일이나 현상이 벌어지고 있는 낌새
- **연회(宴會)** : 축하, 위로, 환영, 석별 따위를 위하여 여러 사람이 모여 베푸는 잔치
- **장도(粧刀)** : 주머니 속에 넣거나 옷고름에 늘 차고 다니는 칼집이 있는 작은 칼

작품 핵심 단축키

인물의 성격
인물 : 무사는 □□□과 달리 광주리를 타고 두려움 없이 구멍 끝까지 내려감.

아귀의 죽음
사건·갈등 : 공주들은 아귀의 겨드랑이에 있는 □□을 잘라 아귀를 퇴치함.

민담의 특징
서술 : '아귀가 그때 마침 몸이 좋지 않았다.'는 민담의 특징인 이야기의 □□□이 드러나는 부분임.

---

1 윗글에 대한 설명으로 적절하지 <u>않은</u> 것은?

① 전기적(傳奇的) 요소*를 통해 재미를 더하고 있다.
② 선(善)과 악(惡)의 전형적 인물*이 대립하며 긴장감을 자아내고 있다.
③ 인물 간의 대화를 통해 사건을 해결할 수 있는 실마리가 드러나고 있다.
④ 주인공이 초월적 공간으로 이동하면서 사건이 새로운 국면으로 전환되고 있다.
⑤ 서술자가 인물이나 사건에 대해 권위적으로 논평하여 주제를 선명하게 드러내고 있다.

손쉬운 개념

* **전기적(傳奇的) 요소**
인간의 능력을 벗어나는 비범한 인물의 능력이나 귀신 등의 초현실적 현상 등, 작품에서 나타나는 비현실적인 요소를 말한다.

* **전형적 인물**
한 사회나 집단을 대표하며, 인물의 성격이나 가치관이 변하지 않는 인물을 말한다.

2 윗글의 '공주들'에 대한 이해로 적절한 것은?

① 공주들은 아귀에게 잡혀 온 후 저항하지 못하는 나약한 인물들이다.
② 공주들이 아귀에게 술을 먹인 것은 무사의 안전을 도모하기 위해서이다.
③ 공주들이 아귀의 약점을 캐묻는 이유는 그 약점을 무사에게 알리기 위한 것이다.
④ 공주들은 무사가 자신들을 구해 줄 것이라고 믿고 무사에게 전적으로 의지하고 있다.
⑤ 공주들이 아귀의 병이 낫기를 바란 것은 자신들의 탈출 계획을 실행하기 위해서이다.

3 〈보기〉를 참고하여 윗글을 감상한 내용으로 적절하지 <u>않은</u> 것은?

─ 보기 ─

　　민담은 신화나 전설의 신성성과 진실성에 구애받지 않아, 민중의 욕망과 흥미를 만족시키는 내용으로 전승되어 왔다. 그래서 민담 속 주인공은 대개 왕족 등 고귀한 태생이 아닌 평범한 인물로 등장하며, 문제를 해결하고 그 보상으로 신분 상승을 하게 된다. 민담의 특징인 권선징악적 요소, 조력자의 도움을 통한 고난 극복, 환상성을 바탕으로 한 내용 전개, 고난과 시련을 이겨낸 행복한 결말 등은 민중들에게 즐거움과 희망을 주었다.

① 아귀가 퇴치된 후 무사는 공주와의 결혼을 통해 신분 상승을 하겠군.
② 무사가 꿈에서 만난 머리가 하얀 노인은 조력자의 역할을 하는 인물이군.
③ 아귀와 같은 악인이 비참한 최후를 맞이하는 것은 독자들에게 쾌감을 주겠군.
④ 공주들이 재치를 발휘하여 아귀를 무찌른 것은 민중들에게 고난과 시련을 이겨
　낼 수 있다는 희망을 주겠군.
⑤ 무사가 나뭇잎을 이용하여 공주에게 자신의 존재를 알린 것은 환상성을 바탕으
　로 한 것이기 때문에 독자들에게 즐거움을 주겠군.

 **손쉬운 작품 검색**　　　　　**지하국 대적 퇴치 설화**_작자 미상

전체 줄거리

발단 공주들이 아귀에게 납치를 당하고 왕은 공주들을 구해 오는 자는 막내 공주와 혼인을 시키겠다고 약속한다. 그러자 한 무사가 공주들을 구하기 위해 길을 나선다.

전개 무사는 아귀가 공주들을 잡아 두고 있는 지하국을 좀처럼 찾지 못하나 꿈에 나타난 노인의 도움으로 공주들이 있는 지하 세계로 들어가게 된다.

위기·절정 무사는 공주들이 아귀를 물리친 뒤 탈출하려 하나 부하들은 공주들만을 지상으로 끌어낸 뒤 큰 돌을 굴려 무사를 가둔 채 왕에게로 돌아간다.

결말 무사는 전에 꿈에서 만났던 노인의 도움으로 지하국을 벗어나 궁으로 돌아간다. 이 사실을 알게 된 왕은 부하들을 모두 처형하고, 무사는 막내 공주와 혼인하게 된다.

지상의 인간		지하의 괴물	
무사	용감함, 비범한 능력을 갖춤.	**아귀**	공주들을 납치하는 등 인간들에게 해를 줌. 괴력을 지녀서 보통의 사람은 당해 낼 수 없음.
공주들	기지와 용기를 발휘함.		

주제 ▶ 위기를 극복하려는 노력과 과업의 성취

\# 지하국에 납치된 공주들_위기
\# 지하국으로 공주들을 구하러 가는 무사
\# 아귀를 무찌름　　\# 위기 탈출

특징 ▶ 전기적(傳奇的) 요소가 드러남.

\# 비현실적　　\# 무사가 수박으로 변함
\# 아귀_인간이 아닌 존재
\# 지하국_비현실적인 공간　　\# 소리를 내는 칼

30 공방전(孔方傳)_임춘

'공(孔)'은 '둥그란 구멍'을 의미하고 '방(方)'은 '네모'를 의미한다. 이는 겉은 둥글고 안은 네모난 '엽전(돈)'을 가리킨다. 이 작품은 엽전을 의인화하여 그의 일대기를 다룸으로써 돈의 폐해에 대한 경계를 나타내고자 하였다.

㉠공방(孔方)의 자(字)는 관지(貫之)이니, 그 조상이 일찍이 수양산(首陽山)에 숨어 굴속에서 살았기에 세상에 쓰인 적이 없었다. 처음 황제(黃帝) 시절에 조금 쓰이기도 했으나 성질이 굳세어 세상일에는 그리 잘 적응하지 못하였었다. 임금이 쇠붙이를 맡은 사람을 불러 보이니, 그가 한참 동안 들여다보고 말하기를,

"㉡산과 들처럼 거센 성질이라 쓸 만하지는 못하오나, 만일 폐하가 만물을 조화하는 풀무와 망치 사이에 놀게 하여 때를 긁고 빛을 갈면 그 자질이 마땅히 점점 드러나리이다. 임금 된 이는 무엇이나 쓸모가 있게 하는 분이오니, 바라건대 폐하는 저 단단한 구리와 함께 내버리지 마옵소서."

하였다. 이로 말미암아 세상에 그의 이름이 나타났다. 뒤에 난리를 피하여 강가의 숯화로 거리로 이사하여 거기서 눌러살게 되었다.

→ 공방의 출현 배경과 가계의 내력

그의 아버지 천(泉)은 주(周)나라의 재상으로 나라의 세금 매기는 일을 맡았었다. 방의 위인이 밖은 둥글고 안은 모나며, 때에 따라 그에 맞게 변하기를 잘하여 한(漢)나라에서 벼슬하여 홍려경(鴻臚卿)이 되었다. 그때에 오(吳)나라 왕 비(濞)가 교만하고 주제넘어 권세를 부렸는데, 방이 그에게 붙어 많은 이익을 얻었다.

무제(武帝) 때에 천하의 경제가 궁핍하여 나라의 창고가 텅 비었으므로 위에서 걱정하여 방에게 부민후(富民侯)라는 벼슬을 주어 그의 무리 염철승(鹽鐵丞) 근(僅)과 함께 조정에 있었는데, ㉢근이 매양 형님이라 하고 이름을 부르지 않았다.

→ 공방의 외양과 정계로의 진출 과정

방의 성질이 욕심 많고 더러워 염치가 없었는데, 이제 재물과 씀씀이를 도맡게 되니 본전과 이자의 경중을 저울질하기 좋아하였다. 나라를 편하게 하는 것이 반드시 질그릇이나 쇠그릇을 만드는 생산의 기술에만 있는 것이 아니라고 하면서 백성과 더불어 사소한 이익조차도 다투었다.

그런가 하면 물건 값을 낮추어 곡식을 천하게 만드는 대신 돈을 중하게 만들어 백성으로 하여금 근본인 농사를 버리고 끄트머리인 장사를 좇게 하여 농사를 방해했다. 임금께 아뢰는 사람들이 많이 상소하여 논했으나 위에서 듣지 않았다.

→ 공방의 성격과 구체적인 행적

방은 또 재치 있게 권세와 부귀를 잘 섬겨 그쪽에 드나들며 권세를 부리는가 하면, 벼슬을 팔아서 올리고 내침이 그 손바닥에 있으므로 많은 벼슬아치들이 절개를 굽혀 섬겼다. ㉣그리하여 곡식을 쌓고 뇌물을 거둔 문서와 증서가 산 같아 이루 셀 수가 없었다.

그는 사람을 접하고 인물을 대함에도 어질고 어리석음을 묻지 않고, 비록 저잣거리 사람이라도 재물만 많이 가진 자면 다 함께 사귀고 통하였다. 때로는 혹 거리의 못된 젊은이들과 어울려 바둑과 투전을 일삼고 뒤섞이기 좋아하므로 그때 사람들이 말하기를,

"공방의 말 한마디면 무게가 황금 백 근만 하다." / 하였다.

→ 공방의 탐욕과 권세에 따른 횡포

/ 중략 부분 줄거리 / 원제(元帝)가 즉위하자 공우(貢禹)가 공방의 비리를 모두 밝혀 비판하고 관직을 파면해 징계해야 한다는 글을 올리고, 곡량학(穀梁學)이 공우의 편을 들어 공방은 관직에서 쫓겨난다. 시간이 흐르고 당나라가 일어났는데, 당시 국가의 재정이 넉넉하지 못하자 공방의 계책을 다시 쓰려 한다. 그러나 이미 공방은 죽어 그의 제자들을 수소문해 기용하고, 이후 공방의 계책이 실시되자 조정은 공방에게 조의대부 소부승(朝議大夫小府丞)이라는 벼슬을 내린다. 그러다가 송나라 때는 다시 공방의 무리들이 세력을 잃었고, 공방의 아들 윤(輪)은 불법으로 물건을 취득한 것이 발각되어 죽임을 당한다.

사신(史臣)이 말하기를,

"남의 신하가 되어 두 마음을 품고 큰 이익을 좇는 자를 어찌 충성스러운 사람이라 이르겠는가. 방이 올바른 법과 좋은 주인을 만나 정신을 모으고 마음을 도사려 정녕(丁寧)한 약속을 손에 잡아 그다지 적지 [A] 않은 사랑을 받았으니, 마땅히 이익을 일으키고 해를 덜어 그 은우(恩遇)를 갚을 것이거늘, 비(濞)를 도와 권세를 부리고 이에 사사로운 당(黨)을 세웠으니, 충신은 경외(境外)의 사귐이 없다는 것에 어그러진 자이다."

하였다.

➔ 공방에 대한 사신의 비평

방이 죽자 그 남은 무리는 다시 남송에 쓰였다. 집정한 권신(權臣)들에게 붙어서 정당한 사람을 모함하는 것이었다. 비록 길고 짧은 이치는 명명(冥冥)한 가운데 있는 것이지만, 만일 원제(元帝)가 일찍부터 ⓐ공우(貢禹)가 한 말을 받아들여서 이들을 일조에 모두 없애 버렸던들 이 같은 후환은 없었을 것이다. 그런데 다만 이들을 억제하기만 해서 마침내 후세에 폐단을 남기고 말았다. 그러니 ⓔ대체 실행보다 말이 앞서는 자는 언제나 미덥지 못한 것을 걱정하지 않을 수가 없다.

➔ 돈을 없애지 않아 생긴 후환과 폐단

⭐ **어휘 풀이**

- **관지(貫之)** : '꿴다'는 의미
- **천(泉)** : '화천(貨泉)'을 가리킴. 고대 중국의 신(新)나라 때 왕망이 발행(發行)한 엽전
- **홍려경(鴻臚卿)** : 한(漢)나라의 관직 이름. 외국의 손님을 접대하는 벼슬
- **부민후(富民候)** : 백성을 풍요롭게 하는 벼슬
- **염철승(鹽鐵丞)** : 국가의 전매 사업을 벌이는 소금과 철을 담당하는 벼슬
- **상소(上疏)** : 임금에게 정사(政事)를 간하기 위해 글을 올리던 일
- **정녕(丁寧)한** : 충고하거나 알리는 태도가 매우 간곡한
- **은우(恩遇)** : 은혜로 대우함. 또는 그런 대우
- **경외(境外)** : 일정한 경계의 밖
- **명명(冥冥)한** : 겉으로 나타남이 없이 아득하고 그윽한
- **공우(貢禹)** : 한(漢)나라 때의 청렴하고 정직했던 벼슬아치

작품 핵심 단축키

공방의 이중성	공방의 행적	가전체
인물 공방은 겉은 둥글둥글하여 착하게 보이지만, 정작 속은 모가 나 있고 □함.	**사건·갈등** 권세에 붙어 이익을 취하고 매관매직을 하는 등 □□한 행위를 일삼음. 공방의 사후에도 그의 제자 무리들이 등장하여 세상을 어지럽힘.	**서술** 엽전(돈)을 의인화하여 전기 형식으로 서술한 가전체로, 글의 마지막 부분에 사신(史臣)의 □□을 덧붙이고 있음.

1 윗글의 '공방'에 대한 설명으로 적절하지 <u>않은</u> 것은?

① 다른 사람에 의해 세상에 나오게 되었다.
② 그의 조상 중에는 조정의 관리 출신이 있었다.
③ 욕심이 많고 염치가 없으며 속물적인 성격을 지녔다.
④ 백성들이 새로운 생산 활동에 참여할 수 있도록 도와주었다.
⑤ 사람을 사귀는 데 있어 재물의 소유 정도를 그 기준으로 삼았다.

2 [A]에 대한 설명으로 적절한 것을 〈보기〉에서 모두 골라 바르게 짝지은 것은?

— 보기 —

ㄱ. 상대방의 반론을 미리 제시하고 이를 반박하고 있다.
ㄴ. 설의적 표현을 사용하여 표현 의도를 강조하고 있다.
ㄷ. 초점이 되는 인물의 행적을 요약적으로 제시하고 있다.
ㄹ. 관찰에 따른 간접 경험을 바탕으로 앞으로의 일을 예상하고 있다.

① ㄱ, ㄴ   ② ㄱ, ㄷ   ③ ㄴ, ㄷ   ④ ㄴ, ㄹ   ⑤ ㄷ, ㄹ

손쉬운 개념

＊ **요약적 제시**
사건을 서술하는 방식 중 하나로 서술자가 인물의 행적이나 사건의 흐름을 압축적으로 드러내는 것을 말한다. 요약적 제시는 전달하고자 하는 내용을 빠르게 나타낼 수 있지만, 생동감 있게 서술하지는 못한다는 측면이 있다.

3 ㉠~㉤에 대한 설명으로 가장 적절한 것은?

① ㉠ : 외양 묘사를 통해 인물의 성격을 주관적으로 판단하여 제시하고 있다.
② ㉡ : 구체적 근거를 바탕으로 상대방의 판단에 대한 자신의 견해를 밝히고 있다.
③ ㉢ : 특정 행위에 담긴 의도를 바탕으로 인물 간의 관계를 드러내고 있다.
④ ㉣ : 인물이 처한 상황을 반어적으로 드러내어 풍자의 효과를 자아내고 있다.
⑤ ㉤ : 객관적인 사실을 서술하여 독자들에게 상황의 판단을 맡기고 있다.

손쉬운 개념

＊ **외양 묘사**
인물의 겉모습을 그림 그리듯이 표현하는 것을 말한다. 산문 문학에서 외양 묘사는 인물의 생김새뿐만 아니라, 그 인물이 가지고 있는 전반적인 특성을 드러내기 위해 사용되는 경우가 많다.

4 〈보기〉는 ⓐ의 구체적 내용에 해당한다. 이를 바탕으로 윗글의 ⓐ와 〈보기〉에 대해 이해한 내용으로 적절하지 <u>않은</u> 것은?

— 보기 —

"방이 오랫동안 힘든 일을 맡아보면서 농사의 근본을 알지 못하고 한갓 장사치의 이익만을 일으켜 나라를 좀먹고 백성을 해하여 공사가 다 곤궁하오며, 더구나 뇌물과 청탁이 낭자하고 버젓이 행해지니, 무릇 짊어지고 타게 되면 도둑이 된다고 한 것은 옛날의 분명한 경계이니, 청컨대 그를 면직하여 욕심 많고 더러운 자와 그 무리를 징계하옵소서."

① 공우는 욕심 많고 더러운 '공방과 그 무리'를 징계할 것을 주장하였군.
② 공우는 현실의 구체적 상황들을 근거로 들어 원제에게 자신의 생각을 전달하였군.
③ 공우의 말에서 '짊어지는 것'은 '재물'을, '타게 되는 것'은 '벼슬'을 가리키는 표현이군.
④ 공우는 자신의 생각을 전달하는 데에 있어 문제의 원인뿐만 아니라 해결책까지 언급하였군.
⑤ 원제가 공우의 말을 받아들이지 않은 이유는 공방의 무리를 징계하는 것만으로는 근본적인 문제를 해결할 수 없다고 보았기 때문이군.

5 <보기>를 바탕으로 윗글을 감상한 내용으로 적절하지 <u>않은</u> 것은?

— 보기 —

가전체는 사물을 의인화하여 그 일생을 전(傳)의 형식으로 서술한 서사 갈래 중의 하나이다. 일상생활에서 흔히 발견할 수 있는 대상을 주인공으로 삼되, 출현에서 죽음에 이르는 일대기적 모습과 그 과정에서 나타나는 구체적 행적, 공과(功過), 그리고 그에 대한 비평 등의 내용으로 구성된다. 이를 통해 당대 현실과 당대 사람들의 부정적인 면모를 보여 줌과 동시에 교훈적이고 비판적인 태도로 경계해야 할 바를 드러낸다.

① '세상에 그의 이름이 나타났다.'는 것은 공방의 일대기적 구성*을 보여 주는 부분 중 하나로 보아야겠군.

② 공방이 '오(吳)나라 왕 비(濞)'에게 붙어 이익을 얻는 모습은 권세에 빌붙어 부당한 이익을 취했던 당대 사람들을 경계하기 위해 설정된 행적이겠군.

③ 공방이 '본전과 이자의 경중을 저울질하기 좋아하였다.'는 것은 돈의 중요성에 대한 인식이 상황에 따라 달라지는 모습을 비판하기 위한 의도로 보아야겠군.

④ 공방이 '벼슬을 팔아서 올리고 내'치는 모습은 매관매직*이 성행한 부정적 시대상을 보여 주기 위한 의도로 볼 수 있군.

⑤ 공방에 대한 사신의 말은 돈의 폐단에 대한 작가의 생각이 담긴 비평 부분에 해당한다고 보아야겠군.

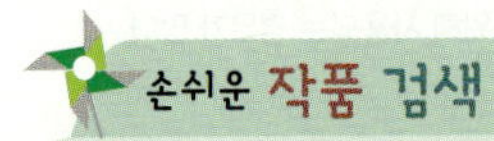

손쉬운 **작품 검색**

공방전_임춘

전체 줄거리

발단 공방은 겉은 둥글지만 안은 모난 돈으로, 그의 조상은 수양산 속에 숨어 살면서 쓰인 일이 없다가 황제 시절부터 조금씩 쓰이기 시작한다.

전개 처세에 능한 공방은 오나라 왕에게 붙어 많은 이익을 얻고, 무제 때 나라의 경제가 어려워지자 부민후가 되어 나라의 재물을 맡아서 관리한다.

위기·절정 공방은 탐욕을 부리며 나라의 경제를 어지럽히고, 매관매직을 일삼다가 벼슬에서 쫓겨나지만, 다시 경제가 어려워지자 나라에서 공방의 제자들을 등용한다.

결말 공방의 아들 '윤'은 장물이 발각되어 세상의 비난을 받고 죽임을 당한다. 사신(史臣)은 공방에 대해 부정적인 평가를 내린다.

공방의 행적	권세에 붙어 이익을 취하고 매관매직을 하는 등 부정한 행위를 일삼음.

↓ [돈을 탐하는 당대의 부정적 세태를 효과적으로 드러냄.]

비평	공방의 행적과 그 폐해에 대해 지적하며, 돈을 없애야 한다고 주장함.

주제 ▶ 돈에 대한 인간의 탐욕과 돈의 폐해에 대한 경계

\# 겉과 속이 다른 돈   \# 기회주의적   \# 부정부패
\# 돈의 부정적 속성 강조

특징 ▶ 당대의 사회상과 돈의 폐해에 대한 작가의 비판적 태도가 드러남.

\# 생산적인 일보다 돈을 우선시하는 사회상
\# 상업에 대한 비판(중농주의)   \# 매관매직 비판

31 이옥설(理屋說) _이규보

'집(屋)을 수리(理)하며 깨달은 생각'이라는 의미를 담은 제목으로, 글쓴이는 집을 수리하면서 깨달은 바른 삶의 자세와 방법을 나라의 정치에까지 확대하여 적용하고 있다.

[A]
집에 오래 지탱할 수 없이 퇴락한 행랑채 세 칸이 있어서 나는 부득이 그것을 모두 수리하게 되었다. 이때 앞서 그중 두 칸은 비가 샌 지 오래 되었는데, 나는 그것을 알고도 어물어물하다가 미처 수리하지 못하였고, 다른 한 칸은 한 번밖에 비를 맞지 않았기 때문에 급히 기와를 갈게 하였다.

그런데 수리하고 보니, 비가 샌 지 오래된 것은 서까래, 추녀, 기둥, 들보가 모두 썩어서 못 쓰게 되었으므로 경비가 많이 들었고, 한 번밖에 비를 맞지 않은 것은 재목들이 모두 완전하여 다시 쓸 수 있었기 때문에 경비가 적게 들었다.

➜ 집을 수리한 경험

[B]
나는 여기에서 이렇게 생각한다. 사람의 몸에 있어서도 역시 마찬가지이다. 잘못을 알고서도 곧 고치지 않으면 몸의 패망하는 것이 나무가 썩어서 못 쓰게 되는 이상으로 될 것이고, 잘못이 있더라도 고치기를 꺼려하지 않으면 다시 좋은 사람이 되는 것이 집의 재목이 다시 쓰일 수 있는 이상으로 될 것이다.

➜ 집을 수리하며 얻은 깨달음을 인간사에 유추하여 적용

[C]
이뿐만 아니라, 나라의 정사도 이와 마찬가지다. 모든 일에 있어서, 백성에게 심한 해가 될 것을 머뭇거리고 개혁하지 않다가, 백성이 못살게 되고 나라가 위태하게 된 뒤에 갑자기 변경하려 하면, 곧 붙잡아 일으키기가 어렵다. 삼가지 않을 수 있겠는가?

➜ 집을 수리하며 얻은 깨달음을 나라의 정치에 확대하여 적용

★ 어휘 풀이
- **행랑채** : 문간채. 대문간 곁에 있는 집채
- **서까래** : 마룻대에서 도리 또는 보에게 걸쳐 지른 나무
- **추녀** : 네모지고 끝이 번쩍 들린, 처마 네 귀에 있는 큰 서까래
- **정사(政事)** : 정치 또는 행정상의 일

작품 핵심 **단축키**

글쓴이의 경험
인물 글쓴이는 퇴락한 행랑채를 수리하였는데, 비가 샌 지 오래된 두 칸은 비를 한 번 맞은 한 칸에 비해 ☐☐가 많이 듦.

체험을 통한 교훈
사건 갈등 글쓴이는 행랑채를 수리한 경험을 통해, ☐☐을 알고 미리 고쳐 나가는 자세의 중요성을 인식함.

2단 구성
서술 이 글은 '사실 + 의견' 또는 '체험 + ☐☐☐'의 2단 구성을 취함.

---

1 〈보기〉는 윗글의 [A]~[C]를 정리한 것이다. 〈보기〉에 대해 설명한 내용으로 적절하지 **않은** 것은?

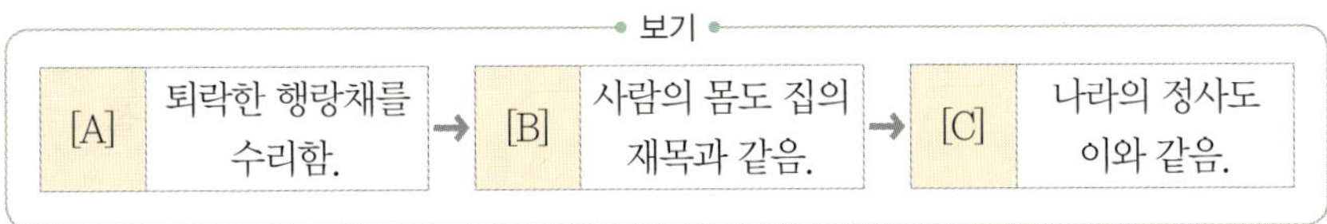

① [A]는 경험을 토대로 인식한 내용이다.
② [B]는 [A]를 통해 얻은 깨달음의 내용이다.
③ [A]가 사실적 상황이라면 [B]는 유추한 내용이다.
④ [B]가 사건의 원인이라면 [C]는 그 결과에 해당한다.
⑤ [C]는 [A]와 [B]의 내용을 확장시켜 얻은 깨달음이다.

바른답 알찬풀이 ●38쪽

2 〈보기〉를 참고하여 윗글을 이해한 내용으로 적절하지 <u>않은</u> 것은?

---- 보기 ----

　　설(說)은 이치에 따라 사물을 해석하고 자기 의견을 설명하는 글로, 논(論)에 비해 형식이 유연하고, 함축적인 내용을 다양하게 표현하기 때문에 문학적인 성격을 지닌다고 할 수 있다. 설은 물음과 대답이 계속되면서 문제를 좁혀 가는 '문답(問答)의 형식', 보고 느낀 대로 쓰는 '견문(見聞)의 형식', 스스로 경계하는 '췌언(揣言)의 형식', 비판 정신을 바탕으로 한 '비평(批評)의 형식' 등으로 구성된다.

① 경험을 통해 함축적인 내용을 전달하고 있으므로 문학적이라고 볼 수 있다.
② 물음과 대답을 통해 주장을 펼치고 있으므로 '문답의 형식'으로 볼 수 있다.
③ 직접 체험하고 느낀 것을 기록하고 있으므로 '견문의 형식'으로 볼 수 있다.
④ 깨달음을 바탕으로 스스로를 경계하고 있으므로 '췌언의 형식'으로 볼 수 있다.
⑤ 나라 정사의 올바른 방향에 대해 제시하고 있으므로 '비평의 형식'으로 볼 수 있다.

3 [C]를 참고하여 〈보기〉의 작품을 이해한 내용으로 적절하지 <u>않은</u> 것은?

---- 보기 ----

백골에까지 세금을 매기다니 어찌 그리도 참혹한가.
한 마을에 사는 한 가족이 모두 횡액을 당하였네.
아침저녁 채찍으로 치며 엄하게 재촉하니,
앞마을에선 달아나 숨고 뒷마을에선 통곡하네.
닭과 개를 다 팔아도 꾼 돈을 갚기엔 모자란다네.
사나운 아전들은 돈 내어라 닦달하나 세금 낼 돈을 어디서 얻는단 말인가.
아버지와 아들, 형과 아우 사이에도 서로 보살피지 못하고,
가죽과 뼈가 들러붙어 반쯤 죽은 채로 얼어붙은 감옥에 갇혀 있다네.

　　　　　　　　　　　　　　　　　－ 정내교, 「농가탄(農家嘆)」

① 백성들을 위해서는 '백골에까지 세금을 매기'는 제도를 개혁해야겠군.
② '달아나 숨고', '통곡하'는 이유는 백성들이 심한 해를 입었기 때문이겠군.
③ 가렴주구를 일삼는 '사나운 아전들'은 백성들을 못살게 만드는 무리겠군.
④ 백성들이 가족 간에 '서로 보살피지 못하'는 상태가 계속된다면 나라 전체가 위태로워지겠군.
⑤ '반쯤 죽은 채로' 감옥에 있는 백성들은 나라가 위태로워지기 전에 개혁을 서두르는 주체가 되겠군.

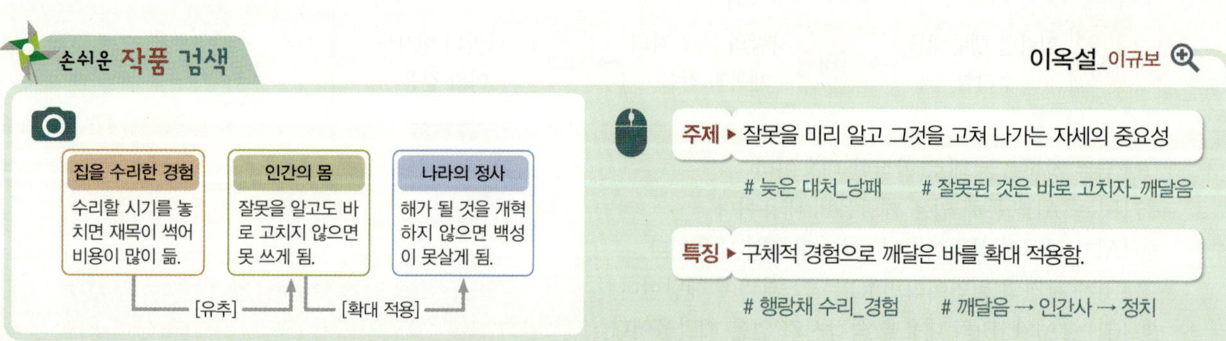

32 이생규장전(李生窺墻傳) _김시습

'이생이 담을 넘은 이야기'라는 뜻의 제목으로, 이승과 저승의 경계를 초월한 남녀의 사랑을 전기적(傳奇的)으로 다루고 있는 소설이다.

/ 앞부분 줄거리 / 송도(松都)에 사는 이생이라는 총각이 담장 너머 최랑이라는 처녀를 엿보다가 사랑에 빠지게 되고, 서로 사랑의 글을 주고받게 되면서 인연을 맺는다. 그러나 이생의 부모가 둘 사이를 반대하고, 최랑은 앓아눕게 된다. 앓아누운 딸을 위해 최랑의 부모가 노력하여 결국 두 사람은 혼인을 하고 부부로서 행복한 삶을 이어 간다. 그러나 얼마 지나지 않아 고려 공민왕 10년(1361년)에 홍건적(紅巾賊)의 난이 일어난다.

이생은 가족을 데리고 궁벽한 산벼랑에 숨었다. 그런데 한 도적이 칼을 빼어 들고 이생 가족의 뒤를 쫓아왔다. 이생은 내달려서 겨우 모면하였으나 부인은 도적에게 사로잡히고 말았다. 도적이 부인을 겁탈하려 하자 여인은 크게 꾸짖었다.

"호귀야, 나를 죽여 씹어 먹어라. 차라리 죽어서 승냥이와 이리의 뱃속에 들어갈망정, 어찌 개돼지와 같은 놈의 배필이 되겠느냐?" / 도적은 노하여 여인을 한칼에 죽이고 살을 발라내었다.

> ◆ 홍건적의 침입과 정조를 지키려다 목숨을 잃은 여인(최랑)

이생은 긴 풀이 우거져 있는 들에 숨어서 간신히 남은 목숨을 보전하였다. 한참 뒤 도적의 무리가 떠났다는 소식을 듣고는 이생은 부모님이 살던 옛집을 찾아갔다. 그러나 집은 이미 불에 타 버리고 없었다. 다시 이생은 여인의 집에 가 보았다. 거기에는 행랑채만 휑하게 남았고 집 안에는 쥐들이 우글거리고 새들만 지저귈 뿐이었다. ㉠이생은 슬픔을 이기지 못하여 작은 누각에 올라가서 눈물을 훔치며 길게 탄식하였다. 어느새 날이 저물었으나 그는 우두커니 홀로 앉아 있었다. 지난날 노닐던 일을 가만히 생각해 보니 완연히 한바탕 꿈이었다.

이경(二更)이 거의 되었을 무렵, 달은 희미한 빛을 토하여, 그 빛이 지붕과 들보를 비추었다. 그때였다. 멀리 낭하(廊下)에서 발자국 소리가 차츰 들려왔다. 그 소리는 먼 데서부터 차차 가까워졌다. 다 이르러 왔구나 싶을 때 보니 그것은 바로 최 여인이었다. 이생은 그녀가 이미 죽었다는 사실을 잘 알고 있었다. 하지만 그는 그녀를 매우 사랑하였다. 그렇기 때문에 그녀의 존재를 의심하거나 괴이하게 여기지 않았다. 그래서 대뜸 물었다. / "어디로 피란하여 목숨을 보전하였소?"

여인은 이생의 손을 움켜잡고 한바탕 통곡하더니, 이내 사정을 차례차례 이야기하였다. 〈중략〉

"저는 장차 그대와 함께 전원의 거처로 돌아가 백 년을 함께 늙으려 하였는데, 어찌 생각이나 했겠습니까. 뜻밖에도 갑자기 꺾이어 구렁에 몸뚱이가 구르게 되다니요! 하지만 끝내 이리와 시랑 같은 놈에게 몸을 내맡기지 않고, 진흙탕에서 육신이 찢김을 스스로 택하였어요. 그건 정말로 천성이 그렇게 한 것이지, 사람의 정으로는 차마 할 수 있는 일이 아니었지요. 그러나 그대와 궁벽한 산골에서 헤어진 후로 끝내 짝을 잃고 외따로 날아가는 새의 신세가 된 것이 한스러웠습니다. 집도 없어지고 어버이도 돌아가셔서 고단한 혼백을 의[A] 지할 곳이 없기에 서글프지만, 절의는 귀중하고 목숨은 가벼우므로 쇠잔한 몸뚱이가 치욕을 면한 것만 다행이라고 여겼지요. 누가 조각조각 찢어진 식은 재 같은 제 마음을 불쌍히 여겨 주겠습니까? 잘게 끊어진 썩은 창자를 그저 모아 두었을 따름이오라. 해골은 들판에 내던져졌고, 간담은 땅에 버려져 흙먼지를 덮어쓰고 있어요. 가만히 지난날의 즐거움을 헤아려 봅니다만, 오늘은 이렇게 서글프고 억울하군요.

이제 봄 절기가 적막한 골짜기에 돌아왔으니, 천녀(倩女)의 혼이 이승으로 돌아왔듯이 저도 이승으로 되돌아와서 남은 인연을 거듭 맺으려 합니다. 그대와 저는 삼세(三世)의 깊은 인연이 이어져 있는 몸, 오랫동안 뵙지 못한 정을 이제 되살려서 결코 옛날의 굳은 맹세를 저버리지 않겠습니다. 그대께서 지금도 삼세의 인연을 알아주신다면 잊지 않고 끝내 고이 모시려 하오니, 그대께서는 허락하시겠습니까?”

이생은 기뻐하는 한편 또한 감격하여 말하였다. / “그건 정말 내가 바라는 바요.”

두 사람은 다정하게 마주하여 속마음을 풀어놓았다. 그러다가 재산을 도적에게 약탈당하지 않았는가 하는 일에 말이 미쳤다. 여인은 말하였다. / “하나도 잃지 않았어요. 아무 산의 아무 골짜기에 묻어 두었지요.”

이생이 또 물었다. / “양쪽 집안 부모님의 해골은 어디에 있는지 아오?”

여인은 말하였다. / “아무 곳에 그냥 버려져 있는 상태입니다.”

두 사람은 쌓인 정을 이야기한 뒤 잠자리를 같이하여 즐거움을 극도로 누리길 옛날처럼 하였다. 〈중략〉

➜ 영혼이 된 여인(최랑)과 재회하여 같이 살게 된 이생

이생은 그 이후로는 인간사에 게을러졌다. 그래서 비록 친척과 빈객의 길흉사(吉凶事)에 하례하고 조문해야 하는 경우가 있더라도, 문을 걸어 잠그고 밖에 나가지 않았다. 그는 항상 최 여인과 더불어 살며, 시구(詩句)를 지어 최 여인의 화답을 구하거나 최 여인이 지은 시에 화답하면서, 금슬이 좋아 화락하게 지냈다. 그렇게 서너 해가 흘러갔다.

➜ 인간사에 뜻을 잃은 이생이 여인(최랑)과 금실 좋게 지냄.

어느 날 저녁에 여인은 이생에게 말하였다.

“세 번이나 가약을 맺었습니다마는, 세상일은 어긋나기만 하네요. 즐거움을 다 누리기 전에 슬픈 이별이 갑자기 닥쳐오다니.”

그렇게 말하고는 마침내 흑흑 울음을 터뜨렸다. 이생이 놀라 물었다.

“어찌 이러오?” / 여인은 대답하였다.

“저승길의 운수는 피할 수가 없답니다. 천제께서 저와 그대의 연분이 아직 끊어지지 않았고 또 아무 죄장(罪障)이 없음을 살피시어, 환체(幻體)를 빌려 주어, 그대와 함께 잠시 시름으로 애간장을 끊도록 하였던 것이지요. 하지만 오랫동안 인간 세상에 머물러 있으면서 이승 사람을 현혹할 수는 없지요.”

최 여인은 몸종을 시켜 술을 올리게 하였다. 그러고는 옥루춘 한 곡을 노래하면서 이생에게 술을 권하였다.

전장의 창과 방패가 시야에 가득 어지러운 곳 / 옥구슬 부서지고 꽃잎은 날며 원앙도 짝 잃었네.
낭자하게 흩어진 해골을 그 누가 묻어 주랴 / 피에 젖어 떠도는 영혼은 하소연할 사람 없어라.
[B]
고당에 무산 선녀 한번 내려온 뒤로 / 깨졌던 구리거울 다시 갈라지니 마음만 쓰려라.
이제 작별하면 둘 다 아득하여 / 천상과 인간 사이의 소식이 막히리라.

여인은 한 가락씩 노래 부를 때마다 눈물을 삼켜 넘기느라 곡조를 제대로 이루지 못하였다.

➜ 이생에게 이별을 통보하는 여인(최랑)

● **길흉사(吉凶事)**: 경사스러운 일과 흉한 일을 아울러 이르는 말
● **환체(幻體)**: 불교에서 덧없는 인간의 몸뚱이를 이르는 말

작품 핵심 **단축키**

 최 여인의 죽음	 이생과 최 여인의 재회	만남과 이별의 서사 구조
인물 최 여인은 □□□의 침입으로 피신하다가 도적에게 죽임을 당함.	**사건 갈등** 죽은 최 여인이 현신하여 이생과 재회한 뒤 부부로 살아가면서, 이생은 □□□에 관심을 두지 않음.	**서술** 최 여인의 죽음(이별) → 죽은 최 여인의 환신과 □□의 재회(만남) → 저승 세계의 법령에 따라 최 여인이 떠남(이별).

1 윗글에 대한 설명으로 적절하지 <u>않은</u> 것은?

① 시간의 흐름에 따라 사건이 전개되고 있다.
② 인물 간의 대화를 통해 사건에 대한 정보를 제공하고 있다.
③ 풍자적 어조*를 활용하여 이야기의 비극성을 강화하고 있다.
④ 작품 밖 서술자가 등장인물의 심리 상태를 직접 서술하고 있다.
⑤ 이야기 중간에 운문을 삽입하여 등장인물의 정서를 효과적으로 전달하고 있다.

⊘ 손쉬운 **개념**

＊ **풍자적 어조**
'풍자'는 현실의 부정적 현상이나 모순, 인간의 결점 따위를 빗대어 비웃으면서 비판하는 것을 가리키는 말이다. 풍자적 어조를 활용하게 되면 대상을 은밀하게 우회적으로 비판하면서 그 대상을 깎아 내리는 효과를 얻게 된다.

2 [A]에 나타난 '여인'의 말하기 방식에 대한 설명으로 적절하지 <u>않은</u> 것은?

① 지난날의 굳은 맹세를 언급하면서 자신의 의지를 드러내고 있다.
② 과거의 잘못을 들추어내면서 상대방에 대한 원망을 표출하고 있다.
③ 삼세의 인연을 강조하면서 자신을 받아 줄 것을 은근히 부탁하고 있다.
④ 자신의 불우했던 처지를 설명하면서 상대방의 동정심을 유발하고 있다.
⑤ 상황이 불가피했음을 부각하면서 자신을 이해해 줄 것을 요구하고 있다.

3 [B]에 대한 설명으로 적절하지 <u>않은</u> 것은?

① '여인'의 안타까운 심정을 드러내고 있다.
② 과거의 사건을 요약적으로 드러내고 있다.
③ 앞으로 전개될 사건에 대해 언급하고 있다.
④ 상징적 소재를 통해 인물의 처지를 암시하고 있다.
⑤ 역설적 표현을 통해 대상의 의미를 긴장감 있게 제시하고 있다.

4 ㉠의 상황에서 '이생'이 불렀음 직한 노래로 가장 적절한 것은?

① 님이 혜오시미 나는 전혀 밋덧더니 / 날 사랑하든 정(情)을 뉘손듸 옴기신고. / 처음에 믜시든 거시면 이딗도록 셜오랴. — 송시열
② 공산(空山)에 우는 접동, 너는 어이 우지는다. / 너도 날과 갓치 무음 이별ᄒ였는야. / 아무리 피ᄂ게 운들 대답이나 ᄒ더냐. — 박효관
③ 고울사 저 꽃이여 반(半)만 여읜 저 꽃이여. / 더도 덜도 말고 매양 그만 허여 있어 / 춘풍(春風)에 향기 좇는 나븨를 웃고 맞어허노라. — 안민영
④ 동기(同氣)로 세 몸 되어 한 몸같이 지내다가 / 두 아운 어디 가서 돌아올 줄 모르는고. / 날마다 석양(夕陽) 문외(門外)에 한숨 겨워 하노라. — 박인로
⑤ 서검(書劍)을 못 일우고 쓸씌 업슨 몸이 되야 / 오십 춘광(五十春光)을 ᄒᆡ옴 업씨 지닉연져 / 두어라 언의 곳 청산(靑山)이야 날 씔 줄이 잇시랴. — 김천택

5 다음 중 윗글을 감상하는 태도로 적절하지 <u>않은</u> 것은?

① 실제 역사적 사건을 참고하여 이생과 최 여인이 겪어야 했던 비극적인 상황을 고려한다.

② 유교적 가치관을 바탕으로 최 여인이 목숨을 잃으면서까지 정조를 지키려 한 행동의 의미를 해석한다.

③ 이생이 죽은 이와 이야기를 나누고 함께 생활하는 것과 같은 비현실적인 내용이 소설적 장치임을 이해한다.

④ 이생과 맺은 인연을 소중하게 생각하는 최 여인의 태도에 당시 여성들이 가졌던 결혼관이 반영되어 있음을 파악한다.

⑤ 최 여인과 재회한 후의 이생의 모습에 세속적 가치보다 자연과 더불어 사는 삶을 더 중요시했던 가치관이 담겨 있음을 확인한다.

손쉬운 작품 검색

이생규장전_김시습 

📃 전체 줄거리

본문 수록 장면

발단 어느 봄날 이생은 담장 너머로 최랑이라는 여인을 엿보다가 사랑에 빠지고, 서로 사랑의 글을 주고받게 되면서 인연을 맺는다.

전개 이생의 부모가 둘 사이를 반대하자 최랑이 앓아눕게 되고, 이에 최랑의 부모가 이생의 부모를 설득하여 두 사람은 혼인하게 된다.

위기·절정 홍건적의 난으로 가족 모두가 흩어지게 되고, 이생은 간신히 목숨을 구해 돌아오지만 최랑은 홍건적으로부터 정조를 지키려다 죽고 만다. 쓸쓸하게 홀로 지내던 이생에게 최랑의 환신이 나타나고 이생은 그녀와 3년 동안 행복하게 산다.

결말 최랑은 자신이 돌아가야 할 때임을 알리고 저승으로 떠난다. 그녀가 떠난 뒤, 이생은 아내를 지극히 생각한 나머지 병이 나서 두서너 달 만에 세상을 떠난다.

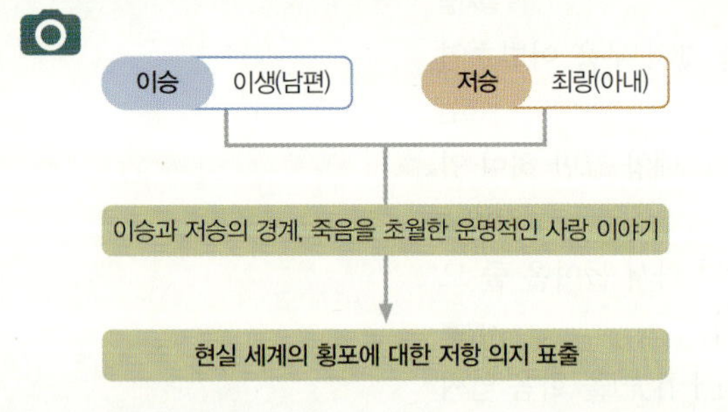

주제 ▶ 죽음을 초월한 남녀 간의 사랑

\# 이생_이승의 사람   \# 최 여인(최랑)_저승의 영혼
\# 최 여인의 죽음 이후에도 부부의 연을 이어감

특징 ▶ 현실적인 상황과 신비로운 사건이 전개됨.

\# 홍건적의 난_역사적 사건
\# 전쟁으로 인한 이별과 죽음_현실적 상황
\# 죽은 아내가 돌아옴_신비로운 사건

33 주옹설(舟翁說) _권근

'손'과 '주옹'의 문답을 통해 배를 타고 물 위에 떠 있는 것을 인생에 비유하여 어떻게 살아가야 하는가에 대한 작가의 깨달음을 담고 있다.

손[客]이 주옹(舟翁)에게 묻기를,

"그대가 배에서 사는데, 고기를 잡자 하니 낚시가 없고, 장사를 하자니 돈이 없고, 진리(津吏)˙ 노릇을 하려 해도 물 가운데만 머물러 있어 왕래(往來)가 없구려. 변화를 헤아릴 수 없는 물에 조각배 하나를 띄워 가없는 만경(萬頃)을 헤매다가, 바람은 미친 듯이 불고 물결은 놀란 듯이 몰려와 돛대는 기울고 노까지 부러지면, 정신과 혼백(魂魄)이 흩어지고 두려움에 싸여 생명이 지척(咫尺)˙에 있게 될 것이로다. 이는 지극히 험한 곳을 밟고 지극한 위태로움을 무릅쓰는 일이거늘, 그대는 도리어 이를 즐겨 오래오래 세상을 멀리하고 돌아오지 않으니 무슨 까닭인가?"

하였다.

➔ 손의 질문 : 주옹이 일부러 배 위에 머무는 이유를 물음.

주옹이 말하기를,

"아아, 손은 생각하지 못하는가? 대개 사람의 마음이란 다잡기와 느슨해짐에 일정함이 없어서 ㉠평탄한 땅을 밟으면 태연하여 느긋해지고, 험한 지경에 처하면 전율하여 두려워하는 법이다. 전율하여 두려워하면 마음을 다잡고 든든하게 살지만, 태연하여 느긋하면 반드시 흐트러져 위태로이 죽게 되나니, 내 차라리 험한 곳에 처하여 항상 조심할지언정, 편안한 데 살아 스스로 흐트러지지 않으려는 것이다. 하물며 내 배는 정해진 형세가 없이 떠도는 것이니, 혹시 무게가 한쪽으로 치우치면 그 모습이 반드시 기울어지게 된다. 왼쪽으로도 오른쪽으로도 기울지 않고, 한쪽이 무겁지도 가볍지도 않게 내가 배 한가운데서 평형을 잡아야만 기울어지지도 뒤집히지도 않아 내 배의 평온을 지키게 되니, 비록 풍랑이 출렁거린다 한들 편안한 내 마음을 어찌 흔들 수 있겠는가? 또, 무릇 인간 세상이란 하나의 거대한 물결이요, 인심이란 한바탕 거대한 바람이니, 하잘것없는 내 한 몸이 아득한 그 가운데에서 표류하는 것은 마치 한 잎 조각배가 만경창파˙ 위에 떠 있는 것과 같은 것이다. 내가 ㉡배에서 사는 것으로 사람 한 세상 사는 것을 보건대, 안전할 때는 환란˙을 생각지 않으며, 욕심을 부리느라 나중을 돌보지 못하다가, 마침내는 빠지고 뒤집혀 죽는 자가 많다. 손은 어찌 이를 두려워하지 않고 도리어 나를 위태하다 하는가?"

하였다.

➔ 주옹의 대답 : 인간 세상이 풍랑 위보다 더 위험함.

주옹이 뱃전을 두들기며 노래하기를,

[A]
아득한 강 바다여, 유유(悠悠)하여라.
빈 배를 띄웠네, 물 한가운데.
밝은 달 실어라, 홀로 떠가리.
한가로이 지내다 세월 마치리.

하고는 손과 작별하고 간 뒤, 더는 말이 없었다.

➔ 주옹의 노래와 손과의 작별

★ 어휘 풀이

- **진리(津吏)** : 나루터를 관리하는 벼슬아치
- **만경(萬頃)** : 아주 많은 이랑이라는 뜻으로, 지면이나 수면이 아주 넓음을 이르는 말
- **지척(咫尺)** : 아주 가까운 거리
- **인심(人心)** : 사람의 마음
- **만경창파(萬頃蒼波)** : 한없이 넓고 넓은 바다를 이르는 말
- **환란(患亂)** : 근심과 재앙을 통틀어 이르는 말

작품 핵심 **단축키**

인물	손의 역할	사건 갈등	손과 주옹의 대화	서술	대조적인 공간의 활용

손의 역할

인물 손은 질문을 함으로써 □□의 발언을 이끌어 냄.

손과 주옹의 대화

사건 갈등 손이 주옹에게 위험한 □ 위에서 사는 이유를 묻자, 주옹은 이에 대해 답함.

대조적인 공간의 활용

서술 '땅 위에서의 삶'과 '□ 위에서의 삶'을 대조하여 주제를 강조함.

1 윗글을 강연의 자료로 활용한다고 가정할 때, 그 제목으로 가장 적절한 것은?

① 우리는 어떻게 살아야 하는가?
② 바람직한 대인 관계는 어떤 것인가?
③ 위험을 무릅쓰는 태도는 옳은 것인가?
④ 삶의 고통을 극복하는 방법은 무엇인가?
⑤ 타인의 의견을 수용하는 태도는 필요한 것인가?

2 윗글에 대한 설명으로 적절하지 <u>않은</u> 것은?

① 역설적인 발상을 통해 주제를 이끌어 내고 있다.
② 운문을 삽입하여 인물의 삶의 태도를 제시하고 있다.
③ 비유적 표현을 통해 주제를 효과적으로 드러내고 있다.
④ 질문을 던지고 이에 답하는 방식으로 내용을 전개하고 있다.
⑤ 글쓴이가 실제 겪었던 체험을 제시하여 흥미를 유발하고 있다.

3 ㉠과 ㉡을 이해한 내용으로 가장 적절한 것은?

	㉠	㉡
①	관념적인 삶	구체적인 삶
②	자기중심적인 삶	타인을 배려하는 삶
③	소극적이고 수동적인 삶	능동적이고 적극적인 삶
④	안정적이지만 방종에 빠진 삶	위험하지만 경계하고 조심하는 삶
⑤	시련을 외면하고 도피하는 삶	시련에 적극적으로 대응하는 삶

4 [A]의 주제 의식과 가장 가까운 것은?

① 춘산(春山)에 눈 녹인 바룸 건듯 불고 간 되 업다
  져근덧 비러다가 마리 우희 불니고져
  귀 밋티 히묵은 서리룰 녹여 볼가 ㅎ노라.　　　　　– 우탁

② 태산(泰山)이 놉다 ㅎ되 하늘 아릭 뫼히로다
  오르고 쏘 오르면 못 오를 리 업건마는
  사룸이 제 아니 오르고 뫼흘 놉다 ㅎ더라.　　　　　– 양사언

③ 추강(秋江)에 밤이 드니 물결이 차노매라
  낙시 드리우니 고기 아니 무노매라
  무심(無心)한 달빛만 싯고 빈 배 저어 오노라.　　　　– 월산 대군

④ 풍파(風波)에 놀란 사공(沙工) 빅 프라 물을 사니
  구절 양장(九折羊腸)이 물도곤 어려왜라
  이 후(後)란 빅도 물도 말고 밧 갈기만 ㅎ리라.　　　　– 장만

⑤ 청초(靑草) 우거진 골에 자는다 누어는다
  홍안(紅顔)을 어듸 두고 백골(白骨)만 무쳣는다
  잔(盞) 자바 권(勸)홀 이 업스니 그를 슬허ㅎ노라.　　　– 임제

손쉬운 작품 검색

주옹설_권근 🔍

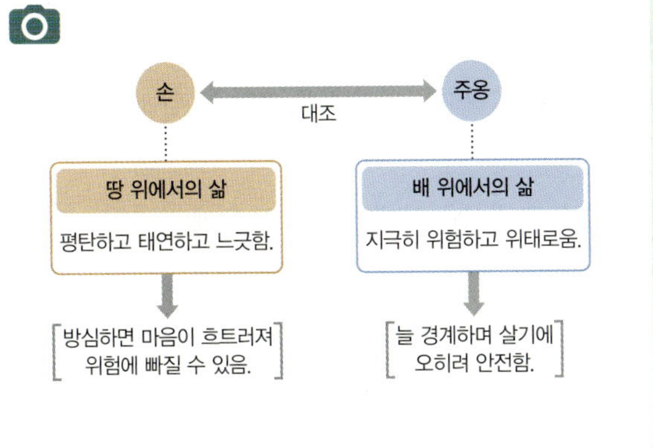

주제 ▶ 험난한 세상에서 조심하고 경계하는 삶의 태도

평탄하고 평안한 삶　　# 긴장감이 없어 느슨해짐_위험
중심을 잡지 못하면 쓰러짐　　# 중심을 잡고 살아야 함

특징 ▶ 역설적 발상을 통해 자신의 주장을 드러냄.

배 위의 삶_위험한 곳　　# 물결이 험해 위태로움
위험한 곳은 더 주의하므로 안전함
땅에서의 삶_안전한 곳　　# 평탄하고 평안함
안전해 보이나 오히려 위험함

손	← 대조 →	주옹
땅 위에서의 삶 평탄하고 태연하고 느긋함.		**배 위에서의 삶** 지극히 위험하고 위태로움.
[방심하면 마음이 흐트러져 위험에 빠질 수 있음.]		[늘 경계하며 살기에 오히려 안전함.]

34 임진록(壬辰錄) _작자 미상

'임진왜란과 관련된 기록'이라는 의미로, 임진왜란 당시 활약했던 영웅들의 활약상을 상상력을 동원하여 변용한 군담 소설이다. 전쟁에서 통쾌하게 승리하는 허구적 내용을 가미하여 임진왜란으로 훼손된 민족적 자긍심을 회복하고자 하였다.

EBS 다수록 작품

/ 앞부분 줄거리 / 서산 대사가 꿈을 꾸고 상경하여 선조에게 왜구가 다시 침략할 것이라 아뢰고, 이를 막기 위해 제자 사명당을 왜국에 보낸다. 왜국에서는 사명당이 온다는 소식을 듣고 제신들이 모여 사명당을 제거할 음모를 꾸민다.

제신이 주 왈,

"이제 생불이 온다 하오니 글을 지어 병풍을 만들어 좌우에 세우고 그 위에 자리를 치고 문을 닫았다가 오거든 말을 몰아 병풍 안에 들거든 닫는 말을 갈아 태워 급히 지나게 하면 자연 취맥하기 쉬우리이다."

왜왕이 옳이 여겨 그대로 하니라. 이때 사명당이 길을 재촉하여 조정에 다다르니 날이 이미 황혼이라. ㉠문득 방포 소리 나며 말을 갈아 태우고 등촉이 명랑하며 말을 급히 몰아가더니 이윽고 조정에 들어가는지라.

왜왕이 문 왈, / "그대 부처라 하니 오다가 길 좌우의 병풍서(屛風書)를 보니이까?"

사명당이 대 왈, / "어찌 그만한 것을 모르리이까?"

왜왕 왈, / "그대 능히 그 병풍서를 외울쏘냐?"

㉡사명당이 그 말을 듣고 일체 생각하는 바 없이 음성을 밝게 하여 읊는지라. 일만 오천 간 병풍서를 낱낱이 외우되 한 글을 불독하는지라.

왜왕이 발연변색 왈, / "그대 어찌 한 간 글을 이르지 아니하느뇨?"

사명당 왈, / "그는 보지 못하였으니 어찌 이르리오?"

왜왕이 꾸짖어 왈, / "한가지로 세웠거늘 어찌 보지 못하리오?"

하고 사람을 보내여 적간(摘奸)하니 과연 바람에 덮여 못 봄이 적실하더라. 돌아와 이대로 고하니 왜왕이 이 말을 듣고 실색하더라. ➔ 사명당의 초인적인 능력 ① : 바람에 덮인 한 간을 제외한 일만 오천 간의 병풍서를 암송함.

사명당이 관역에 돌아오니 왜왕이 제신을 모아 의논 왈,

ⓐ"이제 사명당의 거동을 보니 듣는 말과 같아 법력(法力)이 심상치 아니한지라, 장차 어찌하리오?"

제신이 주 왈,

"그리 마옵고 이 앞에 승당이란 못이 있으니 깊기 삼십 길이나 되는지라, 사명당으로 하여금 방석을 주어 물 위에 띄우고 그 못에 놀게 하소서. 만일 부처가 명백하오면 물에 가라앉지 아니 하리이다."

왜왕이 그 말을 옳이 여겨 그대로 한 후 사명당을 청하여 좌정 후 왕이 가로되,

"이 앞에 승당이란 못이 있으되 경개 절승하여 한번 구경함 직하니 저 방석을 타고 물 위에서 완경(玩景)함이 어떠하뇨?"

㉢사명당이 사양치 아니하고 조선을 향하여 사배하고 그 방석을 못에 띄우고 그 위에 올라앉는지라. 그제야 모든 사람이 긴 막대로 방석을 밀치되 가라앉지 아니하고 바람을 좇아 임의로 떠서 다니거늘, 사명당을 청하여 위로하며 별당(別堂)에 들이고 문무를 모아 의논 왈, ➔ 사명당의 초인적인 능력 ② : 방석을 타고 못 위를 떠 다님.

"오늘 밤 사명당 침방에 화철을 깔고 큰 풀무를 놓은 후 사명당을 청하여 들게 하고 사면에서 풀무를 일시에 불면 가히 부처 법력을 알리라." / 하더라.

ⓡ이날 사명당이 기와 한 장을 가지고 방에 들어가 쉬려 하더니 왜놈이 문을 봉하고 사면으로 풀무를 부니 그 방에 든 자 어디로 가리오. 사명당이 화열(火熱)이 급함을 보고 조선을 향하고 사배한 후 팔만대장경(八萬大藏經)을 외우니 문득 지하에서 화기 스스로 스러지고 냉기(冷氣) 올라 방중에 서리 가득 하였더라.

이튿날 왜왕의 사자가 명을 받아 문안하니 사명당이 문을 열치고 크게 꾸짖어 왈,

"네 돌아가 네 국왕에게 자세히 전하라. 내 조선서 들으니 일본이 심히 덥다 하더니 이에 와 보니 더운 곳이 아니라, 방이 냉하여 잠을 편히 못 잤으니 쉬 더운 곳으로 하처(下處)를 옮기라."

사자 이 말을 듣고 혼불부체(魂不附體)하여 돌아가 왕을 보고 수말을 자세히 고하니 왜왕이 청파에 놀라 마지아니하여 군신을 모아 의논 왈, / "이제 조선 사신이 생불일시 적실하니 어찌하리요?"

예부 상서 한자경이 주 왈, / "전하, 신의 말을 듣지 아니하옵다가 이리되었사오니 후회한들 어찌 미치리요. 조선 사자 깊은 못에 들어도 빠지지 아니하고 화철방을 빙고(氷庫)같이 지내오니 이는 범인이 아니라, 반드시 큰 화를 면치 못할까 하나이다."

왜왕이 대경 왈, / "그럼 장차 어찌하리요?"

하더니 문득 삼도 태수 주 왈, / "왕사는 이르옵거니와 다시 취맥할 일이 있나이다."

하고 오색 방석을 만들어 놓고 취맥할새 즉시 대연(大宴)을 배설(排設)하고 사명당을 청하니 ⓜ사명당이 들어와 보니 오색 방석을 놓았거늘 사명당이 비단 방석에는 신을 벗지 아니하고 백목(白木) 방석에 신을 벗고 들어가 앉으니 왜왕이 문 왈, / "비단 방석에 아니 앉고 백목 방석에 앉느뇨?"

사명당이 주 왈, / "비단 방석은 잡충(雜蟲)의 소출이요, 백목은 꽃이라 더럽지 아니하니이다."

왜왕이 묵연부답(默然不答)일러라. 종일토록 연락(宴樂)하고 황혼이 되매 파연하니 사명당이 하처로 돌아오니라. 〈중략〉

/ 중략 부분 줄거리 / 왜왕은 후환이 두려워 다시 한번 사명당을 제거할 계략을 세운다. 철마를 불에 달군 뒤 사명당에게 타 보기를 요구한다. 이에 사명당은 도술을 부려 큰비를 내리게 하고, 물이 불어 넘쳐 왜국이 물에 잠긴다.

왜왕이 경황실색(驚惶失色)하여 이르되, / "어찌하여 천위(天威)를 안정하리요?"

예부 상서 한자경이 주왈, / "처음에 신의 말씀을 들었사오면 어찌 오늘날 환이 있으리이까? 방금 사세를 생각하옵건대 조선에 항복하여 백성을 평안히 함만 같지 못하니이다."

왜왕이 자경의 말을 듣고 마지못하여 항서(降書)를 써 보내니 사명당이 높이 좌하고 삼해 용왕을 호령하더니 문득 보하되,

"왜왕이 사자를 보내어 항서를 올리나이다."

작품 핵심 **단축키**

초인적 능력을 지닌 영웅

인물 | 사명당은 초인적인 능력을 발휘하여 □□의 시험을 초연하게 극복함.

왜국으로 건너간 사명당

사건·갈등 | 임진왜란이 끝나고 왜군이 재침략하려고 하자, 사명당이 왜국으로 건너가 왜왕을 굴복시키고 □□ 문서를 받아 옴.

허구적 변용

서술 | 사명당의 실제 행적이 아니라 민족적 □□상에 맞게 허구적으로 변용하여 서술함.

1 윗글에 대한 설명으로 적절하지 <u>않은</u> 것은?

① 비현실적인 상황을 설정하여 사건을 전개하고 있다.
② 외양 묘사를 통해 인물의 성격을 효과적으로 드러내고 있다.
③ 주동 인물*이 유사한 성격의 상황에 반복적으로 노출되고 있다.
④ 시간의 흐름에 따라 일어난 사건들을 순차적으로 제시하고 있다.
⑤ 작품 밖 서술자*가 사건의 진행과 인물의 심리를 함께 서술하고 있다.

손쉬운 개념

* **주동 인물**
사건(행위)의 주체가 되는 인물로, 주로 주인공을 말한다. 주동 인물의 의지나 행동에 맞서 대립, 갈등을 빚는 적대 인물은 '반동 인물'이라고 한다.

* **작품 밖 서술자**
3인칭 시점의 서술자를 의미한다. 3인칭 시점의 서술자는 작품 내에 등장하지 않고 작품 밖에서 사건과 인물을 바라보는 위치에 있다.

2 윗글에 대한 이해로 가장 적절한 것은?

① 왜왕은 조선의 침략을 막기 위해 군마를 훈련시켰다.
② 사명당은 병풍의 글을 자세하게 읽어 본 후 왜왕을 만났다.
③ 사명당은 왜왕을 치켜세우는 척하면서 우회적으로 조롱하였다.
④ 왜왕은 사명당이 자신의 시험을 모두 통과할 것임을 짐작하고 있었다.
⑤ 한자경은 사명당의 비범한 능력을 알아보고 왜왕에게 항복을 권유하였다.

3 ㉠~㉤ 중, 〈보기〉에서 설명하고 있는 내용에 해당하는 것은?

> ● 보기 ●
>
> '편집자적 논평'이란 서술자가 작품에 직접 개입하여 사건 또는 인물에 대한 주관적인 생각이나 평가를 제시하는 것을 말한다.

① ㉠　　　② ㉡　　　③ ㉢　　　④ ㉣　　　⑤ ㉤

4 ⓐ에 담겨 있는 심리를 나타내는 말로 가장 적절한 것은?

① 구밀복검(口蜜腹劍)　　　② 와신상담(臥薪嘗膽)
③ 전전긍긍(戰戰兢兢)　　　④ 방약무인(傍若無人)
⑤ 간담상조(肝膽相照)

5 〈보기〉를 참고하여 윗글을 읽은 독자의 반응으로 적절하지 <u>않은</u> 것은?

> ● 보기 ●
>
> • **창작 배경** : 「임진록」은 임진왜란이라는 역사적 사실을 소재로 한 역사 군담 소설이다. 주인공들은 특별한 능력을 지닌 영웅적 인물로 형상화되며, 작품의 내용이 역사적 사실과 다르게 전개되는데 이는 전란의 상처를 보상받고 민족적 우월감을 보여 주려는 의식이 반영된 것이라고 할 수 있다.
> • **사명당의 행적** : 7년 간의 고통스러운 전쟁이 끝난 후 조선 왕조는 일본과의 화평을 강구하고 나섰다. 1604년, 사명당은 어명을 받고 강화 사절로서 문하의 몇몇 승려와 당시 절충장군 손문욱과 함께 대마도를 거쳐 교토로 갔다. 교토에서 도쿠가와 이에야스를 만나 조선과 일본 양국이 옛날과 같이 평화롭게 교류할 것을 약속하고, 전란 때 잡혀간 3,000여 명의 우리 백성을 데리고 1605년 4월에 귀국했다.

① 인물의 특성을 과장하여 표현한 것은 영웅성을 부각하기 위한 것이겠군.
② 사명당의 주요 행적을 단순화한 것은 사건의 핵심을 드러내기 위한 것이겠군.
③ 실존 인물의 행적을 바탕으로 허구적 상상력을 가미한 작품이라고 할 수 있겠군.
④ 사명당이 왜왕의 시험을 극복한 것은 민족적 우월감을 표현하기 위한 것이겠군.
⑤ 사명당이 왜왕의 항복을 받는 것은 전란의 상처에 대한 보상 심리가 반영된 것이겠군.

 손쉬운 **작품** 검색

임진록_작자 미상

💬 전체 줄거리

본문 수록 장면

발단 선조가 어떤 여인이 기장(보리)을 넣은 자루를 들고 나타나는 꿈을 꾼 뒤 최일경에게 해몽하게 한다. 최일경은 왜군이 침략할 징조임을 간파하고 이 사실을 알리지만 도리어 선조의 노여움을 사 동래에 귀양을 가게 된다.

전개 임진년 3월 왜군이 조선을 침략하고, 이순신은 거북선을 띄워 수군을 지휘하며 연승을 거두지만, 적장 마홍의 화살에 맞아 전사한다. 강홍립이 출전하여 마홍을 죽이고 대승을 거두지만 정충남이 출전했다가 전사하고, 선조는 피란길에 오른다.

위기 · 절정 의병장 김덕령은 도술을 부려 왜군을 대파하고, 김응서는 기생 월선과 공모해 왜장을 살해한다. 대군을 거느리고 온 명나라 장수 이여송은 조선과 힘을 합쳐 왜를 물리치지만, 조선의 지맥을 끊으려다 신령에게 봉변을 당하고 명으로 쫓겨 간다.

결말 이후에 왜군이 다시 조선을 침략하려 하자, 서산 대사는 사명당을 왜국으로 보낸다. 사명당은 왜국으로 건너가 왜왕의 여러 가지 시험에 초인적인 능력으로 대응하고, 왜왕으로부터 항서와 조공 약속을 받은 뒤 조선인 포로들과 함께 고국으로 돌아온다.

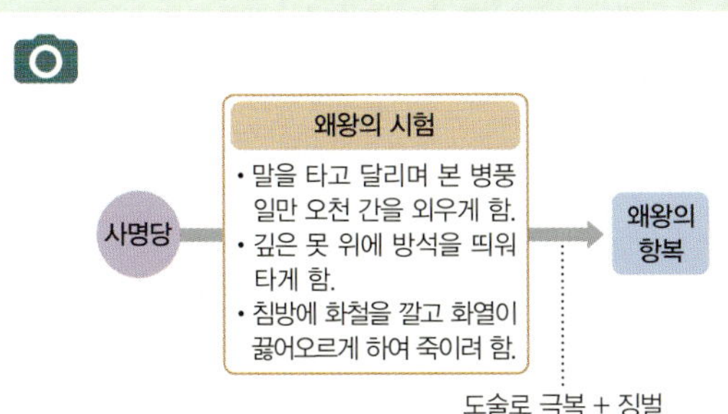

 **주제 ▶** 임진왜란의 치욕에 대한 정신적인 보상과 승리

\# 왜군에게 당한 굴욕과 상처
\# 전란의 상처를 통쾌한 승리로 변용
\# 훼손된 민족적 자긍심의 회복

특징 ▶ 임진왜란이라는 역사적 사실에 허구를 가미하여 창작함.

\# 역사 소설   \# 실존 인물의 등장   \# 임진왜란 당시 영웅들의 활약상   \# 허구적 상상력에 의해 재구성

35 구운몽(九雲夢) _김만중

'구운몽(九雲夢)'은 '아홉 개의 뜬구름 같은 꿈'이라는 뜻이다. 이는 성진과 여덟 선녀의 꿈을 가리키는 말로, 이들이 꿈꾸던 속세의 부귀영화가 하늘에 떠가는 구름과 하룻밤 꿈처럼 덧없음을 암시하고 있다.

성진이 **여덟 선녀**를 본 후에 정신이 자못 황홀하여 마음에 생각하되,

'남아가 세상에 나 어려서 공맹의 글을 읽고, 자라 요순 같은 임금을 만나, 나면 장수 되고 들면 정승이 되어 비단 옷을 입고 옥대를 띠고 옥궐에 조회하고, 눈에 고운 빛을 보고 귀에 좋은 소리를 듣고 은택(恩澤)이 백성에게 미치고 공명이 후세에 드리움이 또한 대장부의 일이라. 우리 **부처의 법문은 한 바리 밥과 한 병 물과 두어 권 경문과 일백 여덟 낱 염주뿐**이라. 도덕이 비록 높고 아름다우나 적막하기 심하도다.'

▶ 불가에 대한 성진의 번뇌

생각을 이리하고 저리하여 밤이 이미 깊었더니 문득 눈앞에 팔선녀가 섰거늘 놀라 고쳐 보니 이미 간 곳이 없더라. 성진이 마음에 뉘우쳐 생각하되,

'부처 공부에서 특히 뜻을 바르게 함이 으뜸 행실이라. 내 출가한 지 십 년에 일찍 반점 어기고 구차한 마음을 먹지 않았더니, 이제 이렇듯이 염려를 그릇하면 어찌 나의 전정(前程)에 해롭지 아니하리오?'

향로에 불을 다시 피우고 의연히 포단에 앉아 정신을 가다듬어 염주를 고르며 일천 부처를 염하더니, 홀연 창 밖에 동자가 부르되, / "㉠사형은 잠들었느냐? 사부가 부르시나이다."

성진이 놀라 생각하되, / '깊은 밤에 나를 부르니 반드시 연고가 있도다.'

동자와 한가지로 방장에 나아가니 대사가 모든 제자를 모으고 등촉을 낮같이 켜고 소리하여 꾸짖되, / "성진아, 네 죄를 아느냐?"

성진이 섬돌에 내려 꿇어 가로되, / "소자가 사부를 섬긴 지 십 년에 일찍 한 말도 불순히 한 적이 없으니 진실로 어리석고 아득하여 지은 죄를 아지 못하나이다."

대사가 이르되, / "중의 공부가 세 가지 행실이 있으니 몸과 말씀과 뜻이라. 네 용궁에 가 술을 취하고, 석교에서 여자를 만나 언어를 수작하고 꽃을 던져 희롱한 후에 돌아와, 오히려 미색을 권련하여 세상 부귀를 흠모하고 불가의 적막함을 싫이 여기니, 이는 세 가지 행실을 일시에 무너뜨림이라."

▶ 성진에 대한 사부(육관 대사)의 질책

[A]

성진이 고두(叩頭)하고 울며 가로되, / "스승님아, 성진이 진실로 죄 있거니와 주계를 파하기는 주인이 괴로이 권하기에 마지못함이요, 선녀로 더불어 언어를 수작하기는 길을 빎을 말미암음이니 각별 부정한 말을 한 바가 없고, 선방에 돌아온 후에 일시에 마음을 잡지 못하나 마침내 스스로 뉘우쳐 뜻을 바르게 하였으니, 제자가 죄 있거든 사부가 달초(撻楚)하실 뿐이지 어이 차마 내치려 하시나이까? 사부 우러러 뵙기를 부모같이 하니 성진이 십이 세에 부모를 버리고 스승님을 좇아 머리를 깎으니 연화도량이 곧 성진의 집이니 나를 어디로 가라 하시나니이까?"

▶ 성진의 변명

대사가 이르되, / "네 스스로 가고자 하기에 가라 함이니 네 만일 있고자 하면 뉘 능히 가라 하리오? 네 또 이르되 어디로 가리요 하니 너의 가고자 하는 곳이 너의 갈 곳이라."

대사가 소리 질러 가로되, / "황건역사가 어디 있느뇨?"

홀연 공중으로부터 신장(神將)이 내려와 청령하거늘 대사가 분부하되,

"네 ㉡죄인을 영거(領去)하여 풍도에 가 교부(交付)하고 오라."

▶ 풍도로 쫓겨나는 성진

/ **중략 부분 줄거리** / 풍도로 끌려간 성진은 양 처사의 아들 양소유로 환생하고, 함께 환생한 팔선녀와 차례로 인연을 맺게 되고 높은 벼슬에까지 오른다. 벼슬에서 물러나 여생을 즐기던 양소유는 두 부인과 여섯 낭자를 거느리고 뒷동산에 올라갔다가 문득 인생의 허무함을 느끼게 된다.

잔을 씻어 다시 부으려 하더니, 홀연 석경에 막대 던지는 소리 나거늘 괴이히 여겨 생각하되 '어떤 사람이 올라오는고?' 하더니, 한 호승이 눈썹이 길고 눈이 맑고 얼굴이 괴이하더라. 엄연히 좌상에 이르러 ⓒ승상을 보고 예하여 왈, / "산야 사람이 대승상께 뵈나이다."

승상이 이인(異人)인 줄 알고 황망히 답례 왈, / "사부는 어디로부터 오신고?"

호승이 웃어 왈, / "평생 ⓓ고인을 몰라보시니 귀인이 잊음 헐타는 말이 옳도소이다."

승상이 자세히 보니 과연 낯이 익은 듯하거늘 홀연 깨쳐 능파 낭자를 돌아보며 왈,

"소유가 전일 토번을 정벌할 제 꿈에 동정 용궁에 가 잔치하고 돌아오는 길에 남악에 가 놀았는데, 한 화상이 법좌에 앉아서 경을 강론하더니 노부가 그 화상이냐?"

호승이 박장대소하고 가로되, / "옳다. 옳다. 비록 옳으나 몽중에 잠깐 만나 본 일은 생각하고 십 년을 동처하던 일을 알지 못하니 뉘 ⓔ양장원을 총명타 하더뇨?"

승상이 망연하여 가로되,

"소유가 십오륙 세 전은 부모 좌하를 떠나지 않았고 **십육 세에 급제하여 연하여 직명(職名)이 있었으니,** 동으로 연국에 봉사하고 서로 토번을 정벌한 밖은 일찍 경사를 떠나지 않았으니 언제 사부로 더불어 십 년을 상종(相從)하였으리오?"

➜ 육관 대사를 알아보지 못하는 양소유

호승이 웃어 왈, / "상공이 오히려 춘몽(春夢)을 깨지 못하였도소이다."

승상 왈, / "사부가 어찌하면 소유로 하여금 춘몽을 깨게 하리오?"

호승 왈, / "이는 어렵지 아니하니이다."

하고, 손 가운데 석장을 들어 석난간을 두어 번 두드리니 홀연 네 녘 산골로부터 구름이 일어나 대 위에 끼이어 지척을 분변치 못하니, 승상이 정신이 아득하여 마치 취몽 중에 있는 듯하더니 오래되어서야 소리 질러 가로되,

"사부가 어이 정도로 소유를 인도치 아니하고 환술로 서로 희롱하느뇨?"

➜ 호승이 도술로 양소유의 꿈을 깨우려 함.

말을 떨구지 못하여서 구름이 걷히니 호승이 간 곳이 없고 좌우를 돌아보니 여덟 낭자가 또한 간 곳이 없는 지라. 정히 경황하여 하더니, 그런 높은 대와 많은 집이 일시에 없어지고 제 몸이 한 작은 암자 중의 한 포단 위에 앉았으되 향로에 불이 이미 사라지고 지는 달이 창에 이미 비치었더라.

스스로 제 몸을 보니 일백 여덟 낱 염주가 손목에 걸렸고 머리를 만지니 갓 깎은 머리털이 가칠가칠하였으니, 완연히 소화상의 몸이요 다시 대승상의 위의(威儀) 아니니, 정신이 황홀하여 오랜 후에 비로소 제 몸이 연화도량 성진 행자인 줄 알고 생각하니, 처음에 스승에게 수책하여 풍도로 가고 인세에 환도하여 양가의 아들 되어 장원 급제 한림학사하고 출장입상하여 공명 신퇴하고 **두 공주와 여섯 낭자로 더불어 즐기던 것**이 다 하룻밤 꿈이라. 마음에 이 필연 사부가 나의 염려를 그릇함을 알고, 나로 하여금 이 꿈을 꾸어 인간 부귀와 남녀 정욕이 다 허사인 줄 알게 함이로다.

➜ 꿈에서 깨어나 현실로 돌아온 성진

 작품 핵심 **단축키**

 중심인물	 성진과 대사의 갈등	환몽 구조
인물	사건 갈등	서술
양소유는 ☐☐이 환생한 인물로, 부귀영화를 누림.	성진과 대사는 성진이 ☐☐☐☐를 만나고 온 일로 인해 갈등함.	'현실 – ☐ – 현실'로 이어지는 환몽 구조로 되어 있음.

1 윗글에 대한 설명으로 적절하지 <u>않은</u> 것은?

① 대화를 통해 인물이 처한 상황의 원인을 드러내고 있다.
② 내적 독백의 형식을 통해 인물의 욕망을 표현하고 있다.
③ 요약적 제시 방법을 통해 한 인물의 행적을 서술하고 있다.
④ 역순행적 구성*을 통해 사건 전개에 입체감을 형성하고 있다.
⑤ 전기적(傳奇的)* 요소를 통해 환상적 분위기를 자아내고 있다.

＊ 역순행적 구성
시간의 흐름에 따르지 않고 순서를 바꾼 구성이다. '현재 → 과거', '현재 → 과거 → 현재'와 같이 구성한다.

＊ 전기적(傳奇的)
기이하여 세상에 전할 만하다는 뜻으로서 현실에서 있을 수 없는 요소를 말한다. 도술을 부린다든가 인간 세계가 아닌 다른 세계의 삶을 그리는 경우 전기적이라고 할 수 있다.

2 `기출 문제`
윗글을 바탕으로 @~@를 이해한 것으로 적절하지 <u>않은</u> 것은?

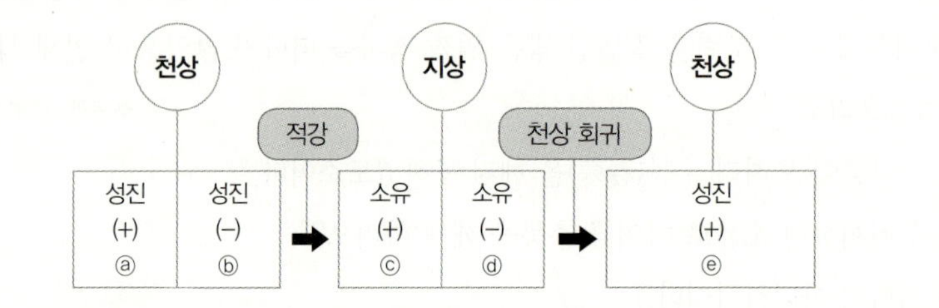

① '여덟 선녀'를 만난 것을 계기로 성진의 상태는 @에서 ⓑ로 변했다고 볼 수 있겠군.
② 성진이 '부처의 법문'을 '한 바리 밥과 한 병 물과 두어 권 경문과 일백 여덟 낱 염주뿐'으로 생각한 것에서 ⓑ를 확인할 수 있겠군.
③ 승상이 '십육 세에 급제하여 연하여 직명이 있었'다는 것은 ©의 결과로 볼 수 있겠군.
④ ⓓ의 소유는 호승과의 만남을 계기로 천상으로 회귀하게 되었겠군.
⑤ 성진이 '두 공주와 여섯 낭자로 더불어 즐기던 것'을 떠올리는 것에서 ⓔ의 성진이 ©에서 벗어나지 못하고 있음을 알 수 있겠군.

3 [A]에 대한 설명으로 적절하지 <u>않은</u> 것은?

① 성진은 대사와의 관계를 언급하여 선처를 호소하고 있다.
② 성진은 차분한 태도로 대사의 처분을 취소할 것을 요구하고 있다.
③ 대사는 성진이 지켜야 할 의무를 상기하면서 잘못을 지적하고 있다.
④ 대사는 성진의 잘못된 행동을 구체적으로 거론하여 죄를 밝히고 있다.
⑤ 성진은 자신이 한 행동의 불가피함을 들어 대사의 이해를 구하고 있다.

4 ㉠~㉤ 중 지시하는 대상이 <u>다른</u> 하나는?

① ㉠   ② ㉡   ③ ㉢   ④ ㉣   ⑤ ㉤

5 〈보기〉를 참고하여 윗글을 이해한 것으로 적절하지 않은 것은?

「구운몽」은 '현실 – 꿈 – 현실'의 환몽 구조로 되어 있는 몽자류(夢字類) 소설이다. 몽자류 소설은 미성숙한 자아인 주인공이 꿈을 통해 새로운 인물로 태어나 파란 많은 일생을 거친 뒤 꿈에서 깨어나 깨달음을 얻어 성숙한 자아로 변하는 구조로 이루어져 있다.

① 성진이 '여덟 선녀'를 만나 번뇌하는 모습은 꿈속에 들어가기 전의 미성숙한 자아에 해당하겠군.
② '염주'와 '갓 깎은 머리털'은 성진으로 하여금 현실로 돌아왔다는 것을 실감하게 하는 역할을 하는군.
③ 양소유가 토번을 정벌할 때 꾼 '꿈'은 자신의 삶이 꿈이라는 것을 깨닫고 현실로 돌아오게 하는 역할을 하는군.
④ 대사가 성진을 양소유로 태어나 부귀영화를 누리게 한 의도는 성진을 성숙한 자아로 거듭나게 하기 위한 것이겠군.
⑤ 성진이 꿈에서 깨어난 후 양소유의 삶을 '하룻밤 꿈'으로 평가하고 있다는 것은 성진이 성숙한 자아로 변했다는 것을 의미하는군.

손쉬운 작품 검색 구운몽 _김만중

전체 줄거리

본문 수록 장면

발단 육관 대사의 명을 받아 용궁에 간 성진은 극진한 대접을 받고, 돌아오는 길에 팔선녀를 만나 수작을 한다.

전개 · 위기 절에 돌아온 성진은 팔선녀를 생각하다 인간 세상(꿈)에 추방되어 양소유로 태어난다. 팔선녀 역시 인간으로 태어나 양소유와 차례로 인연을 맺는다. 양소유는 승상이 되고, 자신의 부인이 된 팔선녀(두 부인과 육 낭자)와 함께 부귀영화를 누린다.

절정 벼슬에서 물러나 한가롭게 여생을 보내던 양소유는 두 부인과 육 낭자와 함께 뒷동산에 올라갔다가 문득 인생의 허무함을 느낀다. 이때 호승이 찾아와 문답하는 가운데 어느새 꿈에서 깨어나 육관 대사 앞에 있음을 알게 된다.

결말 꿈에서 깬 성진은 잘못을 뉘우치고 육관 대사에게 가르침을 구하며 불교에 귀의하게 된다. 팔선녀 역시 불제자가 되어 성진과 함께 극락왕생한다.

현실
성진이 팔선녀에게 매혹되어 불교적 삶에 회의를 느낌.

천상의 세계 [불교적 세계관]

현실
성진이 깨달음을 얻고 팔선녀와 함께 불교에 정진하여 극락왕생함.

지상의 세계 [유교적 세계관]

꿈 성진이 양소유로 태어나, 입신양명과 부귀공명을 누리다가 인생무상을 느낌.

주제 ▶ 인생무상(人生無常)의 자각을 통한 불교적 진리 추구

\# 양소유의 삶 = 부귀영화를 누리는 삶 \# 아, 꿈이었구나
\# 부귀공명 \# 부질없다 \# 불도의 깨달음

특징 ▶ 환몽 구조를 통해 인물의 변화를 보여 줌.

\# 현실 – 꿈 – 현실 \# 성진 – 양소유 – 성진
\# 성진_불제자 \# 양소유_금수저
\# 부귀영화는 헛된 것이구나 \# 깨달음

36 창선감의록(彰善感義錄)_조성기

이 작품의 제목은 '사람이 본래 가지고 있는 착한 마음으로 의로움에 감복하도록 하기 위한 기록'이라는 의미를 갖는데, 등장인물인 심씨와 화춘이 한때는 악행을 저지르나 후에 잘못을 스스로 뉘우치는 모습을 통해 드러난다.

/ 앞부분 줄거리 / 명나라 때 병부 상서 화욱은 심 부인, 요 부인, 정 부인 이렇게 세 부인을 두었다. 요 부인은 딸 빙선을 낳고 일찍 죽었고, 이에 정 부인이 자신의 아들인 진과 함께 빙선을 잘 보살핀다. 화욱은 조정에 간신이 득세하는 것을 보고 벼슬자리에서 물러나 고향으로 돌아온 후 진의 배필(윤 소저, 남 소저)과 빙선의 신랑(유 공자)을 정해 놓고, 정 부인과 더불어 갑자기 죽게 된다. 화욱이 죽자 평소 화욱이 화진과 빙선을 편애한 데 불만을 품고 있던 심 부인은 이 둘을 감시하며 모함할 계획을 세운다.

하루는 요 부인의 유모 취선이 빙선 소저를 대하여 흐느끼며 이르기를,

"어르신과 정 부인의 은덕으로 소저와 둘째 공자(公子)에 대해 염려하지 않았더니, 두 분이 돌아가시매 문득 독수(毒手)에 들었으니 이 늙은이가 차라리 먼저 죽어 그 일을 아니 보고자 하나이다."

소저가 눈물을 삼키며 대답하지 않더니, 취선이 또 말하기를,

"정 부인이 돌아가신 후에 그분이 거하시던 수선루(壽仙樓)의 시녀들이 가혹한 형벌을 받은 자 많으니, 아아, 정 부인이 어찌 남에게 해악을 끼쳤으리오?"

하니, 소저 또 대답하지 않더라.

➡ 빙선에게 하소연하는 취선

이를 난향이 창밖에서 엿듣고 심씨에게 고한대, 심씨 시비(侍婢)를 시켜 소저를 잡아 와서 꾸짖기를,

"네년이 감히 흉심(凶心)을 품고 진이와 함께 장자(長子)의 자리를 빼앗고 나를 제거하고자 천한 종 취선과 모의한 것이 아니냐?"

하니, 소저가 당혹하여 말도 못하고 구슬 같은 눈물만 흘릴 따름이라. 심씨 또 화진 공자를 오라 하여 마당에 꿇리고 큰 소리로 죄를 묻기를,

"네 이놈 진아, 네가 성 부인의 위세를 빙자하고 선친(先親)을 우롱하여 적장자(嫡長子) 자리를 빼앗고자 하나 하늘이 돕지 않아 대사(大事)가 틀어졌더니, 도리어 요망한 누이와 흉악한 종과 함께 불측(不測)한 일을 꾀하였도다."

하니,

공자가 통곡하며 우러러 여짜오되,

"사람이 세상에 나매 오륜(五倫)이 중하고 오륜 중에 부자지간이 더욱 중하니, 부친과 모친은 한 몸이라, 소자 선친의 혈육으로 모부인을 가까이 모시고 있는데 어찌 이런 말씀을 하시나이까? 누이가 비록 취선과 말하긴 하였으나 사사로운 정을 나눔이 큰 죄 아니고, 혹 원망의 말이 있었어도 취선이 하였지 누이가 하지는 않았으니, 바라건대 모친은 (㉠   )을 베푸소서."

소저 여짜오되,

"큰집 작은집이 모두 혈육이니 이 자리를 빼앗고 저 사람과 협력한다는 말씀은 만만부당하나이다."

하니, 심씨 크게 노하여 쇠채찍을 잡고 소저를 치려 하니, 공자는 방성대곡(放聲大哭)한대, 화춘의 부인 임씨가 심씨 손을 붙들고 눈물을 흘리며 만류하니 심씨 더욱 노하여 노비로 하여금 공자를 잡아 내치라 하고, 임씨를 꾸짖어,

"너도 악한 무리에 들어 나를 없애려 하느냐?"

하더라.

➡ 화진과 빙선을 모함하는 심씨

이때 비복(婢僕)들이 황황히 중문 밖에 모여 흐느끼더니, 마침 빙선의 약혼자 유생이 화씨 집으로 오다가 공자가 찢어진 베옷에 머리를 풀어 헤치고 나오는 것을 보고 크게 놀라 물으니 공자가 부끄러워 대답을 못 하는지라. 유생이 큰 변이 있는 줄 알고 화춘을 만나려고 시묘(侍墓)하는 곳에 가니 춘이 없는지라. 동자가 한송정(寒松亭)에서 낮잠이 드셨다고 아뢰니, 유생이 그곳에 올라 보니 과연 대공자(大公子)란 자가 창틀에 다리를 높이 얹고 코를 골며 옷을 풀어 헤치고 자고 있거늘, 유생이 탄식하기를,

[A] "쯧쯧, 도척(盜跖)과 유하혜(柳下惠)가 세상에 항상 있는 것이 아니라더니, 어찌 오늘 다시 이런 형제를 보는가?"

하고 발로 차서 깨우면서,

"그대의 집에 큰 변란이 일어났으니 빨리 가 보라."

하니라.

화춘이 놀라 급히 내당에 들어가니 심씨 바야흐로 계향으로 하여금 빙선 소저를 매질하고 취선은 이미 6, 70대를 맞고 다 죽어 가는지라. 심씨 화춘이 오자 손뼉 치고 펄쩍펄쩍 뛰면서 소저와 취선의 말을 더욱 꾸미며 화춘을 격노케 하니, 화춘이 이르기를,

"소자 이미 진이 남매가 이 같은 마음을 품었음을 알고 있었으나, 둘이 고모와 합심하였으니 형세로는 지금 당장 제거하지 못하옵고, 아까 유생이 이미 이 변을 알고는 얼굴빛이 좋지 않았나이다. 또 고모께서 머지않아 돌아오시면 반드시 크게 꾸짖으실 것이니 이번은 의당 참고 때를 기다리소서."

심씨가 땅을 두드리며 발악하기를,

"성씨 집 늙은 과부가 내 집에 웅거하여 생각이 음흉하니 반드시 우리 모자를 죽일지라. 내 비록 힘이 모자라나 그 늙은이와 한판 붙어 보리라. 또 유생은 남의 집 자식이라. 어찌 우리 집안의 일을 알리오. 필시 진이 유생에게 알려 나의 부덕함을 누설하였으리니 내가 응당 네 앞에서 결단하리라."

하니, 화춘이 부득이 화진 공자를 붙들어 와 가혹한 매를 가하니, 공자가 이미 그 모친과 형을 어찌할 수 없음을 알고 한 마디 변명도 없이 20여 장(杖)에 혼절(昏絕)하는지라.

➜ 화진과 빙선을 학대하는 심씨와 화춘

작품 핵심 **단축키**

	전형적인 인물		사대부 집안의 갈등		인물의 성격 표현 방식

 **인물** ☐☐는 표독스러운 인물로 남편이 죽은 뒤 다른 부인들의 자녀를 학대함.

 **사건 갈등** 심씨와 화춘, 화진과 빙선의 갈등 등을 통해 일부다처제로 인한 ☐☐☐ 내의 갈등을 보여 줌.

 **서술** 인물 간의 ☐☐ 양상을 통해 인물의 개성이 부각되어 드러남.

1 윗글의 내용과 일치하는 것은?

① 화춘은 화진과 빙선에 대한 처리 문제를 두고 심씨와 충돌한다.
② 유생은 심씨의 흉계를 화춘에게 고하여 새로운 갈등을 조장한다.
③ 심씨는 화춘의 장자 자리를 공고히 하기 위해 화진, 빙선과 갈등한다.
④ 화춘은 화진과의 갈등을 극복하기 위해 어머니 심씨의 마음을 사려 한다.
⑤ 심씨는 화진과 빙선이 자신을 친모처럼 대접하지 않는 것에 대해 보복하고자 한다.

2 문맥상 ㉠에 들어갈 한자 성어로 가장 적절한 것은?

① 측은지심(惻隱之心)　　② 수오지심(羞惡之心)
③ 사양지심(辭讓之心)　　④ 시비지심(是非之心)
⑤ 자괴지심(自愧之心)

3 [A]의 말하기 방식에 대한 설명으로 가장 적절한 것은?

① 실제 상황을 과장하여 묘사하고 있다.
② 반어적 표현을 활용하여 상대를 조롱하고 있다.
③ 옛 인물에 빗대어 상대의 인물됨을 평가하고 있다.
④ 선행을 언급하여 상대에 대한 존경심을 드러내고 있다.
⑤ 극진한 겸양 표현을 통해 상대에게 공로를 돌리고 있다.

4 윗글의 인물 간 대립 구도를 〈보기〉와 같이 나타냈을 때, ㉮와 ㉯에 대한 이해로 적절하지
않은 것은?

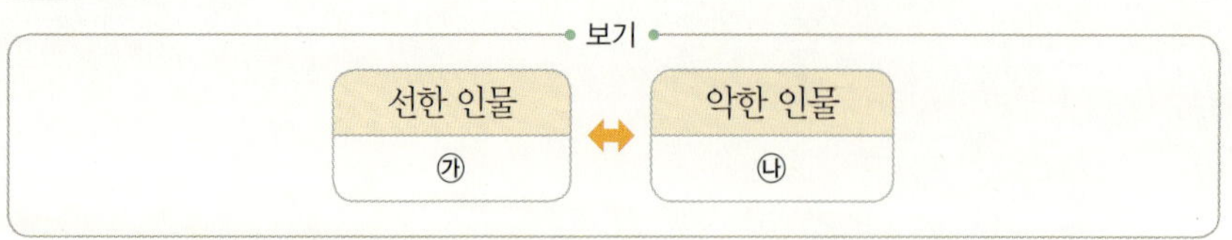

① ㉯는 ㉮를 심하게 매질하며 학대하고 있다.
② ㉮는 ㉯의 모함에도 변명하지 않고 학대를 참아 낸다.
③ ㉮와 ㉯의 대립은 유교적 덕목을 지키는 일의 가치를 보여 준다.
④ '화욱'의 죽음은 ㉮와 ㉯의 갈등이 본격적으로 촉발되는 계기가 된다.
⑤ '성 부인'은 '화욱'의 누이로서 ㉮와 ㉯의 갈등을 야기하는 역할을 한다.

5 윗글의 내용 중 〈보기〉를 뒷받침할 사례로 가장 적절한 것은?

> ● 보기 ●
>
> 「창선감의록」은 작품 전반에 걸쳐 남녀 귀천을 막론하고 '효(孝)'를 근본으로 해야 하며, 형제간의 우애나 선행은 모두 이로부터 비롯된다는 것을 강조하고 있다. 이처럼 「창선감의록」은 효를 전면에 내세워 독자에게 교훈을 주려는 의도로 창작된 작품이다.

① 취선이 빙선에게 해악을 이야기한 것
② 화춘이 심씨의 말이 거짓인 것을 알면서도 동조하는 것
③ 유생이 화춘에게 집안에 큰 변란이 일어났음을 알리는 것
④ 화춘의 부인 임씨가 심씨의 손을 붙들고 눈물을 흘리며 학대를 만류하는 것
⑤ 화진이 심씨의 중상모략에도 사실을 밝히지 않고 자신이 누명을 쓰는 쪽을 택하는 것

손쉬운 작품 검색

창선감의록 _조성기

전체 줄거리

본문 수록 장면

발단 병부 상서 화욱은 심씨, 요씨, 정씨 세 부인을 두었다. 요씨는 딸 빙선을 남긴 채 일찍 죽고, 정씨가 낳은 아들 진은 매우 영특하였다. 심씨가 낳은 아들 춘은 이복형제 중 맏이었으나 사람됨이 용렬하여 화욱은 진과 빙선을 편애하였다.

전개 화욱은 조정에 간신이 득세하는 것을 보고 벼슬자리에서 물러나 고향으로 돌아온 후, 진의 배필로 윤 소저와 남 소저를, 빙선의 신랑으로 유 공자(유생)를 정해 놓고 정씨와 더불어 갑자기 세상을 떠난다.

위기·절정 화욱이 죽자 심씨와 화춘은 갖은 방법으로 화진과 빙선을 학대한다. 화진은 과거에 급제하여 벼슬길에 나서지만 화춘의 모함으로 귀양 가게 되고, 그의 아내들(윤 소저, 남 소저)도 집에서 내쫓긴다. 화진은 유배지에서 신인(神人)인 곽공을 만나 도술과 병법을 배워 해적의 반란을 평정한다.

결말 화진의 능력을 인정한 조정에서는 그를 정남대원수(征南大元帥)에 봉하고, 화진은 남방의 어지러움을 모두 평정한다. 이에 천자는 화진에게 진국공(晉國公)의 봉작을 내린다. 한편, 심씨와 화춘도 지난날의 잘못을 뉘우치고, 흩어졌던 가족들도 무사히 돌아와 화목한 가정을 이룬다.

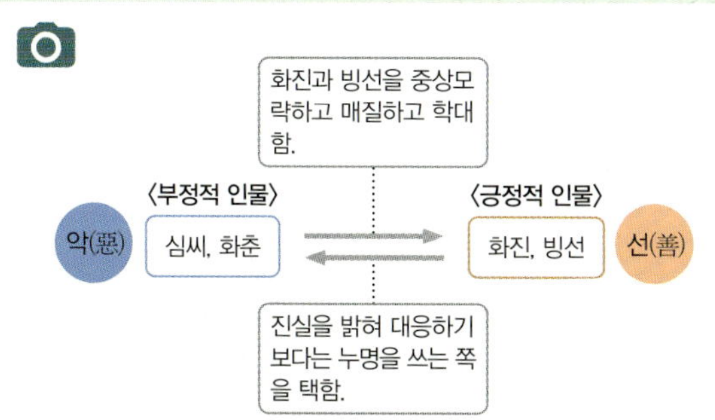

주제 ▶ 충효 사상의 고취와 권선징악

\# 악한 처와 착한 첩 사이의 갈등
\# 개과천선(改過遷善)   \# 해피엔딩

특징 ▶ 유교적 이념을 바탕으로 교훈적 의도를 드러냄.

\# 사대부 가문   \# 충효   \# 형제간의 우애
\# 선행의 중요성   \# 교훈   \# 유교적 덕목
\# 조선 시대의 지배적 사상   \# 유교적 가치관의 반영

37 홍계월전(洪桂月傳) _작자 미상

여성 주인공인 '홍계월'의 고행과 무용담을 담은 작품이다. 여성 영웅인 홍계월의 일생이 영웅의 일대기 구조에 따라 전개되고 있으며, 이는 조선 후기에 크게 성장한 여성 의식을 반영하고 있는 것이다.

/ **앞부분 줄거리** / 명나라 때, 형주 홍 시랑(홍무)과 부인 양씨 사이에서 태어난 무남독녀 계월은 남자 옷을 입고 길러진다. 어렸을 때 북방 절도사 장 시랑의 반란으로 아버지와 헤어지고, 수적 장맹길로 인해 물에 던져져서 어머니와도 헤어진 후, 여공의 도움을 받아 구조된다. 여공은 계월의 이름을 평국이라 고치고 동갑인 아들 보국과 함께 공부를 시켜 둘 다 과거에 급제하게 된다. 서번과 가달국이 중원을 침범하자 계월은 원수(元帥)로, 보국은 중군장으로 출정하여 전공(戰功)을 세운다. 이때 평국이 병이 나 진맥을 받던 중 여자임이 탄로 나고, 사실을 알게 된 천자는 보국과의 혼인을 중매한다.

이때 천자께서 태사관(太史官)을 불러 택일하니 혼인 날짜는 삼월 보름께였다. 택일단자(擇日單子)와 예단 수천 필을 봉하여 위공의 집으로 보내셨다. 위공이 택일단자를 가지고 계월의 침소에 들어가 전하니 계월이 아뢰었다.

"보국은 전일 중군(中軍)으로서 소녀가 부리던 사람이었습니다. 그런데 제가 그 사람의 아내가 될 줄을 알았겠습니까? 다시는 군례(軍禮)를 못할까 하오니 이제 마지막 군례를 차리고자 합니다. 이 뜻을 천자께 아뢰어 주옵소서." ➜ 계월이 보국과 혼인하기 전 군례를 차릴 수 있게끔 천자에게 도움을 요청함.

위공이 그 말을 듣고 즉시 천자께 아뢰니 천자께서 바로 군사 오천 명과 장수 수백여 명에게 갑옷과 투구를 갖추고 깃발과 창검을 갖추게 하여 원수에게 보내셨다. 계월이 여자 옷을 벗고 갑옷과 투구를 갖춘 후 용봉황월(龍鳳黃鉞)과 수기(手旗)를 잡아 행군하여 별궁에 자리를 잡았다. 그리고 군사를 시켜 보국에게 명령을 전하니 보국이 전령을 보고 화가 머리끝까지 났다. 그러나 보국은 예전에 평국의 위엄을 보았으므로 군령을 거역하지 못하고 갑옷과 투구를 갖추고 군문에 대령했다.

이때 원수가 좌우를 돌아보며 말했다. / "중군장이 어찌 이다지도 거만한가? 어서 예를 갖추어 보이라."

호령이 추상 같으니 군졸의 대답 소리로 장안이 울릴 정도였다. 중군장이 그 위엄을 보고 겁을 내어 갑옷과 투구를 끌고 국궁(鞠躬)하여 들어가니 얼굴에서 땀이 줄줄 흘러내렸다. 바삐 나가 장대 앞에 복지한대, 원수 정색하고 꾸짖어 왈,

"군법은 지중(至重)한 것이다. 그대가 중군장이라면 즉시 대령하였다가 명령이 내려지기를 기다려야 할 것이어늘 장수의 명령을 중하게 여기지 않고 태만한 마음을 두어 군령을 소홀히 아니 중군장의 죄는 참으로 무엄하도다. 즉시 군법을 시행할 것이되 용서하겠다. 그러나 그저 두지는 못하겠도다."

군사들을 호령하여 중군장을 빨리 잡아내라고 하는 소리가 추상과 같았다. 무사들이 일시에 고함을 지르고 달려들어 중군장을 장대 앞에 꿇리니 중군장이 정신을 잃었다가 겨우 진정하여 아뢰었다.

[A]
"소장이 신병이 있어 치료하다가 미처 제시간에 이르지 못했으니 태만한 죄는 만사무석(萬死無惜)이오나 병든 몸이 중장(重杖)을 당하면 목숨을 보전치 못할 것입니다. 만일 죽는다면 부모에게 불효가 막심할 것이니 엎드려 바라건대 원수는 하해 같은 덕을 베푸시고 전날의 정을 생각하셔서 살려 주시면 불효를 면할까 하나이다."

이렇게 말하며 무수히 애걸하니 원수가 내심(內心)은 웃었으나 겉으로는 호령하며 말했다.

"중군장이 신병이 있으면 어찌 영춘각의 애첩(愛妾) 영춘(永春)으로 더불어 밤낮 없이 풍류를 즐겼는고? 그러나 사정이 없지 않으므로 용서하거니와 차후는 그러지 말라." ➜ 계월이 원수인 자신의 명령에 불복하는 보국을 혼냄.

이렇게 분부하니 보국이 백배사례하고 물러났다. 원수 이렇듯 종일토록 즐기다가 군사들을 물리고 본궁으로 돌아갔다. 보국이 원수께 하직하고 돌아와 모욕을 당한 사연을 부모에게 낱낱이 고하니 여공이 그 말을 듣고 크게 웃으며 계월을 칭찬했다.

"내 며느리는 천고에 없는 영웅 군자로다." / 하고 보국에게 일렀다.

"계월이 너를 욕보인 것은 다름 아니다. 어명으로 너를 배필로 정했으니 계월이 전날 너를 중군으로 부렸던 연고 때문이다. 마음에 다시는 너를 못 부릴까 하여 희롱한 것이니 너는 추호도 혐의를 두지 마라."
〈중략〉

➜ 계월과 보국은 혼인하지만 계월이 보국의 애첩을 죽인 일로 불화를 겪음.

우승상 정영태가 말했다. / "이 도적은 좌승상 평국을 보내 막아야 합니다. 급히 평국을 부르십시오."

천자께서 듣고 지긋이 생각하다가 말했다.

"평국이 전일에는 출세하였기로 불렀지만, 지금은 규중에 머물러 있는 여자인지라 차마 불러낼 수 없도다. 어찌 전쟁터로 보내리오?"

모든 신하가 말했다.

"평국이 지금 규중에 있으나, 이름이 조야에 있고 또한 작록(爵祿)을 거두지 않았으니, 어찌 규중에 있다 하여 거리끼겠습니까?"

천자가 마지못해 급히 평국을 불러냈다.

이때 평국이 규중에서 홀로 지내면서 날마다 시녀들과 함께 장기와 바둑으로 세월을 보내고 있었다. 사관(辭官)이 와서 천자가 부르는 명령을 전하자, 평국이 깜짝 놀라, 급히 여복을 벗고 조복으로 갈아입은 후에 천자 앞에 엎드렸다. 천자가 매우 기뻐하며 말했다.

"경이 규중에 처한 후로는 오래 보지 못하여 밤낮으로 보고 싶더니, 이제 경을 보니 기쁘기 측량 없거니와 짐이 덕이 없어 지금 오나라 초나라 양국이 반역하여 호주 북쪽 지방을 쳐서 항복을 받고 남관을 헤치고 황성을 침범한다고 하니, 경은 자당출사(自當出師)하와 나라와 조정을 편안하게 지키도록 하라."

평국이 엎드려 아뢰었다.

"신첩이 외람되게 폐하를 속이고 공후(公侯) 작록(爵祿)을 받자와 영화롭게 지내기가 황공합니다. 신첩의 죄를 용서하시고 이처럼 사랑하시니, 신첩이 비록 어리석으나 힘을 다해 폐하의 성은을 만분의 일이나 갚고자 합니다. 폐하는 근심치 마옵소서."

➜ 계월이 천자의 명으로 전장에 나가게 됨.

작품 핵심 **단축키**

여성 영웅인 계월	계월과 보국의 갈등	사건의 진행 방식
인물 계월은 □□가 그 능력을 인정할 만큼 뛰어난 여성 영웅으로, 나라를 위기에서 구함.	**사건 갈등** 계월은 천자에게 □□를 차릴 수 있게끔 도움을 청하고, 원수인 자신의 명령에 불복하는 보국을 혼냄.	**서술** 인물의 □□와 행동을 중심으로 사건이 진행됨.

1 〈보기〉는 일반적인 영웅 소설의 구조를 정리한 것이다. 윗글을 〈보기〉와 같이 정리한 내용으로 적절하지 <u>않은</u> 것은?

- 보기 -

ⓐ **탄생**	고귀한 혈통을 갖고 태어난다.
ⓑ **위기**	주인공이 정치적 상황이나 모함, 전쟁 등에 의해 위험에 처한다.
ⓒ **성장**	양육자를 만나 도움을 받거나, 양육자의 도움으로 무예를 배운다.
ⓓ **활약**	영웅적인 활약을 펼쳐 나라를 위기 상황에서 구한다.
ⓔ **결말**	헤어진 가족들을 만나거나, 입신·출세하여 부귀영화를 누린다.

① ⓐ : 명문거족인 이부 시랑 홍무의 딸로 태어난다.
② ⓑ : 절도사 장 시랑의 반란으로 부모와 헤어진다.
③ ⓒ : 여공의 도움으로 구출·양육되어 과거에 급제한다.
④ ⓓ : 나라가 위기에 처한 상황에서 조정의 부름을 받는다.
⑤ ⓔ : 천자에게 자신이 여자임을 밝히고 관직 생활을 계속한다.

2 [A]의 말하기 방식에 대한 설명으로 가장 적절한 것은?

① 환심을 얻기 위해 상대방의 비위를 맞추고 있다.
② 자신의 지위를 지키고자 사회적 책임을 부각하고 있다.
③ 화제를 바꾸어 상대방의 관심을 다른 곳으로 유도하고 있다.
④ 잘못을 다른 사람의 탓으로 돌려 처벌을 회피하려 하고 있다.
⑤ 인간적인 도의에 호소하여 상대방의 동정심을 유발하고 있다.

3 〈보기〉를 참고하여 윗글을 이해한 내용으로 적절하지 <u>않은</u> 것은?

- 보기 -

　대부분의 고전 소설은 남성 중심적 시각에서 전통적 여인상을 형상화하여 등장시킨다. 이와 달리 「홍계월전」은 여성의 사회 진출과 성공을 다룬 여성 영웅 소설이라는 점에서 문학사적 의의를 찾을 수 있는데, 이는 여성의 사회적 지위가 상승하기 시작한 조선 후기의 시대적 변화와 무관하지 않다.

① '계월'의 명령을 전달받은 '보국'이 화를 내는 모습에서 남성 중심적인 사고의 단면을 볼 수 있군.
② 여성 영웅 소설의 등장은 당시 남성들에게는 충격적일 수도 있었겠지만 여성 독자들에게는 통쾌함을 주었겠군.
③ '여공'이 '보국'의 사연을 듣고 분개하는 모습은, 당대에 가부장적 사고가 뿌리 깊게 박혀 있었음을 보여 주는군.
④ '계월'이라는 여성 영웅을 주인공으로 설정하여 여성이 남성에 비해 연약하고 열등한 존재가 아님을 보여 주고 있군.
⑤ 조선 시대에 이런 작품이 등장한 것은 남성들에게 억눌리며 살았던 당대 여성들의 내면에 자아실현의 욕구가 싹텄다는 방증이겠군.

4 윗글의 '계월'과 〈보기〉의 '뮬란'을 비교한 내용으로 적절하지 <u>않은</u> 것은?

> ● 보기 ●
>
> 파씨 가문의 외동딸 뮬란은 다리를 다친 아버지에게 징집* 명령이 떨어지자, 남장을 하고 전장에 나선다. 훈족의 군대에게 추격을 당하던 뮬란은 눈사태를 일으켜 적군을 격파하는 기지를 발휘하여 큰 공을 세운다. 그러나 부상을 치료하다 여자임이 밝혀져 위기를 겪고, 중대장의 도움으로 집으로 돌아간다. 한편, 물러간 줄 알았던 훈족의 군사들이 다시 쳐들어와 나라가 위기에 처하게 되고, 뮬란이 다시 전장에 나아가 황제와 나라를 구한다. 황제는 뮬란을 영웅으로 치하하며 보좌관으로 임명하지만, 직분을 사양하고 집으로 돌아간다.
>
> ● 징집(徵集): 병역 의무자를 현역에 복무할 의무를 부과하여 불러 모음.

① '계월'과 '뮬란'은 모두 남장을 하고 전쟁에 참여하였다.
② '계월'과 '뮬란'은 모두 신분 상승에 대한 욕망이 있었다.
③ '계월'과 '뮬란'은 모두 나라를 위기에서 구해 내는 용맹함을 지녔다.
④ '계월'과 달리 '뮬란'은 효심 때문에 자신이 여자임을 숨겼다.
⑤ '뮬란'과 달리 '계월'은 사회적 지위를 얻고 이후에도 이를 유지하였다.

 손쉬운 **작품 검색**

홍계월전_작자 미상

📋 전체 줄거리

발단 홍 시랑(홍무)과 양씨 사이에 무남독녀로 태어난 계월은 나라에 일어난 반란으로 인해 부모님과 헤어지고 물에 던져지지만, 여공의 도움으로 구조된다.

전개 여공의 도움으로 평국이란 이름으로 장성한 계월은 남장을 한 채 장원 급제를 하게 되고, 전쟁에 나가 적을 토벌하는 활약을 한다.

 본문 수록 장면

위기·절정 여자임이 밝혀진 계월과 여공의 아들인 보국은 천자의 명에 따라 혼인하지만, 보국이 남성의 권위를 내세워 계월에게 명령받는 것을 꺼려 하며 둘의 사이가 멀어진다.

결말 두 차례에 걸친 국가의 위기를 구한 대원수 계월은 대사마 대장군 작위를 받고, 보국 또한 그런 계월을 인정하게 되어 둘은 행복하게 산다.

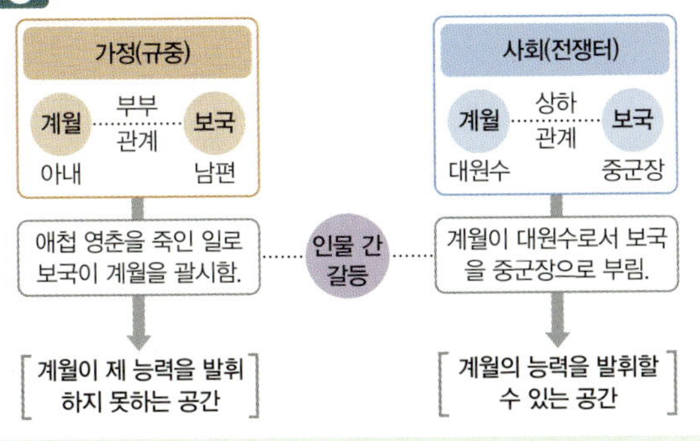

🖱 **주제 ▶** 홍계월의 영웅적 기상과 재주

\# 여성 주인공   \# 당대 제약을 뛰어넘는 여성
\# 홍계월의 고행과 무용담   \# 전쟁에서의 승리
\# 나라를 위기에서 구한 계월

특징 ▶ 남성보다 우월한 여성이 영웅으로 등장함.

\# 여성 영웅   \# 여성 주인공의 영웅적 면모를 최대한 확대
\# 남성 주인공의 영웅적 면모를 최소한으로 축소
\# 조선 후기에 성장한 여성 의식 반영

38 조웅전(趙雄傳) _작자 미상

중국 송나라를 배경으로 주인공 조웅이 간신 이두병 때문에 고난을 겪다 이두병을 처치하고 황실을 바로 잡는 과정을 다룬 조선 후기의 창작 군담 소설이다.

이즈음에 원수(元帥)가 삼대 등을 베고 의기양양하여 군사를 배불리 먹이고 편히 쉬게 한 후 바로 ㉠황성(皇城)을 짓쳐 들어가니 이르는 곳마다 주검이 무수하더라. 이때 동관장 채탐이 급히 아뢰기를,

"조웅이 일대, 이대, 삼대를 모두 베고 짓쳐들어오니 엎드려 바라건대 황상께서는 급히 환을 막으소서."

하였거늘, ㉡황제와 여러 신하들이 황황 실색하더라. 황제가 여러 신하들을 돌아보며 말하기를,

"경 등은 비계(祕計)를 써 나의 근심을 덜라." / 하시니 여러 신하가 함께 아뢰어 말하기를,

"일대 등 삼 형제는 하늘이 낸 장수라. 지혜와 용맹이 범상치 아니 하온데 조웅의 손에 죽었사오니 이제는 무사(武士)가 없고, 장군의 책략을 지닌 장수도 없사오니 항복함만 못하올까 하나이다."

하더라. 문득 서관장이 격서를 올리거늘 황제가 여러 신하들과 더불어 뜯어보니 그 격서에 하였으되,

"중국 대사마 대원수 겸 의병장 조웅은 격서를 이두병에게 부치나니 하늘이 나를 명하사 너를 죽여 만민을 안정시키고 송실(宋室)을 회복하고자 하였음에 마지못하여 의병 팔십만을 거느리고 반적에게 격서를 전하나니 족히 대적할 수 있거든 빨리 나와 대적하라. 만일 두렵거든 항복하여 잔명을 보전하라." / 하였더라. 보기를 다함에 황제와 여러 신하들이 크게 놀라고 황망하여 어찌할 줄을 모르고 서로 돌아보며,

"이 일을 어찌 하리오?" / 하고 두서(頭緖)를 정치 못하거늘 태자 이관 등 오형제가 출반하여 아뢰기를,

"폐하는 근심치 마시고 이제 장수의 지략을 갖춘 자를 택출하여 선봉을 하시옵고 폐하께서 스스로 군사를 이끌어 그들을 격퇴하여 급함을 면하소서. 조정의 신하들은 나라를 어지럽게 하는 신하와 반역하는 불충한 사람뿐입니다. 처자를 보위하기만 생각하옵고 위국충정(爲國忠情)이 없사오니 어찌 절통치 아니 하오리까? 국가를 평정한 후에 역률(逆律)로 다스려 분함을 덜게 하옵소서."

하니, 여러 신하들이 묵묵부답하고 머리를 숙이더라. 황제가 할 수 없어 군사와 장수를 택취하시며 친행(親行)하려 하시나 감히 응하는 자가 없더라.

➡ 조웅이 이두병에게 격서를 보냄.

이날 밤에 승상 황덕이 만조백관과 더불어 의논하기를, / "국가 존망이 아침이 아니면 저녁에 있음이라. 이제 아무리 하여도 살 길이 없는지라, 그대 등은 어찌하려 하느뇨?"

백관이 대답하기를, / "우리 생각은 도망하면 좋을까 하는데 승상은 무슨 계교가 있나이까?"

황덕이 칼을 빼어 놓고 말하기를, / "그대 등은 내 말을 좇으려 하는가?" / 하니 모두 대답하기를,

"이제 강요 말 것이라. 사생을 도모하려 하니 무슨 일을 못 하오리까?"

황덕이 오랫동안 깊이 생각하다가 말하기를,

"이제 도망하여도 수많은 집안사람들을 모두 어찌 하며, 도망한들 어찌 살기를 바라리오? 나의 아득한 소견으로는 처자를 안보하고 좋은 벼슬을 할 묘책이 있으니 그 일이 어떠한고?"

모두 크게 즐겨 말하기를, / "승상의 말씀이 당연하오니 어찌 좇지 아니 하오리까?"

황덕이 말하기를, / "우리 모든 사람 중에 용맹이 있는 무반 장수 육십 명을 가려 뽑아 가만히 궐내에 들어가 황제와 황자 오형제를 다 결박하여 마주 나아가 조웅에게 들리면 우리는 제일 공신이 될 것이니 이 꾀가 어떠한가?" / 모두 말하기를, / "이 일은 실로 상책이로소이다."

하고 그날 밤에 용장 육십여 인을 궐내에 복병시켰다가 밤이 깊은 후에 달려들어 황제와 황자 오형제를 다 결박하며, / "천시(天時)가 이미 쇠잔하였으니 어찌 할 수가 없도다."

하고 결박하니 이미 동방이 밝아오는지라. 이날 만조 제신이 이두병과 오형제를 수레에 싣고 조 원수의 대진을 찾아 가니라.

➔ 조정의 신하들이 이두병과 그의 다섯 아들을 잡아 조웅을 찾아감.

이때에 황성 백성들이 조 원수가 온다는 말을 듣고 즐겨하며 마중 나오니 그 수를 가히 세지 못할러라. 또 이두병을 잡아 온다는 말을 듣고 장안의 백성들이 노소 없이 다 즐겨 말하기를,

"ⓒ극악한 이두병이 형세만 믿고 자칭 천자라 하여 천지가 무궁하기를 바라더니 일시에 보존치 못하고 어이 이리 단명한고? 황천이 명감하사 네 죄를 아시고 무지한 백성들도 네 고기를 원하거니 착하고 빛나도다. 일월 같은 조 원수를 보니 도탄 중에 든 백성들이 빗발을 만났도다. 산지사방으로 흩어진 충신들도 소식을 알았던가? 백발 노소 장안 백성들아, 구경 가자스라."

하고 무수한 백성들이 다투어 구경하더라. 원수가 팔십만 대병을 몰아 황성을 짓쳐 들어오더니 황성 백성들이 남녀노소 없이 길을 막고 나와 원수께 치하하며 말하기를,

"장하고 장하도다. 어디를 가셨다가 이제야 오십니까? 천우신조로 대송(大宋)이 회복되도다."

➔ 조웅이 이두병을 잡으러 오자 백성들이 기뻐하며 조웅을 환영함.

하고 무수히 하례하거늘 원수가 위로하기를, / "살아서 너희를 다시 보니 반갑기 그지없도다." / 하시며 행군을 재촉하여 수일만에 황자강에 이르니 풍경이 예와 같은지라.

문득 옛일을 생각하니 비회(悲懷)를 금치 못하고 사공을 재촉하여 강을 건넜더니 황성관 어귀에 만조백관이 이두병과 이관 등을 수레 위에 높이 싣고 원수의 군행을 기다리다가 원수가 오심을 보고 나아와 땅에 엎드려 여쭈오되,

"소인 등은 기군망상(欺君罔上)이라. 죽어 마땅하나 그때를 당하여서 도망치지 못하였고 또 두병의 형세를 당하지 못하여 참여하였사오나 매일 송 태자를 생각하오니 가슴속이 막혀 한 순간인들 온전하리오? 천행으로 원수가 이리 오신다 하옴에 범죄 불고하고 두병의 부자를 결박하여 바치니 엎드려 바라건대 원수께서는 불쌍히 여기셔서 널리 용서해 주소서. 소인들의 잔명을 보전하여 주옵심을 바라나이다."

하며 애걸하거늘 원수가 이두병을 보니 분기충천한지라.   ➔ 조정의 신하들이 조웅에게 이두병과 다섯 아들을 바치며 용서를 빎.

진을 머무르게 하고 군사를 호령하여, / "두병을 나입(拿入)하라."

하니 군사가 일시에 달려들어 두병을 추살하여 진중에 꿇리니 원수가 호령하여 말하기를,

"두병아 네 낯을 들어 나를 보라. ㉣네 죄를 생각하니 죽여도 아깝지 않음이라. 태자를 귀양살이 보내고 사약을 내리니 그 죄가 어떠하며, 또 나를 잡으려고 장졸을 보내어 시절을 요란케 하니 무슨 일이뇨? 사실대로 똑바로 아뢰어라."

하시니 좌우의 무사가 달려들어 창검으로 찌르며 '바삐 아뢰라.'하는 소리 천지를 진동하는지라. 두병이 겨우 진정하여 아뢰되,

"㉤나의 조정의 신하들은 성정이 비길 바 없이 음험하고 흉악한 신하들이라. 저들이 죄를 면하고자 우리 부자를 잡아 이 지경이 되었으니 이제 무슨 말을 하리오? 원수의 처분대로 하라."   ➔ 조웅이 이두병을 꾸짖음.

작품 핵심 단축키

중심인물

인물 | 충신인 ☐☐은 선(善)한 인물로, 역신인 이두병은 악(惡)한 인물로 등장함.

이두병의 몰락

사건·갈등 | 조정의 ☐☐☐은 이두병과 그의 다섯 아들을 잡아 조웅에게 바침.

조웅의 영웅적 면모 강조

서술 | ☐☐☐으로 인해 붕괴된 황실의 질서를 조웅이 복구한다는 설정을 통해 조웅의 영웅적 면모를 강조함.

1 윗글의 서술 방법에 대한 설명으로 적절하지 <u>않은</u> 것은?

① 공간적 배경을 구체적으로 묘사하고 있다.
② 시간의 흐름에 따라 사건이 순차적으로 진행되고 있다.
③ 등장인물의 심리가 서술자에 의해 직접 제시되고 있다.
④ 요약적 제시를 통해 사건에 대한 정보를 제공하고 있다.
⑤ 사건의 진행에 따른 인물의 성격 변화 양상은 나타나지 않고 있다.

2 윗글의 대한 이해로 적절하지 <u>않은</u> 것은?

① 황성 백성들은 이두병을 잡으러 온 조웅을 열렬히 환영한다.
② 조웅은 이두병의 죄를 열거하며 사실대로 말할 것을 명령한다.
③ 이두병은 신하들에게 위기를 모면할 대책을 내놓을 것을 촉구한다.
④ 황덕을 비롯한 조정의 신하들은 자신들의 안위를 위해 이두병을 배신하는 계략을 세운다.
⑤ 태자 오형제는 이두병에게 조웅과 충돌을 피하고 조정의 신하들과 후사를 도모할 것을 제안한다.

3 ㉠~㉭에 대한 설명으로 적절하지 <u>않은</u> 것은?

① ㉠ : 조웅이 전장에서 '파죽지세(破竹之勢)'로 승리를 하고 있음을 보여 준다.
② ㉡ : 조웅이 두려워 '전전긍긍(戰戰兢兢)'하는 모습을 보여 준다.
③ ㉢ : 황제의 자리에 올랐던 이두병의 위세가 '권불십년(權不十年)'임을 보여 준다.
④ ㉣ : 송 태자를 생각하며 '각골통한(刻骨痛恨)'한 조웅의 마음을 보여 준다.
⑤ ㉤ : 자신의 잘못을 뉘우치고 '개과천선(改過遷善)'한 이두병의 모습을 보여 준다.

4 <기술 문제> 〈보기〉를 참고하여 윗글을 감상한 내용으로 적절하지 <u>않은</u> 것은?

> ● 보기 ●
>
> 「조웅전」은 조선 시대에 창작되어 독자들에게 많이 읽힌 소설이다. 이 소설은 두 가지 면에서 당시의 독자들이 원하는 세계를 잘 보여 주었기 때문에 그들의 공감을 이끌어 낼 수 있었다. 하나는 충(忠)이라는 가치관을 바탕으로 하였기 때문이고, 또 하나는 선인(善人)과 악인(惡人)의 대결 구도를 만들어 선인이 악인의 횡포를 이기는 과정을 재미있게 보여 주었기 때문이다.

① 조웅이 반역을 한 이두병을 심문하는 것은 '충(忠)'이라는 가치관을 반영한 것으로 볼 수 있겠군.

② 조정의 신하와 이두병이 서로 대립하는 것은 선인과 악인의 대결로 볼 수 있겠군.

③ 이두병이 스스로 왕이라 칭하며 태자를 귀양 보내고 조웅을 잡으려 하는 것은 악인의 횡포로 볼 수 있겠군.

④ 조웅이 이두병을 제압하는 것은 선인이 악인의 횡포를 이기는 과정으로 볼 수 있겠군.

⑤ 고난을 겪던 조웅이 이두병을 잡아 심문하는 장면에서 독자들은 재미를 느꼈다고 볼 수 있겠군.

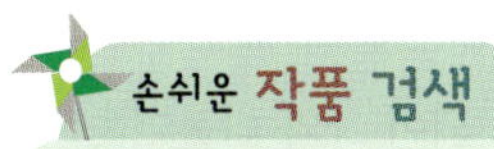 손쉬운 **작품 검색**

조웅전 _작자 미상

 전체 줄거리

발단 중국 송나라 때 이두병의 참소로 승상 조정인이 자살하자, 그의 부인은 아들 조웅을 데리고 이두병을 피해 도망간다.

전개 천자가 세상을 떠나자, 이두병은 어린 태자를 폐하고 스스로 천자의 자리에 오른다. 조웅은 월경 대사와 화산 도사, 철관 도사에게서 무술을 익힌다.

위기 조웅은 어머니를 만나러 가던 중 장 소저를 만나 혼인을 약속한다. 이때 서번이 위국을 침략하자 조웅은 위국의 왕을 도와 서번을 격파하고 태자를 구한다.

본문 수록 장면

절정·결말 조웅은 위왕과 연합하여 수십 만 대군을 이끌고 황성을 쳐서 이두병을 물리친다. 태자를 황제로 모셔 왕실은 다시 회복되고 조웅은 서번의 왕이 된다.

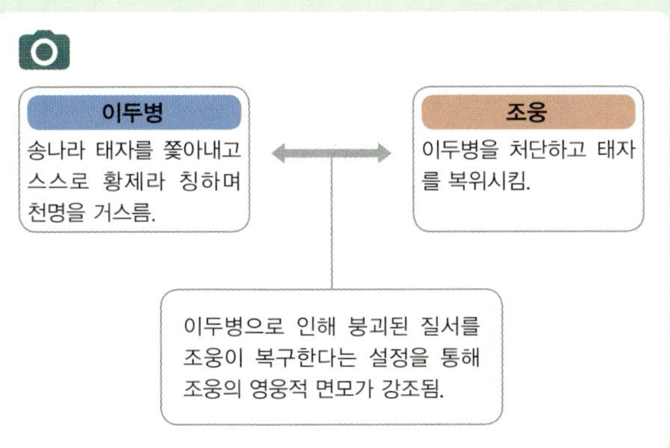

 **주제 ▶** 진충보국을 위한 영웅의 활약상

\# 진충보국_충성을 다하여서 나라의 은혜를 갚음
\# 나라를 위해 이 한 몸 바치리

특징 ▶ 영웅적 무용담을 담고 있음.

\# 이두병_악(惡)   \# 조웅_선(善)   \# 조웅 = 영웅
\# 무용담_조웅이 나라를 구한 이야기

39 허생전(許生傳)_박지원

비판적 지식인인 허생을 주인공으로 내세워, 당대 집권층인 사대부의 무능과 허위의식을 비판하고 지배층의 올바른 현실 인식과 각성을 촉구하고 있는 한문 소설이다.

두어 해가 지나니 두 사람의 정은 날로 두터워졌다. 언젠가 변씨는 허생에게 조용히 물어보았다.

"다섯 해 사이에 어떻게 해서 백만 냥을 벌었는가?"

[A]
"그건 쉽게 알 수 있는 일일세. 우리 조선은 외국과 무역이 없고, 수레가 나라 안을 두루 돌아다닐 수 없는 까닭에 모든 물건이 그 안에서 생산되고 그 안에서 소비되지 않는가. 천 냥이란 적은 금액이라 모든 물건을 다 살 수는 없지만 그것을 열로 쪼개면 또한 족히 열 가지 물건을 고루 살 수 있네. 그리고 물건이 가벼우면 나르기도 쉬워서 한 가지 시세가 시원치 않더라도 나머지 아홉 가지로 이것을 메울 수 있으니 이건 보통 작은 장사치들이 하는 이문 내기의 방법이지. 무릇 만 냥이면 대개 한 가지 물건을 도거리로 모조리 살 수 있으니, 수레에 싣거나 모조리 매점할 수 있지 않은가? 한 고을에 가득한 것이라도 마찬가질세. 그물의 코처럼 한 번 훑으면 모조리 거두어들일 수 있는 거야. 이를테면 물에서 나는 산물 중에서 그 어느 하나를 택해서 모조리 거두어들인다거나, 약재료 중에서 한 가지만을 독점해서 그 한 가지 물건을 몰래 저장한다면 모든 장사꾼이 그 물건을 구경할 수도 없게 되는 것이니 이것은 백성들을 못살게 하는 방법이야. 훗날에라도 나랏일을 맡은 관리가 나의 이러한 방법을 쓰게 된다면 그 나라는 곧 병들고 말 거야." 〈중략〉

➡ 허생이 돈을 번 방법을 변씨에게 말함.

변씨는 전부터 정승 이완(李浣)과 친분이 있는 사이였다. 이공이 마침 어영대장이 되어 그와 더불어 이야기를 하다가 인재를 추천할 것을 권하였다.

"요즘 항간에 기이한 재주를 숨기고 사는 사람 가운데 함께 큰일을 해낼 만한 사람이 있는가?"

변씨는 그제서야 생각이 나서 허생에 관한 이야기를 하였다. 이공은 그런 인물이 장안에 살고 있다는 말에 크게 놀랐다. / "기이한 일이로군. 정말 그런 사람이 있을까. 그래 그 사람의 이름이 무어라고 하던가?"

㉠"소인이 3년을 그와 가까이 지냈지만 아직 그 이름을 모르고 있습니다."

"그 사람은 이인(異人)이네. 한번 같이 가 보세."

이윽고 밤이 되자 이공은 수행하는 나졸을 다 물리치고 홀로 변씨와 함께 허생의 집을 찾아갔다. 변씨는 이공을 잠시 싸리문 밖에 세워 두고는 혼자 안으로 들어가 허생을 만난 후 이공이 온 자초지종을 이야기하였다. 허생이 듣는 둥 마는 둥 하며 말했다.

"그대가 차고 온 술병이나 어서 풀게." / 그래서 두 사람은 술을 내어 즐겁게 마셨다. 변씨는 술을 마시면서도 문밖에 세워 둔 이공이 민망스러워 거듭 이공의 일을 이야기하였지만 허생은 좀처럼 들으려고 하지 않았다. 밤이 이슥해졌다. 그제서야 허생은 말했다. / "손님을 불러 볼까."

㉡이공이 들어왔다. 그러나 허생은 일어나 맞이할 생각조차 하지 않았다. 이공이 몸둘 바를 몰라 하다가 마침내 나라에서 어진 이를 구하고 있다는 자기의 뜻을 말하였다. 허생은 손을 휘저으며 말했다.

➡ 허생과 이완의 만남

"밤은 짧고 말이 기니 듣기에 지루하군. 지금 자네 벼슬자리가 무엇인가?" / "어영대장입니다."

"그렇다면 나라에서는 믿을 만한 신하겠군. 내 와룡 선생을 천거할 테니 자네가 임금에게 청하여 삼고초려를 하게 할 수 있겠는가?"

이공은 머리를 떨구고 한참 동안 생각하고 나서 / "어려운가 합니다. 그 다음의 일을 듣고자 합니다."

➡ 허생의 계책 ① – 인재 등용

어휘 풀이

- **이문(利文)** : 이익이 남는 돈
- **도거리** : 되사거나 되팔지 않기로 약속하고 물건을 사고파는 일
- **어영대장(御營大將)** : 조선 시대에 둔 어영청의 으뜸 벼슬
- **이인(異人)** : 재주가 신통하고 비범한 사람
- **와룡 선생(臥龍先生)** : 유비를 도와 촉한을 세운 제갈공명을 말함.
- **천거(薦擧)** : 어떤 일을 맡아 할 수 있는 사람을 그 자리에 쓰도록 소개하거나 추천함.
- **삼고초려(三顧草廬)** : 인재를 맞아들이기 위하여 참을성 있게 노력함. 중국 삼국 시대에, 촉한의 유비가 난양(南陽)에 은거하고 있던 제갈량의 초옥으로 세 번이나 찾아갔다는 데서 유래함.

허생이 이 말을 듣고 말했다.

"나는 두 번째라는 것은 배우지 못하였네."

이공이 굳이 묻거늘 허생이 다시 입을 열었다.

"ⓒ조선이 옛날 그들에게 입은 은혜가 있다고 해서, 많은 명나라 장졸들의 자손들이 도망하여 동쪽으로 온 후로 떠돌이에 외로운 홀아비 생활을 하고 있네. 자네가 조정에 청하여 종실의 딸들을 그들에게 시집 보내고, 김류와 장유의 집 재산을 털어서 그들의 살림을 장만해 줄 수 있는가?"

이완은 한참이나 머리를 숙이고 있다가 비로소 고개를 들었다. / "어렵겠습니다."
➔ 허생의 계책 ② – 친명 정책 개선

"이것도 어렵다. 저것도 어렵다. 그럼, 할 수 있는 일은 무엇인가? 그럼, 내 아주 쉬운 일이 있으니 자네가 할 수 있겠는가?" / "원컨대 듣고자 합니다." / 허생은 말하였다.

"대체로 대의를 천하에 외치고자 한다면 먼저 천하의 호걸들과 교분을 맺지 않고서는 안 되네. 또 남의 나라를 치고자 한다면 먼저 첩자를 쓰지 않고서는 아직껏 성공하는 예가 없었네. 지금 만주 정부가 갑자기 천하의 주인이 되어서 중국 민족과는 친근해지지 못하는 판에, 조선이 다른 나라보다 먼저 섬기게 되어 저들이 위를 가장 믿는 터일세. 이제 우리가 우리 자제들을 파견하여 학문도 배우게 하고 벼슬도 하게 하여, 옛날 당(唐), 원(元)의 고사를 따르고 상인들도 자유로이 내왕하도록 해 달라고 한다면, 그들은 우리의 청을 기뻐하며 허락할 것일세. 그렇게 되거든 나라 안에서 자제들을 뽑아서 머리를 깎고 되놈의 옷을 입혀 들여보내고, 지식층은 빈공과를 보도록 하게. 그리고 백성들은 장사꾼으로 멀리 강남에까지 들어가 그들의 모든 허실을 염탐하고 그 고장 호걸들과 친분을 맺어 둔다면, 그때야말로 군사를 일으키고 천하 대사를 꾀하여 옛날의 수치도 씻을 수가 있을 것이네. 그런 다음 명나라 황족인 주씨를 찾아 천자로 만들고, 만약 주씨가 없으면 천하의 제후들을 거느리고 천자가 될 만한 인물을 하늘에 추천한다면 우리나라는 잘 되면 대국의 스승이 될 것이요, 못되더라도 백구의 나라는 될 것일세."
➔ 허생의 계책 ③ – 청나라와의 교류(북벌의 구체적 방법)

이 말을 듣고 이완은 멍하니 있다가 겨우 입을 열었다.

ⓔ"사대부들이 몸을 삼가고 예법을 지키고 있으니, 누가 그들의 자제들을 머리 깎게 하고 호복을 입게 하겠습니까?"
➔ 이완이 허생의 제안을 거절함.

이 말에 허생은 버럭 화를 내며 말하였다.

"소위 사대부란 대체 어떤 놈들이냐? 오랑캐 땅에 태어나서 자칭 사대부라 하니 어찌하는 말인가? 바지 저고리를 온통 희게만 해 입으니 이건 장사를 지내는 사람의 옷차림이요, 머리를 한데 묶어서 송곳처럼 상투를 트니 이건 남만의 방망이 상투가 아니냐. 그리고는 어찌 예법을 안다고 하겠는가? ⑰옛날 번오기는 사사로운 원한을 갚고자 머리를 자르는 것을 아까워하지 않았고, 무령왕은 나라를 부강하게 만들고자 호복 입는 것을 수치로 여기지 않았다. 지금 명나라의 원수를 갚겠다고 하면서 그까짓 상투 하나를 아낀단 말이냐? 뿐만이 아니다. 장차 말 타기, 칼 치기, 창 찌르기, 활 당기기, 돌팔매질을 익혀야 하거늘. 그 넓은 소매를 고칠 생각은 하지 않고 예법만 찾느냐? 내 처음 세 가지를 말하였으나 너는 그중 한 가지도 하지 못한다 하면서 그래도 신임받는 신하 노릇을 한단 말이냐? 그래도 군이 신임받는 신하라고 하겠느냐? 이런 놈은 참수하는 것이 옳다."

허생은 좌우를 돌아보며 칼을 찾아 찔러 죽일 듯한 기세였다. 이공은 크게 놀라 엉겁결에 뒤창을 차고 나와 뒤도 돌아보지 않고 집으로 돌아갔다.
➔ 허생의 사대부 비판

다음 날 그는 다시 허생의 집을 찾았으나 이미 집은 텅 비어 있어서 찬바람만 쓸쓸할 뿐 주인은 종적도 없었다.
➔ 허생의 잠적

작품 핵심 **단축키**

허생과 이완의 만남	인물 간의 갈등	결말이 주는 효과
인물 □□는 허생에게 이완을 소개하나, 허생은 이완을 냉대함.	**사건·갈등** □□은 이완에게 세 가지 현실 대응책을 제시하나, 이완은 이를 받아들이지 못함.	**서술** 허생이 자취를 감추는 미완(未完)의 구조로 되어 있어, 독자에게 □□을 남김.

1 윗글에 대한 설명으로 가장 적절한 것은?

① 현재와 과거를 교차 서술하여 갈등을 심화하고 있다.
② 배경의 묘사를 통해 사건의 현실성을 부여하고 있다.
③ 대화를 통해 인물들의 생각을 구체적으로 드러내고 있다.
④ 서술자가 개입하여 앞으로 일어날 사건을 예고하고 있다.
⑤ 주변 인물의 중재를 통해 인물 간의 갈등이 해소되고 있다.

2 〈보기〉를 바탕으로 윗글을 작품을 감상할 때, 적절하지 <u>않은</u> 것은?

> ● 보기 ●
>
> 박지원은 북학파를 이끌며 청나라의 발달된 문명을 받아들일 것을 주장했던 선구적인 실학자이다. 박지원은 당대 일반적인 유학자들의 배청 사상(排淸思想)을 과감히 탈피하고 인재 등용, 경제, 풍속, 병사 등 다양한 방면에 걸쳐 개혁을 주장하였다. 그러나 당대 정치 환경에서는 명분보다 이용후생(利用厚生)을 강조하는 박지원의 이러한 주장이 받아들여지지 않았다. 「허생전」은 바로 이러한 사회 현실을 반영한 대표작이라고 할 수 있다.

① 이완이 허생의 제안을 받아들이지 못한 것은 당대 정치적 현실이 반영된 것이군.
② 허생이 하층 계급의 등용을 주장한 것은 인재 선발의 개혁이 필요함을 시사한 것이군.
③ 허생이 조선의 취약한 경제 구조를 지적한 것은 경제 방면에 개선이 필요함을 시사한 것이군.
④ 허생이 이완을 꾸짖은 것에는 당대 사대부들의 무능함에 대한 비판이 담겨 있다고 볼 수 있군.
⑤ '만주 정부', 즉 청나라와의 교류를 주장한 것으로 볼 때, 허생은 당대 유학자들의 배청 사상(排淸思想)을 탈피한 인물이군.

3 ㉠~㉤에 대한 설명으로 적절하지 <u>않은</u> 것은?

① ㉠ : 오랜 시간 동안 이름도 밝히지 않을 만큼 허생이 이인(異人)다운 면모를 지니고 있음을 드러내고 있다.
② ㉡ : 권력에 굴하지 않는 허생의 당당한 태도를 드러내고 있다.
③ ㉢ : 명나라 장졸의 후손들이 조선을 떠돌면서 사회적 문제를 일으키고 있음을 드러내고 있다.
④ ㉣ : 변발을 하고 호복을 입는 것이 사대부의 명분에 어긋나는 일임을 말하고 있다.
⑤ ㉤ : 역사적 인물의 일화를 들어 사대부들의 허위를 비판하고 있다.

4 〈보기〉는 [A]를 희곡으로 각색한 것이다. 이를 비교한 것으로 적절하지 <u>않은</u> 것은?

> ─ 보기 ─
>
> **허생** : 아내 말이 이것저것 다 못허겠거들랑, 도둑질이라두 허라는 바람에…… 헛, 삼 년은 더 읽어야 헐 책자를 놓고 나섰던 게, 용케 변 진사 영감을 만났지. 생각만 해두 등골이 오싹허구 식은땀이 납니다. 석 달을 빚진 종으로 살려니…….
>
> **변씨** : 석 달에 십만 냥을 잡으시다니, 우리들 쪼무래기 장시치들이야 날구 뛰는 재주가 있어두 생원님을 못 따릅니다.
>
> **허생** : 십만 냥 돈을 쌓아 놓구 보니 가슴이 아프구 저립디다요.
>
> **변씨** : 지당허신 말씀.
>
> **허생** : 변 진사, 아예 내가 헌 짓을 본받질랑 마슈. 과일이 있었기 무방했지, 백성에게 없어선 안 될 물건을 독점해 가지구 값을 올림 이건 역적의 행위라오.
>
> **변씨** : 예, 명심하겠습니다. 그러나 이번에 뵙고자 온 것은 장삿일이 아니오라…….
>
> ─ 오영진, 「허생전」

① [A]와 달리 〈보기〉에서는 허생이 장사를 하게 된 연유가 나타나 있다.
② [A]와 달리 〈보기〉에서는 허생과 변씨의 가치관의 충돌이 나타나 있다.
③ 〈보기〉와 달리 [A]에는 조선의 경제 상황에 대한 정보가 제시되어 있다.
④ 〈보기〉와 달리 [A]에는 허생이 돈을 번 방법이 구체적으로 제시되어 있다.
⑤ [A]와 〈보기〉에서 허생은 자신의 상행위(商行爲)에 대해 평가하고 있다.

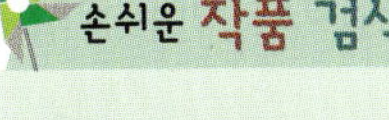

손쉬운 작품 검색

허생전_박지원

💬 전체 줄거리

발단 허생은 가난한 선비로 책 읽기에 열중하던 중, 생활고를 견디지 못한 아내의 질책에 십 년을 작정했던 공부를 포기하고 집을 나선다.

본문 수록 장면

전개 허생은 부호인 변씨를 찾아가 만 냥을 꾸어서 매점매석으로 큰 이득을 남긴다. 그리고 이 돈으로 변산의 도둑 무리를 무인도로 데리고 가서 농사를 짓게 하고 일본에 쌀을 팔아 더 큰 이익을 얻는다. 집으로 돌아온 허생은 변씨에게 돈을 갚고 변씨와 친분을 맺으며 지낸다.

위기·절정 변씨로부터 허생이 비범한 인물임을 전해 들은 이완 대장이 허생을 찾아간다. 허생은 이완에게 세 가지 현실 대응책을 건의하지만, 이완은 이를 받아들이기 어렵다며 거절한다. 허생은 명분만 내세우는 무능한 양반 계층을 비판하며 이완을 크게 꾸짖는다.

결말 이튿날 이완이 허생의 집에 다시 찾아갔으나 허생은 자취를 감춰 버렸다.

허생		이완
• 허구적인 인물 • 비범한 능력을 지니고 있으며 집권층에 대해 비판적임. • 실리를 중시하는 비판적 지식인	←갈등→	• 조선 시대 실존 인물 • 과거 인습에 얽매여 새로운 변화를 거부함. • 명분을 중시하는 사대부

주제 ▶ 지배층인 사대부의 무능과 허위의식 비판, 지배층의 각성 촉구

\# 이완_당시 집권층의 전형적 인물
\# 이완을 향한 질책 = 지배층에 대한 비판

특징 ▶ 실학사상을 바탕으로 당대 사회의 모순을 풍자함.

\# 실학_이용후생   \# 명분보다는 실리 중시
\# 인재 등용의 문제점 지적   \# 북벌론의 허구성 비판

40 춘향전(春香傳) _작자 미상

기생의 딸인 춘향과 양반의 자제인 이몽룡의 신분을 초월한 남녀 간의 사랑과 시련을 그린 작품이다. 춘향은 이야기의 중심인물로, 주인공의 이름을 따 작품의 제목으로 붙였다.

운봉이 분부하여 / "저 양반 듭시래라."

어사또 들어가 단좌(端坐)하여 좌우를 살펴보니, 당상(堂上)의 모든 수령 다담을 앞에 놓고 진양조 양양(洋洋)할 제 어사또 상을 보니 어찌 아니 통분하랴. 모 떨어진 개상판에 닥채저붐, 콩나물, 깍두기, 막걸리 한 사발 놓았구나. 상을 발길로 탁 차 던지며 운봉의 갈비를 직신,

"갈비 한 대 먹고 지고." / "다라도 잡수시오."

하고 운봉이 하는 말이

"이러한 잔치에 풍류로만 놀아나서 맛이 적사오니 차운(次韻) 한 수씩 하여 보면 어떠하오?"

"그 말이 옳다."

하니 운봉이 운(韻)을 낼 제, 높을 고(高)자, 기름 고(膏)자 두 자를 내어 놓고 차례로 운을 달 제, 어사또 하는 말이

"걸인도 어려서 추구권(抽句卷)이나 읽었더니, 좋은 잔치 당하여서 주효를 포식하고 그저 가기 무렴(無廉)하니 차운 한 수 하사이다."

➔ 푸대접을 받는 어사또와 운봉의 작시(作詩) 제안

운봉이 반겨 듣고 필연(筆硯)을 내어 주니 좌중(座中)이 다 못하여 글 두 귀(句)를 지었으되, 민정(民情)을 생각하고 본관의 정체를 생각하여 지었겄다.

[가]
"금준미주(金樽美酒)는 천인혈(千人血)이요, 옥반가효(玉般佳肴)는 만성고(萬姓膏)라. 촉루락시(燭淚落時) 민루락(民淚落)이요, 가성고처(歌聲高處) 원성고(怨聲高)라."

이 글 뜻은, "금동이의 아름다운 술은 일만 백성의 피요, 옥소반의 아름다운 안주는 일만 백성의 기름이라. 촛불 눈물 떨어질 때 백성 눈물 떨어지고, 노랫소리 높은 곳에 원망 소리 높았더라."

➔ 한시를 지어 탐관오리를 꾸짖는 어사또

이렇듯이 지었으되, 본관은 몰라보고 운봉이 이 글을 보며 내념(內念)에

'아뿔싸, 일이 났다.'

이 때, 어사또 하직하고 간 연후에 공형(公兄) 불러 분부하되, / "야야, 일이 났다."

공방(工房) 불러 포진(鋪陣) 단속, 병방(兵房) 불러 역마(驛馬) 단속, 관청색 불러 다담 단속, 옥 형리(刑吏) 불러 죄인 단속, 집사(執事) 불러 형구(刑具) 단속, 형방(刑房) 불러 문부(文簿) 단속, 사령 불러 합번(合番) 단속, 한참 이리 요란할 제 물색없는 저 본관이

"여보, 운봉은 어디를 다니시오?"

"소피(所避)하고 들어오오."

본관이 분부하되, / "춘향을 급히 올리라." / 고 주광(酒狂)이 난다. 〈중략〉

➔ 어사출두를 예감한 운봉과 눈치채지 못한 본관

좌수, 별감 넋을 잃고, 이방, 호방 실혼(失魂)하고, 삼색나졸(三色羅卒) 분주하네.

ⓐ모든 수령 도망할 제 거동 보소, 인궤(印櫃) 잃고 과줄 들고, 병부(兵符) 잃고 송편 들고, 탕건(宕巾) 잃고 용수 쓰고, 갓 잃고 소반(小盤) 쓰고, 칼집 쥐고 오줌 누기. 부서지니 거문고요, 깨지느니 북, 장고라. 본관이 똥을 싸고 멍석 구멍 새앙쥐 눈 뜨듯 하고 내아(內衙)로 들어가서

"어 추워라, 문 들어온다, 바람 닫아라. 물 마른다, 목 들여라."

관청색은 상을 잃고 문짝 이고 내달으니, 서리 역졸 달려들어 후닥딱 / "애고, 나 죽네!"

➔ 어사출두로 도망가는 본관과 수령들

이때 수의사또 분부하되

"이 골은 대감이 좌정하시던 골이라, 훤화(喧譁)를 금하고 객사(客舍)로 사처(徙處)하라."

좌정(座定) 후에 / "본관은 봉고파직(封庫罷職)하라." / 분부하니,

"본관은 봉고파직이요!"

사대문에 방 붙이고 옥 형리 불러 분부하되,

"네 골 옥수(獄囚)를 다 올리라."

호령하니 죄인을 올리거늘, 다 각각 문죄(問罪) 후에 무죄자 방송(放送)할새,

"저 계집은 무엇인다?"

형리 여짜오되,

"기생 월매 딸이온데, 관정(官庭)에 포악(暴惡)한 죄로 옥중에 있삽내다."

"무슨 죄다?"

형리 아뢰되,

"본관 사또 수청(守廳)으로 불렀더니 수절(守節)이 정절(貞節)이라 수청 아니 들려하고, 관전(官前)에 포악한 춘향이로소이다."

➜ 본관을 문책하고 춘향과 재회한 어사또

어사또 분부하되,

"너만 년이 수절한다고 관정 포악하였으니 살기를 바랄쏘냐? 죽어 마땅하되 내 수청도 거역할까?"

춘향이 기가 막혀

[A] "내려오는 관장(官長)마다 개개이 명관이로구나. 수의사또 들조시오. 층암절벽(層巖絕壁) 높은 바위 바람 분들 무너지며, 청송녹죽(靑松綠竹) 푸른 남기 눈이 온들 변하리까? 그런 분부 마옵시고 어서 바삐 죽여 주오." / 하며,

"향단아, 서방님 어디 계신가 보아라. 어젯밤에 옥 문간에 와 계실 제 천만당부하였더니 어디를 가셨는지, 나 죽는 줄 모르는가?"

➜ 어사또의 시험에 곧은 절개를 다짐하는 춘향

어사또 분부하되,

"얼굴을 들어 나를 보라."

하시니, 춘향이 고개를 들어 대상(臺上)을 살펴보니 걸객(乞客)으로 왔던 낭군, 어사또로 뚜렷이 앉았구나. 반 웃음 반 울음에

"얼씨구나 좋을씨고. 어사 낭군 좋을씨고. 남원 읍내 추절(秋節) 들어 떨어지게 되었더니, 객사에 봄이 들어 이화 춘풍(李花春風) 날 살린다. 꿈이냐 생시냐, 꿈을 깰까 염려로다."

한참 이리 즐길 적에 춘향 모 들어와서 가없이 즐겨하는 말을 어찌 다 설화(說話)하랴. 춘향의 높은 절개 광채 있게 되었으니 어찌 아니 좋을쏜가?

➜ 춘향과 이몽룡의 재회

• **차운(次韻)** : 남이 지은 시의 운자(韻字)를 따서 시를 지음. 또는 그런 방법
• **추구권(抽句券)** : 좋은 구절을 뽑아 적은 책권
• **주효(酒肴)** : 술과 안주를 아울러 이르는 말
• **무렴(無廉)하니** : 염치가 없으니
• **필연(筆硯)** : 붓과 벼루를 아울러 이르는 말

• **본관(本官)** : 고을의 수령을 이르던 말
• **소피(所避)** : '오줌'을 완곡하게 이르는 말
• **삼색나졸(三色羅卒)** : 조선 시대에, 지방 관아에 속하여 죄인을 다루는 일이나 심부름 따위를 하던 세 하인. 나장, 군리, 사령을 이름.
• **수의사또(繡衣使道)** : '어사또'를 달리 이르던 말

• **봉고파직(封庫罷職)** : 어사나 감사가 못된 짓을 많이 한 고을의 원을 파면하고 관가의 창고를 봉하여 잠금. 또는 그런 일
• **방송(放送)** : 죄인을 감옥에서 나가도록 풀어 주던 일
• **추절(秋節)** : 가을철

작품 핵심 **단축키**

옥에 갇힌 춘향

인물 춘향은 □□의 수청을 거부하여 옥에 갇히게 됨.

어사또가 지은 시

사건 갈등 어사또는 시를 지어 본관과 같은 □□□□를 꾸짖음.

갈래상의 특징

서술 산문체와 □□□가 함께 쓰이는 판소리계 소설의 특징이 드러남.

1 윗글에 대한 설명으로 적절하지 <u>않은</u> 것은?

① 언어유희를 활용하여 웃음을 유발하고 있다.
② 서술자가 직접 개입하여 장면을 설명하고 있다.
③ 대화와 행동을 중심으로 서사가 진행되고 있다.
④ 배경 묘사를 통해 인물의 심리를 암시하고 있다.
⑤ 인물을 희화화하여 장면의 해학성을 높이고 있다.

2 윗글에 대한 이해로 적절하지 <u>않은</u> 것은?

① 운봉의 대답을 곧이곧대로 믿는 것을 보니 본관은 눈치가 없는 인물이로군.
② 어사또가 지은 시의 내용을 이해한 것을 보니 운봉은 풍류를 아는 인물이로군.
③ 본관을 봉고파직하고 무죄자를 석방한 것을 보니 어사또는 공명정대한 인물이로군.
④ 본관 사또뿐 아니라 수의사또의 수청도 거절한 것을 보니 춘향은 절개가 굳은 인물이로군.
⑤ 춘향을 모른 체하며 춘향의 마음을 시험하는 것을 보니 어사또는 능청스러운 데가 있는 인물이로군.

3 [A]에 대한 설명으로 적절하지 <u>않은</u> 것은?

① 자연물에 빗대어 자신의 심정을 나타내고 있다.
② 타인의 견해를 인용하여 상대방을 설득하고 있다.
③ 반어적 표현을 사용하여 상대방을 비난하고 있다.
④ 의문형 진술을 통해 자신의 의지를 강조하고 있다.
⑤ 단정적 어조를 통해 자신의 태도를 분명히 하고 있다.

4 ⓐ와 관련된 한자 성어로 적절한 것은?

① 자업자득(自業自得)
② 적반하장(賊反荷杖)
③ 이심전심(以心傳心)
④ 혼비백산(魂飛魄散)
⑤ 명재경각(命在頃刻)

5

〈보기〉를 읽고, [가]에 대해 보인 반응으로 적절하지 <u>않은</u> 것은?

● 보기 ●

이 시의 유래에 관해서는 조선 시대의 다른 암행어사 성이성이란 사람이 지었다는 설, 중국 관리가 우리나라에 와서 지어 주고 갔다는 설 등 여러 가지 설이 있다. 최근 연구에 따르면, 사실 이 시는 중국 송나라의 한 관리가 중국 관료 사회의 부정부패를 비판하면서 쓴 작품인데, 이것을 약간 개작하여 「춘향전」에 활용한 것이라 보는 설이 가장 신빙성이 있다고 할 것이다.

① 창작 계기로 보아 이 시의 표현이 격정적인 이유를 알 것 같아.
② 작가로 추정되는 사람들을 보니 이 시는 서민층 사이에서 널리 사랑받던 시였나 봐.
③ 원작자가 누구이든 간에 이 시가 당대의 사회 현실을 부정적으로 보고 있다는 점은 틀림없어.
④ 우리나라 작품에 한시가 자연스럽게 들어간 것을 보니 우리나라 문학에 중국 문화가 미친 영향이 대단했군.
⑤ 「춘향전」의 전승 과정에서 누군가가 당대 민중이 가지고 있던 현실 인식을 이 시를 통해 작품에 반영한 거야.

 손쉬운 **작품 검색**

춘향전_작자 미상 ⊕

전체 줄거리

발단 단옷날 그네를 타던 춘향과 이 모습을 본 몽룡은 서로 사랑에 빠지게 되고, 백년가약을 맹세한다.

전개 몽룡의 부친이 한양으로 올라가면서 춘향과 몽룡은 이별하게 되고, 춘향은 새로 부임한 사또인 변학도의 수청을 거부하여 옥에 갇히게 된다.

본문 수록 장면

위기·절정 장원 급제하여 어사가 된 몽룡은 걸인 행색으로 옥에 갇힌 춘향을 찾아가 춘향의 변함없는 정절을 확인한다. 변학도의 생일잔치에 암행어사로 출두한 몽룡은 변학도를 숙청한다.

결말 옥에서 풀려난 춘향은 몽룡과 함께 한양으로 올라가고, 두 사람은 부귀영화를 누리며 백년해로한다.

이몽룡(어사또)
춘향과의 사랑의 약속을 지키려 노력하는 인물로, 장원 급제한 후 어사가 되어 부패한 관리인 변학도를 숙청함.

애정 

성춘향
정절을 지키며, 신분의 제약을 넘어 몽룡과의 사랑을 성취하는 적극적인 인물

대립   대립

변학도(본관 사또)
가렴주구를 일삼는 부패한 지방 수령의 전형적 인물

주제 ▶ 신분을 초월한 지순한 사랑과 정절, 탐관오리의 횡포에 대한 비판

\# 신분의 제약을 뛰어 넘은 사랑   \# 수청을 거부하는 춘향
\# 일편단심   \# 변 사또_탐관오리
\# 암행어사 출두_탐관오리 응징

특징 ▶ 해학과 풍자가 두드러짐.

\# 언어유희_말장난   \# 희화화   \# 웃음을 유발함
\# 어사또를 통한 탐관오리 응징   \# 서민들의 바람을 반영
\# 부패한 지배층 비판_풍자

41 수궁가(水宮歌) _작자 미상

'수궁'은 '상상으로 물속에 있다고 하는 용왕의 궁전', 즉 '용궁'을 의미하는 말이다. 「수궁가」는 용궁에 사는 용왕이 자신의 병을 낫게 할 수 있다는 '토끼의 간'을 구하기 위해 육지에 사는 토끼를 수궁으로 유인하였다가, 토끼에게 속아 그를 놓아주게 되는 내용을 담은 판소리 사설이다.

/ 앞부분 줄거리 / 용왕이 병이 나서 죽을 지경에 이르자 용궁에서 회의가 열린다. 용왕은 토끼의 간이 병을 낫게 할 수 있다는 사실을 알고 신하들에게 토끼의 간을 구해 오라고 하나 어느 누구도 나서지 않는다.

[아니리]

한참 이리 헐 적에, 해운공 방게란 놈이 열 발을 쩍 벌리고 엉금엉금 기어 들어오며,

[중중모리]

"신의 고향 세상이라, 신의 고향은 세상이라. 푸른 시냇물에 가만히 몸 숨기어 천봉만학(千峰萬壑)을 바라봐, 산중 토끼 달 속 토끼 안면 있사오니, 소신의 엄지발로 토끼 놈의 가는 허리를 바드드드드 집어다가 대왕전에 바치리다."

[아니리]

"아니, 그럼 너도 이놈, 그러면 신하란 말이냐?"

"아, 물고기 떼는 다 마찬가지요."

"어라, 저놈 보기 싫다! 두 엄지발만 똑 떼여 내쫓아라!"

공론이 미결(未決)헐 적에,

➜ 용왕은 토끼의 간을 구하러 가겠다는 방게의 뜻을 받아 주지 않고 내쫓음.

[진양조]

영덕전 뒤로 한 신하 들어온다.

눈이 작고 다리가 짧고, 목이 길며 주둥이가 까마귀 부리처럼 뾰족하도다.

가슴과 배의 등에다 방패를 지고 앙금앙금 기어 들어와 몸을 굽혀 공손히 두 번 절하며 상소를 올리거늘,

[아니리]

받아 보니 별주부 자라라.

"네 충성은 지극허나, 세상에를 나가며는 인간의 진미가 되어 자라탕으로 죽는다니, 그 아니 원통허냐?"

별주부 여짜오되,

"소신은 손발이 넷이오라, 물 위에 둥실 높이 떠 망보기를 잘 하와 인간에게 낭패를 당함은 없사오나, 바닷속에서 태어나 토끼 얼굴을 모르오니, 얼굴 하나만 그려 주시면 꼭 잡어다 바치겠나이다."

"아, 글랑 그리하여라."

➜ 별주부가 토끼 얼굴을 그려 주면 토끼를 잡아 오겠다고 말하자 용왕이 허락함.

[중중모리]

"화사자(畵師子) 불러라."

화공을 불러들여 토끼 얼굴을 그린다. 유리 같이 맑은 수면의 동정호처럼 청홍색의 벼루, 수놓은 고운 비단 같은 가을 물결 무늬 거북 연적(硯滴), 오징어로 먹 갈아 양두 화필을 덤벅 풀어 붉고 푸른 여러 빛깔을 두루 묻히어서 이리저리 그린다.

천하 명산 승지 강산 경개 보던 눈 그리고, / 두견, 앵무, 지지 울 제 소리 듣던 귀 그리어, / 봉래, 방장산 운무(雲霧) 중의 내 잘 맡던 코 그리고, / 난초, 지초, 왼갖 향초, 꽃 따먹던 입 그리어, / 대한(大寒) 엄동 설

한풍(寒風)의 추위 막던 털 그려, / 만화방창(萬花方暢) 화림(花林) 중의 펄펄 뛰던 발 그려, / 신농씨 상백초 이슬 털던 꼬리라. / 두 귀는 쫑긋, 두 눈 도리도리, 허리는 늘씬, 꽁지난 묘똑, / 좌편 청산이요, 우편은 녹수라. / 녹수 청산의 애굽은 장송(長松), 휘늘어진 양류(楊柳) 속, / 들락날락 오락가락 앙그주춤 기난 듯이, / 그림 속의 토끼 얼풋 그려,

"아미산월의 반륜퇴가 이에서 더할소냐. 아나, 엿다, 별주부야, 네가 가지고 나가라."

➜ 화공이 토끼의 모습을 그려 별주부에게 줌.

[아니리]

별주부, 토끼 화상 받어 목덜미 속에 집어 놓고 꽉 옴틀여 놓으니, 물 한 점 들어갈 배 만무하지. 사은숙배 하직한 후에 본댁으로 돌아올 적에, 그때에 주부 모친이 있는듸, 자라라도 수수천년이 되어서 삶아 놔도 먹지 못할 자라였다. 주부 세상에 간단 말을 듣고 울며불며 못 가게 만류를 허는듸,

[진양조]

"여봐라, 주부야, 여봐라, 별주부야. 네가 세상을 간다 허니 무얼 허로 갈라느냐? 장탄식, 병이 든들 어느 뉘가 날 구하며, 이 몸이 죽어져서 까마귀와 솔개의 밥이 된들, 뉘라 손뼉을 뚜다려 주며 후여쳐 날려 줄 이가 뉘 있더란 말이냐? 여봐라, 별주부야, 위험한 곳에는 들어가지를 말어라."

[아니리]

별주부 여쫘오되,

"나라에 환후 계옵시여 약 구하러 가는 길이오니, 어머니, 너무 근심치 마옵소서."

"내 아들아, 기특허다. 충성이 지극허면 죽는 법이 없느니라. 그림 수로 육로 이만 리를 무사히 다녀오너라."

절하고 작별하고 침실로 돌아올 적에, 그때에 주부 마누라가 있는듸, 이놈이 어디로 장가를 들었는고 허니 소상강으로 장가를 들었것다. 택호(宅號)를 부르며 나오는듸,

"아이고 여보, 소상강 나리, 세상를 가신다니, 당상(堂上)의 백발 모친 어찌 잊고 가랴시오?"

"오냐, 네가 아이고 지고 운다마는, 내가 너를 못 잊고 가는 일이 하나 있다."

"아, 무슨 일을 그렇게 못 잊고 가세요?"

"다른 게 아니라, 재 너머 남생이란 놈이 제 주제에 덧붙임 사촌 간이라 하여 두고 생김생김이 꼭 나와 비슷하니, 가만가만 자주 돌아다니는 게 아마도 내 오래 바라보니 수상허단 말이여. 그놈 몸에서는 노랑내가 나고, 내 몸에는 꼬순내가 나니, 글로 조짐을 잘 알아내어 부디 조심 잘 자렸다."

단단히 단속 후에 수정문 밖을 썩 나서서, 세상 경개를 살피고 나오는듸,

꼭 이렇게 나오든가 부드라.

➜ 별주부가 집으로 돌아와 모친과 부인에게 작별 인사를 하고 육지로 나옴.

작품 핵심 **단축키**

	방게와 별주부
인물	방게와 별주부는 용왕을 위해 □□를 잡아 오겠다고 자원함.

	주요 사건
사건 갈등	용왕은 □□□가 토끼의 간을 구하러 육지로 가는 것을 허락함.

	우화적 수법을 통한 풍자
서술	인간 사회의 모습을 토끼와 자라 등 □□에 빗대어 표현하여 인간 사회를 풍자함.

1 윗글에 대한 설명으로 적절하지 <u>않은</u> 것은?

① 현재형 시제를 사용하여 현장감을 부여하고 있다.
② 해학적 웃음을 통해 청자의 흥미를 유발하고 있다.
③ 동일한 구조의 문장을 반복하여 리듬감을 살리고 있다.
④ 음성 상징어를 사용하여 대상을 생동감 있게 묘사하고 있다.
⑤ 독백과 대화를 반복적으로 교차하여 인물의 심리를 드러내고 있다.

 손쉬운 **개념**

*** 음성 상징어**
어떤 특정한 뜻이나 인상을 상징적인 음성으로 나타내어 듣는 이에게 그 뜻을 짐작하도록 하는 말로, 의성어(사물의 소리를 흉내 낸 말), 의태어(사물의 모양이나 움직임을 흉내 내어 만든 말 등)을 말한다.

2 윗글의 내용으로 알맞지 <u>않은</u> 것은?

① 별주부는 토끼의 간을 구하기 위해 세상에 나가는 일을 자청하였다.
② 별주부는 토끼의 얼굴을 본 적이 없으므로 토끼의 화상이 필요하였다.
③ 용왕은 별주부가 세상에 나가면 죽을 수도 있다며 그를 걱정해 주었다.
④ 방게는 여러 가지 근거를 들며 자신이 토끼를 잡아 올 수 있음을 강조하였다.
⑤ 별주부는 자신의 성격을 언급하며 주어진 임무 수행에 대한 의지를 드러내었다.

3 기출 문제 〈보기〉를 참고하여 윗글을 감상한 내용으로 적절하지 <u>않은</u> 것은?

보기

「수궁가」는 청중의 다양성과 판소리 연행의 특징으로 인해 주제가 다층적으로 드러난다. 충, 효, 열과 같은 유교 사회의 전통적인 윤리 규범과 가문 의식, 명망(名望)을 얻으려고 하는 가치관 등을 반영하는 한편, 지배층의 무능과 횡포, 위선적인 면모를 폭로하기도 한다. 이처럼 「수궁가」는 조선 후기 당대의 상충되는 이념적 지향을 대변하는 작품이다.

① 용왕이 육지로 가겠다는 별주부의 의사를 수용하는 것에서 지배층의 무능력한 면모를 파악할 수 있군.
② 방게를 무시하며 두 엄지발만 떼어 내쫓으라고 명령하는 것을 통해 지배층의 횡포를 엿볼 수 있군.
③ 별주부의 아내가 노모를 언급하며 별주부를 만류하는 것에서 '효'에 대한 당대인의 윤리 의식을 확인할 수 있군.
④ 별주부가 아내를 단단히 단속한 뒤 집을 나서는 것에서 여성에게 정절을 요구하는 당대의 분위기를 짐작할 수 있군.
⑤ 주부 모친이 용왕을 위해 세상으로 나가려는 별주부를 기특하게 여기는 것에는 '충'을 중시하는 가치관이 드러나 있군.

4 〈보기〉는 윗글을 읽은 학생의 반응이라고 할 때, ⓐ에 들어갈 말로 가장 적절한 것은?

보기

별주부가 토끼의 간을 구하기 위해 세상에 나간다는 말이 주부 모친에게 처음에는 (ⓐ)와/과 같은 말이었겠군.

① 감언이설(甘言利說)
② 자화자찬(自畵自讚)
③ 적반하장(賊反荷杖)
④ 조삼모사(朝三暮四)
⑤ 청천벽력(靑天霹靂)

 손쉬운 **작품 검색**

수궁가_작자 미상

전체 줄거리

본문 수록 장면

발단 용왕이 갑자기 병이 나 온갖 약을 써 보지만 소용이 없어 탄식하던 중, 토끼의 간을 먹으면 낫는다는 말을 듣는다.

전개 용왕이 육지에 나갈 신하를 고르는데, 신하들은 서로 다투기만 할 뿐 아무도 약을 구하러 가려 하지 않는다. 이때 별주부 자라가 자원하여 토끼를 찾으러 육지로 가게 된다.

위기 · 절정 별주부는 온갖 감언이설로 토끼를 유혹하여 용궁으로 데리고 온다. 자신이 속은 것을 알게 된 토끼는 기지를 발휘하여 간을 육지에 두고 왔다는 말로 용왕을 속이고 다시 육지로 나온다.

결말 육지에 도착한 토끼는 별주부와 용왕을 조롱하며 달아난다. 하지만 육지에서 독수리에게 잡히는 신세가 되고, 토끼는 또다시 꾀를 내어 위기에서 벗어나 도망간다.

용왕	병이 낫기 위해 토끼의 간이 필요함.
별주부	용왕을 위해 육지에 나가 토끼를 잡아오겠다고 자원함.
별주부 모친	용왕의 약을 구하러 가는 것을 기특하게 여김.

→ **왕에 대한 신하의 충성심 강조**

주제 ▶ 왕에 대한 우직한 충성심

\# 용왕   \# 별주부_충신   \# 토끼의 간_용왕을 구하는 약
\# 육지 = 위험한 곳
\# 토끼의 간을 구하러 육지로 감_충성심

특징 ▶ 우화적 수법으로 인간 사회를 풍자함.

\# 인간을 동물에 빗댐_우화적 수법
\# 용왕_지배 계층의 부도덕한 통치자
\# 별주부_지배 계층의 충성심이 높은 신하
\# 토끼_피지배 계층인 서민을 대변함

42 흥보가(興甫歌) _작자 미상

현재 전하는 판소리 다섯 마당 가운데 하나로, 「박타령」이라고도 불리는 작품이다. 주인공인 '흥보'를 제목으로 삼아 흥보와 놀보 형제의 이야기를 해학적으로 다루고 있다.

/ **앞부분 줄거리** / 심술궂고 욕심 많은 형 놀보는 선량한 흥보 가족을 집에서 쫓아낸다. 흥보는 매품을 팔거나 온갖 궂은일을 해도 가난에서 벗어나지 못한다. 그러다가 흥보가 우연히 둥지에서 떨어진 제비를 살려 주게 되고, 그 제비가 물어다 준 박씨를 심자 여러 개의 박이 열린다.

[아니리]

흥보가 지붕으로 올라가서 박을 톡톡 튕겨 본즉 팔구월 찬 이슬에 박이 꽉꽉 여물었구나. 박을 따다 놓고 흥보 내외 자식들 데리고 톱을 걸고 박을 타는듸,

➔ 흥보가 박을 탈 준비를 함.

[진양조]

[A]
"원수 놈의 가난이로구나. 어떤 사람 팔자 좋아 일대 영화 부귀헌디, 이놈의 팔자는 어이허여 박을 타서 먹고 사느냐? 에여루, 당거 주소. 이 박을 타거들랑 아무것도 나오지를 말고, 밥 한 통만 나오너라. 평생의 포한이로구나. 시르렁 시르렁, 당거 주소, 톱질이야. 으흐으으으 시르렁 실근, 당거 주소, 톱질이야. 여보소, 마누라! 톱 소리를 맞어 주소." ⓐ"톱 소리를 내가 맞자 해도 배가 고파 못 맞겠소." "배가 정 고프거든 허리띠를 졸라매고, 에여루, 당거 주소. 시르르르르르르르 시르르르르르르 시르렁 시르러어어엉 실근 시르렁 실근 당거 주소, 톱질이야. 큰자식은 저리 가고, 작은 자식은 이리 오너라. 우리가 이 박을 어서 타서 박 속일랑 끓여 먹고, 바가질랑 부잣집에 가 팔어다가 목숨 보명을 허여 볼끄나. 에여루, 톱질이로고나."

➔ 흥보 내외의 박타령

[휘모리]

실근 실근 실근 실근 실근 실근 식삭 시르렁 시르렁 실근 실근 식삭 실근 실근 시르렁 시르렁 시르렁 시르렁 식식 식삭

[아니리]

박을 툭 타 놓고 보니 박통 속이 훼엥. "아, 이거 나간 놈의 집구석이로구나여. 박속은 어느 놈이 다 파가 버리고 껍덕만 갖다 여 붙여 놨네여. ⓑ박속 긁어 간 놈보단 박 붙여 논 놈이 재주가 더 용키는 용쿠나여." 한편을 가만히 들여다보니 웬 궤 두 짝이 쑥 불거지거늘, "아, 이거 보게여. 어느 놈이 박속은 다 긁어 가고 염치가 없으니깐 조상궤(祖上櫃)를 갖다 넣어 놨네여. 이거 관가에서 나오면, 알고 보면 큰일 난다. 이거 갖다 내버려라, 이거." 흥보 마누라가 가만히 보더니마는, ⓒ"여보, 영감. 죄 없으면 괜찮습니다. 좀 열어 봅시다."

[B]
"아, 요새 여편네들이 통이 너럭지만이나 크다니까. 이 사람아, 이 궤를 만일 열어 봐서 좋은 것이 나오면 좋으되, 만일 낮은 것이 나오면 내뺄 터인듸, 자네 내 걸음 따라오겠는가? 자식들 데리고 저 사립 밖에 가 서소. 그래갖고, 내가 이 궤를 열어 봐서, 좋은 것이 나오면 손을 안으로 칠 터이니 들어오고, 만일에 낮은 것이 나오면 손을 밖으로 내칠 터이니 내빼소 내빼." 흥보가 궤 자물쇠를 가만히 보니, '박흥보 씨 개탁(開坼)'이라 딱 새겼지. 흥보가 자문자답으로 궤를 열 것다. ⓓ날 보고 열어 보랬지? 암은, 그렇지. 열어 봐도 관계찮다지? 암은, 그렇고말고."

➔ 박 속에서 궤 두 짝이 나옴.

[아니리]

궤를 찰칵찰칵, 번쩍 떠들러 놓고 보니 어백미(御白米) 쌀이 한 궤가 수북. 또 한 궤를 찰칵찰칵, 번쩍 떠

들러 놓고 보니 돈이 한 궤가 수북. 탁 비워 놓고 본께 도로 하나 수북. 돈과 쌀을 비워 놓고 보니까 도로 수북. 흥보 마누래 쌀을 들고 흥보는 돈을 한번 떨어 붓어 보는듸, 휘몰이로 바짝 몰아 놓고 떨어 붓것다.

➔ 궤짝에서 쌀과 돈이 나옴.

[휘모리]

흥보가 좋아라고, 흥보가 좋아라고, 궤 두 짝을 떨어 붓고 닫쳐 놨다 열고 보면, 도로 하나 그득허고, 돈과 쌀을 떨어 붓고 닫쳐 놨다 열고 보면, 도로 하나 그득, 툭툭 떨고 돌아섰다, 돌아보면 도로 하나 그득허고, 떨어 붓고 나면 도로 수북, 떨어 붓고 나면 도로 그득. "아이고 좋아 죽겠다! 일 년 삼백육십 일을 그저 꾸역꾸역 나오너라!" 흥보가 좋아라고, 흥보가 좋아라고, 돈 궤짝을 떨어 붓고 돌아섰다 돌아보면, 도로 하나 그득허고, 쌀 궤짝을 떨어 붓고 돌아섰다 돌아보면, 도로 하나 수북, 툭툭 떨고 돌아섰다, 돌아보면 도로 하나 그득허고, 떨어 붓고 나면 도로 수북, 떨어 붓고 나면 도로 그득.

[중중모리]

"얼씨고나 좋을씨고, 얼씨고나 좋을씨고, 얼씨고 절씨고 지화자 좋구나, 얼시고나 좋을씨고. 돈 봐라, 돈 봐라, 얼씨고나 돈 봐라. 잘난 사람은 더 잘난 돈, 못난 사람도 잘난 돈. 생살지권(生殺之權)을 가진 돈, 부귀공명이 붙은 돈. 이놈의 돈아, 아나 돈아, 어디를 갔다가 이제 오느냐? ⓔ얼씨고나 돈 봐라. 야, 이 자식들아, 춤춰라. 어따, 이놈들, 춤을 추어라, 이런 경사가 어디가 있느냐? 얼씨고나 좋을씨고. 둘쨋놈아, 말 듣거라. 건넛말 건너가서 너그 백부(伯父)님을 오시래라. 경사를 보아도 형제 볼란다. 얼씨고나 좋을씨고, 지화자 좋을씨고, 불쌍허고 가련한 사람들, 박흥보를 찾아오오. 나도 내일부터 기민(飢民)을 줄란다. 얼씨고나 좋을씨고. 여보시오 부자들, 부자라고 좌세 말고 가난타고 한을 마소. 엊그제까지 박흥보가 문전걸식을 일삼더니, 오늘날 부자가 되니, 석숭이를 부러허며 도주공을 내가 부러워헐그나? 얼씨고 얼씨고 좋을씨고. 얼씨고나 좋구나."

➔ 흥보가 좋아서 타령을 함.

- **포한(抱恨)** : 한을 품음. 또는 그런 한
- **보명(保命)** : 목숨을 보전함.
- **궤(櫃)** : 물건을 넣도록 나무로 네모나게 만든 그릇
- **개탁(開坼)** : 봉한 편지나 서류 따위를 뜯어보라는 뜻
- **어백미(御白米)** : 임금에게 바치는 흰쌀
- **생살지권(生殺之權)** : 살리고 죽일 수 있는 권리
- **기민(飢民)** : 굶주린 백성

작품 핵심 **단축키**

|  인물 | **흥보의 특징** |  사건·갈등 | **제비의 보은** |  서술 | **웃음을 자아내는 표현** |

흥보의 특징 — 인물
흥보는 □□와 대조되는 인물로, 가난하지만 선량한 인물임.

제비의 보은 — 사건·갈등
흥보가 □을 타자 그 속에서 돈과 쌀이 끊임없이 나와 기뻐함.

웃음을 자아내는 표현 — 서술
□□적 표현을 통해 웃음으로 절망적 상황을 극복하려는 평민들의 낙천성이 드러남.

---

1 윗글의 '흥보'에 대한 이해로 가장 적절한 것은?

① 박에서 나온 궤를 함부로 열려고 하는 것을 보니 대담한 인물이군.
② 부자가 된 후 다른 사람들을 도우려 하는 것을 보니 이타적인 인물*이군.
③ 박을 통해 신세를 고치려는 것을 보니 노력보다 요행을 바라는 인물이군.
④ 배고픈 아내에게 박을 타라고 계속 재촉하는 것을 보니 가부장적인 인물이군.
⑤ 어려운 상황 속에서도 박을 길러 낸 것을 보니 운명을 극복하고자 노력하는 인물이군.

⊘ 손쉬운 개념

★ **이타적(利他的) 인물**
남을 위하거나 이롭게 하는 인물로, 고전 소설의 선악 구도에서 선한 인물이 주로 이타적 인물로 그려진다.

2 ⓐ~ⓔ 중, 〈보기〉의 설명에 해당하는 것은?

> ● 보기 ●
>
> 판소리에는 슬픔이나 갈등의 고조로 긴장감이 상승하는 상황에서 웃음을 주는 광경이나 대화를 제시하여 그 긴장감이 이완되는 구조가 자주 등장한다. 이처럼 판소리에는 비극적 상황 속에서도 웃음을 잃지 않으려는 민중들의 고유한 삶의 정서와 태도가 반영되어 있다.

① ⓐ ② ⓑ ③ ⓒ ④ ⓓ ⑤ ⓔ

3 [A]에 대한 설명으로 적절하지 <u>않은</u> 것은?

① 동일한 어구의 반복을 통해 음악성을 형성하고 있다.
② 인물 간의 대화를 통해 행동의 이유가 드러나고 있다.
③ 일확천금을 꿈꾸는 인물들에 대한 풍자가 나타나고 있다.
④ 의성어*를 사용하여 인물의 행동을 생생하게 제시하고 있다.
⑤ 행동이 느리게 시작되어 점점 빨라지는 양상을 보이고 있다.

＊ **의성어(擬聲語)**
사람이나 사물의 소리를 흉내 낸 말로, '쌕쌕', '멍멍', '땡땡', '우당탕', '퍼덕퍼덕' 따위가 있다.

4 〈보기〉를 참고하여 [B]에 드러난 '흥보 내외'를 평가한 내용으로 가장 적절한 것은?

> ● 보기 ●
>
> 흥부 부부가 박덩이를 사이하고
> 가르기 전에 건넨 웃음살을 헤아려 보라.
> 금이 문제리, / 황금 벼 이삭이 문제리,
> 웃음의 물살이 반짝이며 정갈하던
> 그것이 확실히 문제다.
>
> 없는 떡방아 소리도 / 있는 듯이 드러내고
> 손발 닳은 처지끼리 / 같이 웃어 비추던 거울 면들아.
>
> 웃다가 서로 불쌍해 / 서로 구슬을 나누었으리.
> 그러다 금시 / 절로 면(面)에 온 구슬까지를 서로 부끄리며
> 먼 물살이 가다가 소스라쳐 반짝이듯
> 서로 소스라쳐 / 본 웃음 물살을 지었다고 헤아려 보라.
> 그것은 확실히 문제다.
>
> — 박재삼, 「흥부 부부상」

① 궤를 두고 부부가 다른 생각을 하는 것으로 보아 동상이몽(同床異夢)의 관계군.
② 흥보가 아내 없이는 아무것도 할 수 없는 것을 보니 순망치한(脣亡齒寒)의 관계군.
③ 말하지 않아도 서로의 어려운 처지를 잘 아는 것으로 보아 동병상련(同病相憐)의 관계군.
④ 위험한 상황이 닥칠 것을 대비하여 아내를 대피시키는 모습을 보니 금실지락(琴瑟之樂)의 관계군.
⑤ 상대에 대한 불만을 숨기고 겉으로는 서로를 위하는 척하는 것을 보니 표리부동(表裏不同)한 관계군.

5 〈보기〉를 참고하여 윗글을 감상한 내용으로 적절하지 <u>않은</u> 것은?

● 보기 ●

「흥보가」는 오늘날까지 전해지는 판소리 다섯 마당 중 하나이다. 표면적으로 형제간의 우애를 강조한 윤리적 성격을 지니고 있지만, 이러한 윤리적 주제의 이면에는 배금주의 사상이 퍼지고 있는 사회와 이로 인해 생기는 빈부 갈등을 비판적으로 바라보는 시선이 담겨 있다. 즉 물질 만능주의의 전형을 보여 주는 '놀보'가 생활 능력이 없고 선하기만 한 '흥보'를 핍박하는 모습을 통해 재물로 인해 가족 간에 갈등을 겪는 사회적 현실을 보여 주는 것이다. 또한 선한 흥보가 박을 타서 많은 재물을 얻고 못된 놀부가 망하는 것을 통해 독자들은 일종의 대리 만족을 느낄 수 있다.

---

① 당시 서민들은 부자가 된 흥보를 보며 부(富)와 정의에 대한 대리 만족을 느꼈겠군.

② '잘난 사람은 더 잘난 돈, 못난 사람도 잘난 돈'을 통해 당시에 물질이 삶에 큰 영향을 미쳤음을 알 수 있군.

③ '생살지권(生殺之權)을 가진 돈'에서는 배금주의 사상이 확산되고 있는 사회상이 드러나는군.

④ '건넛말 건너가서 너그 백부(伯父)님을 오시래라.'에서는 재물로 인한 놀보와의 갈등을 해결하려는 흥보의 태도를 확인할 수 있군.

⑤ '불쌍허고 가련한 사람들, 박흥보를 찾아오오.'에서는 가난으로 고통받는 사람들을 도우려는 흥보의 선한 마음을 읽어 낼 수 있군.

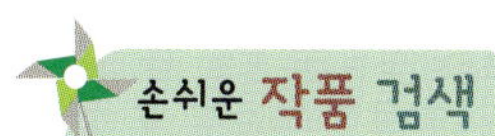
손쉬운 작품 검색

흥보가_작자 미상

 **전체 줄거리**

본문 수록 장면

발단 · 전개 놀보는 부모님이 물려주신 재산을 가로챈 뒤 흥보 식구를 내쫓고, 흥보 가족은 가난한 생활을 한다.

위기 어느 날 흥보가 나무에서 떨어진 제비의 다리를 정성스럽게 고쳐 주고, 봄에 제비가 물어다 준 박씨를 심자 여러 개의 박이 열린다.

절정 박 속에서 나온 보물로 흥보는 부자가 된다. 놀보는 제비 다리를 일부러 부러뜨리고 박씨를 받지만 그 속에서 괴물이 쏟아져 나온다.

결말 놀보가 재산을 탕진했다는 소식을 들은 흥보는 놀보에게 재물을 나누어 주고, 놀보도 자신의 잘못을 뉘우치면서 형제는 화목하게 살게 된다.

[몰락하는 양반을 표상함.]

흥보 …… 가난하지만 선량하고 우애가 깊음. 〈제비의 보은〉 → 복을 받음.

놀보 …… 재물에 욕심이 많고 부도덕하며 심술궂음. 〈제비의 보복〉 → 벌을 받음.

[신흥 부자를 표상함.]

주제 ▶ 형제간의 우애와 권선징악, 빈부 간의 갈등

\# 부자 형과 가난한 아우 \# 착한 아우 \# 욕심이 많은 형
\# 흥보_조선 후기 몰락한 양반 계층
\# 놀보_신흥 부농층 \# 빈농과 부농의 갈등

특징 ▶ 비유적 표현, 속담의 인용, 언어유희 등을 통해 상황을 효과적으로 표현함.

\# 과장된 표현 \# 반복 \# 음성 상징어
\# 당시 서민들의 모습 반영 \# 웃음 \# 해학

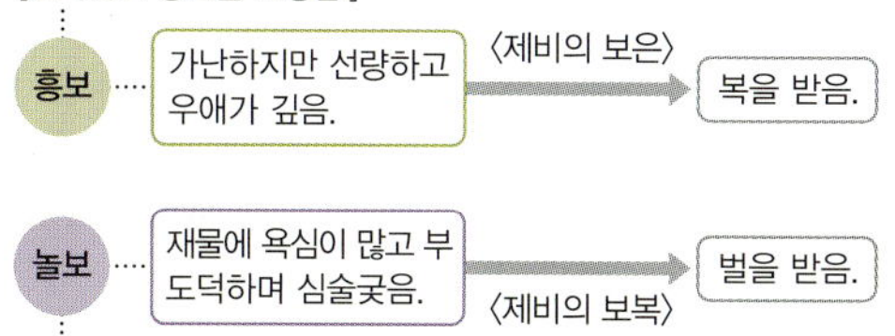

43 봉산(鳳山) 탈춤 _작자 미상

황해도 봉산 지방에서 전승, 연희되던 가면극으로 총 7개의 과장이 독립적으로 구성되어 있는 작품이다. 이 중 '제6과장 양반춤'은 풍자와 해학의 기법을 통해 양반들의 허세에 대한 조롱과 비판의 의도를 드러내는 대표적인 과장이다.

제6과장 양반춤

말뚝이 : (벙거지를 쓰고 채찍을 들었다. 굿거리장단에 맞추어 양반 삼 형제를 인도하여 등장)

양반 삼 형제 : (말뚝이 뒤를 따라 굿거리장단에 맞추어 점잔을 피우나, 어색하게 춤을 추며 등장. 양반 삼 형제 맏이는 샌님[生員], 둘째는 서방님[書房], 끝은 도련님[道슈]이다. 샌님과 서방님은 흰 창옷에 관을 썼다. 도련님은 남색 쾌자에 복건을 썼다. ㉠샌님과 서방님은 언청이이며 – 샌님은 언청이가 두 줄, 서방님은 한 줄이다. – 부채와 장죽을 가지고 있고, 도련님은 입이 삐뚤어졌고 부채만 가졌다. 도련님은 일절 대사는 없으며, 형들과 동작을 같이하면서 형들의 면상을 부채로 때리며 방정맞게 군다.)
　　　　　　　　　　　　　　　　　　　　　　　➡ 말뚝이와 양반 삼 형제의 등장

말뚝이 : (가운데쯤에 나와서) 쉬이. (음악과 춤 멈춘다.) 양반 나오신다아! 양반이라고 하니까 노론(老論), 소론(少論), 호조(戶曹), 병조(兵曹), 옥당(玉堂)을 다 지내고 삼정승(三政丞), 육판서(六判書)를 다 지낸 퇴로재상(退老宰相)으로 계신 양반인 줄 아지 마시오. ㉡개잘량이라는 '양' 자에 개다리소반이라는 '반' 자 쓰는 양반이 나오신단 말이오.

양반들 : 야아, 이놈, 뭐야아!

말뚝이 : 아, 이 양반들, 어찌 듣는지 모르갔소. 노론, 소론, 호조, 병조, 옥당을 다 지내고 삼정승, 육판서 다 지내고 퇴로 재상으로 계신 이 생원네 삼 형제분이 나오신다고 그리하였소.

양반들 : (합창) 이 생원이라네. (굿거리장단으로 모두 춤을 춘다. 도령은 때때로 형들의 면상을 치며 논다. 끝까지 그런 행동을 한다.)
　　　　　　　　　　　　　　　　　　　　　　　➡ '양반'의 뜻풀이 재담

말뚝이 : ⓐ쉬이. (반주 그친다.) 여보, 구경하시는 양반들, 말씀 좀 들어 보시오. 짤따란 곰방대로 잡숫지 말고 저 연죽전(煙竹廛)으로 가서 돈이 없으면 내게 기별이래도 해서 양칠간죽(洋漆竿竹), 자문죽(自紋竹)을 한 발가옷씩 되는 것을 사다가 육모깍지 희자죽(喜子竹), 오동수복(梧桐壽福) 연변죽을 이리저리 맞추어 가지고 저 재령(載寧) 나무리 거이 낚시 걸듯 죽 걸어 놓고 잡수시오.

[A]

양반들 : 뭐야아!

말뚝이 : 아, 이 양반들, 어찌 듣소. 양반 나오시는데 담배와 훤화(喧譁)를 금하라고 그리하였소.

양반들 : (합창) 훤화를 금하였다네. (굿거리장단으로 모두 ⓑ춤을 춘다.)
　　　　　　　　　　　　　　　　　　　　　　　➡ 담배 및 훤화 금지를 소재로 한 재담

말뚝이 : 쉬이. (춤과 반주 그친다.) 여보, 악공들 말씀 들으시오. ㉢오음 육률(五音六律) 다 버리고 저 버드나무 홀뚜기 뽑아다 불고 바가지장단 좀 쳐 주오.

양반들 : 야아, 이놈, 뭐야!

[B]

말뚝이 : 아, 이 양반들, 어찌 듣소. 용두 해금(奚琴), 북, 장고, 피리, 젓대 한 가락도 뽑지 말고 건건드러지게 치라고 그리하였소.

양반들 : (합창) 건건드러지게 치라네. (굿거리장단으로 춤을 춘다.)
　　　　　　　　　　　　　　　　　　　　　　　➡ 장단을 소재로 한 재담

생원 : 쉬이. (춤과 장단 그친다.) 말뚝아.

말뚝이 : 예에.

생원 : 이놈, 너도 양반을 모시지 않고 어디로 그리 다니느냐?

말뚝이 : 예에, 양반을 찾으려고 찬밥 국 말어 일조식(日早食)하고, 마굿간에 들어가 노새 원님을 끌어다가
등에 솔질을 솰솰 하여 말뚝이 님 내가 타고 서양(西洋) 영미(英美), 법덕(法德), 동양 삼국 무른 메주 밟
[C]　　듯 하고, ㉣동은 여울이요, 서는 구월이라, 동여울 서구월 남드리 북향산 방방곡곡(坊坊曲曲) 면면촌촌
(面面村村)이, 바위 틈틈이, 모래 쨈쨈이, 참나무 결결이 다 찾아다녀도 샌님 비뚝한 놈도 없습디다.

〈중략〉

➔ 양반 찾기를 소재로 한 재담

생원 : 그러면 이번엔 파자(破字)나 하여 보자. 주둥이는 하얗고 몸뚱이는 알락달락한 자가 무슨 자냐?

서방 : (한참 생각하다가) 네에, 거 운고옥편(韻考玉篇)에도 없는 자인데, 그것 참 어렵습니다. 그 피마자(蓖
麻子)라고 하는 자가 아닙니까?

생원 : 아, 거 동생 참 용할세.

서방 : 형님, 내가 그럼 한 자 부르리우?

생원 : 부르게.

서방 : 논두렁에 살피 짚고 섰는 자가 무슨 잡니까?

생원 : (한참 생각하다가) 아, 그것 참 어려운 잘세. 그것은 논임자가 아닌가?

서방 : 하하, 그것 형님 잘 맞췄습니다. (이러는 동안에 취발이 살짝 들어와 한편 구석에 서 있다.)

➔ 양반들의 파자 놀이

생원 : 이놈, 말뚝아. / 말뚝이 : 예에.

생원 : 나랏돈 노랑돈 칠 푼 잘라먹은 놈, 상통이 무르익은 대초빛 같고, 울룩줄룩 배미 잔등 같은 놈을 잡
아들여라.

말뚝이 : 그놈이 힘이 무량대각(無量大角)이요, 날램이 비호(飛虎) 같은데, 샌님의 전령(傳令)이나 있으면
잡아 올는지 거저는 잡아 올 수 없습니다.

생원 : 오오, 그리 하여라. 옜다. 여기 전령 가지고 가거라. (종이에 무엇을 써서 준다.)

말뚝이 : (종이를 받아들고 취발이한테로 가서) 당신 잡히었소.

취발이 : 어데, 전령 보자.

말뚝이 : (종이를 취발이에게 보인다.)

취발이 : (종이를 보더니 말뚝이에게 끌려 양반의 앞에 온다.)

말뚝이 : (취발이 엉덩이를 양반 코앞에 내밀게 하며) 그놈 잡아들였소.

생원 : 아, 이놈 말뚝아. 이게 무슨 냄새냐?

말뚝이 : ㉤예, 이놈이 피신(避身)을 하여 다니기 때문에, 양치를 못 하여서 그렇게 냄새가 나는 모양이외
다.

생원 : 그러면 이놈의 모가지를 뽑아서 밑구녕에다 갖다 박아라.

➔ 취발이를 잡아들이게 하는 양반

- **관(冠)** : 검은 머리카락이나 말총으로 엮어 만든 쓰개
- **쾌자(快子)** : 소매가 없고 등솔기가 허리까지 트인 옛 전투복
- **복건(幅巾)** : 예전에, 유생들이 도포에 갖추어서 머리에 쓰던 건(巾)
- **옥당(玉堂)** : 조선 시대에 문서를 관리하던 홍문관의 또 다른 이름
- **개잘량** : 털이 붙어 있는 채로 무두질하여 다룬 개의 가죽
- **연죽전(煙竹廛)** : 담뱃대를 파는 가게
- **훤화(喧譁)** : 시끄럽게 지껄이며 떠듦.
- **홀뚜기** : 호드기. 봄철에 물오른 버드나무 가지의 껍질을 고루 비틀어 뽑은 껍질이나 짤막한 밀짚 토막 따위로 만든 피리
- **파자(破字)** : 한자의 자획을 나누거나 합쳐서 맞추는 수수께끼
- **살피** : 살포. 논에 물꼬를 트거나 막을 때 쓰는 농기구. 자루가 길어 지팡이처럼 짚고 다님.
- **무량대각(無量大角)** : 헤아릴 수 없을 정도로 힘이 셈.

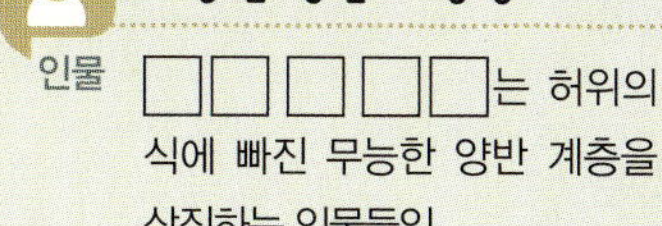

작품 핵심 **단축키**

무능한 양반의 상징	말뚝이와 양반 삼 형제의 갈등	재담 구조의 반복
인물 □□□□□는 허위의 식에 빠진 무능한 양반 계층을 상징하는 인물들임.	사건 갈등 말뚝이는 재치 있는 언행을 통해 양반 삼 형제를 □□하고 비판함.	서술 전체적으로 유사한 재담 구조를 반복하여 양반에 대한 □□의 식을 부각하고 있음.

1 다음은 윗글을 공연하려는 과정에서 작성한 발표회 초대의 글이다. 그 내용으로 적절하지 <u>않은</u> 것은?

> **초대의 글**
>
> 연극 동아리 '세품(세상을 품자)'이 교내 계발 활동 발표회에서 민속극 「봉산 탈춤」을 선보입니다. ① <u>우리나라의 전통적인 가면극 「봉산 탈춤」을 통해 우리 문학에 담긴 고유의 정신을 마음껏 즐기시기 바랍니다.</u> ② <u>말뚝이의 재치 있는 말과 행동을 통해 양반 사회에 대한 비판 의식을 읽어 내고,</u> ③ <u>양반들의 무분별한 횡포에 정면으로 맞서는 평민층의 적극적인 모습에서 당대의 현실을 간접 체험하는 것은 분명 의미 있는 일이 될 것입니다.</u> ④ <u>이번 공연은 다른 공연과 다르게 별도의 무대 없이 여러분이 편안히 앉을 수 있는 강당 한가운데에서 진행됩니다.</u> ⑤ <u>다양한 소재들을 활용하여 짧지만 재미있는 재담들로 구성한 이번 공연에 많은 호응 부탁드립니다!</u>

2 ㉠~㉤에 대한 설명으로 적절하지 <u>않은</u> 것은?

① ㉠ : 신체적 결함이 있는 등장인물의 외양 묘사가 이루어지고 있다.

② ㉡ : 동음이의어를 이용한 언어유희*를 통해 '양반'의 의미를 해학적으로 풀어내고 있다.

③ ㉢ : 격조 있는 소재를 제시한 뒤 그와 대비되는 볼품없는 소재로 연주한 장단을 양반들에게 제공하라는 의도가 나타나 있다.

④ ㉣ : 열거법과 대구법을 통해 리듬감을 살리고 있는 부분으로, 양반에 대한 말뚝이의 부정적인 태도가 나타나 있다.

⑤ ㉤ : 실제 상황과는 다른 이유를 대면서 양반에 대한 취발이의 적대적인 태도를 고발하는 말뚝이의 모습이 나타나 있다.

3 〈보기〉를 바탕으로 윗글을 이해한 내용으로 적절하지 <u>않은</u> 것은?

> ● 보기 ●
>
> 이 작품은 평민 계층을 대표하는 '말뚝이', 신흥 상인 계층을 대표하는 '취발이', 양반 계층을 대표하는 '생원, 서방, 도련님' 등 신분이 다른 인물들 사이의 관계를 통해 당대 사회의 모순과 부조리를 비판적·상징적으로 보여 주고 있다.

① 도련님이 '형들의 면상을 부채로 때리며 방정맞게' 구는 행동은 희화화된 모습이라는 점에서 양반들에 대한 비판적 태도가 나타난다.

② 말뚝이가 생원을 '노새 원님'이라 지칭하고, 자신을 '말뚝이 님'이라고 부르는 것은 신분의 역전적 설정을 통해 양반을 조롱하는 표현이다.

③ 생원과 서방이 벌이는 '파자(破字)' 놀이는 당대 양반들의 학식과 교양의 정도를 폭로하여 그들이 지닌 우월 의식에 대한 풍자의 효과를 거둔다.

④ 생원이 취발이를 잡아들이라고 말뚝이에게 명령하는 모습은 당대 양반들의 일방적인 횡포가 신흥 상인 계층에까지도 영향을 미쳤음을 보여 주는 것이다.

⑤ 취발이를 '힘이 무량대각(無量大角)이요, 날램이 비호(飛虎)' 같다고 표현한 것은 당대 신흥 상인 계층이 양반을 능가하는 권세를 누렸음을 짐작할 수 있게 한다.

⊘ 손쉬운 개념

＊ 언어유희(言語遊戱)

동음이의어나 발음의 유사성 등 다양한 조건을 바탕으로 특정 상황이나 대상의 특성을 해학적으로 표현하는 기법을 말한다. 표면적으로는 단순한 말장난 같아 보이지만, 기지와 재치를 바탕으로 풍자적인 생각이나 상황을 드러낸다.

표현 원리	예시
동음이의어 사용	운봉의 갈비(사람의 갈비뼈)를 직신, "갈비(소갈비) 한 대 먹고 지고."
유사 음운의 반복	아, 이 양반이 허리 꺾어 절반인지, 개다리소반인지, 꾸레미전에 백반인지
언어 도치	어 추워라, 문 들어온다, 바람 닫아라. 물 마른다, 목 들여라.
발음의 유사성	올라간 이 도령인지 삼 도령인지, 그 놈의 자식은 일거 후 무소식하니

4 윗글의 ⓐ와 ⓑ에 대한 설명으로 적절한 것을 〈보기〉에서 모두 골라 묶은 것은?

● 보기 ●

ㄱ. ⓐ는 관객의 주의를 환기하는 기능을, ⓑ는 분산시키는 기능을 한다.
ㄴ. ⓐ는 하나의 이야기를 시작하는 기능을, ⓑ는 마무리하는 기능을 한다.
ㄷ. ⓐ는 ⓑ와 달리 장단의 종류를 변화시키는 기능을 한다.
ㄹ. ⓑ는 ⓐ와 달리 인물 간의 갈등을 일시적으로 해소시키는 기능을 한다.

① ㄱ, ㄴ   ② ㄱ, ㄹ   ③ ㄴ, ㄷ   ④ ㄴ, ㄹ   ⑤ ㄷ, ㄹ

5 〈보기〉는 윗글을 감상하기 위해 추가로 수집한 자료이다. 이를 바탕으로 윗글의 [A]~[C]를 감상한 내용으로 적절하지 <u>않은</u> 것은?

● 보기 ●

「봉산 탈춤」의 제6과장은 말뚝이와 양반들 사이의 대화가 일정한 구조에 따라 진행되고 있는데, 재담의 구조는 다음과 같다.

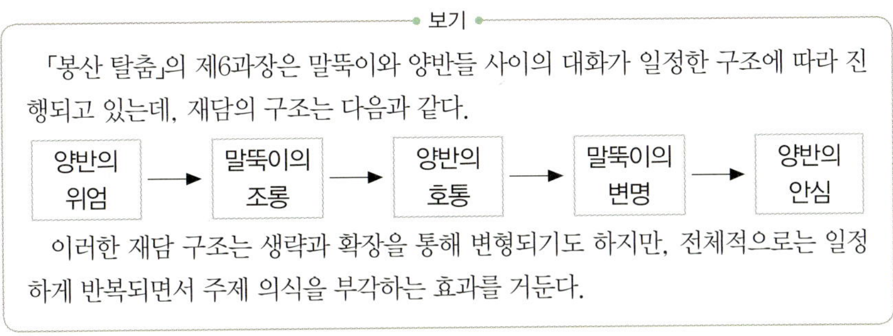

이러한 재담 구조는 생략과 확장을 통해 변형되기도 하지만, 전체적으로는 일정하게 반복되면서 주제 의식을 부각하는 효과를 거둔다.

① [A]에서 '말뚝이의 조롱'에 해당하는 것은 담배의 종류를 나열한 뒤 '저 재령(載寧) 나무리 거이 낚시 걸듯 죽 걸어 놓고 잡수시오.'라고 한 부분으로 볼 수 있겠군.
② [B]에서는 등장인물 외의 인물을 극에 참여시킴으로써 양반에 대한 조롱을 시도하는 말뚝이의 모습이 나타나 있군.
③ [C]가 〈보기〉의 재담 구조를 따른다면, '말뚝이의 변명'에 대한 '양반의 안심'에 해당하는 대화를 바로 다음 단계에 추가해야겠군.
④ [A]와 [B]는 모두 재담 구조 중에서 '양반의 위엄'과 관련된 내용을 생략한 상태에서 이야기를 전개하고 있군.
⑤ [A]~[C]는 서로 다른 재담에 해당하는데, 각각 '담배 및 훤화 금지', '장단', '양반 찾기'를 주된 소재로 삼고 있군.

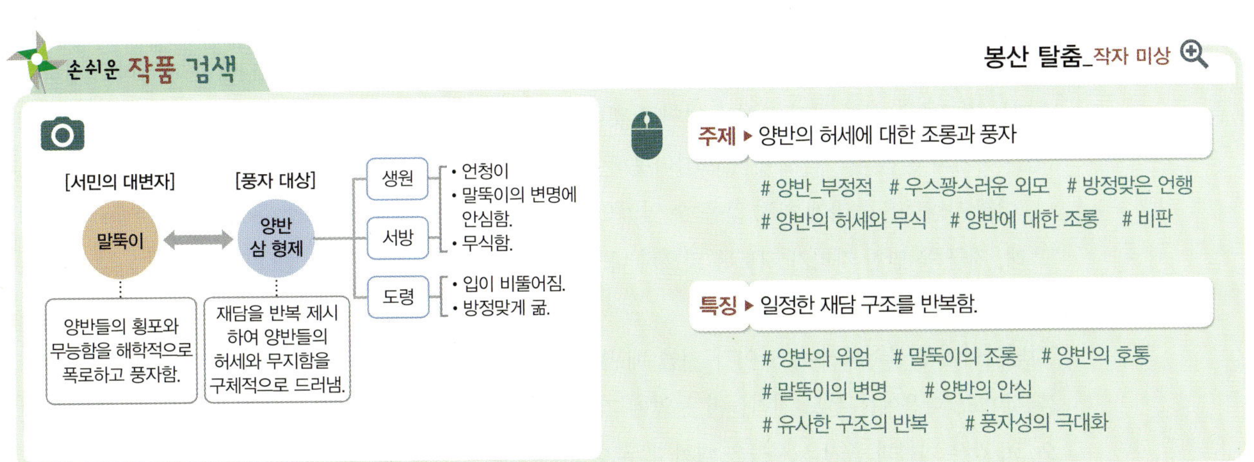

44 통곡할 만한 자리 _박지원

'통곡'은 '소리를 높여 슬피 운다'는 의미로, '통곡할 만한 자리'는 '통곡하기에 좋은 곳'을 의미한다. 글쓴이가 광활한 요동 벌판을 보며 느낀 벅찬 감정을 기록한 수필로, 독창적인 발상과 비유적 표현이 돋보이는 작품이다.

초팔일 갑신(甲申), 맑다.

정사 박명원(朴明源)과 같은 가마를 타고 삼류하(三流河)를 건너 냉정(冷井)에서 아침밥을 먹었다. 십여 리 남짓 가서 한 줄기 산기슭을 돌아 나서니 태복(泰卜)이 국궁(鞠躬)을 하고 말 앞으로 달려 나와 땅에 머리를 조아리고 큰 소리로,

㉠"백탑(白塔)이 현신(現身)함을 아뢰오." / 한다.

태복이란 자는 정 진사(進士)의 말을 맡은 하인이다. 산기슭이 아직도 가리어 백탑은 보이지 않았다. 말을 채찍질하여 수십 보를 채 못 가서 겨우 산기슭을 벗어나자 눈앞이 아찔해지며 눈에 헛것이 오르락내리락하여 현란했다. 나는 오늘에서야 비로소 ㉡사람이란 본디 어디고 붙어 의지하는 데가 없이 다만 하늘을 이고 땅을 밟은 채 다니는 존재임을 알았다.

말을 멈추고 사방을 돌아보다가 나도 모르게 손을 이마에 대고 말했다.

"좋은 울음터로다. 한바탕 울어 볼 만하구나!"

➜ 광활한 요동 벌판을 보고 좋은 울음터라고 말함.

정 진사가,

"이 천지간에 이런 **넓은 안계(眼界)**를 만나 홀연 울고 싶다니 그 무슨 말씀이오?"

[A]

"참 그렇겠네. 그러나 아니거든! **천고의 영웅**은 잘 울고 **미인**은 눈물이 많다지만 불과 두어 줄기 소리 없는 눈물이 그저 옷깃을 적셨을 뿐이요, 아직까지 그 울음소리가 쇠나 돌에서 짜 나온 듯하여 천지에 가득 찼다는 소리를 들어 보진 못했소이다. ㉢사람들은 다만 안다는 것이 희로애락애오욕(喜怒哀樂愛惡欲) 칠정(七情) 중에서 '슬픈 감정[哀]'만이 울음을 자아내는 줄 알았지, **칠정이 모두 울음을 자아내는 줄은 모를 겝니다.** 기쁨[喜]이 극에 달하면 울게 되고, 노여움[怒]이 사무치면 울게 되고, 즐거움[樂]이 극에 달하면 울게 되고, 사랑[愛]이 사무치면 울게 되고, 미움[惡]이 극에 달하여도 울게 되고, 욕심[欲]이 사무치면 울게 되니, 답답하고 울적한 감정을 확 풀어 버리는 것으로 소리쳐 우는 것보다 더 빠른 방법은 없소이다. ㉣울음이란 천지간에 있어서 뇌성벽력에 비할 수 있는 게요. 복받쳐 나오는 감정이 이치에 맞아 터지는 것이 웃음과 뭐 다르리요? 사람들의 보통 감정은 이러한 지극한 감정을 겪어 보지도 못한 채 교묘하게 칠정을 늘어놓고 '슬픈 감정[哀]'에다 울음을 짜 맞춘 것이오. 이러므로 사람이 죽어 초상을 치를 때 이내 억지로라도 '아이고', '어이'라고 부르짖는 것이지요. 그러나 정말 칠정에서 우러나오는 지극하고 참다운 소리는 참고 억눌리어 천지 사이에 쌓이고 맺혀서 감히 터져 나올 수 없소이다. 저 한(漢)나라의 가의(賈誼)는 자기의 울음터를 얻지 못하고 참다못하여 필경은 선실(宣室)을 향하여 한번 큰 소리로 울부짖었으니, 어찌 사람들을 놀라게 하지 않을 수 있었으리요."

➜ 울음의 본질 – 칠정이 극에 달해 나오는 소리

"그래, 지금 울 만한 자리가 저토록 넓으니 나도 당신을 따라 한바탕 통곡을 할 터인데 칠정 가운데 어느 '정'을 골라 울어야 하겠소?"

"갓난아이에게 물어보게나. 아이가 처음 배 밖으로 나오며 느끼는 '정'이란 무엇이오? 처음에는 광명을 볼 것이요, 다음에는 부모 친척들이 눈앞에 가득히 차 있음을 보니 기쁘고 즐겁지 않을 수 없을 것이오. 이 같은 기쁨과 즐거움은 늙을 때까지 두 번 다시 없을 일인데 슬프고 성이 날 까닭이 있으랴? 그 '정'

인 즉 응당 즐겁고 웃을 정이련만 도리어 분하고 서러운 생각에 복받쳐서 하염없이 울부짖는다. 혹 누가 말하기를 인생은 잘나나 못나나 죽기는 일반이요, 그 중간에 허물·환란·근심·걱정을 백방으로 겪을 터이니 갓난아이는 세상에 태어난 것을 후회하여 먼저 울어서 제 조문(弔問)을 제가 하는 것이라고 한다면 이것은 결코 갓난아이의 본정이 아닐 겝니다. 아이가 어미 태 속에 자리 잡고 있을 때에는 어둡고 갑갑하고 얽매이고 비좁게 지내다가 하루아침에 탁 트인 넓은 곳으로 빠져나오자 팔을 펴고 다리를 뻗어 정신이 시원하게 될 터이니, 어찌 한번 감정이 다하도록 참된 소리를 질러 보지 않을 수 있으랴! 그러므로 갓난아이의 울음소리에는 거짓이 없다는 것을 마땅히 본받아야 하리이다. ➔ 요동 벌판에서의 통곡을 갓난아이의 울음에 빗댐.

ⓜ 비로봉(毘盧峰) 꼭대기에서 동해 바다를 굽어보는 곳에 한바탕 통곡할 '자리'를 잡을 것이요, 황해도 장연(長淵)의 금사(金沙) 바닷가에 가면 한바탕 통곡할 '자리'를 얻으리니, 오늘 요동 벌판에 이르러 이로부터 산해관(山海關) 일천이백 리까지의 어간(於間)은 사방에 도무지 한 점 산을 볼 수 없고 하늘가와 땅 끝이 풀로 붙인 듯, 실로 꿰맨 듯, 고금에 오고 간 비바람만이 이 속에서 창망(蒼茫)할 뿐이니, 이 역시 한번 통곡할 만한 '자리'가 아니겠소." ➔ 요동 벌판이 통곡할 만한 자리임을 설명함.

작품 핵심 단축키

인물	중국을 여행하는 '나'	사건 갈등	요동의 광야를 보고 감격함.	서술	문답의 형식
	글쓴이 '나'는 '냉정'에서 산기슭을 지나 ☐☐ 벌판을 보고 있음.		글쓴이 '나'는 요동의 백탑과 그 주변의 광야를 보고 그 광활함에 대한 감탄으로 ☐☐하고 싶은 심정을 표현함.		글쓴이와 ☐☐☐의 문답 형식을 통해 내용이 전개됨.

1 윗글에 대한 설명으로 적절하지 <u>않은</u> 것은?

① 여행 중에 느낀 감회를 적고 있다.
② 일기 형식*에 따라 자신의 경험을 기록하고 있다.
③ 대화를 하면서 자신의 생각을 논리적으로 피력하고 있다.
④ 공간의 이동에 따라 이국적인 풍물*을 열거하며 소개하고 있다.
⑤ 광경을 접하고 느낀 감정을 비유적인 상황을 들어 전달하고 있다.

손쉬운 개념

* **일기 형식**
날짜별로 자신이 경험한 일을 적은 것으로, 거기에 그날의 날씨를 곁들일 수도 있다.

* **이국적인 풍물**
자신의 나라에서 볼 수 없는 다른 나라의 풍속이나 사물들을 말한다.

2 ㉠~ⓜ에 대한 설명으로 적절하지 <u>않은</u> 것은?

① ㉠ : 사물을 의인화하여 대상을 접한 흥분을 드러내고 있다.
② ㉡ : 광활한 자연과 비교하여 보잘것없는 인간의 존재를 표현하고 있다.
③ ㉢ : 사람들이 가진 통념*을 지적하며 자신의 생각을 드러내고 있다.
④ ㉣ : 다른 대상과의 차이점을 분명하게 제시하여 그 본질을 밝히고 있다.
⑤ ⓜ : 유사한 특성을 지니고 있는 공간을 열거하여 그 특성을 일반화하고 있다.

손쉬운 개념

* **통념(通念)**
일반적으로 널리 통하는 어떤 사물 현상에 대한 지식을 말한다.

바른답 알찬풀이 ●55쪽

3 〈보기〉를 참고하여 윗글을 이해한 내용으로 적절하지 <u>않은</u> 것은?

---● 보기 ●---

박지원(1737~1805)은 예의와 명분을 중시하며 실리를 외면했던 조선 사회에 답답함을 느끼고 있었다. 그가 청나라 사신을 따라 북경으로 간 것은 조선에서 벗어나 새로운 문물을 접해 보고 싶었기 때문이다. 여행 중에 그는 기존의 관념에서 벗어나 대상을 새롭게 인식하며 그 본질을 밝히고자 하였는데, 그것은 고리타분한 기존 유학자들의 인식과는 다른 독창적인 것이었다.

① '정 진사'는 기존의 관념에서 벗어나지 못하고 대상을 바라본 사람이겠군.
② '넓은 안계'를 보고 글쓴이는 조선 사회의 답답함에서 벗어났다고 생각했겠군.
③ '천고의 영웅'과 '미인'이 눈물을 흘린 것과 글쓴이가 말하는 통곡의 본질은 같은 것이겠군.
④ '칠정이 모두 울음을 자아'낸다는 것은 글쓴이가 대상을 새롭게 인식하고 그 본질을 밝힌 것이겠군.
⑤ '슬픈 감정에다 울음을 짜 맞춘 것'은 고리타분한 기존 유학자들의 인식이겠군.

4 〈보기〉와 [A]를 비교하여 감상한 내용으로 적절하지 <u>않은</u> 것은?

---● 보기 ●---

인간의 일곱 가지 정[七情] 가운데 슬픔보다 감동을 일으키기 쉬운 것은 없다. 슬픔에 이르면 반드시 곡을 하기 마련인데, 그 슬픔을 자아내는 사연도 복잡다단하다. 그렇기 때문에 시사(時事)가 어떻게 해 볼 도리가 없이 진행되는 것을 가슴 아프게 생각하여 통곡한 가의(賈誼)가 있었고, 하얀 비단실이 본바탕을 잃고 다른 색깔로 변하는 것을 슬퍼하여 통곡한 묵적(墨翟)이 있었으며, 갈림길이 동쪽·서쪽으로 나 있는 것을 싫어하여 통곡한 양주(楊朱)가 있었다. ─ 허균, 「통곡헌기(慟哭軒記)」 중에서

① 〈보기〉는 [A]와 달리 슬픔의 다양한 양상을 밝히고 있군.
② 〈보기〉는 [A]와 달리 슬픔에 대한 부정적 인식을 드러내고 있군.
③ [A]는 〈보기〉와 달리 칠정의 모든 요소에 의해 통곡할 수 있다고 생각하는군.
④ 〈보기〉와 [A] 모두 '가의'의 통곡을 진정성 있는 것으로 인정하고 있군.
⑤ 〈보기〉와 [A] 모두 고사(故事)를 인용하여 자신의 생각을 뒷받침하고 있군.

🧭 손쉬운 개념

* **고사(故事)**
유래가 있는 옛날의 일이나 그런 일을 표현한 어구를 뜻한다.

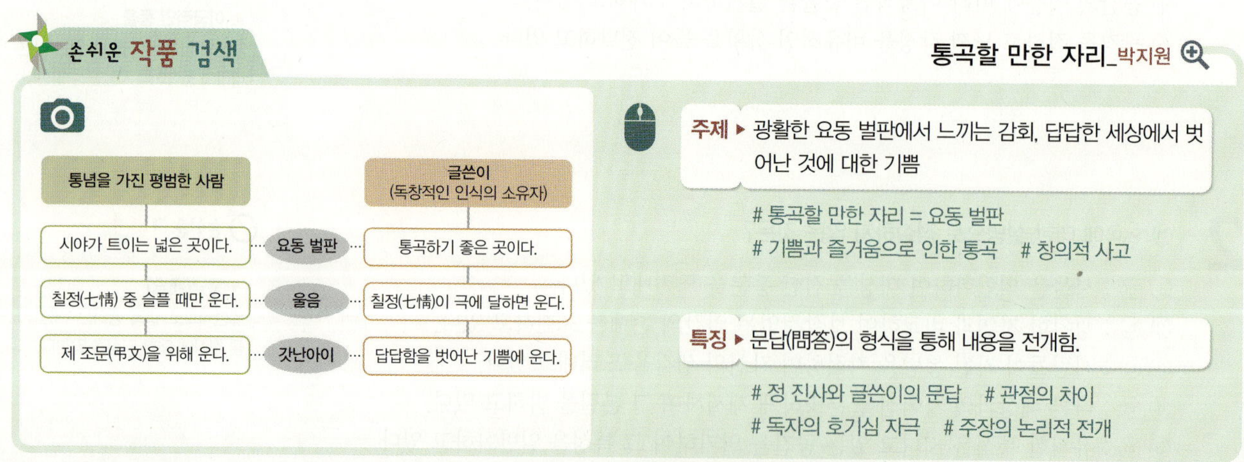

45 수오재기(守吾齋記) _정약용

'수오재(守吾齋)'는 작가의 큰형인 정약현이 자신의 집에 붙인 이름이고, '기(記)'는 한문 문학 양식의 하나로 어떤 사건이나 경험을 하게 된 과정을 기록한 글을 말한다. 따라서 이 글은 '수오재'라는 집의 이름과 관련된 깨달음을 기록한 것이다.

수오재(守吾齋)라는 것은 큰형님이 그 집에 붙인 이름이다. 나는 처음에 의심하며 말하기를,

"사물이 나와 굳게 맺어져 있어 서로 떨어질 수 없는 것으로는 나[吾]보다 절실한 것이 없으니, 비록 지키지 않은들 어디로 갈 것인가. 이상한 이름이다."

하였다.

➔ '수오재'라는 명명(命名)에 대한 의문 제기

내가 장기(長鬐)로 귀양 온 이후 홀로 지내면서 정밀하게 생각해 보았더니, 하루는 갑자기 ㉠이런 의문점에 대해 해답을 얻을 수 있었다. 나는 벌떡 일어나 다음과 같이 스스로 말하였다.

"대체로 천하의 만물이란 모두 지킬 것이 없고, 오직 ⓐ나만은 지켜야 하는 것이다. 내 밭을 지고 도망갈 자가 있는가. 밭은 지킬 것이 없다. 내 집을 지고 달아날 자가 있는가. 집도 지킬 것이 없다. 나의 정원의 꽃나무·과실나무 등 여러 나무들을 뽑아 갈 자가 있는가. 그 뿌리는 땅에 깊이 박혔다. 나의 책을 훔쳐 없애 버릴 자가 있는가. 성현(聖賢)의 경전(經傳)이 세상에 퍼져 물이나 불처럼 흔한데 누가 능히 없앨 수 있겠는가. 나의 옷과 식량을 도둑질하여 나를 군색하게 하겠는가. 천하의 실이 모두 내가 입을 옷이며, 천하의 곡식은 모두 내가 먹을 양식이다. 도둑이 비록 훔쳐 간다 하더라도 한두 개에 불과할 것이니 천하의 모든 옷과 곡식을 없앨 수 있겠는가. 그런즉 천하의 만물은 모두 지킬 것이 없다. 유독 이른바 ⓑ나라는 것은 그 성품이 달아나기를 잘하여 드나듦에 일정한 법칙이 없다. 아주 친밀하게 붙어 있어서 서로 배반하지 못할 것 같으나 잠시라도 살피지 않으면, 어느 곳이든 가지 않는 곳이 없다. 이익으로 유도하면 떠나가고, 위험과 재화가 겁을 주어도 떠나가며, 심금을 울리는 고운 음악 소리만 들어도 떠나가고, 새까만 눈썹에 흰 이를 지닌 미인의 요염한 모습만 보아도 떠나간다. 그런데 한번 가면 돌아올 줄을 몰라 붙잡아 만류할 수 없다. 그러므로 천하에서 가장 잃어버리기 쉬운 것이 나 같은 것이 없다. 어찌 실과 끈으로 매고 빗장과 자물쇠로 잠가서 굳게 지켜야 하지 않겠는가."

➔ '나'를 지켜야 하는 이유를 깨달음.

ⓒ나는 잘못 간직했다가 나를 잃은 자이다. 어렸을 때, 과거(科擧)가 좋게 보여서 과거에 빠져들어 간 것이 10년이었다. 마침내 처지가 바뀌어 조정에 나아가 검은 사모에 비단 도포를 입고 미친 듯이 대낮에 큰길을 뛰어다녔는데, 이와 같이 12년을 하였다. 또 처지가 바뀌어 한강을 건너고 조령을 넘어, 친척과 분묘(墳墓)를 버리고 곧바로 아득한 바닷가의 대나무 숲에 달려와서야 멈추게 되었다. 이때에는 나도 땀이 흐르고 두려워 숨도 제대로 쉬지 못하면서, 나의 발뒤꿈치를 따라 함께 이곳에 오게 되었다. 나는 나에게 말하기를,

"자네는 무엇 때문에 여기에 왔는가? 여우나 도깨비에게 홀려서 끌려온 것인가? 아니면 해신(海神)이 부른 것인가? 자네의 가정과 고향이 모두 초천(苕川)에 있는데, 어찌 그 본고장으로 돌아가지 않는가?"

했다. 끝끝내 나라는 것은 멍한 채로 움직이지 않으며 돌아갈 줄을 몰랐다. 그 얼굴빛을 보니 마치 얽매인 곳이 있어서 돌아가고자 하나 돌아가지 못하는 듯하였다. 마침내 붙잡아서 함께 이곳에 머물렀다. 이때 나의 둘째 형님 좌랑공(佐郎公)께서도 그의 ⓓ나를 잃고 나를 쫓아 남해(南海) 지방으로 왔는데, 역시 나를 붙잡아서 함께 그곳에 머물렀다. 유독 나의 큰형님만이 그의 ⓔ나를 잃지 않고 편안히 단정하게 수오재(守吾齋)에 앉아 계시니, 어찌 본디부터 지키는 것이 있어 나를 잃지 않았기 때문이 아니겠는가. 이것이 큰형님께서 그의 거실에 이름을 붙인 까닭일 것이다. 큰형님께서는 항상 말씀하시기를,

"아버지께서 나에게 태현(太玄)이라고 자(字)를 지어 주셔서, 나는 오로지 나의 태현을 지키려고 하여, 이것으로써 나의 거실에 이름을 붙였다."

고 하시지만, 이것은 핑계 대는 말씀이다. 맹자가,

"지킴은 무엇이 큰가? 몸을 지키는 것이 크다."

고 하였으니, 그 말씀이 진실하다.

➤ '나'를 잃어버렸던 삶에 대한 반성

드디어 내 스스로 말한 것을 써서 큰형님께 보이고 수오재(守吾齋)의 기(記)로 삼는다.

➤ 「수오재기」를 쓴 이유

★ 어휘 풀이

- **장기(長鬐)** : 경상북도 포항의 옛 지명
- **군색(窘塞)하게** : 필요한 것이 없거나 모자라서 딱하고 옹색하게
- **사모(紗帽)** : 고려 말기에서 조선 시대에 걸쳐 벼슬아치들이 관복을 입을 때에 쓰던 모자
- **분묘(墳墓)** : 무덤
- **자(字)** : 본이름 외에 부르는 이름. 예전에, 이름을 소중히 여겨 함부로 부르지 않았던 관습이 있어서 흔히 관례(冠禮) 뒤에 본이름 대신으로 부름.
- **기(記)** : 한문 문학 양식의 하나. 어떤 사건이나 경험을 하게 된 과정을 기록한 글

🍹 작품 핵심 **단축키**

'나'의 현재 상황

인물   글쓴이인 '나'는 벼슬길에 있다가 장기(長鬐)로 □□을 와 있는 상황임.

'수오'의 의미를 깨달음

사건·갈등   '나'는 '□□□'라는 이름에 의문을 갖다가, '나'를 지키는 것의 진정한 의미를 깨닫게 됨.

글의 전개 방식

서술   대상에 대한 □□에서 시작하여 깨달음을 얻기까지의 과정을 제시함.

---

1 윗글에 대한 설명으로 적절하지 <u>않은</u> 것은?

① 대비되는 사례를 열거하여 자신의 생각을 강조하고 있다.
② 권위자의 말을 인용하여 자신의 견해를 뒷받침하고 있다.
③ 글쓴이가 경험한 내용을 통해 깨달은 바를 서술하고 있다.
④ 유추의 방식*을 활용하여 주제를 효과적으로 전달하고 있다.
⑤ 의문을 제기하고 스스로 답하는 방식을 통해 내용을 전개하고 있다.

🔍 손쉬운 **개념**

★ 유추(類推)의 방식
논리학에서 '유추'는 두 개의 사물이 여러 면에서 비슷하다는 것을 근거로 다른 속성도 유사할 것이라고 추론하는 방식을 말한다. 서로 비슷한 점을 비교하여 하나의 사물에서 다른 사물로 추리하게 된다.

2 ㉠을 들려주기에 가장 적절한 사람은?

① 말과 행동이 일치하지 않는 사람
② 세상의 유혹에 쉽게 넘어가는 사람
③ 교만하여 사람들을 업신여기는 사람
④ 글만 읽고 세상일에 경험이 없는 사람
⑤ 무슨 일이든 자기 마음대로 처리하는 사람

3 〈보기〉를 참고하여 윗글을 감상한 내용으로 적절하지 <u>않은</u> 것은?

> ● 보기 ●
>
> 「수오재기」는 한문 문학 양식의 하나인 '기(記)'에 해당한다. '기'는 어떤 사건이나 경험을 하게 된 과정을 기록한 것으로, 그 과정에서 깨달은 교훈을 전하고자 하는 목적을 지닌다. 「수오재기」에서는 먼저 의문을 제기한 후 그 해답과 관련하여 자신이 깨달은 바를 서술하고 있다. 그리고 깨달음의 내용을 자신에게 적용하며 자신의 지난 삶에 대해 성찰하고 있다.

① 글쓴이는 '수오재'라고 이름을 붙인 까닭에 대한 의문과 그에 대한 해답에서 교훈을 얻고 있군.
② 글쓴이가 깨달은 내용은 '나'를 지켜야 하는 이유와 '나'를 지키는 것의 중요성이라고 할 수 있겠군.
③ 글쓴이는 자신과 달리 '큰형님'은 '수오재'라는 이름에 담긴 의미를 잘 실천하고 있다고 생각하는군.
④ 글쓴이는 자신이 깨달은 내용과 관련하여 '나'를 잘못 간직했다가 잃어버린 과거의 삶을 반성하고 있군.
⑤ 글쓴이가 '장기(長鬐)'에 오게 된 것은 깨달음의 내용을 자신에게 적용해 보고, 자신의 삶을 성찰하기 위함이었군.

4 ⓐ∼ⓔ 중에서 함축적 의미가 <u>다른</u> 것은?

① ⓐ 　　　② ⓑ 　　　③ ⓒ 　　　④ ⓓ 　　　⑤ ⓔ

손쉬운 작품 검색

수오재기_정약용 🔍

지킬 필요가 없는 것	대조	지켜야 하는 것
밭, 집, 정원, 책, 옷, 양식	↔	'나[吾]'

〈과거〉 조정에 있었던 '나' → '나'를 잃어버림.

〈현재〉 귀양지에 있는 '나' → '나'를 찾게 됨.

주제 ▶ 자신을 지키는 일의 중요성

\# 수오재 = 나를 지키는 집　　\# '나'를 지켜야 하는 이유
\# '나'를 잃어버린 채 살았던 과거 반성
\# 본질적 자아와 현실적 자아의 합일

특징 ▶ 자문자답의 형식을 통해 사물의 의미를 도출함.

\# '수오재'라는 이름에 대한 의문
\# '나'를 지킨다는 뜻은?　　\# 성찰　　\# 독자의 공감 유도
\# 의문에서 시작하여 깨달음을 얻기까지의 과정을 제시

Memo

고등 도서 안내

문학 입문서

손쉬운

작품 이해에서 문제 해결까지
손쉬운 비법을 담은 문학 입문서

현대 문학, 고전 문학

비주얼 개념서

룩 LOOK

이미지 연상으로 필수 개념을 쉽게 익히는
비주얼 개념서

국어   문법
영어   분석독해

수학 개념 기본서

수학중심

개념과 유형을 한 번에 잡는 강력한   개념 기본서

수학 I, 수학 II, 확률과 통계, 미적분, 기하

수학 문제 기본서

유형중심

체계적인 유형별 학습으로 실전에서 강력한
문제 기본서

수학 I, 수학 II, 확률과 통계, 미적분

사회·과학 필수 기본서

개념 학습과 유형 학습으로 내신과 수능을 잡는
필수 기본서

[2022 개정]
사회   통합사회1, 통합사회2*, 한국사1, 한국사2*
과학   통합과학1, 통합과학2, 물리학*, 화학*, 생명과학*,
       지구과학*

*2025년 상반기 출간 예정

[2015 개정]
사회   한국지리, 사회·문화, 생활과 윤리, 윤리와 사상
과학   물리학 I, 화학 I, 생명과학 I, 지구과학 I

기출 분석 문제집

완벽한 기출 문제 분석으로 시험에 대비하는 1등급 문제집

[2022 개정]
수학   공통수학1, 공통수학2, 대수, 확률과 통계*, 미적분 I *
사회   통합사회1, 통합사회2*, 한국사1, 한국사2*,
       세계시민과 지리, 사회와 문화, 세계사, 현대사회와 윤리
과학   통합과학1, 통합과학2

*2025년 상반기 출간 예정

[2015 개정]
국어   문학, 독서
수학   수학 I, 수학 II, 확률과 통계, 미적분, 기하
사회   한국지리, 세계지리, 생활과 윤리, 윤리와 사상,
       사회·문화, 정치와 법, 경제, 세계사, 동아시아사
과학   물리학 I, 화학 I, 생명과학 I, 지구과학 I,
       물리학 II, 화학 II, 생명과학 II, 지구과학 II

손쉬운

고전 문학

바른답·알찬풀이

바른답·알찬풀이

손쉬운 고전 문학

바른답 알찬풀이

▶ 원시 · 고대

pp.14~16

01 공무도하가(公無渡河歌)_백수 광부의 아내
해가(海歌)_작자 미상

가 공무도하가

| **작품 해설** | 현전하는 가장 오래된 서정 시가로 알려져 있으며, 집단적 서사시에서 개인적 서정시로 넘어가는 단계의 고대 가요이다. 노래 가사는 『해동가요』에 한역되어 전하며, 배경 설화와 함께 보아야 작품을 온전히 이해할 수 있다.

| **작품 개관** |

◆ 갈래 : 고대 가요
◆ 주제 : 임과의 사별(死別)에 대한 슬픔
◆ 특징 : ① 화자의 정서가 직접적으로 표출됨.
　② '물'의 상징적 의미를 통해 시상을 전개함.
　③ 문헌상 가장 오래된 서정시로서 집단 가요에서 개인적 서정시로 넘어가는 시기의 고대 가요임.

나 해가

| **작품 해설** | 소원 성취를 이루고자 거북을 위협하는 내용에서 고대인의 주술적 의도를 엿볼 수 있는 제의적 성격의 집단 무가이다. 노래 가사는 『삼국유사』「기이편」 '수로부인조'에 배경 설화와 함께 한역되어 전한다.

| **작품 개관** |

◆ 갈래 : 고대 가요
◆ 주제 : 수로 부인의 귀환을 요구함.
◆ 특징 : ① '거북'이 주술적인 기원의 대상으로 등장함.
　② 신라 시대 민간에 널리 전승되었던 노래로, 액(厄)을 막고 소원 성취를 비는 재액 극복의 주술요로 불림.
　③ 구전(口傳)되다가 일부 내용이 변형되는 구비 전승 문학의 전형적인 모습을 보여 줌.

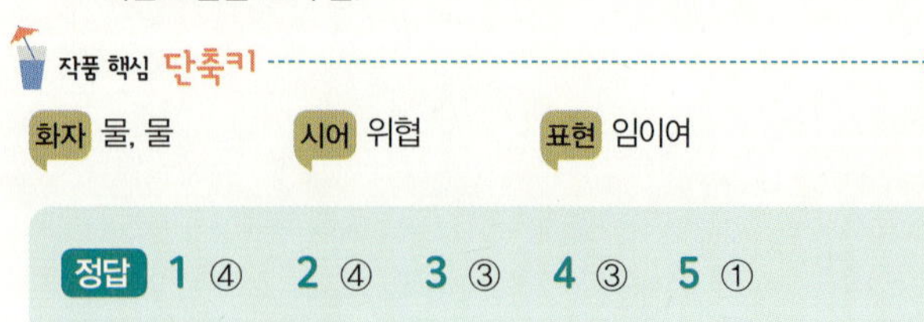

작품 핵심 **단축키**

화자 물, 물　　**시어** 위협　　**표현** 임이여

정답　1 ④　　2 ④　　3 ③　　4 ③　　5 ①

1 작품 간의 비교
정답 ④

(나)는 소망 성취를 위해 부른 노래로, 주술적 대상인 '거북'을 위협함으로써 소망을 성취하고자 하는 내용으로 구성되어 있다.

● **오답 풀이**

① (가)에서는 남편의 죽음을 바라보는 화자의 슬픔을 직접적으로 표현하고 있다.
② (나)에서는 화자의 시선이 가까운 곳에서 먼 곳으로 이동하지 않는다.
③ 선경 후정은 앞부분에는 경치를, 뒷부분에는 화자의 정서를 드러내는 시상 전개 방식인데, (가)와 (나)는 모두 앞부분에 경치를 제시하지 않았다.
⑤ (가)와 (나) 모두 계절감을 주는 어휘가 활용되지 않았다.

2 시어의 함축적 의미 파악
정답 ④

(가)에서 '물'은 다양한 상징적 의미를 지닌다. 1행에서 화자는 임에게 '물'을 건너는 것을 만류하고 있다. 따라서 1행의 '물'은 임이 그것을 건너지 않기를 바라는, 화자의 '사랑'이 담긴 소재라고 할 수 있다. 2행의 '물'은 화자가 있는 이쪽과 임이 향하는 저쪽을 갈라놓는 존재로, 물을 건너는 임과 화자의 기약 없는 이별을 의미한다. 3행의 '물'은 임이 죽은 곳으로 사랑하는 임의 죽음을 의미한다.

⊕ 보충 자료

임과의 이별이 중심 제재인 작품들

「황조가」	임과 이별하게 된 슬픔과 외로움을 노래한 고대 가요
「가시리」	임과 이별한 애틋한 심정을 절제와 체념의 어조로 노래한 고려 가요
「서경별곡」	사랑하는 임을 떠나보내는 여인의 애달픈 마음을 노래한 고려 가요
「진달래꽃」	임과의 이별에서 오는 슬픔을 절제된 어조로 노래한 현대시

3 시적 대상의 비교 이해
정답 ③

(가)에서 '임(㉠)'은 '물'에 빠져 죽음으로써 화자에게 슬픔을 안겨 주는 존재이다. (나)는 '수로 부인(㉡)'을 구출하기 위해 부른 노래이므로, '수로 부인(㉡)'은 이 작품의 창작 계기가 되는 대상이다.

● **오답 풀이**

① ㉠은 슬픔을 주는 존재이고 ㉡은 구해야 하는 대상이므로, ㉠과 ㉡ 모두 새로운 희망을 갖게 하는 존재가 아니다.
② 객관적 상관물은 화자의 감정을 객관화하여 표현하기 위한 대상물로, 화자의 감정을 간접적으로 드러내는 역할을 한다. (가)와 (나)는 모두 화자의 감정을 직접적으로 드러내고 있으므로, ㉠과 ㉡이 화자의 감정을 간접적으로 드러내는 데 쓰

였다고 볼 수 없다. 또한 (나)에서는 화자의 외로움이 드러나지 않는다.

④ ⓛ은 예찬의 대상이 아니라 화자가 거북에게서 구해야 하는 대상이다.

⑤ ㉠은 죽었기 때문에 화자의 삶을 변화시켰다고 볼 수 있지만, ⓛ은 화자의 슬픔을 위로하는 존재가 아니다.

4 작품 간의 비교 감상　　　　정답 ③

(가)에는 물을 건너려는 임과 이를 만류하는 화자의 상황이 드러나 있을 뿐, 이 두 사람이 갈등하는 이유는 드러나지 않는다. 또한 〈보기〉에서도 화자와 임의 갈등은 드러나지 않는다.

● 오답 풀이

① 〈보기〉에는 '남포', '대동강'과 같은 구체적인 공간적 배경이 제시되어 있다.

② 〈보기〉는 1행의 '풀빛 더 파란데', 4행의 '푸른 물결'에서 색채 이미지가 뚜렷하게 나타난다.

④ (가)의 3행에서 '물'은 임과 화자를 저승과 이승으로 갈라놓는 경계로 작용하며, 〈보기〉의 3행에서 '대동강 저 물' 역시 강 건너로 떠나는 임과 강변에 남은 화자 사이의 경계를 의미한다.

⑤ 두 작품의 화자 모두 임과 이별하는 슬픔을 노래하고 있다.

> **〈보기〉속 작품**　　　　정지상, 「송인(送人)」
>
> • 주제 : 이별의 슬픔
> • 감상 : 별리(別離)를 주제로 한 한시 중 가장 뛰어난 작품으로 평가받는 시이다. 이 시에 제시된 '물'의 이미지는 이별의 아픔으로 흘리는 눈물과 결합되어 화자의 슬픔을 더욱 고조하여 드러낸다.

5 작품 간의 비교 감상　　　　정답 ①

(나)의 화자는 '거북'에게 '수로 부인'의 무사 귀환을 요구하고 있다. 〈보기〉의 화자는 '머리'를 내어 줄 수 있는 기원의 대상인 '거북'에게 '머리'를 내놓지 않으면 구워서 먹겠다는 위협을 가하고 있는데, 이는 '머리', 즉 '임금'을 얻으려는 목적을 이루기 위해서라고 볼 수 있다. 이처럼 (나)와 〈보기〉 모두에 화자가 '거북'에게 위협을 가하고 기원하는 모습은 드러나지만, '거북'이 화자에게 순응하는 모습은 드러나지 않는다.

> **〈보기〉속 작품**　　　　구간 등, 「구지가(龜旨歌)」
>
> • 주제 : 임금(수로왕)의 강림에 대한 기원
> • 감상 : 현전하는 가장 오래된 집단 무요이자 의식요로, 가락국 시조인 수로왕의 강림 신화 속에 삽입되어 전한다. 수많은 군중이 구지봉 꼭대기에서 왕을 맞이하기 위해 이 노래를 불렀더니, 하늘에서 황금 알이 내려오고 거기에서 수로왕이 탄생했다고 전해진다.

02 정읍사(井邑詞) _어느 행상인의 아내

| **작품 해설** | 현재까지 전해 내려오는 유일한 백제 시대의 서정 가요이다. 『고려사』「악지」에 배경 설화가 전하고, 『악학궤범』에 가사가 전한다. 행상 나간 남편이 밤길에 해를 당하지 않고 무사히 귀가하기를 바라는 아내가 '달'에게 자신의 마음을 간절히 기원하는 내용이다. 작품 속에서 '달'은 기원의 대상으로, 초월적 존재, 절대자, 광명, 천지신명(天地神明) 등을 상징한다.

| **작품 개관** |

◆ 갈래 : 고대 가요, 백제 가요
◆ 주제 : 행상 나가 있는 남편의 무사 귀환을 기원함.
◆ 특징 : ① 초월적 존재인 달에게 기원하는 형식을 취함.
　　　　② 현재까지 전하는 유일한 백제의 서정 가요로, 한글로 기록되어 전하는 노래 중 가장 오래된 작품임.
　　　　③ 여음을 제외하고 2구를 1장으로 묶으면 형식상 3장 6구가 되어 시조와 유사한 모습을 보여 줌.

작품 핵심 단축키

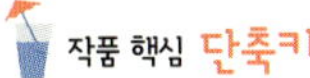

| **화자** 걱정 | | **시어** 저재 | | **표현** 운율 |

정답　1 ①　　2 ④　　3 ⑤

1 화자의 정서 파악　　　　정답 ①

'어긔야 즌 딕를 드딕욜셰라.'에서 화자는 임(남편)이 위험한 일을 당하게 될까 봐 염려하고 있다.

● 오답 풀이

② 임의 신변을 염려하고 있을 뿐, 임에 대한 변함없는 믿음을 드러내는 내용은 제시되지 않았다.

③ 소식을 알 수 없는 임에 대해 걱정할 뿐, 임을 원망하는 마음은 드러나 있지 않다.

④ 화자와 임이 떨어져 있는 이유는 화자의 남편(임)이 행상을 나갔기 때문이므로, 화자가 임과의 이별을 자신의 탓으로 여기고 있다고 볼 수 없다.

⑤ 임이 화자를 오해하고 있다는 내용은 나타나 있지 않다.

2 감상의 적절성 평가　　　　정답 ④

'즌 딕'는 '진 곳, 위험한 곳'을 의미하므로, 남편이 안전하게 있을 수 있는 이상적인 공간이 아니라 남편이 피해야 할 장소라고 볼 수 있다.

● 오답 풀이

① '노피곰'과 '머리곰'은 각각 '높이높이', '멀리멀리'라는 의미로, 달빛이 남편이 있는 곳에 비치어 어둠이 없어지고 광명이 있기를 바라는 아내의 심정을 드러내고 있다.

② '비춰오시라'에서는 높임의 선어말 어미 '-시-'를 통해 대상을 높이면서, 대상에게 화자가 원하는 바(비추어 주십시오)를 직접적으로 드러내고 있다.

③ '져재'는 '시장'이라는 의미로, 행상 나간 남편이 있을 만한 곳이라고 아내가 예상하는 장소이다.

⑤ '졈그를셰라'는 '저물까 두려워라'라는 의미로, 날이 저물어 남편이 위험에 처하지 않을까 두려워하는 아내의 애절한 심정이 함축적으로 드러나 있다.

3 작품 간의 비교 감상   정답 ⑤

ⓑ는 왕생(往生)을 바라는 화자의 염원을 무량수불에게 전하는 역할을 한다. 이에 반해 ⓐ는 화자의 소망(남편의 무사 귀환) 성취를 직접적으로 기원하는 대상으로, 화자의 소망을 다른 대상에게 전달하는 매개체는 아니다.

● 오답 풀이

① ⓐ와 ⓑ 모두 임을 대신하고 있지 않다.

② ⓐ와 ⓑ 모두에서 화자의 감정 이입은 나타나지 않는다.

③ ⓐ와 ⓑ 모두 작품에서 시간의 경과를 보여 주는 역할을 하고 있지 않다.

④ ⓑ는 종교적 색채가 강한 작품으로, 달이 낭만적 분위기를 조성하는 역할을 하지는 않는다.

> **〈보기〉속 작품**   광덕, 「원왕생가(願往生歌)」
>
> • 주제 : 극락왕생에 대한 간절한 염원
> • 감상 : 이 노래는 신라 시대 기원가(기도하는 노래)의 전형을 보여 준다. 기원가에는 기원 대상에 대한 청원이나 탄원 및 고백의 어법이 주로 사용되는데, 이 작품 역시 이러한 어법이 사용되었다. '아미타(무량수불) 신앙'을 바탕으로 하여 서방 정토(극락)에서 왕생하기를 염원하는 심정을 노래하였으며, 주요 소재인 '달'은 화자에게 기원의 대상이자 화자가 있는 현세와 서방 정토를 잇는 중계자 역할을 한다.

pp.19~21

03 제망매가(祭亡妹歌)_월명사

| 작품 해설 | 10구체 향가의 대표적인 작품이다. 누이의 죽음으로 인한 슬픔과 그리움의 정조가 지배적이지만 애도에 그치지 않고 그 슬픔을 종교적(불교의 윤회 사상, 내세관)으로 극복하고 있다. 또한 이 노래는 비유적인 표현 기교가 뛰어난데, 누이의 죽음을 '가을에 떨어지는 나뭇잎'에, 한 부모에서 태어난 남매간의 혈연 관계를 '한 가지'에 비유하고 있다. 「찬기파랑가」와 함께 표현 기교와 서정성이 뛰어난 향가 작품으로 평가받는다.

| 작품 개관 |
◆ 갈래 : 10구체 향가
◆ 주제 : 죽은 누이에 대한 추모
◆ 특징 : ① 비유적 표현과 상징성이 두드러짐.
    ② 불교의 윤회(輪廻) 사상과 내세관을 기반으로 함.
    ③ 10구체 향가의 정제된 형식미와 세련된 표현 기교를 보여 줌.

작품 핵심 **단축키**

화자 누이   시어 화자   표현 추모

정답   1 ②   2 ⑤   3 ②   4 ③   5 ①

1 작품의 종합적 감상   정답 ②

화자는 누이의 죽음 앞에서 어쩔 수 없는 인간 존재로서 인생의 무상감을 느끼지만, 슬픔을 드러내는 데 그치지 않고 '미타찰'이라는 서방 정토에서 다시 만날 것을 기약하며 슬픔을 종교적으로 이겨 내고자 한다. 따라서 인간의 유한함에 대해 절망하고 있다는 설명은 적절하지 않다.

● 오답 풀이

①, ④ 이 작품은 누이의 죽음을 제재로 하여, 누이에 대한 추모의 마음을 노래한 10구체 향가이다. '떨어질 잎'은 혈육인 누이의 죽음을 나타내는 시어이다.

③ '아아, 미타찰에서 만날 나 / 도 닦아 기다리겠노라.'에서 화자는 불교적 믿음을 가지고 죽은 누이와 재회할 것을 다짐하면서, 혈육의 죽음으로 인한 슬픔을 종교적으로 승화하고 있다.

⑤ '미타찰'은 아미타불이 있는 서방 정토를 가리키는 불교 용어로, 내세에 대한 믿음은 불교의 윤회 사상을 보여 준다.

2 시상 전개 구조의 파악   정답 ⑤

10구체 향가는 향가 중에서 가장 완성된 형태로, 대체로 '기-서-결'의 3단 구성에 따라 시상이 전개된다. 이 작품 역시 3단 구성으로 전개되는 10구체 향가로서, '기(1~4행)' 부분에서는 누이의 죽음으로 인한 슬픔과 안타까움, '서(5~8행)' 부분에서는 혈육의 죽음에서 느끼는 인생의 무상감을 드러낸다. 그리고 '결(9~10행)' 부분에서는 죽은 누이와 극락세계에서 다시 만날 것을 기약하며 세속적인 슬픔을 종교적으로 극복하고 있다.

3 표현상의 특징 파악   정답 ②

'이른 바람'은 누이의 요절을, '떨어질 잎'은 죽은 누이를 상징적으로 표현한 것이다(ㄱ). 또한 누이의 죽음으로 인해 고조된 정서를 낙구의 감탄사 '아아'로 표현하고 있다(ㄹ).

● 오답 풀이

ㄴ. 청자와 대화하는 형식이 아니라 화자의 독백으로 시상을 전

개하고 있다.

ㄷ. 향가에는 후렴구가 나타나지 않는다.

4 시어의 의미 파악 　　　　　　　정답 ③

이 작품에서는 죽은 누이를 '떨어질 잎'에 비유하고 있고, 누이의 이른 죽음을 '이른 바람'으로 표현하고 있다. 여기서 '가을'은 이러한 비유적 표현을 드러내기 위한 계절적 배경일 뿐, 화자의 시련을 상징하는 것은 아니다.

● 오답 풀이
① '예'는 '여기에'라는 뜻으로 화자가 있는 이승을 의미한다.
② '생사 길은 / 예 있으매 머뭇거리고'에서 화자는 한 부모에게서 태어난 누이가 갑자기 죽게 되자 삶과 죽음이 무엇인가에 대해 인간적으로 고뇌하고 있다.
④ '한 가지'는 비유적인 표현으로 같은 부모를 의미한다.
⑤ 이 작품의 화자는 '미타찰'에서 죽은 누이를 다시 만날 것을 기대하며 도 닦아 기다린다고 했으므로, '미타찰'은 화자의 지향을 함축하는 공간으로 볼 수 있다.

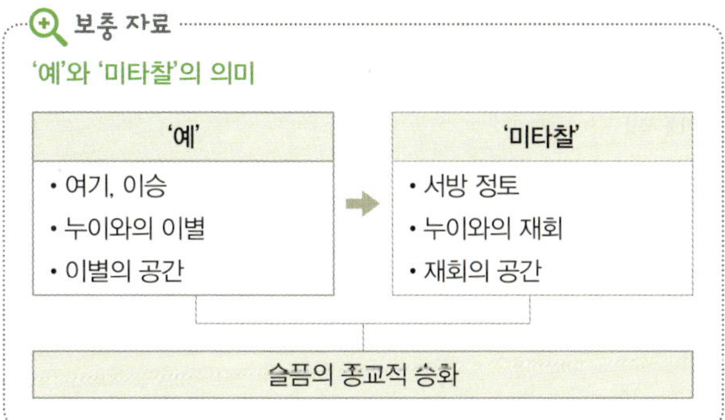

5 작품 간의 비교 감상 　　　　　　　정답 ①

이 작품에서 '바람(ⓐ)'은 '잎(ⓑ)'이 떨어지게 하는 원인이다. '잎'은 누이를 비유하므로 '바람'은 화자의 슬픔을 유발시킨 것으로 해석될 수 있다. 반면 A의 '바람'은 '도화'를 지게 하는 자연 현상이지만 '도화'는 화자가 감상하는 자연물일 뿐 화자를 비유하는 소재가 아니므로 '바람'이 화자의 시련을 의미한다고 볼 수 없다.

● 오답 풀이
② ⓐ는 잎이 떨어진 원인이고, B의 '바람'은 나무가 쓰러진 원인이다.
③ ⓑ는 죽은 누이를 의미하므로 화자에게 슬픔을 주는 대상이지만, A의 '도화'는 봄날의 경치를 즐기는 화자의 감회와 흥취를 부각하고 있다.
④ ⓑ는 죽은 누이를 비유한 것이지만, B의 '나무'는 임을 잃은 화자 자신을 비유한 것이다.
⑤ ⓑ, A의 '도화', B의 '나무'는 모두 '바람'에 의해 떨어지거나 쓰러지는 수동적 존재이다.

04 찬기파랑가(讚耆婆郎歌)_충담사

| 작품 해설 | 신라 경덕왕 때의 승려 충담사가 화랑인 기파랑을 추모하며 지은 10구체 향가이다. 자연물인 '달'과의 문답 형식을 통해 하늘의 달마저 기파랑의 뜻을 따른다고 노래함으로써 기파랑에 대한 찬양과 추모의 정서를 효과적으로 표현하였다. 화자는 기파랑을 더할 수 없는 고매한 인격자라 여기며 기파랑이 지닌 '마음의 끝'을 따르고자 하고, 그의 곧고 고매한 인품을 '서리'조차 모르는 높은 '잣가지'라고 형상화하며 예찬하고 있다. 「제망매가」와 함께 서정성이 돋보이는 향가로 손꼽히며, 주술성이나 종교적 색채가 없는 순수 서정시로 평가받는 작품이다.

| 작품 개관 |
◆ 갈래 : 10구체 향가
◆ 주제 : 기파랑의 고매한 인품에 대한 찬양
◆ 특징 : ① 선명한 색채 대비가 나타남.
　　　　　② 비유와 상징을 활용한 표현 기교가 돋보임.
　　　　　③ 기파랑의 인품을 자연물의 속성에 비유하여 구체적으로 제시함.

작품 핵심 단축키

1 표현상의 특징 파악 　　　　　　　정답 ②

'주술'이란 불행이나 재해를 막으려고 주문을 외거나 술법을 부리는 일을 말한다. 불행이나 재해를 막으려는 의도로 작품이 창작되고 불려졌을 때 주술적 성격을 지녔다고 말하는데, 이 작품은 '기파랑'이라는 대상을 찬양하는 순수 서정시로 주술적 성격과는 거리가 멀다.

● 오답 풀이
① 기파랑의 훌륭한 인품을 '달', '냇가', '조약', '잣가지' 등 자연물에 비유하여 형상화하였다.
③, ④ '달'과의 문답을 통해 기파랑의 고매한 인품을 상징적으로 드러내는 한편, 하늘의 달마저 기파랑의 뜻을 따르고 있다고 함으로써 기파랑에 대한 예찬을 극대화하고 있다.
⑤ 3행의 '흰 구름'과 4행의 '새파란 냇가'에서 흰색과 파란색의 색채 이미지 대비가 이루어지며, 이를 통해 기파랑의 맑고 깨끗한 인품을 드러내고 있다.

2 시적 상황 파악 　　　　　　　정답 ⑤

화자는 달과 문답 형식의 대화를 주고받으며 기파랑을 추모하고 있다. 따라서 달을 바라보며 기파랑을 생각하는 화자의 모습을 영상으로 제작하는 것이 적절하다.

3 감상의 적절성 평가　　　　　　　　　정답 ④

[B]에서는 기파랑을 '냇가'와 '조약(돌)'에 비유하여 깨끗하고 맑으며, 원만하고 강직한 인품을 효과적으로 제시하고 있다. 그러나 부당한 현실에 맞선 기파랑의 모습은 제시되지 않았다.

4 시어의 의미 파악　　　　　　　　　　정답 ⑤

ⓜ의 '서리'는 '잣가지'와 대립되는 이미지로서, 기파랑이 극복한 '고난, 시련, 역경, 불의' 등을 의미하는 시어이다. 따라서 이를 기파랑의 훌륭한 인품을 비유하는 시어로 볼 수 없다.

● 오답 풀이

① 화자에게 '달'은 높이 우러러보는 존재로, 화자는 '달'을 통해 기파랑의 고매한 자태를 그려 보고 있다. 따라서 '달'은 기파랑의 고결하고 숭고한 인품을 비유하며 기파랑에 대한 화자의 그리움을 투영한 시어이다.

② '냇가'에 '기랑(기파랑)의 모습'이 있다고 하였으므로, 맑고 깨끗한 '냇가'는 기파랑의 깨끗하고 맑은 인품을 비유한 시어로 볼 수 있다.

③ '조약(돌)'은 모서리가 둥근 속성을 통해 기파랑의 원만하고 강직한 인품을 나타낸다.

④ '잣가지(잣나무 가지)'는 시련이나 역경을 뜻하는 '서리'와 대립되는 이미지로서 고난과 역경에 굴하지 않는 기파랑의 곧고 고매한 인품을 비유하는 시어이다.

5 작품 간의 비교 감상　　　　　　　　　정답 ③

이 작품은 낙구(9~10행)의 첫머리에 '아아'라는 감탄사를 사용함으로써, 1행부터 8행까지의 내용을 정리하면서 형식적 안정감을 부여하며, 시상을 마무리하는 효과를 얻고 있다. 〈보기〉의 시조도 종장의 첫 구절에 '아희야'라는 감탄사를 사용하여 화자의 고조된 정서(무상감)에서 벗어나면서 시상을 마무리하고 있다.

● 오답 풀이

① 이 작품과 〈보기〉의 시조 모두 자연과의 조화로운 삶을 추구하는 것과는 거리가 멀다.

② 〈보기〉의 시조는 4음보를 반복하고 있지만 이 작품은 음보율이 드러나지 않는다.

④ 이 작품과 〈보기〉의 시조 모두 후렴구가 나타나지 않는다.

⑤ 이 작품과 〈보기〉의 시조는 자연물을 소재로 활용하여 시적 의미를 형상화하고 있는 것이지, 전통적 소재를 활용하였다고 볼 수 없다.

〈보기〉 속 작품　　　　　정도전, 「선인교 나린 물이~」

• 주제 : 고려 왕업(王業)의 무상함
• 감상 : 조선의 개국 공신이었던 정도전의 회고가로, 고려 왕조를 회상하면서도 시세(時勢)에 따라야 한다는 생각을 드러내었다. 고려 왕조의 멸망에 따른 무상감을 떨쳐 내고 새로운 변화에 적응해야 한다는 태도를 보이고 있다.

---

pp.25~27

05 한림별곡(翰林別曲)_한림 제유 

| 작품 해설 | 고려 가요가 서민들의 진솔한 감정을 표현한 평민 문학이라면, 경기체가는 고려 시대 사대부들의 정서를 표현한 대표적인 귀족 문학이다. 이 작품은 전체 8장으로 구성되어 있으며, 무신의 난 이후 새롭게 등장한 신흥 사대부들의 호탕한 기개와 삶의 방식, 의식 세계, 학식과 문화 등을 묘사하고 있다. 시적 대상을 객관적으로 나열하면서 그것들에 대한 흥취를 표현하였으며, 귀족 문인들의 풍류적 삶의 태도, 학문적 경지와 자긍심 등을 엿볼 수 있다.

| 작품 개관 |

◆ 갈래 : 경기체가
◆ 주제 : 신흥 사대부의 학문적 자부심과 향락적 풍류
◆ 특징 : ① 3음보(3·3·4조) 율격과 후렴구를 사용함.
　② 구체적인 사물(사실)을 나열하여 화자의 흥취를 표현함.
　③ 신흥 사대부들의 풍류적인 삶과 정서가 담긴 대표적인 귀족 문학이면서 최초의 경기체가 작품으로, 가사 문학에 영향을 주었다고 평가받음.

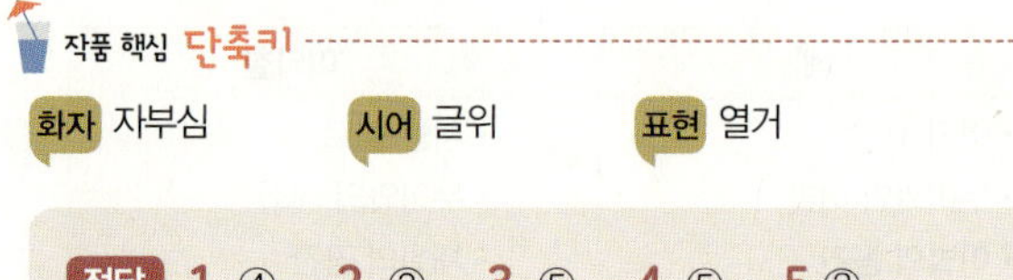

1 표현상의 특징 파악　　　　　　　　　정답 ④

화자의 주된 정서와 태도는 '자신의 신분과 삶의 방식에 대한 자부심과 긍지'이다. 이러한 자부심을 표현하기 위해 '엇더ᄒ니잇고', '몇 부니잇고'처럼 의문형으로 표현하는 설의법을 사용하고 있다. 겉으로 보아 모순되지만 그 안에 진리를 담고 있는 역설적 표현은 사용하지 않았다.

● 오답 풀이

① 화자가 이상적으로 생각하거나 친숙하게 느끼는 사물을 나열한 후에 '위 ~ 경(景) 긔 엇더ᄒ니잇고'라는 후렴구를 반복하여 '삶의 방식에 대한 자긍심'이라는 주제 의식을 강조하고 있다.

② 3(4)·3·4조의 음수율과 3음보의 율격을 사용하여 리듬감을 형성하고 있다.

③ '~의 광경이 굉장합니다'를 '위 ~ 경(景) 긔 엇더ᄒ니잇고'와 같이 의문형으로 표현함으로써, 상층 귀족으로 살아가는 자긍심을 확신에 찬 어조로 나타내고 있다.

⑤ 분절체는 시가 작품을 시상에 따라 연이나 장으로 나누어 구성하는 시의 형식을 의미한다. 이 작품은 각 장이 나뉘는 형

태를 취하고 있으며, 각 장마다 고려의 문신들에게 친숙하거
나 그들이 지향하는 사물들을 다양하게 나열하여 제시하고
있다.

2 핵심 제재의 파악 　정답 ③

〈제1장〉은 문인들의 명문장[시부(詩賦)]을 제재로 하고 있고,
〈제2장〉은 문인들이 읽은 명저[서적(書籍)]를 제재로 하고 있으
며, 〈제8장〉은 문인들이 여인들과 그네 뛰는 모습[추천(鞦韆)]
을 제재로 하고 있다.

3 작품의 비판적 평가에 대한 유추 　정답 ⑤

「한림별곡」에 대한 이황의 평가를 정리하면 '방탕, 거만, 비루,
외설'로 요약할 수 있다. 이러한 비판을 받는 이유와 가장 관련
이 깊은 것은 ⑩으로, 여기에는 남녀가 서로 손을 잡고 노는 모
습을 찬양하는 내용이 담겨 있다.

● 오답 풀이

① 신분과 능력을 과시하는 태도를 엿볼 수 있다.
② 서적을 나열하면서 독서의 양을 과시하는 태도를 엿볼 수 있다.
③ 학식을 뽐내는 현학적인 태도를 엿볼 수 있다.
④ 다른 사람과의 경쟁 심리를 엿볼 수 있다.

4 화자의 태도 파악 　정답 ⑤

[A]를 현대어로 풀어 보면, '금의가 배출한 옥으로 된 죽순처럼
뛰어난 제자들이 나를 포함해서 몇 분입니까?'이다. 이는 곧 자신
을 포함하여 훌륭한 제자들이 많다는 의미이므로, 자기가 한 일을
스스로 자랑한다는 의미의 '자화자찬(自畵自讚)'이 적절하다.

● 오답 풀이

① 자가당착(自家撞着) : 같은 사람의 말이나 행동이 앞뒤가 서
　로 맞지 아니하고 모순됨.
② 자괴지심(自愧之心) : 스스로 부끄럽게 여기는 마음
③ 자승자박(自繩自縛) : 자기의 줄로 자기 몸을 옭아 묶는다는
　뜻으로, 자기가 한 말과 행동에 자기 자신이 옭혀 곤란하게
　됨을 비유적으로 이르는 말
④ 자강불식(自强不息) : 스스로 힘써 몸과 마음을 가다듬어 쉬
　지 아니함.

5 감상의 적절성 평가 　정답 ②

각 장의 전대절과 후소절에서는 우의적(다른 사물에 빗대어 비
유적인 뜻을 나타내거나 풍자하는)인 방법으로 화자의 감정을
표현하지 않았다. 오히려 금의의 제자들이 지은 명문장을 나열
하고, '시험장의 광경이 대단하다', '뛰어난 제자들이 많다'는 말
을 설의법으로 표현하는 등 자신들의 자부심을 직접적으로 표현
하고 있다.

● 오답 풀이

① '위 ~ 경(景) 긔 엇더ㅎ니잇고'는 '그 광경이 굉장합니다'라는
　의미를 설의적으로 표현한 것으로, 화자의 자부심이 담겨
　있다.
③ 〈제1장〉은 문인들의 명문장을, 〈제2장〉은 명저를, 〈제8장〉
　은 그네 뛰며 풍류를 즐기는 모습을 노래하고 있다.
④ 〈제1장〉의 전대절은 문인들의 장기를, 〈제2장〉의 전대절은
　문인들이 지은 서책을 각각 나열하고 있다.
⑤ 명사로된 한자어의 열거로 이루어진 〈제1장〉, 〈제2장〉의 전
　대절에 비해 〈제8장〉은 문장과 어휘가 순수 우리말 형태로
　쓰여 있으며, 우리말 표현을 잘 살려 풍류를 즐기는 광경을
　생동감 있게 묘사하고 있다.

06 동동(動動)_작자 미상

| 작품 해설 | 국문학사상 가장 오래된 월령체 노래로, 서사에 이어 각
달의 특성에 맞춰 임에 대한 송축, 오지 않는 임에 대한 원망과 한탄,
고독과 그리움 등을 애절하게 표현하고 있다. 5월의 '수릿날', 6월의
'유두', 7월의 '백중', 8월의 '한가위', 9월의 '중양절' 등을 배경으로 고
려 시대의 세시 풍속을 구체적으로 드러내었다. 특히 임의 훌륭한 모
습과 버림받은 자신의 서글픈 처지를 여러 사물에 비유하여 표현함으
로써 독자에게 선명한 인상을 제시하고 있다.

| 작품 개관 |

◆ 갈래 : 고려 가요
◆ 주제 : 임에 대한 송축 및 연모의 정
◆ 특징 : ① 3음보 율격과 후렴구를 사용함.
　② 영탄법, 직유법, 은유법 등 다양한 수사법을 사용함.
　③ 월령체 형식으로 세시 풍속에 따라 사랑의 감정을 노래함.
　④ 고려 시대의 세시 풍속 등 민속 연구의 자료가 되기도 함.

작품 핵심 단축키

화자 세시 풍속　　시어 보룻　　표현 월령체

정답　1 ④　　2 ④　　3 ③

1 작품의 종합적 감상 　정답 ④

시상이 전개되면서 계절이 바뀌지만, 사랑하는 임과 이별한 화
자의 상황이 이에 따라 변화되는 것은 아니다.

① 한 해 열두 달의 순서에 따라 노래한 월령체 형식이다.

② 임에게 버림받은 자신의 처지를 '벼랑에 버린 빗', '잘게 썬 보리수나무', '소반 위의 젓가락' 등에 비유하고 있다.

③ 다양한 사물을 활용해 화자의 외로운 정서를 강조(냇물, 꾀꼬리)하거나, 화자를 특정 대상에 비유(등불, 진달래꽃, 빗, 보리수나무, 젓가락)하여 화자의 정서를 표현하고 있다.

⑤ 후렴구 '아으 동동다리'를 매 연마다 반복하여 운율을 형성하고 있다.

2 핵심 시어의 의미 파악   정답 ④

㉠과 ㉢은 모두 버림받은 화자의 처지를 비유하는 대상이다(가). ㉡은 9월 9일 중양절에 행해지는 세시 풍속의 대상물로 표현되어 있으나, ㉣은 독수공방하는 화자의 처지를 부각하는 소재로 등장할 뿐 세시 풍속의 대상이 아니다(다). ㉠, ㉡, ㉢은 모두 임에게 버림받은 처지로 인해 외로움을 느끼는 화자의 정서를 드러내는 객관적 상관물이다(라).

(나) ㉠과 ㉣은 모두 화자의 현재 처지와 관련되는 대상일 뿐, 과거 회상의 매개체로 기능하지는 않는다.

3 외적 준거에 따른 감상   정답 ③

사월령에서는 화자가 자신을 잊은 임을 원망하는 태도를 보인다는 점에서 사적인 대상, 즉 연모의 대상으로서의 임의 모습이 나타난다. 다만 여기서 화자가 임을 원망하는 것은 임이 과거의 화자의 모습만을 사랑하기 때문이 아니라, 자신을 완전히 잊었다고 여기기 때문이다.

---

07 정석가(鄭石歌) _작자 미상   pp.31~33

| 작품 해설 | 이 작품은 태평성대에 대한 소망을 담은 서사(1연), 임과 영원히 함께 하고 싶은 마음을 노래한 본사(2~5연), 임에 대한 변함없는 믿음과 영원한 사랑을 강조한 결사(6연)로 구성되어 있다. 본사에서 불가능한 상황을 반복적으로 설정하고, 그것이 이루어졌을 때에나 임과 이별하고 싶다고 하여 임과 절대로 헤어지지 않겠다는 마음을 역설적·반어적인 방식으로 표현하였다.

◆ **갈래** : 고려 가요

◆ **주제** : 태평성대에 대한 희구(希求), 임에 대한 영원한 사랑

◆ **특징** : ① 구전되다가 궁중의 속악가사로 채택되면서 수록됨.
     ② 역설법, 반어법, 과장법 등 다양한 표현법을 사용함.
     ③ 불가능한 상황을 전제로 화자의 생각을 드러내는 기발한 발상이 돋보임.

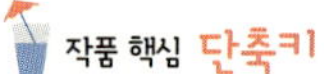

작품 핵심 단축키

| **화자** 이별 | **시어** 구슬, 긴 | **표현** 과장, 반복 |

정답   **1** ⑤   **2** ⑤   **3** ⑤   **4** ②   **5** ②

1 표현상의 특징 파악   정답 ⑤

이 글에서는 주로 시각적 이미지를 활용하였고 '삭삭기'라는 의성어에서 청각적 표현도 보이지만, 이는 대상의 아름다움을 예찬하기 위함이 아니라 임과 이별하고 싶지 않다는 화자의 심정을 드러내기 위해 활용한 것이다.

① 2연과 4연의 '나ᄂᆞᆫ'은 악률을 맞추기 위해 삽입한 여음으로 흥취를 북돋우는 역할을 한다.

② 3음보의 규칙적인 운율을 사용하여 리듬감을 형성하고 있다.

③ 1연의 1·2행과, 2~6연의 1·2행, 4·5행은 동일한 시구를 반복하고 있는데, 이러한 시구의 반복은 내용을 강조하는 효과가 있다.

④ 2~5연에서는 불가능한 상황을 설정하여 그것이 이루어져야 임과 이별하고 싶다고 노래하면서 과장법과 반어법을 사용하였는데, 이를 통해 임과 이별하고 싶지 않다는 화자의 의지를 드러내고 있다.

2 시상 전개 방식의 이해   정답 ⑤

㉮에는 태평성대를 희구하는 심정이, ㉯에는 임과 이별하고 싶지 않은 심정이, ㉰에는 임에 대한 믿음이 변하지 않을 것이라는 심정이 드러나 있다. 따라서 시상이 전개될수록 의미가 점층적으로 고조되고 있다고 볼 수 없다.

① ㉮에서는 화자가 직설적으로 '태평성대에 놀고 싶다'는 자신의 심정을 드러내고 있으나, ㉰에서는 구슬과 바위를 통해 임에 대한 자신의 생각을 비유적으로 드러내고 있다.

② ㉮에서는 실생활을 반영한 내용이 나타나지 않았으나, ㉯에는 밤을 심고 꽃을 접붙이거나, 옷을 만들고 소를 치는 등 실생활의 모습이 반영된 행동을 제시하고 있다.

③ ㉯의 각 연은 전반부와 후반부가 전제와 결과의 방식으로 전개되고 있으나, ㉰는 전반부와 후반부가 '~한들 ~하겠습니

까'와 같이 동일한 형식을 띠며 서로 대응되고 있다.

④ ㉰는 후렴구가 나타나지 않았으나, ㉱는 각 연에 '유덕(有德)
호신 님(믈) 여히 이 와지이다.'가 후렴구로 제시되어 형식적인
통일성을 드러내고 있다.

3 시어의 의미 및 기능 파악   정답 ⑤

'구은 밤, 련(蓮) ㅅ곳, 털릭, 한 쇼'는 임에 대한 영원한 사랑을
표현하기 위해 사용한 소재로, 불가능한 상황을 제시하는 역할
을 한다. 이에 비해 '바회'는 장애물이나 시련을 상징하는데, 이
는 임에 대한 사랑이 변하지 않을 것이라는 믿음을 나타내기 위
해 사용된 것이므로 그 기능이 나머지와 다르다.

4 화자의 정서 파악   정답 ②

[A]는 천년을 외롭게 살아간다 하더라도 임에 대한 믿음은 변하
지 않을 것이라는 화자의 의지가 드러나는 부분이다. 임과 따로
떨어져 사는 상황을 가정하고 있을 뿐, 임과 헤어진 것은 아니
므로 외로움의 정서가 드러난다고 볼 수 없다.

● 오답 풀이

① '즈믄 ᄒᆞ를 외오곰 녀신들(천년을 외로이 살아간들)'에서 이
　별의 상황을 가정하고 있음을 알 수 있다.

③ '구슬, 바위, 끈' 등의 소재를 활용하여 임에 대한 사랑을 비
　유적으로 표현하고 있다.

④ 마지막 행의 '신(信)잇든 그츠리잇가'에는 임에 대한 믿음이
　끊어질 리 없다는 화자의 의지적인 태도가 드러난다.

⑤ 4~6행에서 천년을 외롭게 살아가더라도 임에 대한 믿음과
　사랑은 영원할 것이라고 노래하고 있다.

5 작품 간의 비교 감상   정답 ②

이 글의 2~5연은 불가능한 상황을 설정하여 그것이 이루어질
때 비로소 임과 이별하고 싶다고 함으로써 영원히 임과 이별하
고 싶지 않은 심리를 드러내고 있다. 이와 유사하게 〈보기〉에서
도 불가능한 상황(병풍에 그린 황계 수탉이 날개를 치고 욺.)을
설정하여 그것이 이루어져야만 올 수 있는 것이냐며 오지 않는
임에 대한 원망의 심리를 드러내고 있다.

〈보기〉 속 작품   작자 미상, 「황계사(黃鷄詞)」

• 주제 : 임에 대한 간절한 그리움
• 감상 : 이별한 낭군이 그리워 속히 돌아와 주기를 바라는 여인의
　심정이 잘 드러난 가사 작품이다. 소식조차 전해 주지 않는 임에
　대한 간절한 그리움을 병풍에 그린 '황계 수탉'에 의탁하여 표현
　하고 있다.

---

08 가시리 _작자 미상 

| 작품 해설 | 이별의 정한과 재회에 대한 간절한 소망을 진솔한 언어
로 표현한 고려 가요이다. 화자는 떠나는 임에 대해 원망에 찬 하소연
을 하지만 붙잡아 두면 임의 노여움을 살까 두려워 슬픔의 감정을 절
제하고 이별을 수용하게 된다. 자기희생적인 태도로 떠나는 임이 가자
마자 곧 돌아오리라고 간절하게 기원하는 모습에서 전통적인 한국의
여인상을 엿볼 수 있다.

| 작품 개관 |

◈ 갈래 : 고려 가요
◈ 주제 : 이별의 정한
◈ 특징 : ① 3 · 3 · 2조의 3음보 율격을 보임.
　　② '기 – 승 – 전 – 결'의 구조에 따른 시상 전개를 보임.
　　③ 반복법을 사용하여 의미를 강조하고 운율을 형성함.
　　④ 간결하고 소박한 우리말을 사용하여 전통적인 정서인 '한(恨)'을
　　　표현함.

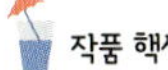 작품 핵심 단축키

화자 이별   시어 가시는 듯 도셔 오쇼셔   표현 부리고 가시리잇고

정답   1 ⑤   2 ③   3 ⑤   4 ②

1 표현상의 특징 파악   정답 ⑤

영탄법은 감탄사나 감탄 조사 따위를 이용하여 기쁨 · 슬픔 · 놀
라움과 같은 감정을 강하게 나타내는 수사법을 말한다. 이 작품
에서 영탄적 표현을 사용하여 현실에 대한 부정적 인식을 드러
낸 부분은 찾아볼 수 없다.

● 오답 풀이

① '가시리(a) 가시리잇고(a) 나는 / 부리고(b) 가시리잇고(a) 나
　는'에서는 반복의 과정에서 변화를 주는 a-a-b-a 구조를
　사용하여, 이별의 상황에 대한 화자의 슬픔과 안타까움을 강
　조하고 있다.

② 여음은 의미 표현보다는 감흥과 운율을 일으키는 어절 혹은
　구절을 말하며, 이 작품에서 '나는'은 특별한 의미 없이 악률
　을 맞추기 위해 사용된 여음이다.

③ 분절체는 분연체라고도 하며, 이는 시가 작품을 시상에 따라
　연이나 장으로 나누어 구성하는 시의 형식을 의미한다. 이
　작품은 기승전결의 4연으로 나누어 구성되었다는 점에서 분
　절체가 사용된 것을 확인할 수 있다.

④ '가시리잇고'는 '가시렵니까?'라는 의미의 의문형 문장으로,
　이와 같은 시구를 반복하여 이별의 상황을 부각하고 화자의
　애상감을 심화하고 있다.

'날러는 엇디 살라 ᄒ고'에는 이별의 상황에서 오는 화자의 애절한 심정과 임에 대한 원망이 담겨 있다. 이는 '임이 떠난다면 나는 살지 못할 정도로 힘들어 할 것이기 때문에 떠나지 말아 달라'는 하소연이 고조된 표현이라고 할 수 있다. 따라서 임을 붙잡지 못하고 체념하는 심정을 드러내고 있다는 서술은 적절하지 않다.

● 오답 풀이

① '가시리 / 가시리 / 잇고'는 각각 3글자, 3글자, 2글자로 이루어져 3·3·2조의 율격을 보이며, 시가를 읊을 때 한 호흡 단위로 느껴지는 운율 단위인 음보가 3음보로 되어 있다.

② '위 증즐가 대평셩ᄃᆡ'는 각 연의 마지막 부분에 반복적으로 나타나는 후렴구로, 흥을 돋우고 율격을 형성하여 작품의 음악적 효과를 높여 주는 역할을 한다.

④ '선ᄒ면 아니 올셰라'는 임이 서운하게 생각하면 돌아오지 않을까 두렵다는 의미이다. 화자는 이러한 두려움 때문에 임을 적극적으로 붙잡지 못하고 이별의 상황에 소극적으로 대응하고 있다고 할 수 있다.

⑤ '셜온 님 보내ᄋᆸ노니'는 떠나보내고 싶지는 않지만 어쩔 수 없이 임을 떠나보내야 하는 상황을 나타낸다. 이러한 표현 속에는 자신에게 닥친 상황을 어쩔 수 없이 받아들이는 데서 오는 한의 정서가 담겨 있다고 할 수 있다.

3 화자의 태도 비교　　　　　　　　　정답 ⑤

이 작품의 화자는 임을 붙잡고 싶지만 서운하면 다시 안 올까 두려워 임을 떠나보낸다. 반면 〈보기〉의 화자는 떠나는 임을 만류하지 못하고 보내 버린 것을 후회하고 있다. 따라서 〈보기〉의 화자는 과거에는 임의 마음을 헤아려 임을 보냈지만, 지금은 임을 떠나보낸 자신의 행동을 자책하고 있다고 할 수 있다.

● 오답 풀이

① 이 작품의 화자는 이별할 당시 임을 서운하게 하지 않았고, 〈보기〉에서 그런 모습을 회상하고 있는 것도 아니다.

② 이 작품의 화자는 이별 당시 임을 원망하기도 했지만, 〈보기〉에서 그때 당시의 심정을 떠올리고 있는 것은 아니다.

③ 이 작품의 화자는 재회를 기대하고 있으나, 〈보기〉에서는 임이 돌아오기를 기대하고 있는 화자의 모습이 나타나지 않는다.

④ 〈보기〉의 화자는 임을 보낸 일을 후회하면서 임을 간절하게 그리워하고 있으므로, 임이 떠날 당시의 괴로움을 극복했다고 볼 수 없다.

> **〈보기〉 속 작품**　　　황진이, 「**어져 내 일이야~**」
>
> • 주제 : 임을 그리워하는 마음
> • 감상 : 자존심과 연정 사이에서 겪는 여성의 심리적 갈등을 섬세하게 표현한 작품으로, 임을 떠나보낸 후의 회한을 담고 있다.

4 작품 간의 비교 감상　　　　　　　　　정답 ②

〈보기〉에서는 '길쌈하던 베'를 뜻하는 '길쌈 베'를 통해 화자가 여성임을 짐작할 수 있다. 하지만 이 작품에는 화자가 여성임을 암시하는 소재가 나타나지 않았다.

● 오답 풀이

① 이 작품의 화자는 체념하며 이별을 수용하고 있지만, 〈보기〉의 화자는 자신이 사랑하는 '소성경(평양)'과 생계 수단인 '길쌈 베'를 버리고서라도 임을 따라가겠다면서 이별을 거부하고 있다.

③ 이 작품의 화자는 임과 이별하고 싶지 않지만 감정을 절제하면서 임을 떠나보내는 자기희생적인 모습을 보이고 있다. 반면 〈보기〉의 화자는 임과의 이별을 인정하지 않은 채 떠나는 임을 좇아가겠다는 적극적인 의지를 드러내며, 자신의 행복을 위해 임과 끝까지 함께하려는 자기중심적인 모습을 보이고 있다.

④ 이 작품의 '선ᄒ면 아니 올셰라'에서는 임이 서운한 마음을 품었을 때의 상황을 가정하고, 그 결과 임이 돌아오지 않을까 두려워하는 화자의 정서를 드러내고 있다. 〈보기〉의 '이별한다면 길쌈 베 버리고'와 '사랑해 주신다면 울면서 따르겠습니다'에서는 임과 이별하는 상황과 임이 자신을 사랑해 주는 상황을 가정하고, 그런 상황이 오면 임을 적극적으로 따르겠다고 표현함으로써 임을 향한 화자의 사랑을 드러내고 있다.

⑤ 이 작품은 '잡ᄉᆞ와 두어리마ᄂᆞᆫ(임을 붙잡아 두고 싶지만)', '가시ᄂᆞᆫ 듯 도셔 오쇼셔(가시자마자 곧 돌아오십시오.)' 등에서, 〈보기〉는 '울면서 따르겠습니다'에서 화자의 감정이 직설적으로 표출되고 있다.

> **〈보기〉 속 작품**　　　작자 미상, 「**서경별곡**」
>
> • 주제 : 이별의 정한
> • 감상 : 이별의 정한을 노래한 작품으로, 임과의 이별을 거부하는 적극적이고 저돌적인 화자의 모습이 드러나 있다. 순종과 헌신의 태도를 보이는 전통적 여인상과 달리, 자신의 감정에 충실한 자기중심적인 여인을 설정하여 감정을 진솔하게 표현하고 있다.

pp.37~39

09 청산별곡(靑山別曲)_작자 미상

| 작품 해설 | 3음보 율격, 'a-a-b-a' 구조의 반복과 변주, 'ㄹ' 음과 'ㅇ' 음의 반복, 후렴구 등을 사용하여 음악성이 두드러지게 나타나는 고려 가요이다. 이 노래에서 '청산'과 '바다'로 대표되는 자연은 고통스러운 현실을 벗어날 수 있는 도피처이자 이상적 공간으로 제시되어 있

다. 그러나 이 두 곳에서도 현실의 고뇌를 완전히 해소하지 못한 화자
는 속세에 대한 미련을 드러내기도 하고, 있을 수 없는 기적을 바라기
도 하다가, 결국 독한 술에 의지하여 자신의 체념을 합리화한다.

| 작품 개관 |
◆ 갈래 : 고려 가요
◆ 주제 : 삶의 고통과 비애
◆ 특징 : ① 상징적·비유적 표현과 시구의 반복을 통해 의미를 강조함.
　　　　 ② '청산'과 '바다'를 배경으로 구조적 대칭을 보임.
　　　　 ③ 각 연이 본사와 후렴구로 이루어짐.
　　　　 ④ 'ㄹ'음과 'ㅇ'음의 반복으로 음악성이 두드러짐.

정답 1 ⑤ 2 ① 3 ⑤ 4 ① 5 ③

1 작품의 종합적 이해　　　　　　　　정답 ⑤

이 글에서 화자는 청산에 살고자 하는 소망을 표현하고 있다.
그러나 청산에 들어온 화자는 오히려 슬픔과 고뇌에 빠지고, 체
념적인 태도를 보인다. 이러한 화자에게서 자신이 처한 현실을
극복하려는 의지는 찾기 어렵다.

● 오답 풀이

① 정형적 율격은 글자 수, 음보 등을 통해 운율이 겉으로 드러
　 난 것을 말한다. 이 작품은 '살어리∨살어리∨랏다 / 청산애
　 ∨살어리∨랏다'와 같이 3음보(3 · 3 · 2) 율격을 규칙적으로
　 사용하여 리듬감을 형성하고 있다.

② 이상향인 청산, 바다에 살고자 하는 화자의 태도를 통해 현
　 실에서 벗어나고자 하는 소망을 엿볼 수 있다.

③ '믈 아래'라는 세속적 공간과 '청산'과 '바롤'이라는 자연적(비
　 세속적) 공간을 대비하였으며, '청산'과 '바롤' 두 공간을 기
　 준으로 작품의 구조가 대칭을 이룬다.

④ '살어리 살어리랏다 ~애 살어리랏다'가 반복되며, '~애'는 '청
　 산애'와 '바르래'로 변주된다. 그리고 화자가 이상향(청산, 바
　 다)에서 살겠다고 반복하여 노래하는 모습에서 현실의 삶에
　 만족하지 못한다는 것을 알 수 있다.

2 시어의 의미 파악　　　　　　　　　정답 ①

시적 화자는 청산에 살고자 하는 소망을 드러내고 있다. 그리고
실제로 화자는 청산에 들어오지만, 그곳에서 다시 처절한 고독
과 비애를 느낀다. 따라서 화자가 청산에 도달하지 못한다는 설
명은 적절하지 않다.

● 오답 풀이

② 울고 있는 새의 모습에 화자의 정서를 투영하고 있으므로 감
　 정 이입이라 볼 수 있다.

③ '가던 새'는 보통 '날아가던 새'의 의미로 보지만, '(밭을) 갈던'
　 과 '사래(묘지기나 마름이 수고의 대가로 부쳐 먹는 논밭)'가
　 결합한 단어로 해석하는 경우도 많다. 이런 점으로 미루어
　 보아, 겉으로 드러난 표기는 같지만 다른 의미로 해석할 수
　 있음을 알 수 있다.

④ 이유 없이 돌에 맞아서 울고 다닌다고 하였으므로 '돌'은 화
　 자가 겪는 비극적 운명을 상징한다.

⑤ '설진 강수', 즉 독한 술은 화자로 하여금 일시적으로 삶의 괴
　 로움을 달래 주어 고통에서 벗어나게 하거나, 현실을 체념적
　 으로 받아들이게끔 하는 매개체 역할을 한다.

3 화자의 정서 파악　　　　　　　　　정답 ⑤

시적 화자는 현실의 고통에서 벗어나기 위해 청산에 들어왔으나
'새'와 더불어 비애를 느끼고 있다. 또한 이럭저럭 낮은 지냈지
만 밤의 고독 속에서 절망적인 태도를 보여 주고 있다. 이러한
내용을 종합하면 ⑤와 같은 표현이 가장 자연스럽다.

● 오답 풀이

① 청산에서 만난 '새'는 화자의 처지를 확인해 주는 존재일 뿐
　 적막한 밤을 함께 지내며 외로움을 떨치게 해 주는 대상은
　 아니다.

② 화자는 공포나 두려움이 아니라 고독으로 인해 시름에 잠기
　 는 것이므로 적절하지 않다.

③ 화자가 두고 온 가족들에 대해 걱정을 하는지의 여부는 이 글
　 에서 확인할 수 없다.

④ 이 글은 사랑하는 사람과 헤어지는 내용을 담고 있지 않으
　 며, 우는 새 역시 짝을 잃고 우는 것인지를 확인할 수 없다.

4 시어의 함축적 의미 파악　　　　　　정답 ①

'바롤(바다)'은 '청산(청산)'과 마찬가지로 화자가 지향하는 공간
이다. 〈보기〉에서 '깃발'은 '푸른 해원을 향하여 흔드는 영원한
노스탤지어(이상향에 대한 향수)의 손수건'이라고 했으므로, '해
원' 역시 화자가 지향하는 공간이라고 할 수 있다.

● 오답 풀이

② 깃발이 가진 속성을 '순정'이라고 표현하였다.

③ '푯대'는 이상 세계로 나아가려는 것을 막는 현실적인 한계를
　 의미한다.

④ '해원'을 지향하지만 가지 못하는 슬픔을 '애수'라고 표현하였
　 다.

⑤ '공중'은 깃발이 나부끼는 공간을 가리킨다.

- **주제** : 이상에 대한 갈망과 좌절
- **감상** : 초월적 세계에 대한 향수를 '깃발'에 비유하여 노래한 시이다. 화자는 '깃발'이라는 중심 이미지를 '아우성', '손수건', '순정', '애수', '마음' 등의 보조 관념에 비유하고, 동경의 대상인 초월적·이상적 세계를 '푸른 해원'에 비유하고 있다.

5 외적 준거에 따른 감상
정답 ③

〈보기〉의 글쓴이는 구태여 행복을 찾으려 하면 행복에서 멀어지고, 현재의 상황에 만족하면 행복을 느낄 수 있다는 관점을 지니고 있다. 따라서 현실에서 최선을 다해야 행복이 온다고 한 ③은 〈보기〉의 관점에 따른 적절한 감상이라고 보기 어렵다.

● 오답 풀이

① 〈보기〉의 글쓴이는 구태여 행복을 찾으려 하면 행복에서 멀어지고, 자신이 처한 상황에 만족하면 그것이 행복이라고 하였다.

② 〈보기〉에서는 '행복이란 찾을수록 멀어가는 것'이라고 하였으므로 이상향인 '청산'을 찾아가는 것은 행복으로부터 멀어지는 행위가 될 수 있다.

④ 〈보기〉의 글쓴이는 현실에서 벗어나 행복을 찾으려는 것을 경계하고 있다.

⑤ 〈보기〉의 글쓴이는 자신의 소박한 삶에 만족하는 태도를 가질 때 행복을 얻을 수 있다고 강조하고 있으므로, 고통에 얽매이지 않고 유유자적하는 삶을 지향하라는 것은 적절한 감상이라고 볼 수 있다.

- **주제** : '멋'을 통해 이해하는 삶의 행복
- **감상** : '멋'에 대한 다양한 정의를 소개하며, 행복은 멀리 있는 것이 아니라 현재 자신의 삶 속에 있음을 말하고 있는 수필이다.

pp.40~41

10 송인(送人)_정지상

| **작품 해설** | 이 작품은 우리나라 한시 중 이별시의 백미(白眉)로 평가되는 7언 절구의 한시로, 풍경을 설명한 서경(敍景)과 인물의 감정을 노래한 서정(敍情)이 절묘하게 조화를 이루고 있다. 비에 씻긴 풀들

의 푸른빛이 더욱 짙어진 아름다운 자연의 풍경은 임과 이별한 시적 화자의 슬픔과 대조되어 이별의 애달픔이 더욱 고조된다. 특히 대동강 물결이 이별의 눈물과 동일시되어 슬픔의 깊이가 확대되고 있는데, 이때의 눈물은 중의적 표현으로 이별하는 사람들이 보편적으로 흘리는 눈물이면서 화자가 임과의 이별을 슬퍼하며 흘린 눈물이기도 하다. 이를 통해 이 노래가 일방적인 자기 슬픔의 토로에서 벗어나 보편적인 이별 노래로 승화되었음을 확인할 수 있다.

| 작품 개관 |

◆ **갈래** : 한시(7언 절구)
◆ **주제** : 이별의 정한(情恨)
◆ **특징** : ① 시각적인 이미지를 선명하게 제시함.
  ② 도치법, 설의법, 과장법을 통해 이별의 슬픔을 극대화함.
  ③ 이별에 처한 시적 화자(인간사)와 자연의 싱그러움(자연사)을 대비하여 슬픔의 정서를 부각함.

작품 핵심 **단축키**

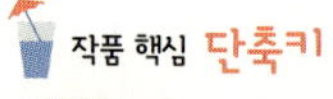 대동강, 남포   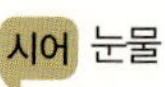 눈물    자연

정답 1 ② 2 ③ 3 ⑤ 4 ③

1 작품의 종합적 이해
정답 ②

이 글은 임을 떠나보내는 애틋한 마음을 노래한 시이다. 그 과정에서 화자는 '강둑, 남포, 대동강'이라는 공간을 활용하여 이별의 상황을 표현하고 있다. 이별의 아픔을 직접적으로 토로하기보다는 공간을 활용하여 화자의 눈물을 강물의 이미지로 전환하여 표현함으로써 뛰어난 문학적 형상화를 보여 준다.

● 오답 풀이

① 3, 4행에 말의 차례를 바꾸어 쓰는 도치법이 쓰였지만, 생략법은 사용되지 않았다.

③ 상황의 변화 및 화자의 태도 변화는 제시되지 않았다.

④ 화자는 이별로 인한 슬픔을 드러내고 있을 뿐, 이러한 현실을 극복해 나가려는 의지를 드러내고 있지는 않다.

⑤ 3행에서 쉽게 판단 가능한 사실을 의문의 형식으로 표현하는 설의법을 사용하고 있지만, 전체적으로 볼 때 청자에게 말을 건넨다기보다는 화자의 독백으로 보아야 한다.

2 표현상의 특징 및 효과 파악
정답 ③

1행에서는 비 갠 후의 싱그러운 경치를 보여 주고 있고, 2행에서는 임을 떠나보내는 화자의 슬픔을 드러내고 있다. 이로써 1, 2행은 대비를 이루는데, 화자의 상황과 대조되는 자연의 아름다운 모습은 화자의 비극적인 정서를 심화하는 효과를 거둔다.

● 오답 풀이

① 의인법을 사용하지 않았을 뿐 아니라 이를 통해 인간과 자연의 조화를 보여 준다는 것은 작품과 관련 없는 진술이다.

② 상반되는 것은 배경이 아니라 자연과 인간의 상황이다.

④ 계절적 배경과 선명한 이미지 제시는 1행의 표현 및 효과로 적절하나, 〈보기〉는 1, 2행의 대조를 통한 효과를 묻고 있으므로 빈칸에 들어갈 내용으로는 적절하지 않다.
⑤ 1행의 '풀빛 더 파란데'에만 색채 이미지가 나타나므로 색채 대비가 이루어지는 것은 아니다.

3 시구의 의미 파악
정답 ⑤

이 글은 '물'의 이미지와 선명한 색채 묘사를 바탕으로 이별의 상황을 부각하고 있다는 점이 특징적이다. 봄을 배경으로 하여 푸른 풀빛과 이별의 눈물이 보태진 푸른 물결이 연결됨으로써 이별의 아픔을 극대화하고 있다. 삶의 무상감을 말하는 ⑤는 작품의 주제를 잘못 파악한 것이다.

● 오답 풀이
① 풀빛과 물결의 푸른색이 시각적, 색채적으로 어울린다.
② 해마다 흘린 눈물이 대동강의 푸른 물결에 보태진다는 표현은 3행의 '대동강 저 물은 그 언제나 다할 것인고?'와 의미상 호응한다.
③ 눈물이 물결에 보태어져 대동강 물이 마르지 않을 것이라는 과장된 표현으로 이별의 슬픔을 강조하고 있다.
④ 이별의 슬픔으로 흘린 눈물이 푸른 물결의 흐름과 연결되어 이별의 정서를 심화한다.

4 작품 간의 비교 감상
정답 ③

〈보기〉는 마지막 연의 '임 앞에 타오르는 / 향연(香煙)'을 통해 화자가 임과 사별한 상황임을 짐작할 수 있다. 반면에 이 글은 현재 대동강을 사이에 두고 임과 이별한 모습을 보일 뿐, 사별로 볼 만한 내용은 나타나지 않는다.

● 오답 풀이
① 두 작품 모두 임과의 이별에 대한 슬픔의 정서를 드러내고 있다.
② 이 글은 3행과 4행에 도치법이 사용되었으며, 3행에서는 설의법도 사용되고 있다.
④ 〈보기〉에서는 '이 비 그치면'이라는 동일한 시구를 반복하고 있다.
⑤ 〈보기〉는 봄날의 풍경을 '종달새'와 '처녀애들' 같이 생명력 넘치는 동적(動的) 이미지와 연결 짓고 있다.

〈보기〉 속 작품 이수복, 「봄비」

• 주제 : 봄비 내리는 날의 애상감
• 감상 : 봄비가 내리는 날의 아름다운 정경을 그리며 이를 배경으로 임에 대한 그리움을 노래한 작품이다. 7·5조의 음수율과 3음보의 민요조 율격을 사용하였으며, 사별한 것으로 보이는(임 앞에서 타오르는 향의 연기를 통해 짐작 가능함.) 임을 생각하는 애상감이 봄의 생명력과 대비되고 있다.

---

pp.42~44

11 용비어천가(龍飛御天歌)_정인지 등

| 작품 해설 | 이 작품은 조선 제4대 왕인 세종(1397~1450)의 한글 창제 이후 최초로 기록된 악장이다. 조선 건국의 정당성을 널리 알리기 위한 목적으로 창작되었는데, 이를 위해 중국의 역대 성왕들과 육조(六祖, 6명의 조선 왕들)가 했던 일들을 비교하고, 그것이 모두 천명(天命)에 의한 것이었음을 강조하였다. 크게 서사, 본사, 결사의 세 부분으로 구성되어 있는데 본사 부분에는 육조의 영웅성과 신성성이 일정한 원칙에 따라 서사적 짜임으로 드러나 있다. 인물의 고귀한 혈통(제17~26장), 비범한 성장(제27~32장), 탁월한 능력(제33~66장), 투쟁에서의 승리(제67~89장)와 태종의 영웅성(제90~109장) 등이 주된 내용이다.

| 작품 개관 |
◆ 갈래 : 악장, 서사시
◆ 주제 : 조선 건국의 정당성과 후대 왕에 대한 권계
◆ 특징 : ① 대구법, 은유법 등을 많이 사용함.
　② 2절 4구 형식(제1, 110, 125장 제외), 전 125장으로 이루어짐.
　③ 서사, 본사, 결사의 구조 속에서 작품 창작 동기가 유기적으로 서술됨.
　④ 한글로 기록된 최초의 문헌으로, 조선 건국의 정당성을 알리기 위한 목적 문학임.
　⑤ 제3~109장(본사)의 경우 전절은 중국 제왕의 사적을, 후절은 육조의 사적을 찬양함.

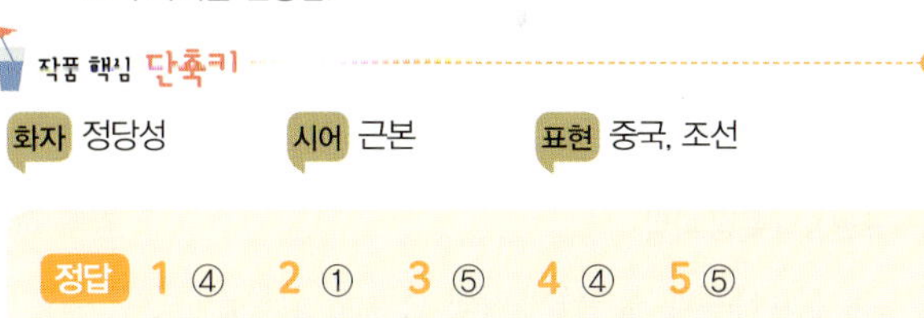

정답 1 ④　2 ①　3 ⑤　4 ④　5 ⑤

1 표현상의 특징 파악
정답 ④

(가)에는 '용', (나)에는 '낡(나무)'과 '쉼(샘)', (라)에는 '물(말)'이 나타나 있으나, 이를 사람인 것처럼 의인화하여 표현하지는 않았다.

● 오답 풀이
① (라)와 (마)에서 설의법을 통해 태조의 영웅성과 후대 왕들에 대한 당부와 권계를 강조하고 있다.
② (나)의 '불휘 기픈 낡(뿌리 깊은 나무)'은 기초가 튼튼한 나라를, '식미 기픈 믈(샘이 깊은 물)'은 유서가 깊은 나라를, '부름(바람)'과 'フ물(가뭄)'은 시련을 비유적이고 함축적으로 표현하고 있다.
③ (마)의 '님금하 아르쇼셔'에 부름과 명령의 형식이 나타나 있으며, 이를 통해 후대 왕들에게 권계를 전하고 있다.
⑤ (나)~(라)는 전절 1행과 후절 1행을 병치하여 대구 형식으로

제시함으로써 운율감을 자아내고 있다.

2 감상의 적절성 평가 　　　　　　정답▶ ①

(가)의 '해동(海東)'은 조선을 말한다. 그러나 (다)의 전절에 나온 '말쏨물 슬ᄫᅵ리 하ᄃᆡ'는 '(주나라 무왕에게 은나라 주왕을 치라는) 말씀을 사뢰는 사람이 많되'라는 뜻으로, 이는 조선에서 벌어진 사건이 아니다. '놀애를 브르리 하ᄃᆡ'만 조선에서 일어난 사건이다.

● 오답 풀이

② (가)에서 말한 '육룡(六龍)이 ᄂᆞᄅᆞ샤'는 육조(세종의 직계 6대조까지의 왕)가 이루거나 행동한 것을 말한다. (라)의 '석벽(石壁)에 ᄆᆞᆯ ᄋᆞᆯ이샤 도즈글 다 자ᄇᆞ시니'는 육조 중의 한 명인 태조에 관한 일이다.

③ (가)에서 언급한 '일'은 조선 건국을 말하는데, 이는 (다)에서 하늘이 꿈으로 알린 '천명(天命)'과 관련이 있다.

④ (다)의 'ᄭᅮ므로 알외시니'의 주체는 '하늘'이고, 그 대상은 태조이다. 꿈을 통해 태조에게 '하늘의 뜻'을 전한 것이므로 조선 건국이 하늘의 복을 받아 이루어진 것임을 강조한 것이다.

⑤ (가)의 '고성(古聖)'은 중국의 건국 성왕을 가리키는 말로, '고성(古聖)이 동부(同符)ᄒᆞ시니'는 조선 육조가 한 일이 옛 중국의 성현들의 사적과 조금도 어긋남 없이 일치한다는 의미이다. (라)에서 '반(半) 길 노퓐ᄃᆞᆯ 넌기 디나리잇가'는 금나라 태조의 일이고, '현 번 ᄠᅱ운ᄃᆞᆯ ᄂᆞ미 오ᄅᆞ리잇가'는 조선 태조의 일이다. 그러므로 (라)는 중국 제왕의 영웅적 행적과 태조의 행적이 동등한 가치를 지닌 일임을 드러낸 것이다.

3 표현상의 특징 파악 　　　　　　정답▶ ⑤

(나)는 '낡(나무)'과 '믈(물)'의 자연 현상을 세상사에 빗대 기초가 튼튼한 나라가 오랜 시간에 걸쳐 번영할 수 있음을 설명하고 있다. (나)에서 자연 현상은 나타나지만, 인간의 삶과 대조하는 내용은 나타나지 않는다. (마)는 나라를 세우고 백성을 보살피는 왕의 올바른 자세에 대해 권고하고 있다. (마)에서는 인간의 삶에 대한 교훈적 태도만 나타날 뿐, 자연 현상과 대조하는 내용은 나타나지 않는다.

● 오답 풀이

① '불휘 기픈 낡(뿌리 깊은 나무)'이 'ᄇᆞᄅᆞᆷ(바람)'에 흔들리지 않고 '곶(꽃)'과 '여름(열매)'을 맺고, 'ᄉᆡ미 기픈 믈(샘이 깊은 물)'이 'ᄀᆞ물(가뭄)'에 그치지 않고 '바ᄅᆞᆯ(바다)'에 이른 것은 모두 시련을 이겨 내고 결실을 맺었다는 점에서 유사한 자연의 이치를 내포한다.

② (마)의 1행에서는 '-시니', 2행에서는 '-시리이다', 3행에서는 '-쇼셔'와 '-니잇가'로 행에 따라 종결 어미를 달리하고 있다.

③ (나)가 전언의 수신자를 명시하지 않은 것과 달리, (마)는 '님

금(임금)'이라는 전언의 수신자를 명시하고 있다.

④ (마)는 '천세', '누인개국', '복년', '성신', '경천근민', '낙수' 등 많은 한자어를 사용하고 있지만, (나)는 한자어를 배제하고 순우리말만 사용하여 순우리말의 어감을 살리고 있다.

4 사건의 성격 파악 　　　　　　정답▶ ④

(다)는 태조 이성계가 왕위에 오르게 된다고 예언하는 노래를 듣고도 그가 망설이자 하늘이 꿈을 통해 알게 했다는 내용으로, 태조 이성계의 조선 건국을 하늘(초월적 존재)이 도왔다는 의미를 담고 있다. (라)에서 '돌 절벽에 말을 올리시어 도적을 다 잡는다'고 한 것은 태조 이성계가 비범한 능력을 발휘하여 전쟁에서 승리한 것을 말한다. 그러므로 (다)와 (라)에서 알 수 있는 영웅 서사시의 모티프는 ⓒ와 ⓓ이다.

5 외적 준거에 따른 감상 　　　　　　정답▶ ⑤

〈보기〉에 따르면 '낙수(洛水)예 산행(山行) 가 이셔'는 백성을 다스리는 일은 소홀히 하고 향락을 즐기던 태강왕의 행적을 말한다. 그리고 '하나빌'은 곧 '우임금'을 의미한다. 〈보기〉의 고사는 결국 잘못된 군왕의 모습을 보여 준 것으로, 이는 후대 왕들이 늘 경계해야 할 모습이다. '반면교사'는 사람이나 사물 등의 부정적인 면에서 얻는 깨달음이나 부정적인 모습을 통해 가르침을 주는 대상을 이르는 말로, ㉠은 후대 왕들에게 '반면교사'로 삼을 일을 제시한 것이라고 할 수 있다.

● 오답 풀이

① 환골탈태(換骨奪胎) : 사람이 보다 나은 방향으로 변하여 전혀 딴사람처럼 됨.

② 부국강병(富國强兵) : 나라를 부유하게 만들고 군대를 강하게 함.

③ 온고지신(溫故知新) : 옛것을 익히고 그것을 미루어서 새것을 앎.

④ 와신상담(臥薪嘗膽) : 원수를 갚거나 마음먹은 일을 이루기 위하여 온갖 어려움과 괴로움을 참고 견딤.

> ⊕ 보충 자료
>
> **「용비어천가」의 전체 구성**
>
> | 서사(개국송開國頌) |
> | --- |
> | • 〈제1장〉 : 조선 창업의 정당성 |
> | • 〈제2장〉 : 조선의 무궁한 발전 송축 |
>
> | 본사(사적찬事績讚) |
> | --- |
> | • 〈제3장〉 ~ 〈제8장〉 : 태조의 선조인 사조(四祖)의 업적 찬양 |
> | • 〈제9장〉 ~ 〈제89장〉 : 태조의 인품과 업적을 노래함. |
> | • 〈제90장〉 ~ 〈제109장〉 : 태종의 위업 찬양 |
>
> | 결사(계왕훈戒王訓) |
> | --- |
> | 〈제110장〉 ~ 〈제125장〉 : 후대 왕에게 권계함. |

12 오백 년 도읍지를~ _-길재_
눈 마자 휘어진 대를~ _-원천석_
이 몸이 주거 가셔~ _-성삼문_

가 오백 년 도읍지를~

| 작품 해설 | 고려 유신인 작가가 조선이 세워진 직후, 멸망한 고려 왕조의 도읍지를 둘러보면서 느낀 감회를 노래한 작품이다.

| 작품 개관 |
◆ 갈래 : 평시조
◆ 주제 : 망국의 한과 회고의 정
◆ 특징 : ① 대조법을 활용하여 무상감을 부각함.
　　　　② 감탄사를 사용하여 고조된 감정을 효과적으로 드러냄.

나 눈 마자 휘어진 대를~

| 작품 해설 | 새 왕조에 협력하기를 강요하는 압력에 끝까지 맞선 고려 유신들의 높은 지조와 절개를, 매서운 추위가 휘몰아치는 눈 속에서도 끝까지 '푸름'을 잃지 않는 대나무에 빗대어 표현한 작품이다.

| 작품 개관 |
◆ 갈래 : 평시조
◆ 주제 : 대나무의 절개를 예찬함, 고려 왕조에 대한 충성심
◆ 특징 : ① 대조적 시어를 사용하여 주제를 드러내고 있음.
　　　　② 설의법, 의인법, 색채 대비 등을 통해 대나무의 절개를 강조함.

다 이 몸이 주거 가셔~

| 작품 해설 | 사육신의 한 사람인 작가가 단종의 복위를 꾀하다가 실패하여 죽임을 당하게 되었을 때, 단종에 대한 자신의 충정을 소나무에 비유하여 노래한 작품이다.

| 작품 개관 |
◆ 갈래 : 평시조
◆ 주제 : 죽어서도 변할 수 없는 절개, 임(단종)에 대한 충절
◆ 특징 : ① 소나무를 통해 화자의 의지를 우의적으로 표현함.
　　　　② 대조적 시어를 활용하여 주제를 드러내고 있음.

작품 핵심 **단축키**

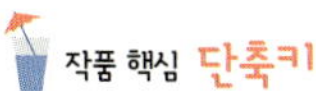 낙락장송　　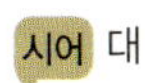 대　　 4

정답 1 ③　2 ④　3 ④　4 ⑤

1 표현상의 특징 파악 　　　　　정답 ③

'우의(寓意)'란 다른 사물에 빗대어 비유적인 뜻을 나타내거나 풍자하는 것을 의미한다. (나)와 (다)에서는 자연물인 '대(대나무)'와 '낙락장송(소나무)'을 활용하여 화자의 절개와 지조를 우의적으로 표현하고 있다.

● 오답 풀이
① (가)의 종장에서는 감탄사 '어즈버(아아)'를 활용하여 고려의

옛 도읍지에서 느낀 화자의 무상감을 집약적으로 보여 주고 있다. 그러나 (나)에서는 감탄사를 활용하고 있지 않다.
② (다)에서는 '백설'과 '낙락장송(소나무)'이 백색과 청색으로 대비되고 있다. 이러한 색채의 대비는 시련('백설')을 이겨 낸 '낙락장송'의 곧은 절개를 강조하여 보여 준다. 그러나 (가)에는 색채의 대비가 드러나지 않는다.
④ (나)에서는 '대(대나무)'를 '너'라고 의인화하여 '대(대나무)'의 절개를 예찬하고 있다. 그러나 (가)와 (다)에서는 대상을 의인화한 부분이 드러나지 않는다.
⑤ (나)의 '구블 절이면 눈 속에 프를소냐'는 '(쉽게) 굽어질 절개면 눈 속에서 푸르겠는가?'라는 뜻으로, 설의법을 활용하여 절개를 굽히지 않겠다는 화자의 지조를 표현하고 있다. 그러나 (가)와 (다)에서는 설의법을 활용하지 않았다.

2 외적 준거에 따른 감상 　　　　　정답 ④

'태평연월'은 고려 왕조의 영화로웠던 옛 시절을 의미하는 말로, 고려가 이미 멸망해 버린 현실과 대비되어 무상감과 안타까움을 자아낸다. 따라서 이를 옛 고려 왕조를 되찾겠다는 화자의 의지를 담은 시어로 보기는 어렵다.

● 오답 풀이
① 오백 년 동안 이어지다 몰락한 고려의 옛 도읍지를 '오백 년 도읍지'라고 제시하여 시간과 공간의 단절을 표현하면서 고려 왕조의 멸망에 대한 아쉬움을 드러내고 있다.
② '필마'는 데리고 가는 사람 없이 혼자서 말을 타고 가는 것을 뜻하는 말로, 이 작품에서는 벼슬을 그만둔 채 홀로 고려의 옛 도읍지인 개성을 돌아보는 화자의 처지를 반영한 시어로 볼 수 있다.
③ '산천'은 자연물로 의구한 존재이며 '인걸'은 인세를 나타내는 존재로 유한한 것으로, 이 둘의 대비를 통해 인간 세상의 덧없음이 환기되고 있다.
⑤ '꿈'은 고려 왕조의 덧없음을 집약한 시어이므로, '꿈이런가 ᄒ노라'는 화자가 느낀 허무함, 무상감과 같은 고뇌를 담고 있다고 볼 수 있다.

3 외적 준거에 따른 감상 　　　　　정답 ④

〈보기〉와 관련지어 '눈 속에 프를소냐'를 이해해 보면, 새로운 왕조를 세우려는 이성계 일당의 핍박 속에서도 절개를 굽히지 않은 작가의 태도를 나타낸 것으로 볼 수 있다. 그러나 이 구절에 새 왕조에 협력하는 사람들에 대한 원망이 담겨 있는 것은 아니다.

● 오답 풀이
① 초장의 '눈'은 '대'를 휘어지게 하는 것으로 시련을 의미하며, 〈보기〉에 비추어 볼 때 작가에게 '새로운 왕조에 협력을 강요하는 세력'으로 볼 수 있다.
② 〈보기〉에 의하면 작가는 이성계 세력과 정면으로 맞서기보

다는 '치악산에 은거'하였으므로 그의 행동은 '휘어진'이라는 시어와 대응될 수 있다.

③ 〈보기〉에 따르면 작가에게 절개는 결국 고려 왕조에 대한 충심을 지키는 것이므로, 화자가 지향하는 삶의 가치인 '절(절개)'은 새 왕조에 협력하지 않고 고려 왕조에 대한 지조를 지킨 화자의 태도를 표현한 시어라고 할 수 있다.

⑤ 종장의 '너'는 초장의 '대(대나무)'를 의인화한 표현이다. '너'는 '세한 고절', 즉 극심한 추위 속에서 절개를 지킨 존재로, 조선 건국 과정에서 작가가 보여 준 지조 있는 태도와 유사한 특성을 갖는다고 할 수 있다.

> ### ➕ 보충 자료
>
> **'세한 고절(歲寒高節)'의 의미**
>
> | 세한 | 설 전후의 추위라는 뜻으로, 매우 심한 한겨울의 추위를 이르는 말 |
> | --- | --- |
> | 고절 | 홀로 깨끗하게 지키는 절개 |
>
> ⬇
>
> 대나무의 절개를 예찬하는 표현

4 작품 간의 비교 감상   정답 ⑤

(다)는 눈 속에서도 홀로 푸른 소나무를 통해, 〈보기〉는 추운 겨울이 되어도 변함없이 푸른 소나무를 통해 시련에 굴하지 않는 지조 있는 삶을 형상화하고 있다. 따라서 (다)와 〈보기〉 모두 힘겨운 상황에서도 시류에 영합하지 않고 소신을 지키는 삶의 가치를 담고 있다고 할 수 있다.

> **〈보기〉 속 작품**   안평대군, 「바람에 휘엿노라~」
>
> - **주제** : 소나무의 절개 예찬
> - **감상** : 봄에 피는 꽃은 아름답지만 생명이 짧은 것에 대비하여, 소나무는 바람과 눈에도 변함이 없음을 드러내면서 지조 있는 삶의 중요성을 노래하고 있다.

> ### ➕ 보충 자료
>
> **'계유정난(癸酉靖難)'과 '사육신(死六臣)'**
>
> 성삼문은 세조에 의해 폐위된 단종에게 충정을 바쳤던 인물로, 단종의 복위를 꿈꾸며 세조에 대항했던 충신이었다. 단종의 숙부였던 수양 대군은 단종이 12세의 어린 나이로 조선의 제6대 왕위에 오르자 단종을 폐위시킬 방법을 궁리한다. 자신의 정치적 기반을 굳건히 다지기 시작한 수양 대군은 김종서, 황보인과 같은 반대 세력의 핵심 인물들을 제거한 뒤 급기야 왕위를 찬탈한다. 그리고 폐위시킨 단종을 영월로 귀양을 보내는데, 이 사건을 계유정난(癸酉靖難)이라고 한다. 세조의 즉위에 반대했던 조정의 여러 중신들이 단종의 복위를 도모하였으나, 거사 계획이 새어 나가면서 성삼문, 이개, 하위지, 유성원, 유응부, 박팽년 등의 사육신(死六臣)이라 불리게 된 인물들이 목숨을 잃게 된다.

13 십 년을 경영ᄒ여~ _송순
짚방석 내지마라~ _한호
두류산 양단수를~ _조식

가 십 년을 경영ᄒ여~

| **작품 해설** | 이 시조는 자연 속에서의 소박하고 여유로운 삶의 태도를 드러내고 있는 작품이다. 화자는 십 년 동안 계획하여 지은 초려 삼간의 세 칸 중 한 칸은 자신이 차지하고, 나머지 두 칸은 '달'과 '청풍'에게 한 칸씩 내어 주고, 강산은 병풍처럼 둘러놓고 보겠다는 기발하고 재미있는 발상을 통해 물아일체(物我一體)의 경치를 보여 주고 있다.

| **작품 개관** |

- ◆ **갈래** : 평시조
- ◆ **주제** : 자연애와 안빈낙도(安貧樂道)
- ◆ **특징** : ① 자연을 소유의 대상이 아닌 동등한 인격체로 여기는 물아일체의 자연관이 나타남.
  ② 강산을 병풍처럼 둘러놓고 보겠다는 기발한 발상이 돋보임.

나 짚방석 내지 마라~

| **작품 해설** | 이 시조는 세속에서 벗어나 자연 속에서 안빈낙도의 삶을 살고자 하는 자연 친화적인 태도를 드러내고 있는 작품이다. '짚방석', '솔불'의 인위적인 소재와 '낙엽', '달'의 자연적인 소재를 대비하여 자연에서 소박한 삶을 살고자 하는 화자의 바람을 담고 있으며, 산촌 생활에서 느끼는 흥겨움과 풍류의 정서를 보여 주고 있다.

| **작품 개관** |

- ◆ **갈래** : 평시조
- ◆ **주제** : 산촌에서의 안빈낙도
- ◆ **특징** : ① 대비되는 소재를 병치하여 시상을 전개함.
  ② 설의법, 대구법, 대유법을 사용함.

다 두류산 양단수를~

| **작품 해설** | 이 시조는 벼슬을 사양하고 자연에 은거하면서 학문에만 전념하던 작가가 지리산(두류산)의 아름다운 경치를 예찬하며 지은 노래이다. 지리산 양단수를 무릉도원(武陵桃源)에 비유하고 있는데, 무릉도원은 예로부터 이상향으로 설정되던 공간이다. 문답법을 통해 화자가 느끼는 흥취와 자연에 대한 사랑을 부각하고 있다.

| **작품 개관** |

- ◆ **갈래** : 평시조
- ◆ **주제** : 두류산의 절경 예찬
- ◆ **특징** : ① 구체적인 지명을 제시하여 시상을 전개함.
  ② 문답법을 통해 화자의 감흥을 부각함.

🥤 **작품 핵심 단축키**

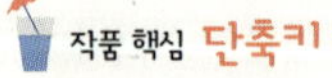

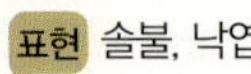

정답 1 ③ 2 ② 3 ① 4 ④ 5 ④

1 작품 간 공통점 파악　　　정답 ③

(가)~(다)의 화자는 모두 자연과 더불어 사는 현재의 삶(시적 현실)에 대한 만족감을 드러내고 있다.

2 시어 및 시구의 의미 파악　　　정답 ②

(가)에서 '강산(江山)'은 화자가 함께하기를 거부하는 대상이 아니라, 함께 살고 싶지만 더 이상 방이 없어 들일 수 없는 대상이다. 그렇기에 '둘러 두고 보리라'와 같이 표현함으로써 함께하기를 바라는 대상으로 묘사한 것이다.

● 오답 풀이

① '초려 삼간'은 크지 않은 초가를 이르는 말로, 화자가 안빈낙도의 삶을 추구하는 구체적 공간이다.

③ '박주산채'는 값싼 술과 안주를 뜻하는 시어로, 자연에서의 무욕적인 경지와 소박한 삶의 태도를 보여 준다.

④ (다)의 종장에서 '두류산 양단수'를 '무릉(武陵)'이라 여기는 것으로 보아 '두류산 양단수'는 화자가 이상적 공간이라 여기고 예찬하는 장소이다.

⑤ '나는 옌가 ᄒ노라'는 지리산을 이상적 세계인 무릉도원이라 여기는 화자의 생각이 직접적으로 드러난 부분으로, 지리산의 아름다움에 감탄하는 화자의 태도가 드러난다.

3 표현상의 특징 파악　　　정답 ①

(나)에서는 대립적인 시어인 '짚방석, 솔불(인위적 소재)'과 '낙엽, 달(자연적 소재)'을 병치하여 자연에서의 소박한 삶에 대한 만족감을 드러내고 있다(ㄱ). 초장의 '못 앉으랴'에서는 설의적 표현을 사용하여 안빈낙도의 태도를 강조하고 있다(ㄴ).

● 오답 풀이

ㄷ. (나)에서 자연물에 감정을 이입하는 표현은 사용되지 않았다.

ㄹ. (나)의 '아희야'에서는 사람의 이름을 불러 주의를 집중하는 돈호적 표현이 사용되었지만, 이를 영탄적 표현이라고 보기는 어렵다.

4 외적 준거에 따른 감상　　　정답 ④

(나)와 (다)의 종장에 등장하는 '아희'는 〈보기〉의 관점에 따르면 '도(道)'가 구현된 완전한 세계'로서의 자연에 대한 지향 의식을 강조하기 위해 동원된 대상으로 보아야 한다. 따라서 지향 의식이 형성되기 전에 등장하여 이에 대한 계기를 마련해 주는 대상이라는 설명은 적절하지 않다.

5 화자의 태도와 정서 파악　　　정답 ④

(다)의 화자는 초장에서 '두류산 양산수'에 대해서 옛날에 들은 적이 있는데 지금에 와서야 실제로 보았다고 하였고, 중장과 종장에서는 '두류산 양단수'의 아름다운 모습을 예찬하고 있다. 그러나 (다)에서는 과거에 대한 그리움은 드러나지 않는다.

14　동지ㅅ달 기나긴 밤을~ _황진이
이화우 흩뿌릴 제~ _계랑
묏버들 갈히 것거~ _홍랑

가　동지ㅅ달 기나긴 밤을~

| 작품 해설 | 임을 기다리는 애틋한 마음이 잘 드러난 작품이다. 특히 추상적인 개념인 '밤'이라는 시간을 구체적으로 형상화하여 '베어 냈다'고 표현한 것이 기발하고 참신하다. 임의 부재(不在)로 인한 기다림과 그리움의 정서를 섬세하게 표현하였다.

| 작품 개관 |

◆ 갈래 : 평시조
◆ 주제 : 임을 기다리는 애타는 마음
◆ 특징 : ① 추상적인 개념을 구체적으로 형상화함.
　　　　 ② 우리말의 아름다움과 여성 특유의 섬세한 표현이 돋보임.

나　이화우 흩뿌릴 제~

| 작품 해설 | 기생 계랑이 한양으로 떠난 후 소식이 없는 정든 임(유희경)을 그리워하며 읊은 노래이다. 화자는 임과 이별한 때를 생각하며 임을 그리워하고 있다. '이화우'와 '추풍낙엽'이 흩날리는 모습, 봄에서 가을로의 계절의 변화, '천 리'의 공간적 거리감 등을 통해 이별의 정서를 심화하고 있다.

| 작품 개관 |

◆ 갈래 : 평시조
◆ 주제 : 임을 그리워하는 마음
◆ 특징 : ① 하강적 이미지를 통해 이별의 정서를 심화함.
　　　　 ② 임과의 이별로 느끼는 시간적 거리감과 공간적 거리감을 형상화함.

다　묏버들 갈히 것거~

| 작품 해설 | 기생 홍랑이 한양으로 떠나는 임(최경창)을 배웅하면서 지은 시조로, 임에게 보내는 간절한 사랑이 담긴 작품이다. '묏버들'은 임에게 바치는 화자의 지순한 사랑을 의미하며, 동시에 자신을 잊지 말라는 간절한 부탁이 담겨 있는 소재이다.

| 작품 개관 |

◆ 갈래 : 평시조
◆ 주제 : 임에 대한 그리움과 사랑
◆ 특징 : ① 자연물을 소재로 임에 대한 지고지순한 사랑을 전함.
　　　　 ② 도치법을 사용하여 화자의 정서를 나타냄.

작품 핵심 단축키

| 화자 | 묏버들 |　| 시어 | 추풍낙엽 |　| 표현 | 밤, 시간 |

정답　1 ①　2 ③　3 ③　4 ④

1 작품 간 공통점 파악 정답 ①

(가)~(다)는 모두 대상(임)이 부재(不在)한 상황이 작품의 창작 계기가 되고 있다. (가)에는 임이 오기를 기다리는 화자의 마음이 드러나 있으며, (나)에는 헤어진 임을 그리워하며 안타까워하는 화자의 심정이 드러나 있다. (다)에서는 화자가 자신의 분신인 '묏버들'을 통해 임에 대한 그리움을 드러내고 있다.

2 표현상의 특징 파악 정답 ③

(다)에서 과장법(실제보다 부풀려서 표현하는 방법)이나 연쇄법(앞 구절의 마지막 말이 뒤 구절의 첫마디로 이어져 연달아 나오는 표현 방법)은 사용하지 않았다.

● 오답 풀이

① 초장의 '보내노라 님의손듸'는 '님의손듸 보내노라'의 어순을 도치하여 표현한 것으로, 이를 통해 임을 향한 화자의 마음을 강조하여 나타내고 있다.

②, ⑤ 자연물인 '묏버들'은 임에 대한 화자의 사랑을 상징하는 소재로, 화자는 이를 임에게 보내 자신의 마음을 전하려 하고 있다.

④ 중장과 종장에서는 종결 어미 '-쇼셔'를 반복적으로 사용하여, 임이 자신을 기억해 주기를 바라는 화자의 간절한 소망을 드러내고 있다.

3 표현상의 특징 파악 정답 ③

(가)에서는 눈에 보이지 않는 추상적인 개념인 '시간'을 형태를 가진 구체적인 사물처럼 표현하고 있다. 이와 같은 표현이 나타난 것은 ⓒ이다. '끊임없는 광음(光陰)'은 '끊임없는 시간의 흐름'을 이르는 말로, 이 역시 추상적인 개념이다. 그런데 이를 꽃이 피고 지는 것과 같이 '피어선 지고'라며 구체적으로 보고 느낄 수 있는 현상으로 전환하여 표현하고 있다.

> **〈보기〉 속 작품** 이육사, 「광야(曠野)」
>
> • 주제 : 조국 광복에의 신념과 의지
> • 감상 : '광야'라는 광활한 공간과 초월적인 시간 인식을 바탕으로 일제 강점기의 혹독한 현실 상황을 극복하려는 화자의 비장하고도 결연한 의지와 미래 지향적인 신념을 형상화한 작품이다. 과거(1~3연), 현재(4연), 미래(5연)의 시간적 흐름에 따라 구성되었으며, 시인의 투철한 역사의식을 바탕으로 조국 광복에 대한 염원을 노래한 저항시이다.

4 시어의 의미 파악 정답 ④

㉠은 일 년 중 밤이 가장 긴 시기로, 임이 부재하는 시간을 의미한다. ㉡은 임과 헤어질 때 배꽃이 비처럼 떨어졌다는 것인데, 이는 이별의 애상적인 분위기를 조성한다. ㉢은 떨어져 있는 임에게 화자가 보낸 것으로, 임을 그리워하는 화자의 분신이자 임에 대한 사랑의 정표이다.

15 도산십이곡(陶山十二曲)_이황

| **작품 해설** | 이 작품은 작가가 벼슬을 사직하고 고향에 돌아와 도산 서원을 세우고 아름다운 자연 속에서 후진을 양성하면서 지은 전 12수의 연시조이다. 자연에서 느끼는 감흥과 학문 수양에 임하는 심경을 드러내고 있는 이 작품은, 크게 자연에 묻혀 살고 싶은 소망을 노래한 전 6곡 '언지(言志)'와 끊임없는 학문 수양에의 다짐을 노래한 후 6곡 '언학(言學)'으로 구성되어 있다. 설의법, 대구법, 대유법, 연쇄법 등의 다양한 표현법을 사용하여 표현의 묘미를 높이고 있다.

| **작품 개관** |
◆ 갈래 : 연시조(전 12수)
◆ 주제 : 자연에 묻혀 살고 싶은 소망과 학문 수양에의 다짐
◆ 특징 : ① 전 6곡 언지(言志)와 후 6곡 언학(言學), 총 12수로 구성됨.
  ② 설의법, 대구법, 대유법, 연쇄법 등의 다양한 표현법을 사용함.

작품 핵심 단축키

| 화자 | 자연 | 시어 | 풍월, 청산 | 표현 | 중장 |

정답 **1** ② **2** ② **3** ④

1 표현상의 특징 파악 정답 ②

(나)에서는 자연을 의미하는 '연하'와 '풍월'이라는 소재를 활용하여 자연과의 동화를 추구하는 화자의 삶을 노래하고 있다. '병'이라는 소재는 자연스럽게 늙어 가는 화자의 상황을 나타내므로 자연과 대조적인 관계라고 하기는 어렵다.

● 오답 풀이

① 초장과 중장의 '엇더ᄒ료', 종장의 '므슴ᄒ료'에서 확인할 수 있듯이 (가)에서는 의문형 문장을 활용하여 자연에 대한 깊은 사랑을 드러내고 있다.

③ 초장의 '나도 고인(古人) 몯 뵈'에서 중장의 '고인(古人)을 몯 뵈도'로, 중장의 '녀던 길 알ᄑᆡ 잇ᄂᆡ'에서 종장의 '녀던 길 알ᄑᆡ 잇거든'으로 이어진다. 이는 앞 구절의 끝 어구를 다음 구절의 첫머리에 이어받는 연쇄적 표현을 통해 시상을 전개한 것이다.

④ 종장의 '년 듸 ᄆᆞᄋᆞᆷ 마로리'에서 단호한 어조를 통해 학문에 정진하고자 하는 의지를 드러내고 있다.

⑤ 초장과 중장에서 유사한 문장 구조를 반복하여 운율을 형성하고 있다.

2 시어 및 시구의 의미 이해 정답 ②

㉡은 (나)의 초장과 중장에 제시된 화자의 처지를 나타내는 말이다. 초장과 중장에서 화자는 태평성대에 자연을 벗 삼아 유유자적하는 삶에 대해 노래하고 있으므로 ㉡을 부정적인 상황으로 보기는 어렵다.

● 오답 풀이

① ㉠은 자연을 벗 삼아 사는 것을 의미하므로, 자연을 즐기고 사랑하는 병을 뜻하는 '천석고황'과 함축적 의미가 유사하다고 볼 수 있다.

③ (다)의 '녀던 길'은 ㉢이 걸어간 학문 수양의 길을 의미하므로 화자는 ㉢을 본받아 학문 수양에 정진하고자 함을 알 수 있다.

④ (라)에서 화자는 가던 길을 버려두고 방황하다가 이제야 돌아왔다고 하였으므로 ㉣은 해야 할 일을 소홀히 한 데 대한 반성의 의미를 담고 있음을 알 수 있다.

⑤ ㉤은 끊임없이 학문 수양에 정진하는 삶을 의미한다는 점에서 화자가 추구하는 삶을 환기하는 시어라 할 수 있다.

3 외적 준거에 따른 감상　　　정답 ④

(라)에서 화자는 학문 수양의 길을 떠나 방황하다가 이제야 돌아왔으니 다른 데 마음을 두지 않고 학문 수양에만 정진하겠다는 의지를 노래하고 있다. '년 듸'는 학문 수양의 길 이외의 것에 해당하므로 화자가 추구하는 삶의 최종 목표가 아니라 화자가 추구하는 삶의 목표와 상관없는 것, 즉 화자가 부정적으로 인식하고 있는 것에 해당한다.

● 오답 풀이

① (가)에서 자연의 아름다운 경치를 몹시 사랑하고 즐기는 성질이나 버릇을 뜻하는 '천석고황'이라는 시어와 〈보기〉의 설명으로 미루어 볼 때, 화자는 벼슬을 사직하고 속세를 떠나 아름다운 자연 속에서 생활하고 있음을 알 수 있다. '초야우생'은 이러한 화자 자신을 '시골에 묻혀 사는 어리석은 사람'이라며 겸손하게 이르는 말이다.

② (나)에서 '연하'와 '풍월'은 자연을 뜻하는 말로, '연하로 지블 삼고 풍월로 버들 사마'는 자연에 묻혀 살고 싶은 화자의 소망을 표현한 것이다.

③ (다)에서 '녀던 길'은 '고인(古人)', 즉 옛 성현들이 걸어간 길로 '학문 수양에 힘쓰던 길'을 뜻한다. '녀던 길 알픽 잇거든 아니 녀고 엇멸고'에서 화자는 옛 성현들의 삶을 따르고자 하는 의지를 드러내고 있으므로, '녀던 길'은 화자가 추구하는 삶의 자세를 환기한다고 볼 수 있다.

⑤ (마)에서 화자는 변함없이 푸른 '청산'과 그치는 일 없이 흘러가는 '유수'를 보며 자신도 끊임없이 학문 수양에 힘쓸 것을 다짐하고 있다. 따라서 '청산'과 '유수'는 화자에게 학문 수양의 올바른 자세를 깨닫게 해 주는 자연물이라 할 수 있다.

> ⊕ 보충 자료
>
> #### 「도산십이곡」의 작가 탐구
>
> 퇴계 이황(1501~1570)은 조선 중기의 대학자로 '이(理,道)'로써 세상을 순화하고자 하는 도학(道學) 정치를 추구하였다. 27세에 진사에 합격하고 얼마 후 문과에 급제하여 호조좌랑을 거쳐 성균관 사성에 이르렀으나 사직하고 귀향하여 학문 수양에 정진하였다.

16 상춘곡(賞春曲)_정극인

| 작품 해설 | 양반 가사의 효시(嚆矢)로, 후대에 송순의 「면앙정가」, 정철의 「성산별곡」으로 이어지는 강호 한정가의 전형이 되는 작품이다. '서사-본사-결사'의 3단 구성으로 되어 있으며 봄을 맞는 즐거움과 물아일체(物我一體)의 경지, 한중진미(閑中眞味)와 취흥의 향유, 안빈낙도(安貧樂道)의 삶에 대한 의지 등이 공간의 이동에 따라 전개되고 있다.

| 작품 개관 |

◆ 갈래 : 서정 가사, 정격 가사, 은일 가사, 양반 가사
◆ 주제 : 봄 경치에 대한 완상(玩賞)과 안빈낙도(安貧樂道)의 삶 추구
◆ 특징 : ① 3·4조 또는 4·4조, 4음보의 연속체
　　② '서사-본사-결사'의 3단 구성으로 이루어짐.
　　③ 설의법, 대구법, 의인법 등 다양한 표현법을 사용함.
　　④ 좁은 공간에서 넓은 공간으로 나아가는 공간 확장에 의한 시상 전개 방식을 사용함.

작품 핵심 **단축키**

| 화자 | 봄, 즐거움　　　| 시어 | 단표누항, 공명　　　| 표현 | 공간

정답　1 ⑤　2 ③　3 ③　4 ②　5 ⑤

1 제재의 의미와 기능 이해　　　정답 ⑤

이 작품에는 인간이 보잘것없는 존재임을 느끼게 하는 자연의 위대함은 드러나 있지 않으며, 자연과 인간을 비교하는 내용도 나타나 있지 않다.

● 오답 풀이

① 화자가 '한중진미(閑中眞味, 한가한 가운데 깃드는 참다운 맛)'를 누리며 지내고 있다는 구절에서 알 수 있다.

② '시냇ㄱ(시냇가)'에 앉아 술을 마시며 떠내려 오는 복숭아꽃을 보고 '무릉(무릉도원)'을 떠올리는 부분에서 알 수 있다.

③ '물아일체(物我一體)어니 흥(興)이이 다를소냐'에서 화자가 직접적으로 자신이 물아일체를 경험하고 있다고 말하고 있다. 또한 '청향(淸香)은 잔에 지고 낙홍(落紅)은 옷에 진다'에서 그와 같은 경험을 하고 있음을 간접적으로 드러내고 있다.

④ 자연은 '흣튼 혜음(허튼 생각, 세속적 욕망)'을 하지 않게 하는 순수한 세계로 그려져 있다.

2 시상 전개 방식 파악　　　정답 ③

㉢에서 화자는 혼자 술을 마시다가 시냇물에 '도화'가 떠내려오는 것을 보고 '무릉(무릉도원)'이 가까이 있다고 하였다. 따라서 ㉢에서는 현재 자신이 있는 공간에 대한 화자의 만족감이 드러

날 뿐, 화자가 과거 자신이 살던 속세를 떠올리는 모습은 드러
나지 않는다.

● 오답 풀이

① '송죽(松竹) 울울리(鬱鬱裏)'가 '소나무와 대나무가 우거진 속'
이라는 뜻이므로, ⓐ는 소나무와 대나무로 둘러싸여 속세와
단절된 공간으로 볼 수 있다.

② '소요음영(逍遙吟詠)'은 자유롭게 이리저리 슬슬 거닐며 나지
막이 시를 읊조린다는 뜻이므로, ⓑ에서 화자가 시를 읊으며
자연을 감상하며 여유롭게 풍류를 즐기고 있음을 알 수 있다.

④ '시냇ᄀ'에서 산봉우리인 '봉두(峰頭)'로 올라가는 것은 수직
적인 공간 이동을 보이는 것이다.

⑤ 화자는 '봉두'에서 넓은 공간인 '천촌만락'을 조망하고 있다.

3 표현상의 특징 파악   정답 ③

ⓒ의 '산일(山日)이 적적ᄒᄃ'를 잘못 이해하면 화자가 적적한 자
연에서 홀로 있는 고독감을 드러낸다고 생각할 수 있다. 그러나
뒤에 오는 '한중진미(閑中眞味)'라는 시어를 고려했을 때, '적적하
다'는 것은 '한가로움'을 누리고 있음을 뜻한다고 볼 수 있다.

● 오답 풀이

① '이내 생애(生涯) 엇더ᄒ고'라는 물음의 형식으로 자연 속에
묻혀 사는 삶의 자부심을 드러내고 있다.

② '새'가 봄기운을 못 이긴다고 했는데, 이는 화자의 마음이 투
영된 것이다.

④ '-쟈스랴'라는 청유형 어미를 활용하여 탈속적인 삶, 즉 자연
을 즐기며 사는 삶에 동참할 것을 촉구하고 있다.

⑤ 주체를 의지가 없는 '공명(功名)'과 '부귀(富貴)'로 설정하고,
화자 자신을 객체로 설정하여 주객이 전도된 표현을 사용하
였다.

4 시어의 함축적 의미 파악   정답 ②

'풍월주인(風月主人)'은 '맑은 바람과 밝은 달 따위의 아름다운
자연을 즐기는 사람'이라는 뜻이다. 따라서 '산림(山林)'에서의
'지락(至樂)', 즉 자연에 묻혀 사는 지극한 즐거움을 아는 사람이
라고 할 수 있다.

5 외적 준거에 따른 감상   정답 ⑤

[E]의 '검은 들'이 '봄빗(봄빛)'으로 가득한 것은 계절의 변화를
의미하는 것으로, 겨울 들판에 봄기운이 만연함을 나타낸 것이
다. 따라서 이를 인간과 자연의 조화로운 합일로 보는 것은 적
절하지 않다.

● 오답 풀이

① [A]에서 '석양'은 해가 지는 것, '세우'는 가랑비가 내리는 것
이므로 모두 하강 이미지이다. 그 속에서 피어나는 '꽃'과 '풀'
은 상승 이미지이므로 두 이미지가 조화를 이룬다고 볼 수
있다.

② [B]에서 화자는 산책과 목욕, 산나물 캐기와 낚시를 시간의
흐름에 따라 적절히 조절하여 안배하고 있다.

③ [C]에서 화자가 꽃나무 가지를 꺾어 놓으며 술잔의 수를 세
면서 마시겠다는 것은 마신 술의 양을 점검하여 과하게 마시
지 않겠다는 의미로, 사대부의 절제된 풍류가 느껴진다고 할
수 있다.

④ [D]에서 화자는 술과 더불어 '청향'과 '낙홍'이라는 봄의 정경
에 의해 고조되는 흥취를 '진다'라는 절제된 표현을 통해 진
정시키고 있다.

17 면앙정가(俛仰亭歌)_송순 

| **작품 해설** | 이 작품은 송순이 41세 때 자신의 고향인 전남 담양의
제월봉 아래 면앙정이란 정자를 짓고, 아름다운 자연 속에 노니는 자
신의 풍류 생활을 노래한 서정 가사로, 자연을 즐기는 화자의 정취가
물씬 배어 있다. 면앙정의 지세(地勢)로부터 시작하여 제월봉의 형세,
면앙정의 근경과 원경, 사계절의 정경, 자신의 풍류 생활을 짜임새 있
게 묘사하고 있으며, 전체적으로 선경 후정의 형식을 취하고 있다. 결
사 부분의 '역군은(亦君恩)이샷다'라는 표현은 유학자로서 본연의 자
세(임금에 대한 충의)를 나타낸 것이며, 우리나라 강호가도(江湖歌道)
의 전형적인 특징을 보여 준다.

| **작품 개관** |

◆ 갈래 : 양반 가사, 서정 가사, 은일 가사
◆ 주제 : 아름다운 자연 속에서의 안빈낙도(安貧樂道)
◆ 특징 : ① 자연에서 얻어지는 흥취를 사계절의 변화에 따라 읊음.
　② 면앙정 주변의 경치와 화자의 풍류 생활을 선경 후정(先景後情)
　의 방식으로 전개함.
　③ 활유, 의인, 직유, 은유, 대구, 열거, 과장, 비교, 반복 등 다양한
　표현법을 사용함.

작품 핵심 **단축키**

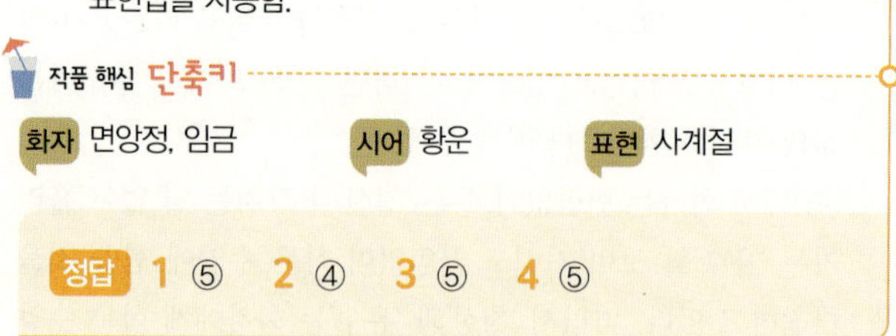

1 작품의 종합적 감상   정답 ⑤

전반부에는 제월봉의 모습, 면앙정의 위치와 모습, 면앙정을 둘
러싼 산봉우리들을 묘사하였고, 후반부에서는 사계절에 따른 면
앙정에서의 흥취와 자연을 즐기는 화자의 풍류를 노래하였다.
따라서 전반부에서는 주로 경치를, 후반부에서는 정경과 함께
화자의 감흥을 노래하였다고 할 수 있다.

① 자연 세계를 노래하고 있으나, 인간 세계를 부정적으로 인식하지는 않았으며 이와 대비해 자연의 우월성을 제시하지도 않았다.
② 이 작품은 강호한정(江湖閑情)을 읊은 가사로, 아름다운 자연 속에서의 안빈낙도라는 관념적인 주제를 담고 있다.
③ 계절의 흐름에 따라 풍경을 묘사하였으나, 하루의 일과를 시간 순서에 맞게 서술하지는 않았다.
④ 화자의 이동이 일부 나타나지만, 그것에 따라 다양한 경치를 묘사한 것은 아니다.

2 표현상의 특징 파악　　정답 ④

이 작품은 면앙정을 중심으로 펼쳐지는 자연 경치와 그 속에서 느끼는 화자의 흥취를 노래하고 있다. 그러나 특별한 청자를 설정하지 않았으며 묻고 답하는 방식 또한 나타나 있지 않다.

● 오답 풀이

① '제월봉(霽月峯)의 ~ 므슴 짐쟉 ᄒ노라(무슨 생각을 하느라고)', '황앵(黃鶯) 교태(嬌態) 겨워 ᄒᄂ괴야(꾀꼬리는 흥에 겨워 아양을 떠는구나)' 등에서 대상을 의인화하였다.
② '이것도 보려 ᄒ고 ~ 들도 마즈려코', '밤으란 언제 줍고 ~ 뉘 쓸려뇨' 등에서 대구법을, '누으락 안즈락 ~ 을프락 ᄑ람ᄒ락' 등에서 열거법을 사용하였다.
③ '아츰이 낫브거니 나조히라 슬흘소냐.', '오늘리 부족(不足)커니 내일(來日)리라 유여(有餘)ᄒ랴.' 등에서 설의법을 사용하였다.
⑤ '이태백(李太白)이 사라 오다. / 호탕 정회(浩蕩情懷)야 이에서 더흘소냐.'라며 이태백과 화자 자신을 비교하고 있다.

3 세부 내용의 이해　　정답 ⑤

'너ᄅ바회 우히 / 송죽(松竹)을 헤혀고 정자(亭子)를 안쳐시니'를 통해 면앙정이 넓고 평평한 바위 위에 있으며, 그 주위에 소나무 및 대나무가 우거져 있다는 것을 알 수 있다. 따라서 주위에 나무나 풀이 없는 높은 바위 위에 면앙정을 그려 넣는 것은 적절하지 않다.

● 오답 풀이

① '너븐 길 밧기요 긴 하늘 아리 ~ 원근(遠近) 창애(蒼崖)의 머믄 것도 하도 할샤.'에서는 면앙정 주변 산봉우리의 다채로운 모습을 표현하고 있다.
② '일곱 구비 홈머움쳐 므득므득 버려ᄂ 듯. ~ 송죽(松竹)을 헤혀고 정자(亭子)를 안쳐시니'에서 제월봉 일곱 굽이 중 가운데 굽이의 넓고 평평한 바위 위에 면앙정을 앉혀 놓았다고 하였다.
③ '정자(亭子)를 안쳐시니 / 구름 튼 청학(靑鶴)이 천리(千里)를 가리라 / 두 ᄂ리 버렷ᄂ 듯.'에서 면앙정의 지붕이 구름을 탄 청학이 두 날개를 펼친 듯하다고 표현하였다.

④ '옥천산(玉泉山) 용천산(龍泉山) ᄂ린 믈히 / 정자(亭子) 압 너븐 들히 올올(兀兀)히 펴진 드시'에서 옥천산과 용천산에서 흘러내린 물이 정자 앞 넓은 들에 흐른다고 하였다.

4 외적 준거에 따른 감상　　정답 ⑤

〈보기〉에 따르면 사대부가 자연 속에서의 만족감을 과시하기 위해 과장된 표현을 사용하는데, 이는 현실에서의 소외감이나 미련을 떨쳐 버리고 스스로를 위안하기 위해서라고 하였다. ㉤은 화자가 신선을 본 적은 없지만 자연 속에서 흥겹게 지내는 자신의 생활이 바로 신선의 생활이라고 과시적으로 말한 것이므로, 〈보기〉에서 말하는 '과장된 표현'의 예로 볼 수 있다.

> **보충 자료**
>
> 「면앙정가」의 화자의 정서
>
> | 만족감 | • 자연 속에서 풍류를 즐기는 일로 바쁘게 지냄.
 • 자신을 신선과 동일시함. |
> |---|---|
> | 감사함 | 자연과 함께 사는 즐거움이 임금의 은혜 덕분이라고 생각함. |
>
> ↓
>
> **자연 친화 사상과 유교적 충의**

---

pp.64~67

18 속미인곡(續美人曲) _정철

| 작품 해설 | 조선 선조 때에, 정철이 참소를 받아 전라남도 담양에 내려가 있으면서 지은 가사이다. 이 작품은 표면상 임과 이별하고 지상으로 내려온 선녀가 천상에 두고 온 임을 그리워하는 심정을 표현하는 내용으로 되어 있으나, 이면에는 임금에 대한 작가 자신의 충정을 담고 있다. 특히, 두 명의 여성 화자를 설정하여 대화하는 방식을 취하고 있는데, 자신의 신세를 한탄하며 임을 그리워하는 여인은 작가의 분신이라 볼 수 있다.

| 작품 개관 |

◈ **갈래** : 양반 가사, 서정 가사, 정격 가사
◈ **주제** : 임(임금)을 향한 그리움, 연군의 정
◈ **특징** : ① 두 여성 화자의 대화 형식으로 시상을 전개함.
　② 시간의 경과와 공간의 이동에 따라 정서를 표현함.
　③ 대상에 상징적 의미를 부여하여 주제를 효과적으로 형상화함.

🥤 작품 핵심 **단축키**

| 화자 여인(여성) | 시어 화자, 사랑 | 표현 대화 |

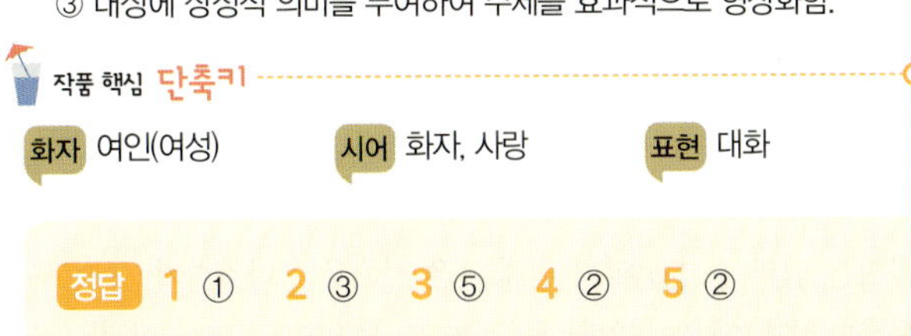

1 표현상의 특징 파악 정답 ①

이 작품은 시간의 경과와 공간의 이동에 따라 시상을 전개하고 있으나, 계절의 변화는 나타나지 않는다.

● 오답 풀이
② 한자어보다는 우리말을 최대한 활용하여 그 묘미를 잘 살리고 있다.
③ '일월, 낙월, 구준비' 등 자연물을 활용하여 임을 향한 화자의 그리움을 드러내고 있다.
④ 3·4조, 4·4조, 4음보의 운율을 바탕으로 리듬감을 형성하고 있다.
⑤ '하늘히라 원망ᄒ며 사ᄅᆷ이라 허믈ᄒ랴' 등에서 설의법이, '어와, 허ᄉ(虛事)로다' 등에서 영탄법이 사용되고 있다.

2 세부 내용의 이해 정답 ③

'ᄆᆞᄋᆞᆷ의 머근 말ᄉᆞᆷ~목이조차 몌여ᄒ니'를 보면, 여인이 꿈속에서 임을 만난 것은 맞지만 눈물이 계속 나고 목이 메어 말을 하지 못하였다. 따라서 임을 만나 하소연하는 모습은 이 작품의 내용과 어긋난다.

● 오답 풀이
① '나도 님을 미더 군ᄠᅳ디 전혀 업서 / 이리야 교ᄐᆡ야 어즈러이 구돗ᄯᅥᆫ디'에서 확인할 수 있다.
② '반기시ᄂᆞᆫ 눗비치 녜와 엇디 다ᄅᆞ신고'에서 확인할 수 있다.
④ '겨근덧 녁진(力盡)ᄒᆞ야 풋ᄌᆞᆷ을 잠간 드니'에서 확인할 수 있다.
⑤ '졔 가ᄂᆞᆫ 뎌 각시 본 듯도 ᄒ뎌이고'와 '어와 네여이고 내 ᄉᆞ셜 드러 보오'에서 확인할 수 있다.

3 시구의 의미 이해 정답 ⑤

ⓜ에서 '어엿븐 그림자'는 '가엾은 그림자'란 뜻으로, 화자 자신의 모습을 의미한다. 이는 홀로된 화자의 쓸쓸한 심정을 표현한 것으로 주변 인물과의 갈등을 드러낸 것이 아니다.

● 오답 풀이
① ㉠에서 화자는 다른 이를 탓하거나 원망하지 않고, 이별을 자신의 탓으로 돌리고 있다.
② ㉡에서 화자는 임을 곁에서 모시지 못하는 처지에서 임의 일상생활에 대해 걱정하고 있다.
③ ㉢에서 화자는 임이 없어 쓸모없게 된 등불을 보며, 독수공방하는 자신의 외로운 처지를 확인하게 된다.
④ ㉣에서 'ᄆᆞᄋᆞᆷ의 머근 말ᄉᆞᆷ'은 꿈에서나마 만난 임에게 아뢰려 했던 말로, 임에 대한 화자의 절절한 그리움과 연관된 것이다.

4 시적 상황과 화자의 정서 파악 정답 ②

화자는 임의 소식을 알기 위해 높은 산으로 올라갔다가 '구룸(구름)'과 '안개' 때문에 '일월(日月)'을 볼 수 없어 '막막한 심정'으로 돌아온다. '믈ᄀᆞ(물가)'로 간 화자는 뱃길을 알아보고자 하지만 'ᄇᆞ람(바람)'과 '믈결(물결)' 때문에 뱃사공은 없고 '뷘 비(빈 배)'만 걸려 있음을 발견하고(㉠) '외로운 마음'에 강가에 혼자 서서 지는 해를 바라본다. 밤중이 다 되어서 집에 돌아온 화자는 '모첨(茅簷) 춘 자리(초가집 찬 잠자리)'에 누워 풋잠이 들지만 '계성(닭 울음소리)'에 '꿈이 깨어' 안타까워 한다(㉡).

5 외적 준거에 따른 감상 정답 ②

이 작품은 임금을 향한 신하의 충성과 절개를 담아 부른 '연군가(戀君歌)'이다. 작가는 탄핵을 받아 임금과 멀리 떨어져 있는 자신의 처지를 임에게 버림받은 여인에 비유하여, 자신의 변함없는 충절과 재회의 소망(임금께 돌아가고 싶은 마음)을 전하고자 하였다.

> **보충 자료**
> **「속미인곡」의 작가 탐구**
> 정철(1536~1593)은 조선 중기의 문인이자 정치가로 한시와 시조, 가사 등 다양한 갈래의 작품을 두루 창작하였다. 특히 한시 위주의 창작이 주를 이루던 때에 우리말 표현이 뛰어난 가사 작품으로 그 경지를 높였다. 50세(선조 18년)에 당쟁으로 인해 관직에서 물러나 전남 창평에 은거했던 작가는 「사미인곡」과 「속미인곡」을 통해 임금에 대한 충정을 노래하였는데, 화자를 여성으로 설정하여 그 애절한 심정을 하소연했다는 점을 주목할 수 있다.

pp.68~70

19 규원가(閨怨歌) _허난설헌

| **작품 해설** | 이 작품은 독수공방하는 여인의 한(恨)과 슬픔을 형상화한 규방 가사이다. 감정 이입, 대구법, 직유법 등 다양한 수사법과 계절의 변화에 대한 묘사 등을 통해 뛰어난 문학적 성취를 보여 주고 있다. 또한 중국의 고사(故事)와 지명을 활용하고 한자어를 사용하면서도 당시 남성 사대부의 글과는 달리 그리움과 원망, 한(恨) 등의 지극히 개인적인 정서를 솔직하고 자유롭게 드러낸 것이 특징이다.

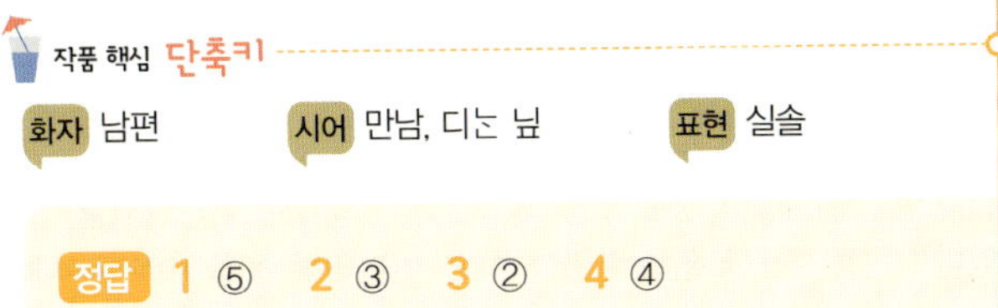

1 화자의 태도 파악 정답 ⑤

'공후 배필(公侯配匹)은 못 바라도 ~ 장안 유협(長安遊俠) 경박 자룰 꿈근치 만나 잇서'에서 화자는 자신이 경박한 남편과 결혼한 것은 '삼생의 원업(전생의 잘못)'과 '월하(부부의 인연을 맺어 주는 노인)의 연분' 때문이라고 말하고 있다. 따라서 화자는 불행한 결혼을 부모의 탓이 아닌 자신의 운명으로 여기고 있음을 알 수 있다.

● 오답 풀이

① '백마 금편(白馬金鞭)으로 어듸어듸 머무는고. / 원근(遠近) 을 모르거니 소식(消息)이야 더욱 알랴.'와 '오거나 가거나 소 식(消息)조차 끄쳣는고.'를 통해 화자가 남편의 행방을 알지 못함을 알 수 있다.

② '장안 유협(長安遊俠) 경박자'는 '장안에서 놀고 다니기 좋아 하는 경박한 사람'을 뜻한다. 이를 통해 화자가 남편의 행실 을 부정적으로 평가하고 있음을 알 수 있다.

③ '설빈 화안(雪鬢花顔) 어듸 두고 ~ 스스로 참괴(慚愧)ᄒ니 누구를 원망(怨望)ᄒ리.'에서 화자는 젊은 시절의 아름다운 외모('설빈 화안')와 현재의 미운 외모('면목가증')를 대비하며 자신의 신세를 한탄하고 있다.

④ '삼삼오오(三三五五) 야유원(冶遊園)의 새 사람이 나단 말가.' 와 '아마도 이 님의 지위로 살 동 말 동 ᄒ여라.' 등에서 남편 에 대한 화자의 원망이 드러난다.

2 표현상의 특징 파악 정답 ③

이 작품의 시적 대상은 화자의 남편이다. 화자는 그를 '장안 유 협(長安遊俠) 경박자', 즉 '장안의 놀기 좋아하는 경박한 사람'이 라고 지칭하며 밖으로만 돌고 자신을 멀리하는 남편을 부정적으 로 표현하였다. 따라서 대상의 모습을 예찬하고 있다는 설명은 적절하지 않다.

● 오답 풀이

① 3·4조, 4·4조, 4음보의 운율을 바탕으로 리듬감을 형성하

고 있다.

② '곳 피고 날 저물 제 ~ 아마도 모진 목숨 죽기도 어려울사.'에 서는 남편을 기다리며 외롭게 홀로 지내는 화자의 시간을 사 계절의 변화를 통해 드러내고 있다.

④ '봄바람 가을 믈이 ~ 면목가증(面目可憎) 되거고나.'를 통해 세월(시간)의 흐름에 대한 허무함을 드러내고 있다.

⑤ '박명(薄命)ᄒ 홍안(紅顔)이야 날 가틔니 쏘 이실가.'에서는 설의적 표현을 사용하여 자신의 슬픈 운명을 한탄하는 화자 의 모습을 드러내고 있다.

3 시구의 의미 및 기능 파악 정답 ②

[A]에는 남편이 집에 머물지 않고 방탕한 생활을 하는 것에 대 한 화자의 시름이 드러나 있고, [B]에는 남편을 기다리는 자신 의 기구한 운명을 한탄하는 내용이 제시되어 있다. 그러므로 [A]는 [B]에 나타나는 화자의 고통을 유발하는 원인이 된다고 할 수 있다.

● 오답 풀이

① '백마 금편(白馬金鞭)'은 화려한 치장을 한 남편의 모습을 표현 한 것으로, 남편의 사회적 지위와는 관련이 없다.

③ [A]와 [B] 모두 화자의 현재 상황을 제시하고 있다.

④ [B]에서는 '이 님의 지위로 살 동 말 동 ᄒ여라.'를 통해 화자 의 절망적인 정서를 드러내고 있을 뿐, 부정적 상황을 극복 하려는 화자의 의지적 태도는 드러나지 않는다.

⑤ [A]에는 남편에 대한 원망이 드러나 있으므로 긍정적인 인식 이 드러난다고 볼 수 없다.

4 외적 준거에 따른 감상 정답 ④

'약수'는 건널 수 없는 강을 뜻하는 말로, 남편과 화자의 단절감 을 강조하는 기능을 한다. 그러나 이는 허난설헌이 겪은 어린 자식들의 죽음과는 관련이 없다.

● 오답 풀이

① 〈보기〉에서 허난설헌은 어릴 때부터 '신동'이라는 말을 들으 며 행복하게 자랐다고 하였는데, 이는 '어린 시절에 즐겁게 지냄.'이라는 뜻의 '소년 행락'으로 알 수 있다.

② 〈보기〉에서 남편이 풍류에 빠져 결혼 생활에 대한 의지가 없 었다고 하였는데, 이는 '장안 유협 경박자'라는 표현과 호사 스러운 행장('백마 금편')으로 '야유원'을 드나드는 모습에 대 한 묘사에서 드러난다.

③ '부용장 적막ᄒ니'는 연꽃무늬가 있는 휘장을 친 방이 텅 비 었다는 뜻으로, 홀로 침실에 들어야 하는 화자의 외로움을 드러내므로 작가의 원만하지 못했던 결혼 생활을 암시한다.

⑤ '박명ᄒ 홍안'은 '복이 없고 팔자가 사나운 젊은 여인'을 의미 하므로 화자가 자신의 운명을 한탄하는 표현이다.

pp.71~73

20 노래 삼긴 사람~_신흠
청강에 비 듯는 소리~_효종(孝宗)
국화야 너는 어이~_이정보

가 노래 삼긴 사람~

| 작품 해설 | 작가는 임진왜란을 겪으면서 여러 시련을 경험하였고, 당쟁에 휩쓸려 어려움을 당하기도 하였으며, 영창 대군을 옹호하다가 광해군의 탄압을 받기도 한 인물이다. 이렇게 연이어 역경을 겪어 견디기 힘들 정도의 시름을 얻은 작가는 이러한 시름을 노래를 통해 해소해 보고 싶은 간절한 마음을 작품 속에 담고 있다.

| 작품 개관 |
◆ 갈래 : 평시조
◆ 주제 : 노래를 통해 시름을 풀고 싶은 마음
◆ 특징 : ① 연쇄적인 서술을 통해 시상을 전개함.
　　　　② 시름을 풀어 보고자 하는 마음을 직설적으로 토로함.

나 청강에 비 듯는 소리~

| 작품 해설 | 봉림 대군(훗날의 효종)이 병자호란의 패배로 인해 청나라에 볼모로 잡혀가는 비통한 심정과 자신을 비웃는 청나라 병사들에 대한 원한을 표현한 작품이다. 자신을 조롱하는 청나라 병사들을 '만산 홍록(滿山紅綠)'에, 위세를 떨치고 있는 청나라 세력을 '춘풍(春風)'에 빗대어 자신의 정서를 우의적으로 표현하고 있다.

| 작품 개관 |
◆ 갈래 : 평시조
◆ 주제 : 청나라에 볼모로 잡혀가는 울분과 설욕 의지
◆ 특징 : ① 자연물을 의인화하여 화자의 처지를 표현함.
　　　　② 청나라에 대한 원한의 감정과 복수심을 드러냄.

다 국화야 너는 어이~

| 작품 해설 | 사군자의 하나인 '국화'는 가을 추위를 이겨 내고 꽃을 피운다고 하여 변함없는 지조를 상징한다. 이 작품에서도 화자는 낙엽이 떨어지는 추운 계절에 홀로 핀 국화를 보며 선비로서의 지조를 지키겠다는 다짐을 노래하고 있다. 국화에 인격을 부여하여 예찬하면서 봄과 가을의 대조를 통해 추위를 이겨 내고 핀 국화의 고고한 기상을 효과적으로 드러내고 있다.

| 작품 개관 |
◆ 갈래 : 평시조
◆ 주제 : 선비의 높은 절개와 지조 예찬
◆ 특징 : ① 의인법을 통해 대상에 대한 친근감을 부각함.
　　　　② 봄과 가을의 계절 대비를 통해 국화의 고고한 기상을 표현함.

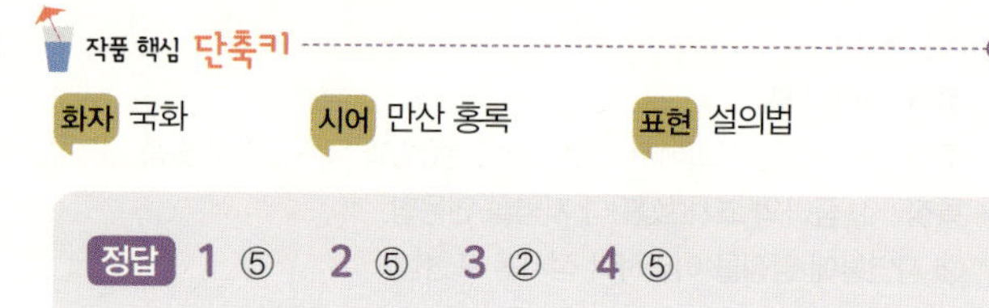

1 표현상의 특징 파악 　　정답 ⑤

대상에 인격을 부여하는 의인법은 (나)와 (다)에서만 확인할 수 있다. (나)는 '만산 홍록(滿山紅綠)'을 인간처럼 웃을 수 있는 대상으로 표현하였고, (다)는 자연물인 '국화'를 '너'로 표현하며 절개를 지닌 존재로 예찬하고 있다.

● 오답 풀이
① (가)의 화자는 자신이 지닌 근심과 걱정을 노래로 풀고 싶은 심정을 노래하였고, (나)의 화자는 자신의 처지를 비웃는 대상에 대한 원망의 심정을 표출하였다.
② (가)와 (다)는 중장에서 각각 '~든가', '~느냐'라는 의문형 어미를 사용하였다.
③ (나)는 '청강(靑江), 비, 만산 홍록(滿山紅綠), 춘풍(春風)'에서, (다)는 '국화(菊花), 삼월동풍(三月東風), 낙목한천(落木寒天)'에서 자연적 소재를 확인할 수 있으며, 이러한 소재를 통해 시상을 전개하고 있다.
④ (가)~(다)는 평시조로, 4음보의 율격이 규칙적으로 반복되고 있다.

2 작품의 종합적 감상 　　정답 ⑤

화자는 현재의 시름에서 벗어나고 싶은 바람을 갖고 있다. 하지만 그 시름이 삶의 덧없음(무상감)에서 비롯된 것이라고 볼 만한 내용은 찾아볼 수 없다.

● 오답 풀이
① 연쇄법은 앞 구절의 끝 어구를 다음 구절의 앞 구절에 이어받아 이미지나 심상을 강조하는 수사법을 말한다. '풀었던가'를 뜻하는 중장의 '푸돗든가'와 종장의 '풀릴 거시면'에서 연쇄법을 사용하였다.
② 종장에서 '풀릴 거시면'을 통해 상황을 가정하여 시름을 풀고 싶은 화자의 절박한 심정을 부각하고 있다.
③ 종장에서 화자는 노래로 시름을 해소하고 싶은 자신의 심정을 직설적으로 드러내고 있다.
④ 화자가 노래를 불러 시름을 풀고자 한다는 점에서 '노래'는 시름을 해소하기 위한 수단이라고 할 수 있다.

3 외적 준거에 따른 감상 　　정답 ②

웃음의 주체가 화자가 아니라 '만산 홍록(청나라 군사를 비유)'이라는 점에서 '긔 무어시 우읍관되'는 볼모로 잡혀가는 화자에

대한 청나라 군사들의 조소(조롱하는 웃음)를 가리키는 것으로 보는 것이 적절하다. 작품 속에서 화자가 자신의 처지를 스스로 조롱하는 부분은 나타나지 않는다.

4 화자의 태도 파악

정답 ⑤

(다)의 화자는 '낙목한천(落木寒天)'에 굴하지 않고 꽃을 피우는 '국화'를 '오상고절(傲霜孤節)'이라고 예찬하고 있다. ⑤는 앞에는 넓고 맑은 바다가 펼쳐져 있고 뒤에는 겹겹이 둘러 있는 산이 보이는 눈 덮인 강촌의 아름다움을 표현하고 있는데, 강촌을 신선이 사는 곳인 '선계', 불교의 이상향인 '불계'로 표현한 것에서 강촌의 아름다움을 예찬하는 화자의 태도를 엿볼 수 있다.

선지 작품 살펴보기

① 「오리의 짧은 다리~」_김구
- **주제** : 임금의 영원한 복을 축원함.
- **감상** : 초장과 중장에서 불가능한 상황을 설정하여 임금이 영원토록 복을 누릴 수 있기를 바라면서 임금의 만수무강을 기원하는 화자의 태도를 엿볼 수 있다.

② 「높으나 높은 낡에~」_이양원
- **주제** : 당쟁(黨爭)을 일삼는 간신배들에 대한 풍자와 우국충정(憂國衷情)
- **감상** : 자신을 모함하는 세력인 '벗님네(부정적 세력)'의 행태를 우의적으로 비판하며 임금에 대한 충성심을 드러내고 있다.

③ 「공명을 즐겨 마라~」_김삼현
- **주제** : 부귀공명(富貴功名)에 얽매이지 않고 한가롭게 사는 삶
- **감상** : 영광과 욕됨이 교차하는 벼슬길이나 위기가 뒤따르는 부귀를 택하기보다는, 두려울 것 없이 한가롭게 살 수 있는 자연 속에서의 삶을 택하겠다고 노래하고 있다.

④ 「흔 손에 막디 잡고~」_우탁
- **주제** : 늙음에 대한 한탄과 수용
- **감상** : 늙어 가는 것을 막아 보려다가 늙음이 자연의 순리임을 깨닫고, 이를 체념하며 받아들이는 화자의 모습을 표현하고 있다.

⑤ 「어부사시사」 동사(冬詞) 〈제4수〉_윤선도
- **주제** : 자연 속에서 한가롭게 살아가는 어부의 흥취
- **감상** : 현실 정치의 혼탁함에서 벗어나 아름다운 자연의 사계절을 즐기며 자연 속에서 살아가는 화자의 삶이 드러나 있다.

보충 자료

'국화'와 '낙목한천'의 의미

국화 = 오상고절	지조와 절개의 상징 → 화자의 신념을 새롭게 다지게 함.
낙목한천	어렵고 힘겨운 상황 → 국화의 절개를 더욱 두드러지게 함.

21 개를 여라믄이나 기르되~ _작자 미상
어이 못 오던가~ _작자 미상
귀뚜리 저 귀뚜리~ _작자 미상

가 개를 여라믄이나 기르되~

| 작품 해설 | 이 시조의 화자는 미워하는 임이 오면 반가워하고, 좋아하는 임이 오면 훼방을 놓아 돌아가게 만드는 얄미운 개를 향해 자신의 심정을 솔직하게 드러내고 있다. 이는 아무리 기다려도 오지 않는 임을 직접적으로 원망하지 않고, 개에게 그 미움을 전가하여 임을 기다리는 안타까운 심정을 해학적으로 표현한 것으로 볼 수 있다.

| 작품 개관 |
- ◆ **갈래** : 사설시조
- ◆ **주제** : 임에 대한 간절한 기다림과 원망
- ◆ **특징** : ① 개의 행동을 과장을 섞어 해학적으로 묘사함.
② 의성어와 의태어를 사용함.

나 어이 못 오던가~

| 작품 해설 | 이 시조는 오지 않는 임에 대한 그리움과 원망을 해학적으로 노래한 작품이다. 특히 중장에서는 임이 화자에게 오는 길에 존재할 만한 수많은 장애물들을 추측하여 열거하고 있으며, 종장에서는 일 년 열두 달, 한 달 30일 중 하루도 시간을 낼 수 없느냐고 책망하면서 임을 보고 싶은 간절한 마음을 해학과 과장을 통해 드러내고 있다.

| 작품 개관 |
- ◆ **갈래** : 사설시조
- ◆ **주제** : 오지 않는 임을 기다리는 안타까운 마음
- ◆ **특징** : ① 해학과 과장을 통해 임에 대한 간절한 그리움을 표현함.
② 열거법, 연쇄법을 사용하여 상황을 강조하여 표현함.

다 귀뚜리 저 귀뚜리~

| 작품 해설 | 이 시조는 임과 이별한 여인의 외로움을 귀뚜라미에 의탁하여 노래한 작품으로, 절절이 슬프게 우는 귀뚜라미의 울음소리(청각적 심상)를 활용하여 깊은 밤 독수공방하는 화자의 심정을 애절하게 드러내고 있다.

| 작품 개관 |
- ◆ **갈래** : 사설시조
- ◆ **주제** : 독수공방의 외로움
- ◆ **특징** : ① 대상에 감정을 이입하여 화자의 정서를 표현함.
② 청각적 심상을 활용하여 화자의 심정을 환기시킴.

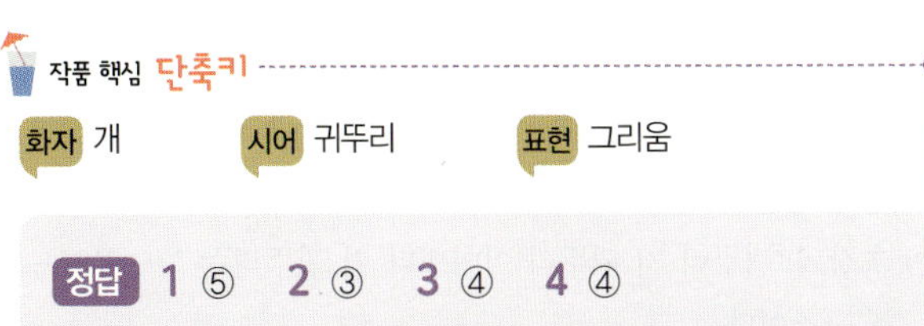

작품 핵심 단축키

| 화자 개 | 시어 귀뚜리 | 표현 그리움 |

정답 **1** ⑤   **2** ③   **3** ④   **4** ④

1 갈래상의 특징 이해　　　　　　　정답 ⑤

(가)와 (나)는 임에 대한 기다림과 원망을, (다)는 독수공방의 외로움을 노래한 사설시조로, 사회 비판적 대상을 희화화한 내용은 제시되지 않았다.

● 오답 풀이

① (가)~(다) 모두 평시조의 기본형에서 두 구 이상이 늘어난 형식을 취하고 있다.

② (가)는 '개'와의 일상 속 일화를, (나)는 실생활에서 볼 수 있는 '담, 집, 뒤주, 궤, 외걸쇠, 자물쇠'를, (다)는 '귀뚜라미'를 소재로 하고 있다.

③ (가)~(다) 모두 임에 대한 그리움이나 원망, 외로움의 심정을 솔직하게 드러내고 있다.

④ (가)는 '요 개같이 얄미우랴', (나)는 '날 와 볼 할니 업스랴', (다)는 '내 뜻 알 이는 저뿐인가 하노라' 등에서 화자의 심정을 직설적으로 표현하고 있다.

2 작품의 종합적 감상　　　　　　　정답 ③

(나)는 표현 방식 면에서 임이 화자에게 오지 못하게 하는 장애물들을 연쇄적으로 열거하고 있을 뿐, 청각적 심상은 사용하지 않았다.

● 오답 풀이

① 임이 오지 않는 상황에서 임을 기다리는 답답하고 안타까운 심정을 드러내고 있다.

② '성, 담, 집, 뒤주, 궤, 외걸쇠, 자물쇠' 등 임이 화자에게 오지 못하게 하는 장애물들을 추측하여 나열하고 있다.

④ 임이 오지 않는 까닭을 물은 뒤 임이 오지 못하는 이유를 추측하고 있으며, 특히 그 이유가 임이 장애물에 가로막혀 있어서 그런 것인가 하는 가정적 상황을 설정하여 내용을 전개하고 있다.

⑤ 임이 오지 않는 것에 대해 원망하면서도 임이 오기를 간절하게 바라고 있다.

3 표현상의 특징 파악　　　　　　　정답 ④

(다)에서 화자는 독수공방하는 외로움을 독백체로 표현하고 있을 뿐, 대화의 형식을 사용한 것은 아니다.

● 오답 풀이

① '귀뚜리'가 '슬픈 소리'로 운다고 하면서, '귀뚜리'를 화자의 외로움을 알아주는 동병상련의 대상으로 바라보고 있다.

② 중장의 '지는 달 새는 밤'에서 두 구절이 대등하게 연결돼 리듬감을 형성하는 대구법을 사용하였으며, '~ 소리'의 반복을 통해 운율을 형성하고 있다.

③ 초장의 '귀뚜리 저 귀뚜리 어여쁘다 저 귀뚜리'는 'a-a-b-a' 구조이다.

⑤ 중장의 '긴 소리 짧은 소리 절절(節節)이 슬픈 소리'에서 청각적 이미지를 활용하여 화자의 외로운 심정을 드러내고 있다.

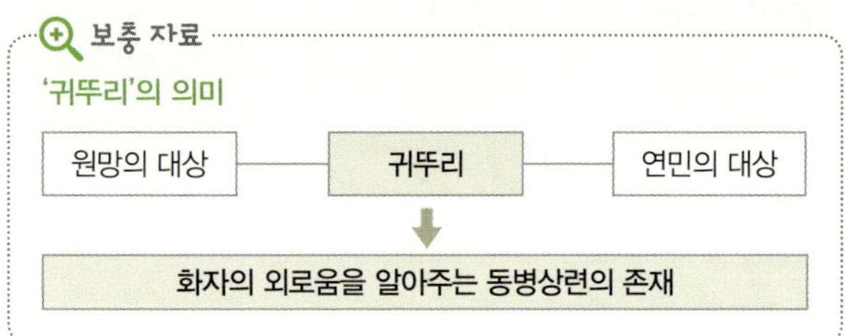

＋ 보충 자료

'귀뚜리'의 의미

4 소재의 의미 및 기능 파악　　　　　정답 ④

㉠은 화자에게 온 '고운 님'을 내쫓는 대상으로, 화자와 임의 만남을 방해하는 장애물로 볼 수 있다. ㉠에 대한 화자의 이와 같은 시각은 임이 오지 않는 상황에 대한 책임을 임이 아닌 ㉠에 전가하는 태도에서 비롯된 것이다. 또한 ㉡은 화자의 무인 동방의 외로움을 알아주는 존재로, 감정 이입의 대상으로 볼 수 있다.

pp.77~79

22 댁들에 동난지이 사오~ _작자 미상
두터비 파리를 물고~ _작자 미상
싀어마님 며느라기 낫바~ _작자 미상

가 댁들에 동난지이 사오~

| 작품 해설 | 이 시조는 한자어를 쓰는 게젓 장수를 희화화하여 은근히 비꼬고 있다. 게의 특징을 한자어로 표현한 것이 재미있고 익살스러운 느낌을 주며, 게젓 장수를 핀잔하는 태도가 웃음을 자아낸다. 특히 실제 서민들의 상거래 장면이 떠오르도록 사람들과 게젓 장수의 대화를 그대로 옮긴 것과 게젓을 씹는 소리를 의성어로 표현한 것이 작품에 생동감을 준다.

| 작품 개관 |

◆ 갈래 : 사설시조

◆ 주제 : 현학적 태도와 허세 비판

◆ 특징 : ① 한자어의 사용, 대화체 형식으로 시상을 전개함.
　　　　　② 감각적인 의성어를 사용하여 상황을 사실적으로 제시함.

나 두터비 파리를 물고~

| 작품 해설 | 탐관오리의 횡포를 우화적인 기법으로 풍자한 작품이다. 힘없는 백성들을 괴롭히면서도 자기보다 힘센 대상 앞에서는 비굴하게 구는 탐관오리의 모습을 '두터비'에 빗대어 표현하였다. 특히 종장에서 화자가 작가에서 '두터비'로 바뀜으로써 이 작품이 비판하는 바가 '상대에 따라 처신을 달리하는 비굴한 태도'임을 강조하고 있다.

◆ 갈래 : 사설시조
◆ 주제 : 탐관오리의 횡포와 비굴함, 허세를 풍자함.
◆ 특징 : ① 약육강식의 현실을 동물 세계를 통해 우화적으로 표현함.
   ② 시상 전개에 따라 화자가 바뀜(초 · 중장 : 작가 → 종장 : 두꺼비).

다 싀어마님 며느라기 낫바~

| 작품 해설 | 며느리인 시적 화자가 시집살이의 고충을 토로한 작품으로, 시집살이의 어려움과 시댁 식구에 대한 원망, 한탄의 정서를 희화화하여 표현하고 있다. 화자는 자신을 구박하는 시댁 식구들을 일상생활에서 볼 수 있는 소재에 비유하여 해학적으로 표현하였으며, 며느리인 자신을 미워하지 말 것을 시어머니에게 당부하고 있다.

| 작품 개관 |
◆ 갈래 : 사설시조
◆ 주제 : 시집살이의 어려움을 한탄함. 며느리를 구박하는 세태를 비판함.
◆ 특징 : ① 시어머니에게 당부하는 말투를 사용함.
   ② 시댁 식구들을 일상적인 사물에 비유하여 나열함.

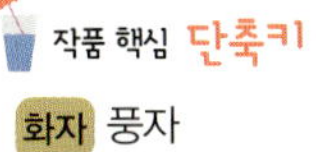

작품 핵심 **단축키**

화자 풍자   **시어** 탐관오리, 백성   **표현** 성격

정답 1 ⑤ 2 ④ 3 ③ 4 ⑤ 5 ④

1 작품 간의 공통점 파악
정답 ⑤

(가)~(다)는 모두 대상의 행동이나 대화를 구체적으로 묘사하며 풍자의 방법으로 이를 비판하고 있다.

● 오답 풀이

① 두 사람이 주고받는 대화를 통해 주제 의식을 부각한 것은 (가)에만 해당한다.
② (다)에서는 '어듸를 낫바 ᄒ시ᄂ고'에서 설의적 표현을 사용하고 있지만, (가)와 (나)에는 설의적 표현이 사용되지 않았다.
③ (가)~(다) 모두 실제와 반대되는 뜻의 말을 하는 반어적 표현은 사용하지 않았다.
④ (가)는 게의 외양과 특징을 한자어로 열거하였고, (다)는 시댁 식구들의 특성을 일상적 소재에 비유하여 열거하였으나 (나)에는 열거법이 사용되지 않았다.

2 시구의 의미 이해
정답 ④

(가)의 화자는 한자어를 써서 게젓을 어렵게 설명하는 장수의 태도에 대해 '거북이 웨지 말고 게젓이라 하렴은'이라며 핀잔하고 있다. 이는 쉬운 우리말을 두고 한자어를 섞어 말하며 유식한 척하는 게젓 장수의 현학적 태도를 비꼬는 것이라 할 수 있다.

3 화자의 태도 파악
정답 ③

'백송골'은 '파리'를 괴롭히는 '두터비'가 두려워하는 대상으로 직접적인 비판의 대상이라고 볼 수 없다. 다른 대상들은 화자가 부정적으로 바라보는 대상이다.

4 외적 준거에 따른 감상
정답 ⑤

'두터비'는 약자를 괴롭히는 탐관오리를 의미한다. 그런데 '두터비'는 '백송골'을 보고 놀라서 두엄 아래 자빠지는 비굴한 모습을 보이고도 자신이 날랬기에 멍이 들지 않았다며 자화자찬하는 우스꽝스러운 모습을 보이고 있다. 이를 통해 '두터비'의 허세와 위선적인 태도를 풍자하는 효과가 드러난다.

● 오답 풀이

① 이 작품에서 '두터비'는 파리를 물고 있다가 백송골이 나타나자 허겁지겁 도망가는 모습을 보인다. 〈보기〉를 참고할 때, 이를 통해 화자가 말하고자 하는 것은 '중간 권력층의 비애'가 아니라 중간 관리의 비굴함과 허세에 대한 비판이라고 볼 수 있다.
② '두엄'은 탐관오리가 있는 곳, '겻넌 산'은 탐관오리가 두려워하는 '백송골'이 있는 곳이다. 권력의 차이를 드러내는 공간이 될 수 있지만 신분 제도의 모순을 강조하는 공간이라고 볼 수는 없다.
③ '파리'는 권력자로 상징되는 '두터비'에게 일방적으로 괴롭힘을 당하는 존재이다. 힘없는 서민을 상징한 것은 맞지만 작품에서 이들이 권력층인 '두터비'를 조롱하는 모습은 제시되지 않았다.
④ 작가는 두엄 아래로 자빠지는 '두터비'의 모습을 통해 강자에게 약하고 약자에게 강한 탐관오리의 모습을 희화화하고 있는데, 이를 권력의 무상함을 드러내려는 의도로 볼 수는 없다.

5 작품 간의 비교 감상
정답 ④

(다)는 '며ᄂ린가', '싀–'의 반복을 통해 리듬감을 형성하고 있고, 〈보기〉 역시 '시–'를 반복하여 사용하면서 리듬감을 형성하고 있다.

● 오답 풀이

① 〈보기〉는 시적 대상을 '저 부인'이라고 칭한 데서 제삼자가 관찰을 통해 느낀 바를 중심으로 시상이 전개되고 있음을 알 수 있다.
② (다)는 며느리를 구박하는 시집 식구들을, 〈보기〉는 시집살이를 성실하게 하지 않는 며느리의 행태를 비판하고 있다.
③, ⑤ (다)는 시집 식구를, 〈보기〉는 시집 식구의 흉을 보는 며느리를 비판하는 작품으로 모두 대상의 부정적 행동에 초점을 맞추고 있다.

- **주제** : 부인의 비행에 대한 풍자를 통한 바람직한 여성상 제시
- **감상** : 우둔하고 못난 부인이 시집살이를 하는 동안 저지른 비행을 풍자적으로 노래한 조선 후기의 가사이다. 부인의 갖가지 부정적인 모습을 비판적으로 나타내 보임으로써 바람직한 여성상을 제시하고자 하는 의도가 담겨 있다.

pp.80~82

23 어부사시사(漁父四時詞) _윤선도

| **작품 해설** | 작가가 65세 때 보길도에서 한적한 나날을 보내며 지은 연시조로, 사계절의 흥취를 춘, 하, 추, 동 각 10수씩 모두 40수에 걸쳐 노래한 작품이다. 각 계절의 10수는 출항에서 귀항까지 어부의 하루 일과를 시간 순서대로 읊고 있다. 이 작품에서 화자는 어부로 살아가고 있지만, 이는 고기잡이를 생업으로 하는 실제 어부가 아니라 자연 속에서 풍류를 즐기는 양반, 즉 가어옹(假漁翁)이다. 이처럼 자연 친화적인 태도를 보이는 이 작품은 '강호 한정'을 주제로 하는 전형적인 작품이라 할 수 있다.

| 작품 개관 |

- ◆ **갈래** : 연시조
- ◆ **주제** : 자연 속에서 한가롭게 살아가는 여유와 흥취
- ◆ **특징** : ① 시간의 흐름에 따라 계절별로 시상을 전개함.
  ② 계절별로 달라지는 어촌의 풍경을 자세하게 묘사함.
  ③ 초장과 중장 사이, 중장과 종장 사이에 후렴구와 여음구를 삽입해 화자의 흥취를 북돋으며 사실감을 부여함.
  ④ 비유법, 대구법, 반복법, 원근법, 색채의 대비, 의성어의 사용 등을 통해 어촌의 아름다운 경치와 어부 생활의 흥취를 효과적으로 표현함.

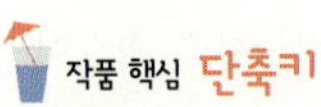

작품 핵심 단축키

| 화자 | 어옹 | 시어 | 만경류리 | 표현 | 계절 |

정답 1 ① 　2 ② 　3 ④ 　4 ③

1 표현상의 특징 파악 　　　　　　　　　**정답** ①

이 작품의 화자는 속세를 떠나 자연 속에서 사는 현재의 삶에 만족하고 있다. 이 작품에서는 과거나 미래에 대한 내용은 드러나지 않는다.

● 오답 풀이

② 초장과 중장, 중장과 종장 사이에 있는 여음구를 제외한 나머지 부분은 '우는 거시 / 벅구기가 / 프른 거시 / 버들숩가'와 같이 4음보를 규칙적으로 사용하고 있다.

③ 통사 구조가 유사한 구절을 대응시켜 운율을 형성하는 방법은 대구법이다. (가)의 '우는 거시 벅구기가 프른 거시 버들숩가', (라)의 '압희는 만경류리 뒤희는 천텹옥산' 등에서 대구법이 활용되었다.

④ (가)의 '우는 거시 벅구기', (마)의 '파랑셩' 등에서는 청각적 심상을, (가)의 '프른 거시 버들숩', '말가훈 기픈 소희', (나)의 '빅구' 등에서는 시각적 심상을 사용하여 자연의 아름다운 풍경을 표현하고 있다.

⑤ '지국총 지국총 어스와'는 각 수마다 반복되는 여음구로, 작품 전체에 형태적인 통일감을 주고 있다.

2 다른 갈래로의 변용 　　　　　　　　　**정답** ②

이 작품의 화자는 어부로서 살아가고 있기는 하지만 자연의 아름다움에 몰입하여 유유자적한 삶을 살고 있을 뿐, 생계를 위해 고기를 잡는 직업적인 어부는 아니다. 따라서 어부로서의 직업의식을 드러내는 독창은 이 작품과 어울리지 않는다.

● 오답 풀이

① (가)는 봄, (나)는 여름, (다)는 가을, (라)·(마)는 겨울을 배경으로 자연의 아름다움을 노래하고 있다. 이 작품은 계절의 변화에 따라 시상이 전개되고 있으므로, 계절감을 드러낼 수 있는 무대 배경을 준비하는 것이 적절하다.

③ 시조의 초장과 중장 사이, 중장과 종장 사이에 배를 띄우거나 노를 젓는 것과 관련된 내용을 담은 여음구가 반복되므로 적절한 의견이다.

④ (가)의 '어촌(漁村) 두어 집이 닛 속의 나락들락'을 장면으로 표현한 것이므로 적절하다.

⑤ 화자가 머물고 있는 곳은 속세와 단절된 탈속적인 분위기를 지닌 곳이므로, 이를 위해 고요하면서도 평화로운 느낌의 음악을 준비하는 것은 적절하다.

3 시어 및 시구의 의미 이해 　　　　　　　**정답** ④

(마)의 '파랑셩을 염티 마라 딘훤을 막는또다'는 물결 소리가 속세의 시끄러운 소리를 막아 주므로 물결 소리를 싫어하지 말라는 의미이며, 이는 화자가 속세와의 단절을 바라고 있음을 드러낸다. 그러므로 '파랑셩'은 속세의 시끄러움과 같은 부정적 현실로부터 화자를 차단해 주는 소재로, 탈속적인 삶을 강조하기 위한 것으로 볼 수 있다. (라)의 '경물'은 눈 덮인 강촌의 자연 경관을 나타내므로, '파랑셩'은 '경물'의 아름다움을 강조하는 소재로 볼 수 없다.

● 오답 풀이

① (가)의 '버들숩(버드나무 숲)'은 봄의 계절감을, (나)의 '녹사의 (비옷)'는 여름의 계절감을 나타내는 시어이므로 시간적 배경을 나타내는 소재로 볼 수 있다.

② (나)의 '넌님히 밥 싸 두고 반찬으란 쟝만마 라'는 자연 속에서의 소박한 삶에 만족하는 모습을 나타낸다. '넌님'은 화자의 소박한 삶의 태도를 나타내는 소재로 볼 수 있으며, 이는 화자가 추구하는 삶인 (다)의 '어부 생애'가 안분지족(安分知足)하는 삶임을 나타낸다.

③ (다)의 '믈외'는 세속을 떠난 곳을 의미하므로, 인간 세상(속세)을 뜻하는 (라)의 '인간'과 대조를 이루는 공간으로 볼 수 있다.

⑤ (마)의 '딘훤'은 속세의 시끄러운 소리를 뜻하므로 인간 세상(속세)을 뜻하는 (마)의 '셰샹'의 속성과 관련이 있다고 볼 수 있다.

4 작품 간의 비교 감상   정답 ③

(마)에서 '셰샹'과 '딘훤'은 화자가 멀리하고자 하는 부정적인 현실을 의미하며, '구룸'과 '파랑셩'은 이러한 부정적 현실로부터 화자를 차단하는 역할을 하는 자연물을 의미한다. 반면 〈보기〉에서의 '명월'은 화자가 가까이하고 싶어 하는 대상에 해당한다.

● 오답 풀이

① 〈보기〉와 (마)에는 모두 자연에서의 삶에 만족하는 화자의 심리가 드러나 있으며, 현실 개혁 의지는 나타나 있지 않다.

② 〈보기〉에는 현실에 순응하는 화자의 자세가 나타나 있고, (마)에는 자연을 즐기는 현재의 삶에 대한 만족감이 표현되어 있다.

④ (마)에서 '믉ㄱ(물가)'는 화자가 머물고 있는 자연 공간을, '셰샹(세상)'은 화자가 떠나온 속세를 의미하므로 두 공간은 대비되면서 주제를 부각하고 있다. 그러나 〈보기〉에서 '강호'와 '풍월 강산'은 모두 화자가 추구하는 자연 공간을 의미하므로 대비되는 공간으로 볼 수 없다.

⑤ 〈보기〉에서는 '입과 배가 누가 되어 어즈버 잊었도다'를 통해 자신의 삶에 대해 반성하는 태도를 보이고 있지만, (마)에서는 이러한 태도를 찾아볼 수 없다.

● 보충 자료

「어부사시사」에 나타난 흥취

이 작품에서는 화자의 시름이 나타나지 않으며, 자연 속에서의 생활에서 느끼는 여유와 흥취가 내용의 주를 이룬다. 이러한 화자의 정서적 도취는 현실 정치의 혼탁함으로부터 벗어나 자연 속의 여유로운 삶을 즐기고픈 화자의 현실관이 반영된 것이라고 볼 수 있다.

24 누항사(陋巷詞)_박인로

| **작품 해설** | 광해군 3년(1611년)에 창작된 가사로, 임진왜란에 참전한 후 귀향한 작가가 가난으로 인해 겪는 참담한 현실의 모습을 구체적이고 생생하게 형상화하면서 안빈낙도(安貧樂道)의 삶을 노래한 작품이다. 임진왜란에 수군으로 참전했던 박인로가 51세 되던 해에 관직을 사임하고 고향으로 돌아왔을 때, 어느 날 이덕형이 방문하여 '누항(陋巷)' 생활의 어려움을 묻자 그에 대한 답으로 이 작품을 창작하였다고 한다. 가난으로 인해 자신이 겪는 팍팍한 현실을 매우 사실적이고 생동감 있게 그려 내어 이전의 가사 작품과는 차별성을 보이고 있다.

| 작품 개관 |

◆ **갈래** : 양반 가사
◆ **주제** : 가난을 원망하지 않고 자연을 벗 삼으며 윤리적인 삶을 살고자 하는 의지
◆ **특징** : ① 한문 어구와 고사가 많이 사용됨.
② 현실적인 삶의 모습을 구체적이고 생생하게 묘사함.
③ 자연물을 활용하여 화자의 정서를 표현함.

작품 핵심 단축키

| 화자 자연   시어 빈이 무원, 단사표음   표현 소

정답   1 ②   2 ⑤   3 ④   4 ①

1 작품의 종합적 감상   정답 ②

'유비군자(有斐君子)들아 낙디 ᄒ나 빌려스라.'에서 짐작할 수 있듯이 화자는 지배 계층에 속하는 양반으로, 자연을 벗하며 안빈낙도(安貧樂道)하는 삶의 태도를 드러내고 있으며 유교적 윤리 의식을 강조하고 있다. 또한 작품의 주요 내용은 작가 자신이 겪고 있는 궁핍하고 누추한 현실과 선비로서의 삶 사이에서 일어나는 갈등을 다루고 있다. 그러므로 서민들의 생활상을 주로 묘사하고 있다는 설명은 적절하지 않다.

● 오답 풀이

① 화자의 궁핍한 삶을 '서흡 밥 닷홉 죽', 설 데인 숙냉' 등의 사실적 표현을 통해 직접적으로 보여 주고 있다.

③ 4음보의 안정되고 균형 잡힌 운율감이 드러나 있다.

④ '무정한 대승(오디새)'과 같은 객관적 상관물을 통해 곤궁한 삶으로 인한 화자의 괴로움을 드러내고 있다.

⑤ 화자가 소를 빌리러 가서 소 주인과 나누는 이야기를 대화체의 형식으로 표현하였다.

2 화자의 태도 파악   정답 ⑤

'노화(蘆花) 깁픈 곳애 명월청풍(明月淸風) 벗이 되야, / 님직 업손 풍월강산(風月江山)애 절로절로 늘그리라.'에서 자연을 벗 삼아 살겠다는 태도를, '태평천하(太平天下)애 충효(忠孝)를 일을

삼아, / 화형제(和兄弟) 신붕우(信朋友) 외다 ᄒ리 뉘 이시리. /
그 밧긔 남은 일이야 삼긴 ᄃ로 살렷노라.'에서 유교적 가치관을
실현하는 삶을 살겠다는 태도를 확인할 수 있다.

＋ 보충 자료

「누항사」의 주제

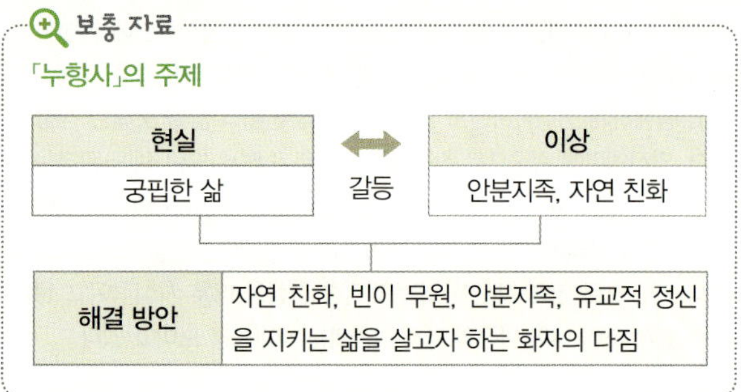

---

3 외적 준거에 따른 감상
정답 ④

'세정(世情) 모른 한숨은 그칠 줄을 모르ᄂ다.'는 화자가 소를 빌
리러 갔다가 소 주인에게 망신만 당하고 돌아온 뒤 농사를 포기
할 수밖에 없는 상황에서 보인 화자의 반응일 뿐, 화자의 주된
현실 대응 방식으로 볼 수는 없다. 이어지는 내용에서 빈궁한
삶이지만 가난을 원망하지 않고 자연을 벗 삼아 살겠다고 한 것
이 화자의 주된 현실 대응 방식이라고 할 수 있다.

● 오답 풀이

① '설 데인 숙냉(熟冷)애 뷘 비 쇠일 ᄲᅮᆫ이로다.'는 숭늉으로 배
　를 채워야 했던 화자의 궁핍한 현실을 단적으로 보여 주고
　있다.
② '안빈 일념(安貧一念)'은 '가난한 삶 속에서도 마음을 편안히
　갖겠다는 한결같은 마음'을 의미하므로 화자의 가치관을 압
　축적으로 드러내고 있다고 할 수 있다.
③ '이시 섭혈(履尸涉血)'은 '주검을 밟고 피를 건너감'을 의미한
　다. 이는 화자가 임진왜란에 참전했을 때의 상황을 구체적으
　로 보여 주는 부분이다.
⑤ 마지막 부분에서 화자는 '충효(忠孝)를 일을 삼아' 형제간에
　화목하고 벗과 신의 있게 살아가겠다며 앞으로의 삶에 대한
　다짐을 밝히고 있다.

---

4 작품 간의 비교 감상
정답 ①

ⓐ는 소가 없어서 농사짓기를 포기한 화자가 귀의(歸依)하고자
하는 공간으로, 화자가 지향하는 탈속적인 세계이다. ⓑ는 '천
지신명(天地神明)'을 상징하는 시어로, 화자의 결백을 입증해 줄
수 있는 초월적인 존재를 의미한다.

〈보기〉 속 작품　　　　정서, 「정과정(鄭瓜亭)」

- **주제** : 결백의 호소와 임금에 대한 충절
- **감상** : 고려 의종 때 임금의 총애를 받다가 다른 신하들의 참소로
　인해 동래로 귀양 간 정서가 부른 고려 가요로, 자신의 억울함과
　결백을 노래하였다.

25 덴동 어미 화전가_작자 미상

| 작품 해설 | 화전놀이를 즐기는 여인들사이에서 자신의 운명을 한탄
하는 '청춘과부'에게 '덴동 어미'가 자신의 기구한 인생에 대해 들려주
며 충고하는 내용을 담고 있는 규방 가사이다. '덴동 어미'는 '불에 데
인 아이의 어머니'라는 뜻으로, 남편을 여의고 자식까지 불에 데이는
사고를 당한 기구한 사연을 반영한 이름이다. 전체적인 작품 구성은
시작과 끝에 화전놀이의 상황을 담고 있으며, 그 가운데 덴동 어미의
이야기를 다루는 액자식 구성으로 이루어져 있는 것이 특징이다.

| 작품 개관 |
- **갈래** : 가사, 규방 가사, 화전 가사
- **주제** : 덴동 어미의 기구한 인생 역정과 긍정적인 삶의 자세
- **특징** : ① 4음보 율격으로, 유사한 구절을 반복하여 운율을 형성함.
　② 외화(화전놀이를 즐기는 내용) 속에 내화(덴동 어미의 인생 이야
　기)가 포함된 액자식 구성을 취함.
　③ 다양한 화자가 등장함.

작품 핵심 단축키

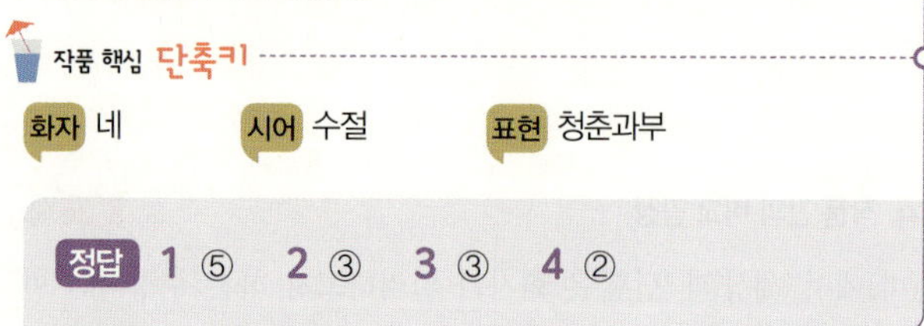

정답　1 ⑤　2 ③　3 ③　4 ②

---

1 표현상의 특징 파악
정답 ⑤

이 작품은 덴동 어미가 자신의 기구한 인생 이야기를 청춘과부
에게 들려주며 운명에 순응하고 화전놀이를 즐길 것을 권하자
청춘과부가 봄 경치를 즐기며 수심에서 벗어나는 내용을 담고
있다. 이 작품에는 덴동 어미의 과거 이야기가 나오지만, 현재
와의 대비를 통해 주제 의식을 강조하여 드러내고 있지는 않다.

● 오답 풀이

① '반가와서 울었던가 서러워서 울었던가', '꽃은 절로 피는 거
　요 새는 예사 우는 거요 / 달은 매양 밝은 거요 바람은 일상
　부는 거라' 등에서 유사한 구조의 어구를 대응시키는 대구법
　을 사용하여 리듬감을 형성하고 있다.
② '난데없는 두견새가 머리 위에 둥둥 떠서 ~ 보고 듣고 예사
　하면 고생될 일 별로 없소'에서는 덴동 어미가 화자가 되어
　청춘과부에게 충고를 하고 있으며, '이팔청춘 이 내 마음 봄
　춘 자로 부처 보고 ~ 화전놀음 봄 춘 자 봄 춘 자 노래 들어
　보소'에서는 청춘과부가 화자가 되어 화전놀이를 하며 근심
　을 풀어내고 있다. 따라서 두 명의 화자가 등장하여 시상을
　전개하고 있다고 볼 수 있다.
③ '춘삼월 호시절에 화전놀음 왔거들랑', '꽃빛일랑 곱게 보고
　새소리는 좋게 듣고', '삼동설한 쌓인 눈이 봄 춘 자 만나 실
　실 녹네' 등에서 이 작품의 계절적 배경이 봄이라는 것을 알
　수 있다. 만물이 생동하고 언 땅이 녹는 계절인 봄은 화전놀

이의 흥겨운 분위기를 조성하는 데 도움을 주고 있다.

④ 음보는 일정한 호흡 단위로, 동일한 호흡 단위로 끊어 읽을 때 리듬감이 형성된다. 이 작품은 '난데없는 / 두견새가 / 머리 위에 / 둥둥 떠서'와 같이 4음보의 반복을 통해 운율을 형성하고 있다.

2 시적 대상의 이해   정답 ③

이 작품에서 덴동 어미는 청춘과부에게 '마음 심 자가 제일이라 단단하게 맘 잡으면 ~ 보고 듣고 예사하면 고생될 일 별로 없소'라고 하며 마음의 동요 없이 살 것을 권하고, 이에 청춘과부는 깨달음을 얻어 화전놀이를 하면서 봄 경치를 즐기고 수심에서 벗어나고 있다. 따라서 이 작품에서 덴동 어미는 청춘과부에게 생명력을 불어넣는 역할을 하고 있다고 볼 수 있다.

● 오답 풀이
① 덴동 어미는 계획적인 삶이 아닌 운명에 순응하는 삶과 마음 가짐의 중요성을 강조하고 있다.
② 청춘과부가 봄 경치를 즐기는 모습으로 보아 덴동 어미와 그 일행들은 이미 화전놀이를 하고 있다고 볼 수 있다.
④ 청춘과부는 덴동 어미의 말을 듣고 봄 경치를 즐기며 수심에서 벗어나고 있으므로, 자연의 변화에 무감각한 사람이 되었다는 설명은 적절하지 않다.
⑤ 청춘과부는 덴동 어미의 충고를 듣고 깨달음을 얻어 생각을 바꾼 것이지, 가난이 성숙의 계기가 된다고 믿게 된 것은 아니다. 또한 이 작품에는 가난에 대한 청춘과부의 생각은 나타나지 않는다.

3 외적 준거에 따른 감상   정답 ③

'내 팔자를 내가 속아 기어이 한번 살아 볼라고'로 볼 때, 덴동 어미는 가혹한 운명 앞에서도 어떻게든 살아 보기 위해 첫 번째 남편이 죽은 후 세 번이나 개가를 하게 되었다고 볼 수 있다. 따라서 덴동 어미가 운명을 핑계 삼아 더 나은 삶을 살기 위한 노력을 하지 않았다고는 볼 수 없다.

● 오답 풀이
① '마음만 예사 태평하면 예사로 보고 예사로 듣지 / 보고 듣고 예사하면 고생될 일 별로 없소'는 모든 일이 마음먹기에 달려 있다는 의미로, 덴동 어미가 삶에 대한 달관의 경지에 이르렀음을 보여 준다.
② '내 팔자가 사는 대로 내 고생이 닫는 대로'에서 덴동 어미는 삶이 자기 뜻대로 되지 않는다는 것을 깨닫고 자신의 운명에 순응하고 있다.
④ '첫째 낭군은 추언에 죽고 ~ 넷째 낭군은 봄에 죽어'에서 네 명의 남편이 덴동 어미의 의지와 관계없이 사고나 병으로 죽었음이 드러나며 이를 통해 덴동 어미가 자신이 어찌할 수 없는 가혹한 운명 때문에 비극적인 삶을 살아야 했음을 알 수 있다.

⑤ '나도 수절만 하였다면 열녀각은 못 세워도 ~ 남이라도 욕할 게요 친정 일가들 반가할까'에서 가부장제 사회에서 수절을 하지 않았다는 이유로 비난을 받았던 당대 여인의 고통을 엿볼 수 있다.

4 시어의 의미 이해   정답 ②

'불여귀 불여귀 슬피 우니 서방님 죽은 넋이로다', '임의 넋이 분명하다 애고 탐탐 반가워라'에서 덴동 어미는 '두견새(㉠)'를 보고 죽은 '서방님'을 떠올리면서 반가움과 그리움을 드러내고 있다(ㄱ). 또한 '새야 새야 울지 마라 새 보기도 부끄러워', '첫째 낭군 죽을 때에 나도 한가지 죽었거나 ~ 산을 보아도 부끄럽잖고 저 새 보아도 무렴찮지'에서 덴동 어미는 '두견새(㉠)'를 보고 과거에 수절하지 않고 개가를 한 것을 부끄러워하고 있음을 알 수 있다(ㄹ).

● 오답 풀이
ㄴ. 덴동 어미는 ㉠을 죽은 '서방님'의 넋으로 생각하고 있으므로, ㉠을 덴동 어미의 분신으로 볼 수 없다.
ㄷ. '새야 새야 울지 마라 새 보기도 부끄러워'를 통해 ㉠은 덴동 어미로 하여금 현재의 삶에 대해 부끄러움을 느끼게 하는 대상임을 알 수 있다. 따라서 ㉠을 덴동 어미가 자신의 삶에 자족감을 갖도록 하는 대상으로 보는 것은 적절하지 않다.

26 보리타작[打麥行]_정약용

| 작품 해설 | 이 시에서는 '보리타작'이라는 공동 작업에 몰두하는 농민들의 모습을 사실적이고 역동적인 이미지를 통해 생동감 있게 묘사하였다. 또한 화자는 육체와 정신이 조화를 이룬 농민들의 삶이 건강한 삶의 모습임을 깨달으면서, 마음이 몸의 노예가 되어 벼슬길을 좇았던 자신의 삶을 반성하고 있다.

| 작품 개관 |
◆ 갈래 : 한시(칠언 고시)
◆ 주제 : 농민들의 보리타작을 바라본 후의 자기반성
◆ 특징 : ① 대상을 사실적이고 현장감 있게 묘사함.
    ② 선경 후정의 시상 전개 방식을 사용함.
    ③ 과장법을 통해 농민의 건강한 모습을 드러냄.

■ 작품 핵심 단축키

화자 농민   시어 낙원, 벼슬길   표현 과장법

정답   1 ②   2 ③   3 ②   4 ①

1 작품의 종합적 감상   정답 ②

화자는 농민들이 보리를 타작하고 있는 일상적인 모습을 보며 벼슬길에 얽매였던 자신의 지난날을 반성하고 있다.

● 오답 풀이

① 농민들의 건강한 삶과 화자의 삶을 대비하고 있는 것은 맞지만, 내면적 갈등을 드러내지는 않았다.

③ 고통스러운 현실의 모습은 나타나 있지 않다.

④ 화자가 자신의 삶에 대해 성찰하고 있으나, 과거의 삶에 대한 그리움을 드러낸 것은 아니다.

⑤ 자연물에 인격을 부여한 표현은 등장하지 않으며, 자연과의 합일에 대한 의지를 드러내고 있지도 않다.

2 표현상의 특징 파악   정답 ③

이 글에서 묻고 대답하는 형식을 사용하여 화자의 심리를 드러낸 부분은 나타나 있지 않다.

● 오답 풀이

① 농부 여럿이 발맞추어 도리깨로 보리를 두드리는 장면에서 역동적인 묘사를 확인할 수 있으며, 이를 통해 노동 현장의 모습을 생생하게 전달하고 있다.

② '새로 거른 막걸리 젖빛처럼 뿌옇고'에서 시각적 이미지를, '노랫가락 점점 높아지는데'에서 청각적 이미지를 활용하여 농민들의 일상적 생활을 생생하게 묘사하고 있다.

④ '낙원이 먼 곳에 ~ 헤매고 있으리오.'는 의문문의 형식으로 의미를 강조하는 것으로, 설의법을 사용하여 벼슬길에 집착했던 자신을 반성하고 새롭고 가치 있는 삶을 추구하겠다는 생각을 드러내고 있다.

⑤ 1행부터 8행까지는 보리타작하는 농민들의 모습(선경)을, 9행부터 12행까지는 그에 대한 화자의 생각과 느낌(후정)을 표현하고 있다.

3 시어의 의미 이해   정답 ②

㉠의 '낙원'은 소박한 현실에서도 삶의 즐거움을 누릴 수 있는 곳으로, 세속적 욕망을 추구하던 벼슬길에서 벗어난 공간이다(ㄱ). 또한 '마음이 몸의 노예'가 되었던 벼슬길과 달리, 건강한 노동의 현장으로서 정신과 육체가 조화를 이룰 수 있는 공간이다(ㄷ).

● 오답 풀이

화자가 바라보는 농촌의 현장은 부지런히 도리깨질을 하는 건강한 노동의 즐거움이 있는 공간으로 유유자적한 풍류를 즐길 만한 공간이 아니며(ㄴ), '먼 곳에 있는 게 아닌데'로 보아 무릉도원과 같은 이상향이 아니라 건강한 삶이 존재하는 현실 공간을 의미함을 알 수 있다(ㄹ).

4 작품 간의 비교 감상   정답 ①

이 글에서 '그 기색 살펴보니 즐겁기 짝이 없어'라고 표현한 구절과 〈보기〉의 그림에서 볏단을 묶거나 지고 있는 농민들의 밝은 표정에서 수확의 기쁨을 느낄 수 있다.

● 오답 풀이

② 〈보기〉의 '갓 쓴 사람'은 앞에 술잔을 놓고 여유를 즐기고 있지만, 이 글의 화자가 술을 들이키면서 풍류를 즐기고 있는지는 확인할 수 없다.

③ 〈보기〉의 '갓 쓴 사람'은 농민들을 감독하고 군림하는 입장에서 바라보고 있지만, 이 글의 화자는 농민들과 같은 위치에 서서 농민들을 긍정적으로 바라보고 있다.

④ 이 글과 〈보기〉 모두 집단적인 노동의 과정을 형상화하고 있다.

⑤ 이 글의 화자와 〈보기〉의 '갓 쓴 사람' 모두 농민들의 노동하는 모습을 부정적인 현실이라고 보고 있지 않다.

---

pp.93~95

27 시집살이 노래 _작자 미상

| **작품 해설** | 여성들이 부르던 민요, 즉 부요(婦謠)로 봉건적 대가족 제도하에서 겪는 서민 여성의 고통과 애환 등 한스러운 삶이 반영된 작품이다. 사촌 자매가 대화하는 방식으로 시작하여 각 행마다 대구와 대조, 반복과 열거 등 다양한 표현 방법을 사용하고 있다. 특히 여러 시댁 식구와 자기 자신을 '새'에 비유하고, 자식들을 '오리, 거위'에 비유하여 해학적이고 익살스럽게 표현한 것이 흥미롭다.

| **작품 개관** |

◆ 갈래 : 민요, 부요(婦謠)

◆ 주제 : 시집살이의 어려움과 한(恨)

◆ 특징 : ① 대화(문답) 형식으로 주제 의식을 강화함.

　② 언어 유희를 통해 노래에 재미를 줌.

　③ 시집살이의 상황을 해학적으로 그려 냄.

　④ 대구, 대조, 반복, 열거 등 다양한 표현 방법을 사용함.

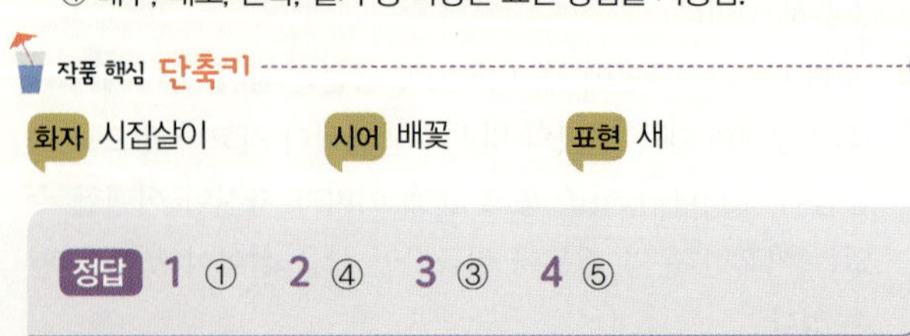

1 표현상의 특징 파악　　　　　　정답▶ ①

'반어'란 실제와 반대되는 뜻으로 표현하는 것을 말한다. 이 글에서 화자는 자신의 생각을 솔직하게 표현하고 있을 뿐, 반어의 표현 방식을 활용한 부분은 찾을 수 없다.

● 오답 풀이

② '형님', '온다' 등의 시어가 반복되었으며, 고된 가사 노동과 시댁 식구들의 모습이 열거되어 있다.

③ 한 행이 4음보로 이루어져 운율감을 주고 있다.

④ 시댁 식구들을 '새'에 비유하여 구체적으로 형상화하고 있다.

⑤ '배꽃 같은 요내 얼굴 호박꽃이 다 되었네. ~ 백옥 같은 요내 손길 오리발이 다 되었네.' 등의 표현에서 대구와 대조가 활용되었으며, 이를 통해 화자는 고된 시집살이로 인한 고통을 한탄하고 있다.

2 시구의 의미 파악　　　　　　정답▶ ④

ⓔ에서 남편을 '미련새'라고 표현한 것은 남편의 외모를 희화화한 것이 아니라, 화자의 힘든 처지를 몰라주는 어리석고 둔한 남편의 성격을 드러내기 위한 것이다.

● 오답 풀이

① 사촌 동생이 사촌 형님에게 질문을 던짐으로써 시집살이에 대한 호기심을 드러내는 부분이다.

② 시집살이의 '시'라는 음절을 '개'로 바꾸어 '시집'을 '개집'이라고 표현하는 언어유희의 방법을 통해 웃음을 유발하고 있다.

③ '오 리', '십 리', '아홉 솥', '열두 방' 등 가사 노동의 양을 과장되게 표현하여 그만큼 가사 노동의 강도가 강하다는 것을 보여 주고 있다.

⑤ 눈물을 많이 흘려 베갯머리에 소(연못)를 이루었다고 표현함으로써 고된 시집살이를 견디는 자신의 신세를 과장되게 표현하고 있다.

3 외적 준거에 따른 감상　　　　　　정답▶ ③

〈보기〉에서는 민요가 서민들의 고통과 절망을 담고 있다고 하였다. 그런데 이 글에는 시집살이를 하는 며느리의 고통이 담겨 있기는 하지만, 남편을 만날 수 없는 절망적 상황은 제시되지 않았다.

● 오답 풀이

① 〈보기〉에서 민요가 구전된다고 하였으며, 이 글에서 대화를 비롯한 일상적인 구어체가 활용되고 있으므로 적절하다.

②, ④ 시부모와 시누이 등 시댁 식구와 함께 사는 봉건적인 대가족 제도하에서 자신이 느끼는 고통을 표현하지 못하고 지내야 하는 며느리의 한을 담고 있으므로 적절하다.

⑤ 〈보기〉에서는 한(恨)의 정서를 해학적으로 표현하는 민요를 통해 서민들이 고된 일상을 지속할 수 있는 힘을 얻게 된다고 하였다. 이 글의 화자 또한 자신의 손을 오리발에 비유하는 등의 해학적인 표현을 활용하고 있으며 이 노래를 통해 고된 일상을 이겨 내었을 것이라고 추측할 수 있다.

4 내용의 적절성 판단　　　　　　정답▶ ⑤

이 글의 화자인 며느리는 시집살이로 인한 고통과 설움에 베개를 베고 눈물을 흘리고 있다. 그리고 그 눈물이 연못이 되었다며 자신에게 다가오는 자식들을 '거위 한 쌍 오리 한 쌍'으로 표현하고 있다. 하지만 자식들로 인해 화자가 환하게 웃으며 고된 시집살이를 이겨 내고 있다고 판단할 수 있는 부분은 제시되어 있지 않다.

● 오답 풀이

① 시간이 경과하며 거칠어진 화자의 외모를 나타내기 위해 오버랩 기법으로 과거와 현재를 대비하여 표현할 수 있으므로 적절하다.

② 화자를 꾸짖는 시댁 식구의 모습을 화면에 담고, 그에 대한 화자의 한탄을 내레이션 기법으로 화면 밖에서 설명할 수 있으므로 적절하다.

③ 배경 음악을 사용하여 고된 가사 노동으로 인한 고통과 설움을 효과적으로 표현할 수 있으므로 적절하다.

④ 물을 긷는 장면, 방아를 찧는 장면, 솥에 불을 때는 장면, 방에 자리를 걷는 장면 등을 몽타주 기법으로 표현하여 강도 높은 시집살이와 가사 노동에 시달리는 화자의 일상을 보여 줄 수 있으므로 적절하다.

pp.102~105

28 주몽 신화(朱蒙神話)_작자 미상

| 작품 해설 | 이 작품은 역사적 사실과 신화적 상상력이 결합된 고구려의 건국 신화이다. 건국 신화는 나라를 세운 인물을 신성시한 이야기로, 이러한 이야기를 통해 국가 공동체의 결속을 강화하고 집단의 자긍심을 높이고자 하였다. 고구려의 건국 시조인 주몽의 기이한 탄생 과정과 시련을 딛고 고구려를 세우기까지의 이야기를 일대기적으로 구성하고 있다.

| 작품 개관 |

◆ **갈래** : 건국 신화, 설화
◆ **주제** : 주몽의 영웅적인 일생과 고구려의 건국
◆ **특징** : ① 후대 영웅 서사 문학의 전형을 보여 줌.
  ② 천손 하강 화소, 난생 화소 등 다양한 신화적 화소를 반영함.

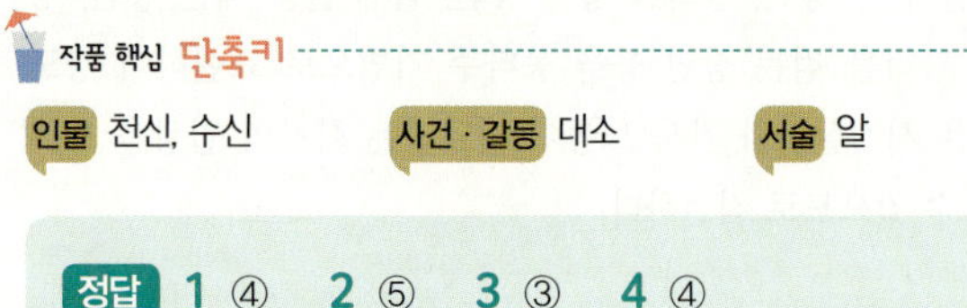

작품 핵심 단축키

| **인물** 천신, 수신 | **사건·갈등** 대소 | **서술** 알 |

정답 1 ④ 2 ⑤ 3 ③ 4 ④

---

1 작품의 내용 파악   정답 ④

이 글의 '왕이 이를 괴이하게 여겨 말하되 "사람이 새알을 낳은 것은 상서롭지 못하다." 하고 사람을 시켜서 이 알을 말 기르는 곳에 버렸으나 말들이 밟지 않았고, 깊은 산에 버렸으나 온갖 짐승이 모두 보호했다.'를 보면, 다른 동물들이 주몽의 신성함을 알고 보호해 준 것일 뿐 금와왕이 알을 정성껏 보호한 것은 아님을 알 수 있다.

● **오답 풀이**

① '이에 하백이 뜰 앞의 물에서 이어가 되어 놀자 ~ 왕은 매가 되어 이를 쳤다.'에 나타나 있다.

② '하백은 크게 노하여 그 딸에게 말하되 "너는 나의 가르침을 따르지 않고 나의 가문을 욕되게 했다." 하고 ~ 다만 노비 두 사람을 주어 우발수(優渤水) 가운데로 귀양 보냈다.'에서 이를 확인할 수 있다.

③ '부여에서 활 잘 쏘는 사람을 주몽이라고 하였다.'에서 이를 확인할 수 있다.

⑤ 유화는 왕(해모수)에게 "오룡거만 있으면 하백의 나라에 도

달할 수 있다."라고 알려 주어 하백과 해모수가 만날 수 있게 하였다.

2 갈래상의 특징 이해   정답 ⑤

〈보기〉의 '신기한 사적(史跡)'이라는 말과 '우리나라가 본래 성인(聖人)의 나라'라는 것을 천하에 알리고자 했다는 점을 참고하면, 「주몽 신화」는 우리나라 사람들에게 건국 시조인 주몽의 영웅적 일생을 통해 우리 민족의 자긍심을 심어 주는 역할을 했음을 알 수 있다.

● **오답 풀이**

① 삶에 지친 사람들에게 위로와 용기를 주는 것이 아니라 모든 우리나라 사람들에게 자긍심을 심어 주는 역할을 한다.

② '신기한 사적'이라고 한 것으로 보아 역사에 대한 객관적인 자료라고 보기는 어렵다.

③, ④ 주변 국가나 다른 나라와의 관계 유지보다는 우리나라 사람들에게 미치는 영향을 서술하고 있다.

3 외적 준거에 따른 감상   정답 ③

〈보기〉는 「주몽 신화」가 하늘의 신과 물의 신의 결합이라는 점에서 신성 의식을 드러내고 있다는 점을 설명하고 있다. 이를 바탕으로 이 글을 감상하면, 주인공 주몽이 보통 인간이 아니라 천신(천제의 아들 해모수)과 수신(하백의 딸 유화)의 피를 이어받은 고귀한 혈통이라는 점에서 신성 의식과 관계됨을 알 수 있다.

● **오답 풀이**

① 「주몽 신화」가 한 국가의 건국 과정에 관한 이야기라는 점은 하늘과 물에 대한 신성 의식과는 거리가 멀다.

② 주몽이 온갖 시련을 극복하고 왕이 되었다는 점은 주몽의 능력을 강조한 것이다.

④ 주몽이 오이, 마리, 협보의 도움을 받아 위기를 극복한다는 점은 조력자들의 도움이 있었음을 말하는 것이다.

⑤ 하늘과 물에 대한 신성 의식을 특정한 동식물에 대한 신성 의식으로 보기는 어렵다.

4 작품 간의 비교 감상   정답 ④

이 글에는 금와왕과 그의 아들들, 주인공 주몽 사이의 대립과 갈등이 나타난다. 하지만 〈보기〉의 「단군 신화」에는 환웅이 내려와 인간 세상을 다스리는 과정, 곰과 호랑이가 인간이 되려고 하는 과정, 여자가 된 곰과 환웅의 결합, 단군의 탄생, 조선(고조선)의 건국 등이 나타나 있을 뿐, 단군이 반대 세력과 투쟁하는 과정은 나타나 있지 않다.

● 오답 풀이

① 「주몽 신화」에는 '천제-해모수-주몽'의 3대에 걸친 이야기가, 「단군 신화」에는 '환인-환웅-단군'의 3대에 걸친 이야기가 나타난다.

② 「주몽 신화」와 「단군 신화」는 각각 고구려와 고조선의 건국에 관한 이야기를 담고 있는 신화이다.

③ 이 글의 주몽은 어머니와 물고기, 자라와 같은 조력자의 도움으로 위기를 벗어난다. 이와 달리 〈보기〉에는 조력자의 도움을 받는 과정은 나타나지 않는다.

⑤ 이 글은 '천신(天神)과 수신(水神)의 결합'을, 〈보기〉의 「단군 신화」는 '천신과 땅의 존재의 결합'을 보여 준다.

〈보기〉 속 작품　　작자 미상, 「단군 신화」

- **주제**: 단군의 고조선 건국과 홍익인간(弘益人間)의 이념
- **감상**: 단군왕검의 탄생 배경과 우리나라 최초의 국가인 고조선의 건국 내력을 알 수 있는 건국 신화로, 우리 민족사에서 중요한 의미를 지닌다. 다양한 토속 신상이 내재되어 있으며 '신이한 탄생 → 신성한 결혼 → 등극 → 사후의 사적'의 구조를 띠는데, 이는 건국 신화의 원형을 보여 준다.

보충 자료

「주몽 신화」에 나타난 난생(卵生)의 의미

알은 하늘을 무대로 삼는 조류의 산물이다. 따라서 주몽이 알에서 태어난 것은 그가 태양의 정기나 하늘의 기운을 타고 태어났음을 의미한다. 또한 그가 알을 깨고 나온 것은 새로운 세계를 창조하는 것을 의미한다. 이는 고구려의 건국이라는 상징성을 지니는 것으로, 주몽 외에 박혁거세와 석탈해, 김알지, 수로왕 등도 모두 난생과 관련된 설화를 가지고 있다. 이러한 난생은 고대 민족의 신앙에서 비롯된 우주관이며, 특히 동북아시아 지방 민족의 설화에서 많이 볼 수 있는 요소이다.

pp.106~108

29 지하국 대적 퇴치 설화 _작자 미상

| **작품 해설** | 용기 있는 인물이 지하국의 괴물을 퇴치한다는 내용의 이 이야기는 신이담에 속하는 설화로, 비슷한 유형의 이야기가 전 세계 곳곳에 분포되어 있다. 괴물, 신이한 능력을 지닌 주인공, 조력자 등을 통해 환상성을 드러내기도 한다.

| **작품 개관** |

◆ **갈래**: 설화
◆ **성격**: 전기적(傳奇的), 환상적
◆ **주제**: 위기를 극복하려는 노력과 과업의 성취
◆ **특징**: ① 전기적(傳奇的)인 요소가 드러남.
　　　　② 인간과 비인간의 대결에서 인간이 승리를 거두는 민담의 전형적인 모습을 보여 줌.

작품 핵심 단축키 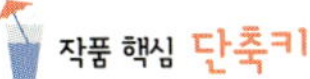

인물 부하들　　**사건·갈등** 비늘　　**서술** 우연성

정답 1 ⑤　2 ⑤　3 ⑤

---

1 서술상의 특징 파악　　정답 ⑤

서술자가 사건에 대한 자신의 생각을 독자에게 직접적으로 제시하는 권위적인 논평은 판소리계 소설이나 영웅 소설에서 흔히 보이는 서술이다. 이 글은 전지적 작가 시점으로 인물과 사건의 행적을 밝히고 있을 뿐, 서술자가 인물과 사건에 대해 권위적으로 논평하는 부분은 드러나지 않는다.

● 오답 풀이

① 무사가 술법을 사용하여 수박으로 변신한 것, 칼이 '징징' 하고 울린 것, 아귀의 머리가 몸에서 떨어져 위로 솟았다가 다시 몸으로 붙으려 한 것 등은 전기적 요소로, 독자들에게 재미를 주는 부분이다.

② 공주들과 무사는 선인(善人), 아귀는 악인(惡人)이라고 할 수 있다. 이러한 성격은 이야기가 진행되는 동안 변하지 않으므로 이들은 전형적 인물이라고 할 수 있으며, 이들의 대립을 통해 사건의 긴장감을 자아내고 있다.

③ 공주들은 아귀와의 대화를 통해 아귀의 약점을 알아내고, 이를 통해 아귀를 퇴치하고 있다. 그러므로 인물 간의 대화를 통해 사건 해결의 실마리를 발견하고 있다고 볼 수 있다.

④ '구멍의 끝까지 내려가 보니 눈앞에 넓고 신비한 세계가 펼쳐져 있었다.'에서 '신비한 세계'는 지하국으로, 현실에는 없는 초월적인 공간이다. 지상에서 공주들을 찾아 헤매던 무사가 지하국에 들어가게 되면서 아귀의 집에 있는 공주를 만나는 등 여러 가지 사건이 벌어지고 있으므로, 초월적인 공간으로의 이동을 통해 사건이 새로운 국면으로 전환됐다고 볼 수 있다.

2 인물의 성격 파악　　정답 ⑤

공주들이 아귀의 병이 낫기를 기다린 것은, 몸이 회복한 아귀에게 연회를 베풀어 술을 먹임으로써 아귀의 약점을 알아내기 위해서이다. 즉 탈출 계획을 실행하기 위해 아귀의 병이 낫기를 기다린 것이다.

● 오답 풀이

① 공주들은 아귀에게 독한 술을 먹여 아귀의 약점을 찾아내고, 직접 아귀의 겨드랑이에 있는 비늘을 베어 내 아귀를 죽인다. 따라서 공주들을 나약하다고 볼 수 없으며, 자신들에게 닥친 상황을 슬기롭게 대처하는 용감하고 적극적인 인물들로 보는 것이 적절하다.

② 공주들은 아귀의 긴장을 풀도록 하고, 동시에 아귀의 약점을 알아내기 위한 술책으로 아귀에게 술을 먹였다. 공주들이 무사의 안전을 도모한 것은 사람 냄새가 난다는 아귀에게 공주들이 아귀의 몸이 불편해서 그런 것이라고 시치미를 떼는 부분에서 드러난다.

③ 공주들은 아귀의 약점을 알아낸 후 스스로 아귀의 비늘을 떼어 내어 아귀를 제거하고 있으며, 그 약점을 무사에게 알리는 장면은 나타나지 않는다.

④ 이 글의 제시된 부분에서는 무사가 나서서 아귀를 무찌르지 않고, 공주들이 직접 아귀의 약점을 알아내고 칼로 아귀를 죽인다. 따라서 공주들이 무사에게 전적으로 의지했다는 설명은 적절하지 않다.

보충 자료

「지하국 대적 퇴치 설화」 속 공주들

공주들은 무사가 구출해야 하는 대상이지만, 단순히 수동적으로 있는 것이 아니라 자신들의 구출을 위해 무사와 모의하여 적을 물리치는 중대한 임무를 수행한다. 이처럼 구출 대상자가 동시에 주인공의 적극적인 역할을 하는 것은 다른 설화와의 차이라고 할 수 있다.

3 외적 준거에 따른 감상   정답 ⑤

무사가 나뭇잎을 이용해 공주에게 자신의 존재를 알린 것은 현실적으로도 가능한 것이기 때문에 환상성을 바탕으로 했다고 볼 수 없다.

● 오답 풀이

① '앞부분 줄거리'에서 왕이 아귀를 제압하고 공주들을 구출하는 자에게 막내딸과의 혼인을 약속했다고 하였다. 따라서 공주를 구하러 간 무사는 나중에 공주와의 결혼을 통해 신분 상승을 할 것으로 추측할 수 있다.

② '앞부분 줄거리'에서 무사는 꿈에서 나타난 머리가 하얀 노인의 도움으로 아귀 세계로 가는 길을 발견하게 되므로, 머리가 하얀 노인이 조력자의 역할을 한다고 볼 수 있다.

③ 이 작품에서 아귀는 악(惡), 무사와 공주들은 선(善)으로 나타난다. 따라서 아귀와 같은 악인이 죽는 권선징악(勸善懲惡)적 내용은 독자들에게 쾌감을 준다고 볼 수 있다.

④ 공주들이 재치를 발휘하여 아귀를 무찌른 것은 고난과 시련을 이겨낸 이야기로 볼 수 있다. 따라서 이러한 이야기는, 독자들에게 고난과 시련을 극복할 수 있다는 희망을 준다고 볼 수 있다.

pp.109~112

30 공방전(孔方傳)_임춘

| **작품 해설** | 이 작품은 '돈(엽전)'을 의인화한 가전체의 대표작이자 우리나라 최초의 가전체 작품이다. 돈에 대한 인간의 탐욕과 돈의 폐해에 대한 경계를 주제로 하고 있다. '공방의 출현과 내력 – 공방의 성격과 구체적인 행적 – 사신의 비평'의 구조로 인물의 일대기를 제시하였으며, 돈의 부정적 면모와 권력을 지닌 사람들에게 돈이 집중되었던 모순된 사회에 대한 비판과 풍자를 드러내고 있다.

| **작품 개관** |

◆ 갈래 : 가전체
◆ 주제 : 돈에 대한 인간의 탐욕과 돈의 폐해에 대한 경계
◆ 특징 : ① 사물을 의인화하는 기법을 사용함.
    ② 돈의 폐해에 대한 작가의 비판적 태도가 잘 드러남.

작품 핵심 **단축키**

| 인물 | 악 | | 사건·갈등 | 부정 | | 서술 | 비평 |

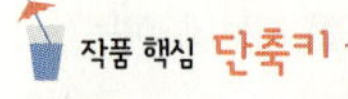

정답   1 ④   2 ③   3 ③   4 ⑤   5 ③

1 인물의 특성 파악   정답 ④

이 글에서 공방이 백성들로 하여금 장사에 종사하게 한 것을 소개한 이유는 백성들이 생산적인 일보다 돈을 만지는 일에 매달리게 하여 생산을 방해하였다는 것을 나타내기 위한 의도로 보아야 한다. 따라서 새로운 생산 활동에 참여할 수 있도록 도움을 주었다는 설명은 적절하지 않다.

● 오답 풀이

① 쇠붙이를 맡은 사람의 추천으로 인해 세상에 공방의 이름이 나타나기 시작했다는 서술에서 확인할 수 있다.

② 공방의 아버지 천(泉)이 '주(周)나라의 재상'이었다는 서술에서 확인할 수 있다.

③ '방의 성질이 욕심 많고 더러워 염치가 없었는데, 이제 재물과 씀씀이를 도맡게 되니 본전과 이자의 경중을 저울질하기 좋아하였다.'라는 서술에서 확인할 수 있다.

⑤ '그는 사람을 접하고 인물을 대함에도 어질고 어리석음을 묻지 않고, 비록 저잣거리 사람이라도 재물만 많이 가진 자면 다 함께 사귀고 통하였다.'라는 서술에서 확인할 수 있다.

2 서술상의 특징 파악   정답 ③

첫 문장에서 '어찌 충성스러운 사람이라 이르겠는가.'라며 설의적 표현을 통해 공방에 대한 비판의 의도를 강조하고 있다(ㄴ).

또한 초점이 되는 인물인 공방이 신하가 된 후의 행적을 '비(濞)를 도와 권세를 부리고 이에 사사로운 당(黨)을 세웠으니'에서 요약적으로 제시하고 있다(ㄷ).

● 오답 풀이

ㄱ. 상대방의 반론을 미리 예상하여 언급하고 있는 부분은 나타나 있지 않다.

ㄹ. 사신은 자신이 관찰한 바를 드러내고 있지만 앞으로의 일에 대해 예상하고 있지는 않다.

3 표현상의 특징 파악　　　　　정답 ③

㉢에서는 염철승(소금과 철을 담당하는 관리)인 근이 방에게 매양 '형님'이라고 부르고 이름을 부르지 않았다고 하였는데, 이는 근과 방이 서로 친밀한 관계임을 나타낸다.

● 오답 풀이

① ㉠ : 공방의 집안 내력을 설명하고 있을 뿐, 인물의 성격과 서술자의 주관적 판단은 나타나 있지 않다.

② ㉡ : 공방에 대해 '산과 들처럼 거센 성질'이라는 점을 근거로 들어 '쓸 만하지는 못하오나'라는 판단을 내리고 있는데, 이것이 상대방의 판단에 대한 견해라는 설명은 적절하지 않다.

④ ㉣ : 공방이 뇌물을 받아 재산이 늘어난 상태를 표현한 부분으로, 비판의 의도가 담겨 있는 것은 맞지만 이를 반어적으로 표현하지는 않았다.

⑤ ㉤ : 돈이 가진 폐단이 심각하다는 서술자의 생각이 직접적이고 주관적으로 드러난 부분에 해당한다. 따라서 객관적 서술로 그 판단을 독자에게 맡기고 있다는 설명은 적절하지 않다.

4 감상의 적절성 평가　　　　　정답 ⑤

〈보기〉와 같이 공우가 공방을 면직할 것을 주장했지만, 이 글의 '만일 원제가 일찍부터 공우가 한 말을 받아들여서 이들을 일조에 모두 없애 버렸던들 이 같은 후환은 없었을 것이다.'를 통해 원제가 이를 받아들이지 않았음을 알 수 있다. 이는 원제가 공방을 면직시키는 것으로 근본적인 문제를 해결할 수 없다고 보았기 때문이 아니라, 사태의 심각성을 제대로 인식하지 못했기 때문으로 보아야 한다.

● 오답 풀이

① 〈보기〉의 마지막 부분에서 공우는 공방과 그 무리를 징계할 것을 주장하고 있다.

② 〈보기〉에서 공우는 공방이 장사꾼들의 이익만을 보호해 주는 현실, 뇌물과 청탁이 버젓이 행해지는 현실 등 구체적 상황들을 근거로 들고 있다.

③ 〈보기〉의 '무릇 짊어지고 타게 되면 도둑이 된다고 한 것은 옛날의 분명한 경계이니'에서 '짊어지는 것'은 '재물'을, '타게 되는 것'은 '벼슬'을 의미한다. 이는 재물과 권력의 맛을 보게

되면 이것이 재앙의 근원이 되어 탐욕을 부림으로써 도둑과 같이 된다는 뜻이다.

④ 〈보기〉에서 공우는 공사가 다 곤궁에 빠진 원인으로 공방의 행적을 지적하고 있으며, 이에 대한 해결책으로 공방과 그 무리를 징계할 것을 제안하고 있다.

5 외적 준거에 따른 감상　　　　　정답 ③

공방이 '본전과 이자의 경중을 저울질하기 좋아하였다.'는 것은 돈놀이를 하는 공방의 탐욕스러운 성격을 보여 주는 부분이다. 따라서 돈의 중요성에 대한 인식이 상황에 따라 달라지는 모습을 의미한다고 해석하는 것은 적절하지 않다.

● 오답 풀이

① 공방이 세상에 나타났다는 것은 〈보기〉에서 말하는 '출현' 단계에 해당한다고 볼 수 있다. 따라서 주인공의 출현부터 죽음까지를 다루는 일대기적 구성의 특징이 나타나는 부분이라는 설명은 적절하다.

② '오(吳)나라 왕 비(濞)'는 나라의 권력자로 등장하는데, 공방은 이러한 비에게 붙어 많은 이익을 얻었다고 서술되어 있다. 이는 당대 사람들의 부정적인 모습에 대한 경계와 관련된다고 볼 수 있다.

④ 벼슬을 사고파는 모습에 대한 묘사는 당대 현실의 부정적 면모를 드러내기 위한 의도와 관련된다고 해석할 수 있다.

⑤ 사신은 공방의 행적을 요약적으로 드러내면서도 비판적인 입장을 취하고 있는데, 이는 〈보기〉에 따르면 대상에 대한 비평 부분에 해당한다고 볼 수 있다. 또한 내용상 사신은 작가의 생각을 대변하는 존재로도 볼 수 있으므로 적절한 설명이다.

pp.113~114

31 이옥설(理屋說)_이규보

| 작품 해설 | 이 작품은 실생활의 체험을 예로 들어 삶의 이치와 나라를 다스리는 경륜을 깨우쳐 주고 있는 한문 수필로, 짧은 내용 속에 함축적인 교훈을 내포하고 있다. 비 온 뒤에 퇴락한 행랑채를 수리하는 평범한 일상의 경험을 제시하여 그 과정에서 느낀 점을 인간의 삶의 이치와 나라를 다스리는 경륜으로 확대하여 해석하고 있으며, 작은 잘못이라도 그것을 알고 미리 고치지 않으면 후에 문제가 되어 더 큰 낭패를 볼 수 있다는 교훈을 주고 있다.

◆ **갈래** : 한문 수필, 설(說)
◆ **주제** : 잘못을 미리 알고 그것을 고쳐 나가는 자세의 중요성
◆ **특징** : ① '사실(체험) + 의견(깨달음)'의 2단 구성을 취함.
　② 구체적 경험으로 깨달은 바를 확대 적용함.
　③ 유추의 방법으로 글을 전개함.

🍹 작품 핵심 **단축키**

| 인물 | 경비 | 사건·갈등 | 잘못 | 서술 | 깨달음 |

정답 1 ④　2 ②　3 ⑤

1 작품의 내용 이해　　정답 ④

[B]는 [A]의 경험으로부터 깨달은 내용을 적용하여 유추한 것이고, [C]는 그 깨달음을 확대하여 적용한 결과이다.

● **오답 풀이**

① [A]는 글쓴이가 행랑채를 수리한 경험을 바탕으로 상황을 분석하고 있는 부분이다.

②, ③ [B]는 [A]의 경험(사실적 상황)을 통해 얻은 교훈을 사람의 몸에 적용하여 유추한 내용으로, 이를 통해 잘못을 알면 더 나빠지기 전에 곧바로 고쳐야 한다는 깨달음을 얻고 있다.

⑤ '행랑채 수리 → 사람의 몸 → 나라의 정사'로 유추·확대하여 깨달음을 적용하고 있다.

⊕ **보충 자료**

설(說)의 특징

'설(說)'은 고전 수필의 한 종류로, 보통 사물의 이치를 밝히는 부분과 글쓴이의 생각을 밝히는 2단 구조로 되어 있다. 구체적인 사물에 관해서 자기의 의견을 서술하는 형태로, 교훈적 성격이 강하다. 논리적 전개 과정을 따르기보다는 직관적 통찰과 깨달음에 기대는 경우가 많으며, 따라서 비유나 우의적(寓意的) 표현 방법을 많이 사용한다.

2 외적 준거에 따른 감상　　정답 ②

이 글은 물음과 대답을 통해 문제를 좁혀 가며 자신의 의견을 설명하는 방식을 활용하지 않았으므로 '문답의 형식'이라고 볼 수 없다.

● **오답 풀이**

① 일상의 체험에서 얻은 깨달음을 인간사와 정치에까지 확대 적용하여 함축적으로 전달하고 있으므로, 문학적이라 할 수 있다.

③ 행랑채를 수리한 경험에서 느낀 점을 서술하고 있기 때문에 '견문의 형식'으로 볼 수 있다.

④ 경험을 통해 얻은 깨달음을 바탕으로 스스로 허물 고치기를 꺼리지 않는 삶을 살고자 경계하는 것으로 본다면 '쵀언의 형식'으로 볼 수 있다.

⑤ 나라 정사의 올바른 방향을 제시하는 것은 현실의 문제에 대한 비판 정신이 바탕이 된 것이라고 볼 수 있으므로 '비평의 형식'으로 볼 수 있다.

3 다른 작품에의 적용　　정답 ⑤

〈보기〉의 '반쯤 죽은 채로' 감옥에 있는 백성들은 무능하고 부패한 관료들에 의해 핍박받는 존재이다. [C]의 '백성에게 심한 해가 될 것을 머뭇거리고 개혁하지 않다가'로 볼 때, 백성을 개혁의 주체로 보는 것은 적절하지 않다. 개혁의 주체는 나라를 다스리는 관료들에 해당한다.

● **오답 풀이**

① '백골에까지 세금을 매기'는 것은 죽은 사람에게까지 인두세를 부과하는 '백골징포(白骨徵布, 죽은 사람의 이름을 군적과 세금 대장에 올리고 군포를 받던 일)'를 의미한다. 이는 [C]에서 말한 '백성에게 심한 해'가 되는 제도이므로 개혁해야 하는 대상이다.

② 〈보기〉에 묘사된 세금을 내지 못해 달아나 숨거나 통곡하는 모습은 가혹한 세금 정책으로 고통받는 백성들의 모습을 나타낸 것이다. 이는 [C]에서 말한 '백성에게 심한 해'가 될 것을 개혁하지 않아 '백성들이 못살게' 된 모습을 나타낸 것으로 볼 수 있다.

③ 〈보기〉에서 백성들은 가혹하게 세금을 거두어들이는 '아전들'로 인해 고통을 받고 있으므로, [C]를 참고할 때 '사나운 아전들'은 백성들을 못살게 만드는 무리라고 볼 수 있다.

④ 〈보기〉의 '아버지와 아들, 형과 아우 사이에도 서로 보살피지 못하고'는 지독한 궁핍으로 인간으로의 도리를 못하는 상황을 나타낸 것이다. 이와 같은 상황이 계속되면 [C]에서 말한 '백성이 못살게 되고 나라가 위태'로워질 수 있다.

〈보기〉 **속 작품**　　정내교, 「**농가탄(農家歎)**」

• **주제** : 가혹한 세금으로 인한 농민들의 비참한 현실
• **감상** : 조선 후기의 가혹한 세금 수탈을 고발하고, 이로 인해 고통받는 농민들의 삶을 사실적으로 그려 낸 작품이다. 피폐한 백성들의 사정은 아랑곳하지 않고 세금을 걷는 아전들의 횡포와, 세금을 내지 못해 감옥에서 죽을 지경에 이른 백성들의 모습을 통해 당대 현실을 조명함으로써 조선 후기의 부정적인 사회상을 날카롭게 비판하고 있다.

⊕ **보충 자료**

「이옥설」의 시대적 상황과 창작 의도

시대적 상황	• 고려 말 무신 집권기 • 외세(몽고)의 침략 • 백성들의 피폐한 삶

＋

창작 의도	• 부패한 세력과 모순된 사회 제도에 대한 비판 • 개혁의 필요성과 백성들의 삶에 대한 관심 촉구

pp.115~118

32 이생규장전(李生窺墻傳)_김시습

| 작품 해설 | 이 작품은 『금오신화(金鰲新話)』에 수록된 다섯 편의 한문 단편 중 하나로, 죽음을 뛰어넘는 남녀의 아름다운 사랑 이야기를 담고 있다. 본문에 수록된 부분은 후반부에 해당하는 이야기로, 난리로 인해 죽은 최 여인(최랑)이 돌아와 이생과 못 다한 부부의 정을 다시 나누게 되는 대목이다. 작가가 죽은 주인공의 환생이라는 장치를 설정한 것은 현실 세계의 부당한 횡포에 대한 강렬한 저항인 동시에 현실에서는 원하는 바를 이룰 수 없는 비극적 상황을 문학 작품을 통해서나마 극복하려 한 현실 극복 의지로 볼 수 있다.

| 작품 개관 |

◆ **갈래** : 단편 소설, 한문 소설, 전기(傳奇) 소설, 명혼(冥婚) 소설
◆ **배경** : 시간 – 고려 공민왕 때
　　　　　　공간 – 송도(고려의 수도)
◆ **주제** : 죽음을 초월한 남녀 간의 사랑
◆ **특징** : ① 현실적인 상황과 신비로운 사건이 전개됨.
　　　　　② '만남 – 이별 – 결연(結緣)'의 구조가 반복됨.
　　　　　③ 운문을 삽입하여 인물의 심리를 효과적으로 드러냄.

작품 핵심 단축키

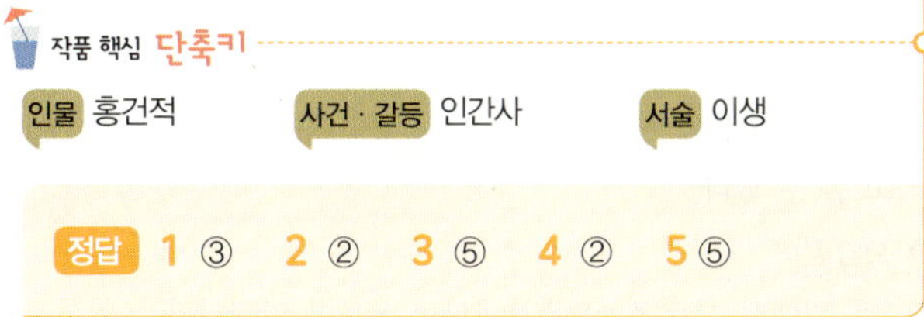

정답 1 ③　2 ②　3 ⑤　4 ②　5 ⑤

1 작품의 종합적 감상 　정답 ③

이 글에는 대상을 우회적으로 비판하면서 비웃는 풍자적 어조가 나타나지 않는다.

● **오답 풀이**

① 난리로 인해 죽은 최 여인이 돌아와 이생과 못 다한 부부의 정을 나누다. 다시 이별을 하게 되는 이야기가 시간의 흐름에 따라 전개되고 있다.

② 이생과 최 여인의 대화를 통해 최 여인이 목숨을 잃게 된 사연, 재산이 도적에게 약탈당하지 않았고 땅에 묻혀 있는 것, 양가의 부모님의 백골이 있는 곳 등과 같은 정보를 제공하고 있다.

④ 이 글은 전지적 작가 시점으로, 작품 밖 서술자가 등장인물의 심리 상태를 직접적으로 상세하게 서술하고 있다.

⑤ 최 여인이 부른 노래(운문)를 삽입하여 이생과의 이별을 슬퍼하는 최 여인의 정서를 효과적으로 전달하고 있다.

2 인물의 말하기 방식의 파악 　정답 ②

[A]에서 최 여인은 자신이 죽게 된 것과 관련하여 이생의 잘못을 들추어내거나 이생에 대한 원망을 표출하지는 않았다.

● **오답 풀이**

① '결코 옛날의 굳은 맹세를 저버리지 않겠습니다.'에서 확인할 수 있다.

③ '그대와 저는 삼세(三世)의 깊은 인연이 이어져 있는 몸'에서 확인할 수 있다.

④ '그러나 그대와 궁벽한 산골에서 헤어진 후로 ~ 누가 조각조각 찢어진 식은 재 같은 제 마음을 불쌍히 여겨 주겠습니까?'에서 확인할 수 있다.

⑤ '그건 정말로 천성이 그렇게 한 것이지, 사람의 정으로는 차마 할 수 있는 일이 아니었지요.'에서 확인할 수 있다.

3 서술상의 특징 파악 　정답 ⑤

[B]는 다시 저승으로 돌아가야만 하는 최 여인이 이생에게 이별을 고하면서 부른 노래로, 비유와 상징을 통해 슬픔의 정서를 드러내고 있을 뿐 역설적 표현을 활용하고 있지 않다.

● **오답 풀이**

①, ③ 최 여인은 이제 이별하면 다시 만나기 어렵게 될 것임을 언급하면서, 이생과의 이별로 인한 안타까운 심정을 드러내고 있다.

② '전장의 창과 방패가 시야에 가득 어지러운 곳'은 홍건적의 침입으로 인한 전쟁을, '원앙도 짝 잃었네'는 죽음으로 인해 이생과 최씨가 이별하게 된 상황을, '피에 젖어 떠도는 영혼'은 혼으로 이승을 떠도는 최 여인의 상황을 비유적으로 표현하고 있다. 따라서 [B]는 과거에 일어난 사건을 요약적으로 드러낸다고 볼 수 있다.

④ 짝 잃은 '원앙'은 죽음으로 인해 이생과 이별하게 된 최 여인의 처지를, '깨졌던 구리거울'이 다시 갈라지는 것은 거듭된 이별을 하게 된 최 여인의 처지를 암시하고 있다.

> **보충 자료**
>
> **삽입 시의 효과**
>
> | 형식상 효과 | 내용상 효과 |
> | --- | --- |
> | • 서술의 단조로움으로부터 탈피함.
• 내용을 압축적으로 제시함. | • 인물의 심리와 작품의 주제 의식을 드러냄.
• 인물의 감정을 극대화함.
• 작품의 서정성을 강화함. |

4 중심인물의 정서 파악 　정답 ②

㉠에서 이생은 사랑하는 아내(최 여인)와 헤어진 이후 매우 슬퍼하고 있다. 따라서 이와 같은 상황에서 이생이 불렀음 직한 노래로 가장 적절한 것은 임과 이별한 슬픔을 '공산에 우는 접동'에 감정 이입하여 표현한 ②이다.

① 「님이 혀오시미∼」_송시열
- **주제** : 자신을 버린 임에 대한 원망
- **감상** : 임금과 신하의 관계를 남녀 간의 사랑과 이별에 빗대어 노래한 작품으로, 화자는 임의 사랑이 식은 것에 대해 탄식하며 서러워하고 있다.

② 「공산에 우는 접동∼」_박효관
- **주제** : 임과의 이별로 인한 슬픔
- **감상** : 공산(空山)에서 우는 접동새에 자신의 감정을 이입하여 임과 이별한 애절한 슬픔을 노래하고 있다.

③ 「고울사 저 꽃이여∼」_안민영
- **주제** : 반쯤 시든 꽃의 아름다움
- **감상** : 반쯤 시든 꽃을 통해 인생의 꽃다운 시기가 짧다는 인식을 드러내며 삶에 대한 애상감을 표현하고 있다.

④ 「동기로 세 몸 되어∼」_박인로
- **주제** : 헤어진 아우들에 대한 간절한 그리움
- **감상** : 전쟁(임진왜란) 중에 헤어져 아직 돌아오지 않는 아우들을 애타게 그리워하면서 어서 돌아오기를 바라는 안타까운 심정을 노래하고 있다.

⑤ 「서검을 못 일우고∼」_김천택
- **주제** : 지나온 삶에 대한 달관과 자연에의 귀의
- **감상** : 중인이라는 신분적 한계로 남들에게 제대로 대접 받지 못하는 처지를 한탄하며 자연에서 위로를 얻고자 한 작품이다.

5 감상 태도의 적절성 판단   정답 ⑤

이 글은 실제 역사적 사건인 '홍건적의 난'을 배경으로 이생과 최 여인의 애절한 사랑을 다루고 있으므로 작품이 창작될 당시의 상황과 가치관을 통해 작품을 감상하는 것이 바람직하다. 이생이 최 여인과 재회한 후 문을 걸어 잠그고 밖에 나가지 않은 채로 인간사를 멀리하게 된 것은 최 여인에 대한 사랑과 금실 때문이지, 자연과 더불어 사는 삶을 중요시한 가치관 때문은 아니다.

pp.119∼121

33 주옹설(舟翁說)_권근

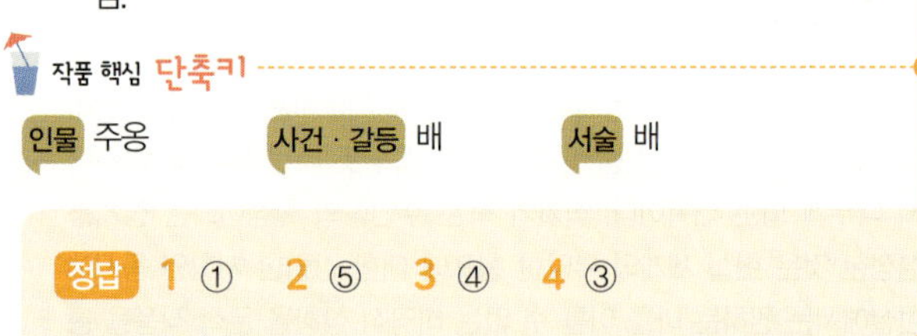

| **작품 해설** | 이 작품은 '주옹(舟翁)'과 '손[客]'의 대화에 담긴 상식과 통념을 뒤집는 기발한 발상과 역설적 인식을 통해 세상살이의 올바른 자세를 제시한 고전 수필이다. 여기서 '손'은 위태로운 지경의 삶에서 위험 요소만 보는, 상식과 통념에 물든 사람이다. 반면에 '주옹'은 위태로운 지경에서 더욱 주의를 기울이는 사람으로, 새로운 관점으로 사물을 바라보는 사람이다.

| **작품 개관** |
- ◆ **갈래** : 한문 수필, 설(說)
- ◆ **주제** : 험난한 세상에서 조심하고 경계하는 삶의 태도
- ◆ **특징** : ① 문답 형식으로 깨우침을 유도함.
  - ② 인간사를 거대하고 험한 물결에 비유하여 주제를 효과적으로 전달함.
  - ③ 위태로운 곳에서의 삶이 오히려 안전하다는 역설적 인식을 드러냄.

작품 핵심 단축키

| **인물** 주옹 | **사건·갈등** 배 | **서술** 배 |

정답 1 ①   2 ⑤   3 ④   4 ③

1 작품의 주제 파악   정답 ①

이 글은 손[客]과 주옹(늙은 뱃사공)의 대화를 통해 삶에 대한 글쓴이의 생각을 전달하고 있다. 글쓴이는 항상 경계하고 조심하는 태도로 살아가야 한다는 주제를 전하고 있으므로, 이를 바탕으로 한 강연의 제목으로는 ①이 적절하다.

2 서술상의 특징 파악   정답 ⑤

이 글은 두 사람의 대화를 통해 참다운 삶의 자세에 대한 교훈을 제시한 수필이다. 글쓴이가 실제로 겪은 구체적인 체험이라기보다는 손과 주옹의 대화 상황을 설정하여 이야기를 전개한 것이라고 볼 수 있다.

● **오답 풀이**

① 배 위에서 사는 삶이 육지에서의 삶보다 안전하다는 역설적인 발상을 통해 주제를 이끌어 내고 있다.

② 마지막 부분에 주옹이 읊은 시를 삽입하여 세상의 시비에 휘말리지 않고 유유자적한 삶을 살겠다는 삶의 태도를 드러내고 있다.

③ 인간 세상을 거대하고 험난한 물결에 비유하였다.

④ 손[客]이 질문을 던지고, 주옹이 이에 대해 대답을 하는 방식으로 내용이 전개되고 있다.

🔍 **보충 자료**

「주옹설」의 서술상 특징

- '손'의 물음에 대한 주옹의 답변 형식(문답 형식)을 취함.
- 배를 타고 물 위에 떠 있는 것을 인생에 비유함.
- 배 위에서의 삶이 오히려 안전하다는 역설적 인식을 드러냄.

↓

문답 형식을 통해 깨우침을 유도하고, 늘 경계하며 사는 삶의 자세와 변화에 적응할 수 있도록 중심을 지키는 태도의 중요성을 전함.

'평탄한 땅을 밟으면' 태연하고 느긋해지며, 마음이 흐트러지면 위태로워지고 죽게 된다고 했으므로 ㉠은 평형을 잃고 방종에 빠진 삶에 해당한다. 배 위에서의 삶은 배 한가운데서 평형을 잡아야만 기울어지지도 뒤집어지지도 않으므로 ㉡은 위험하지만 늘 경계하고 조심하는 삶에 해당한다.

4 글쓴이의 태도 및 주제 파악 〔정답〕 ③

[A]는 자연 속에서 한가롭게 유유자적하며 사는 삶을 노래하고 있다. ③의 화자는 가을밤에 낚시를 하다 달빛만 가득 싣고 돌아오는데, 이를 통해 속세의 물욕과 명예를 초월하여 유유자적하는 삶의 태도를 느낄 수 있다.

선지 작품 살펴보기

① 「춘산에 눈 녹인 바롬~」_우탁
- **주제** : 늙음에 대한 한탄
- **감상** : 봄바람을 빌려 하얗게 된 백발을 눈 녹이듯 녹여 젊음을 되찾고 싶다는 소망을 통해 한탄 속에서도 인생을 달관한 여유와 허무 의식을 극복하고자 하는 긍정적 자세를 드러내고 있다.

② 「태산이 놉다 ᄒ되~」_양사언
- **주제** : 체념하고 노력하지 않음에 대한 경계
- **감상** : 산을 오르는 원리를 바탕으로 목표를 이루기 위해 실천하고 노력하는 자세의 중요성을 강조하고 있다.

③ 「추강에 밤이 드니~」_월산 대군
- **주제** : 가을 달밤의 풍류와 정취
- **감상** : 가을밤 달빛 아래 낚시를 드리우고 유유자적하는 화자가 자연과의 물아일체의 경지를 노래하고 있다.

④ 「풍파에 놀란 사공~」_장만
- **주제** : 참된 삶의 어려움
- **감상** : 세상살이의 어려움을 배타기와 말타기를 통해 제시하며 당쟁의 회오리 속에서 벼슬길에 얽매이지 않고 전원으로 돌아가겠다는 심정을 드러내고 있다.

⑤ 「청초 우거진 골에~」_임제
- **주제** : 황진이의 죽음을 애도함.
- **감상** : 조선 시대 명기(名妓)였던 황진이의 죽음을 안타깝게 여긴 작가가 무덤 앞에서 술병을 들고 혼자 잔을 기울이며 인생의 허무함을 느끼고 있다.

보충 자료

「주옹설」의 작가 탐구

권근(1352~1409)은 고려 말에서 조선 초기에 활동한 문신이자 성리학자이다. 문장에 뛰어났으며, 하륜 등과 함께 『동국사략』을 편찬하였다. 이 작품은 한문 수필의 갈래 중 하나인 '설(設)'을 통해 세상을 어떻게 살아야 하는가에 대한 작가의 깨달음을 비유적으로 드러낸 글이다.

▶▶ 조선 후기

pp.122~125

34 임진록(壬辰錄)_작자 미상

| **작품 해설** | 임진왜란이라는 역사적 사실에 허구를 더해 전란으로 훼손된 민족적 자부심을 고취하고, 신이한 능력을 지닌 주인공을 내세워 민족적 우월성을 드러내고자 한 작품이다. 왜군에 의해 국토와 백성들이 유린당하는 등 치욕적이었던 전쟁을 승리하는 상황으로 바꾸어 설정한 것은 정신적 위로와 보상의 의도가 반영된 것으로 볼 수 있다. 임진왜란 중에 활발히 활동했던 민족적 영웅들의 활약상을 나열하는 독특한 구성 방식을 취하고 있으며, 작품에 등장하는 인물들은 실존 인물이지만 역사적 사실 그대로 서술되지 않고 민중의 정서와 역사의식에 따라 조금씩 변용되어 등장하고 있다. 제시된 지문은 왜로 건너간 사명당이 자신을 제거하기 위해 불가능한 요구를 하는 왜왕을 상대로 비범한 능력을 발휘하여 왜왕을 굴복시키고, 항서를 받아 내는 대목이다.

| 작품 개관 |

- ◆ **갈래** : 역사 소설, 군담(軍談) 소설, 국문 소설
- ◆ **배경** : 시간 – 조선 선조 때
       공간 – 조선, 일본
- ◆ **주제** : 임진왜란의 치욕에 대한 정신적인 보상과 승리
- ◆ **특징** : ① 임진왜란이라는 역사적 사실에 허구를 가미하여 창작함.
       ② 영웅적 인물들의 활약상을 삽화 형식으로 연결하여 전개함.

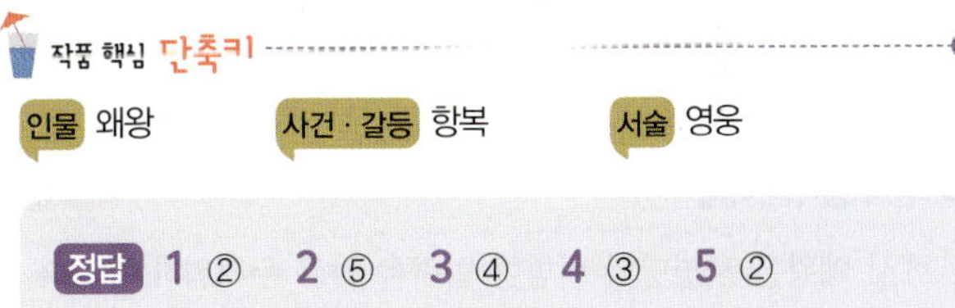

| 정답 | 1 ② | 2 ⑤ | 3 ④ | 4 ③ | 5 ② |

1 서술상의 특징 파악 〔정답〕 ②

등장인물의 외양을 묘사한 부분은 나타나지 않았으며, 등장인물의 성격은 주로 대화를 통해 드러나 있다.

● 오답 풀이

① 사명당을 제거하기 위한 왜왕의 시험과 이에 대한 사명당의 대응 형식으로 사건이 전개되는데, 사명당이 도술과 같은 초인적인 능력을 발휘하여 모든 요구를 수행하는 장면은 현실성이 떨어지며 전기성(傳奇性)을 띤다.

③ 사명당을 시험하고자 한 왜왕의 불가능한 요구와 이에 대한 사명당의 대응이 세 차례에 걸쳐 이루어지고 있다.

④ 시간의 흐름에 따라 사건이 일어난 순서대로 내용을 제시하는 순행적 구성을 취하고 있다.

⑤ 사건의 진행과 인물의 심리를 모두 드러낼 수 있는 전지적 작가 시점으로 서술되어 있다.

2 작품의 내용 파악 　　　　　　　　　　정답 ⑤

"처음에 신의 말씀을 들었사오면 어찌 오늘날 환이 있으리이까? 방금 사세를 생각하옵건대 조선에 항복하여 백성을 평안히 함만 같지 못하니이다."에서 한자경은 현재의 어려움은 자신의 말을 따르지 않은 결과임을 언급하면서 왜왕에게 조선에 항복하여 백성을 평안하게 할 것을 권유하고 있다.

● 오답 풀이

① '앞부분 줄거리'를 통해 왜왕이 다시금 조선을 침략하려고 하자, 서산 대사가 이를 막기 위해 사명당을 왜국으로 보냈음을 알 수 있다.

② '문득 방포 소리 나며 ~ 조정에 들어가는지라.'를 통해 사명당은 말을 급히 몰아 왜의 조정에 도착했기 때문에 병풍의 글을 자세하게 읽어 볼 겨를이 없었음을 알 수 있다.

③ 사명당은 왜왕을 치켜세우는 말을 하지 않았다.

④ 왜왕은 사명당에게 무리한 요구를 하면서 계략을 꾸며 사명당을 없애려고 하지만 번번이 실패한다. 이로 보아 사명당이 자신의 시험을 통과할 것임을 알고 있었다고 보기 어렵다.

3 서술상의 특징 파악 　　　　　　　　　정답 ④

ⓔ의 '그 방에 든 자 어디로 가리오.'는 서술자가 위험한 상황에 처한 사명당의 처지에 대해 자신의 생각을 드러낸 편집자적 논평에 해당한다.

● 오답 풀이

①, ②, ③, ⑤ 서술자가 작중 상황을 전달하고 있을 뿐 편집자적 논평을 하고 있는 것은 아니다.

4 한자 성어의 이해 　　　　　　　　　　정답 ③

ⓐ에서 왜왕은 사명당의 비범한 법력을 알고 두려워하고 있다. 따라서 '몹시 두려워서 벌벌 떨며 조심함.'이라는 의미의 '전전긍긍(戰戰兢兢)'이 적절하다.

● 오답 풀이

① 구밀복검(口蜜腹劍) : 말로는 친한 듯하나 속으로는 해칠 생각이 있음을 이르는 말

② 와신상담(臥薪嘗膽) : 원수를 갚거나 마음먹은 일을 이루기 위하여 온갖 어려움과 괴로움을 참고 견딤을 비유적으로 이르는 말

④ 방약무인(傍若無人) : 곁에 사람이 없는 것처럼 아무 거리낌 없이 함부로 말하고 행동하는 태도가 있음.

⑤ 간담상조(肝膽相照) : 서로 속마음을 털어놓고 친하게 사귐.

5 외적 준거에 따른 감상 　　　　　　　정답 ②

사명당의 일본에서의 행적을 역사적 사실과 달리 서술하고 있을 뿐 주요 행적을 단순화했다고 할 수 없으며, 사명당의 행적을 허구적으로 변용했다고 보는 것이 적절하다.

● 오답 풀이

① 사명당을 초인적인 능력이 있는 인물로 과장하여 표현한 것은 그의 영웅성을 부각하기 위한 것으로 볼 수 있다.

③ 사명당은 실존 인물이지만 역사적 사실과 다른 모습을 보이고 있다는 점에서 적절한 감상이라고 할 수 있다.

④ 사명당이 왜왕의 거듭된 시험을 가볍게 극복하는 것은 왜에 대한 민족적 우월감을 표현하기 위한 것으로 볼 수 있다.

⑤ 사명당이 왜왕의 항복을 받는다는 이야기는 실제 전쟁으로 인해 입은 상처를 보상받고자 하는 의도가 반영된 것이라고 할 수 있다.

pp.126~129

35　구운몽(九雲夢)_김만중

| 작품 해설 | 유배지에 있던 김만중이 홀로 계신 어머니를 위해 지은 국문 소설로, 주인공 성진이 꿈속에서 온갖 부귀영화를 누리고 깨어난 후에 세속적 욕망의 덧없음을 깨닫고 다시 불도에 귀의한다는 내용을 담고 있다.

| 작품 개관 |

◆ **갈래** : 몽자류 소설, 국문 소설
◆ **배경** : 시간 – 당나라 때
　　　　　공간 – 중국 남악 형산의 연화봉(현실), 중국 일대(꿈)
◆ **주제** : 인생무상(人生無常)의 자각을 통한 불교적 진리 추구
◆ **특징** : ① 고전 소설의 일반적인 특징인 전기적(傳奇的)인 요소가 나타남.
　　　② '현실 – 꿈 – 현실'의 이원적 환몽 구조를 지닌 일대기 형식을 취함.

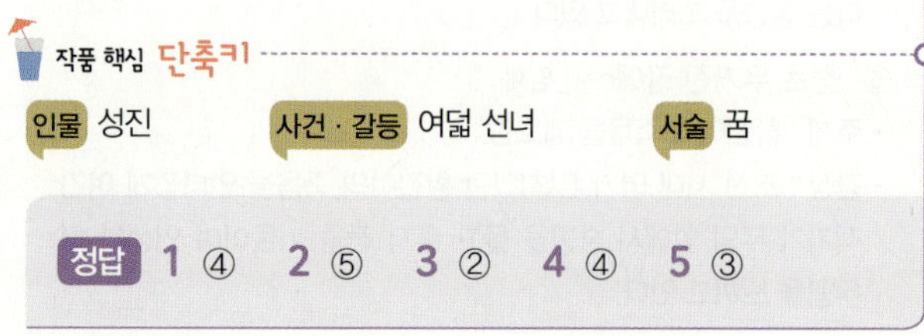

1 서술상의 특징 파악 　　　　　　　　　정답 ④

이 작품은 '현실 – 꿈 – 현실'의 환몽 구조로 되어 있다. 성진은 꿈속에서 양소유로 태어나 새로운 삶을 살지만 시간이 역전하여 과거로 돌아가는 것은 아니다. 또한 제시된 부분에서도 시간의 흐름에 따라 사건이 전개되는 순행적 구성을 보여 줄 뿐, 역순행적 구성을 활용하고 있지 않다.

● 오답 풀이
① 대사와 성진의 대화에서 성진이 '풍도'로 가게 된 원인이 드러나 있다.
② '남아가 세상에 나 ~ 공명이 후세에 드리움이 또한 대장부의 일이라.'는 여덟 선녀를 본 후 인생의 부귀를 누리고 싶은 성진의 욕망을 내적 독백을 통해 서술한 부분이다.
③ '소유가 십오륙 세 전은 ~ 일찍 경사를 떠나지 않았으니'에서 승상의 말을 통해 양소유의 삶을 요약적으로 제시하고 있다.
⑤ '홀연 공중으로부터 신장(神將)이 내려와', '손 가운데 석장을 들어 석난간을 두어 번 두드리니 홀연 네 녘 산골로부터 구름이 일어나'에서는 전기적 요소를 통해 환상적인 분위기를 자아내고 있다.

2 인물의 심리 변화   정답 ⑤

'처음에 스승에게 수책하여 풍도로 가고 ~ 인간 부귀와 남녀 정욕이 다 허사인 줄 알게 함이로다.'에서 성진은 꿈에서 깨어난 후 '두 공주와 여섯 낭자로 더불어 즐기던 것'이 사실이 아닌 '하룻밤 꿈'이며 '허사'라는 것을 깨닫게 된다. 그러므로 천상적 가치를 추구하는 성진이 세속적 가치를 추구하는 '소유'의 상태에서 벗어났음을 알 수 있다.

● 오답 풀이
① '남아가 세상에 나 어려서 ~ 도덕이 비록 높고 아름다우나 적막하기 심하도다.'에서 성진은 여덟 선녀를 만난 후 세속적 욕망으로 흔들리며 불가의 적막함에 대해 회의하고 있다. 따라서 여덟 선녀를 만난 후 성진의 상태가 천상적인 가치에 대한 지향(ⓐ)에서 회의(ⓑ)로 변했다고 볼 수 있다.
② '부처의 법문'을 '한 바리 밥과 한 병 물과 두어 권 경문과 일백 여덟 낱 염주뿐'이라고 한 것은, 부귀영화와는 거리가 멀고 적막한 불도를 닦는 삶에 대한 회의를 드러낸 것이다. 따라서 여기서는 천상적 가치에 대한 성진의 회의(ⓑ)가 드러난다고 볼 수 있다.
③ '승상'이 벼슬을 하여 승승장구하는 것은 세속적 욕망에 따른 행동이므로 세속적 가치를 추구(ⓒ)한 결과라고 할 수 있다.
④ 소유는 호승과 만난 후 꿈에서 깨어 천상으로 회귀하게 되므로 적절하다.

3 글의 내용 파악   정답 ②

'성진이 고두(叩頭)하고 울며 가로되'에서 드러나듯, 성진은 자신의 잘못을 지적하는 대사에게 울면서 선처를 호소하고 있다. 그러므로 성진이 차분한 태도로 대사에게 자신에 대한 처분을 취소할 것을 요구하고 있다는 ②의 설명은 적절하지 않다.

● 오답 풀이
① '사부 우러러 뵙기를 부모같이 하니 ~ 연화도량이 곧 성진의 집이니 나를 어디로 가라 하시나니이까?'에서 성진은 어린 나이에 대사를 좇아 출가한 사연과 대사를 아버지처럼 대하

면서 연화도량에서 생활했다는 것을 거론하며 선처를 호소하고 있다.
③ '중의 공부가 세 가지 행실이 있으니 몸과 말씀과 뜻이라.'에서 대사는 중으로서 성진이 지켜야 할 세 가지 의무를 거론하면서 성진의 잘못을 지적하고 있다.
④ '네 용궁에 가 술을 취하고 ~ 불가의 적막함을 싫이 여기니'에서 대사는 성진이 술을 마신 것, 선녀에게 수작하고 선녀를 희롱한 것, 불가의 적막함을 싫어한 것을 이야기하며 성진의 잘못을 구체적으로 언급하고 있다.
⑤ '주계를 파하기는 주인이 ~ 길을 빎을 말미암음이니'에서 성진은 용왕이 억지로 권했기 때문에 술을 마셨고, 길을 빌리기 위해 어쩔 수 없이 여덟 선녀와 수작을 했다며 대사의 용서를 구하고 있다.

4 지시 대상의 파악   정답 ④

'평생 고인을 몰라보시니 귀인이 잊음 헐타는 말이 옳도소이다.'는 오래전부터 사귀어 온 친구를 몰라보니 귀인이 되면 쉽게 잊는다는 말이 옳다는 뜻이다. 이는 대사가 자신을 알아보지 못한다며 양소유에게 핀잔을 주는 대목이므로, 여기서 말하는 '고인(ⓐ)'은 성진의 스승인 대사를 가리킨다. ⊙과 ⊙은 꿈꾸기 전의 성진을 말하고 ⊙과 ⊙은 성진이 꿈속에서 환생한 양소유를 지시하고 있다. 그러므로 ⊙, ⊙, ⊙, ⊙은 모두 성진을 가리킨다.

5 외적 준거에 따른 감상   정답 ③

양소유가 투번을 정벌할 때 꾼 꿈은 '꿈속의 꿈'으로 '친싱' 즉, 전체 구성에서의 현실의 일을 꿈으로 꾼 것이다. 여기에서 양소유는 현실에서 자신의 스승이었던 '대사'를 알아보지 못하였으므로, 자신의 꿈을 꾸고 있음을 인지하지 못했음을 알 수 있다. 따라서 ③의 서술은 적절하지 않다.

● 오답 풀이
① 〈보기〉에서는 몽자류 소설에서 꿈을 꾸기 전의 주인공은 미성숙한 자아라고 하였다. 이로 볼 때 꿈을 꾸기 전에 여덟 선녀를 만나면서 세상의 욕망으로 인해 내적 갈등을 일으키고 있는 성진은 미성숙한 자아에 해당한다고 할 수 있다.
② '일백 여덟 낱 염주가 손목에 걸렸고 머리를 만지니 갓 깎은 머리털이 가칠가칠하였으니, 완연히 소화상의 몸이요 다시 대승상의 위의 아니니'에서 성진은 '염주'와 '갓 깎은 머리털'을 통해 자신이 양소유가 아닌 중인 성진으로 돌아왔다는 것을 인지하게 된다. 따라서 '염주'와 '갓 깎은 머리털'은 성진으로 하여금 현실로 돌아왔다는 것을 실감하게 하는 역할을 한다고 볼 수 있다.
④, ⑤ '마음에 이 필연 사부가 나의 염려를 그릇함을 알고, 나로 하여금 이 꿈을 꾸어 인간 부귀와 남녀 정욕이 다 허사인 줄 알게 함이로다.'에서 성진은 세속적 삶의 허무함을 깨닫게 하려고 스승인 대사가 꿈속의 삶을 살게 했다는 것을 깨닫는

다. 그러므로 성진이 양소유의 삶을 '하룻밤 꿈'이라고 평가하는 것을 통해 성진이 세속적인 욕망을 버리고 성숙한 자아로 변했다고 판단할 수 있다. 또한 대사가 성진을 양소유로 태어나게 한 것은 성진을 성숙한 자아로 거듭나게 하기 위함이었음을 알 수 있다.

「구운몽」의 작가 탐구

김만중(1637~1692)은 조선 후기를 대표하는 정치가이자 소설가이다. 정치적 고비 때마다 반대 정파인 남인의 탄핵을 받는 등 성장과 좌절을 함께 경험하게 되는데, 이는 조선 후기 서인에서 노론으로 이어지는 핵심 가문이었던 그의 가문적 배경(광산 김씨)과 관계가 깊다. 정쟁(政爭)에 휩쓸려 유배지에서 일생을 마쳤지만 그가 남긴 문학 작품들은 오늘날까지도 높은 평가를 받고 있다. 특히 김만중은 『서포만필』에서 국문 가사 예찬론을 주장하였으며, 「구운몽」, 「사씨남정기」와 같은 국문 소설을 창작하였다.

pp.130~133

36 창선감의록(彰善感義錄)_조성기

| 작품 해설 | 중국 명나라를 배경으로 일부다처제와 대가족 제도 아래에서 일어나는 한 가정의 풍파를 그린 조선 후기 대표적 가정 소설이다. 충효 사상의 고취와 권선징악(勸善懲惡)을 주제로 하고 있으며 특히 강조하고 있는 것은 '효(孝)' 사상이다. 부차적으로 형제간의 우애와 국가에 대한 충성을 강조하고 있다. 일부다처제로 인한 갈등을 전면에 내세우면서도 한 집안의 가장인 사대부의 삶과 가문의 운명에 그 초점을 맞추고 있다.

| 작품 개관 |

◆ 갈래 : 가정 소설, 교훈 소설, 규방 소설
◆ 배경 : 시간 – 명나라 때 / 공간 – 중국 명나라
◆ 주제 : 충효 사상의 고취와 권선징악
◆ 특징 : ① 교훈적인 주제 의식을 전함.
　② 치밀한 구성으로 소설적 재미가 풍부함.
　③ 선악의 전형적인 인물을 설정하고, 각각의 인물이 지닌 개성을 부각함.

작품 핵심 단축키

인물 심씨　　　사건·갈등 가정　　　서술 갈등

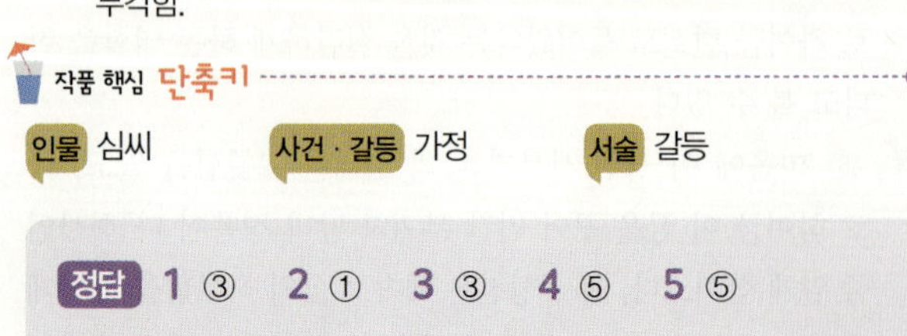

1 작품의 내용 파악　　　정답 ③

'네년이 감히 흉심을 품고 진이와 함께 장자의 자리를 빼앗고 나를 제거하고자 천한 종 취선과 모의한 것이 아니냐?'와 '선친을 우롱하여 적장자 자리를 빼앗고자 하나 ~ 불측한 일을 꾀하였도다.'는 심씨와 빙선, 화진 사이에 존재하는 갈등의 근본 원인을 보여 주는 대목이다. 심씨는 화진과 빙선의 부인에도 불구하고 이들을 모함하고 매질함으로써 화춘의 장자 자리를 더욱 확고히 하려는 것이다.

● 오답 풀이

① 화춘은 심씨와 동조하여 화진에게 매를 가한다. 그러므로 화춘이 화진과 빙선에 대한 처리 문제로 심씨와 충돌한다는 진술은 적절하지 않다.

② 유생은 화진을 도우려고 화춘에게 '그대의 집에 큰 변란'이 일어났다고 말한 것이지, 새로운 갈등을 조장한 것은 아니다.

④ 화춘은 심씨의 말에 동조하고 있으므로, 화진과의 갈등을 극복하기 위해 어머니 심씨의 마음을 사려 한다는 진술은 적절하지 않다.

⑤ '부친과 모친은 한 몸이라, 소자 선친의 혈육으로 모부인을 가까이 모시고 있는데'를 통해 화진이 심씨를 친모처럼 여기고 있음을 알 수 있다. 그러므로 화진과 빙선이 심씨를 친모처럼 대접하지 않는 것에 대해 보복하고자 한다는 진술은 적절하지 않다.

2 한자 성어의 이해　　　정답 ①

화진은 누이 빙선을 변호하고 있으므로, 문맥을 고려할 때 ㉠에는 화진이 심씨에게 빙선을 용서해 줄 것을 청하는 내용이 들어가야 한다. '측은지심(惻隱之心)'은 사단(四端, 사람의 본성에서 우러나오는 네 가지 마음)의 하나로, 인의예지(仁義禮智) 가운데 '인(仁)'에서 우러나온다. 이는 불쌍히 여기는 마음을 이르는 말로, 용서를 구할 때 활용하기에 적절한 말이다.

● 오답 풀이

② 수오지심(羞惡之心) : 사단(四端)의 하나. 옳지 못함을 부끄러워하고 착하지 못함을 미워하는 마음을 이른다. 인의예지(仁義禮智) 가운데 '의(義)'에서 우러나온다.

③ 사양지심(辭讓之心) : 사단(四端)의 하나. 겸손히 남에게 사양하는 마음을 이른다. 인의예지(仁義禮智) 가운데 '예(禮)'에서 우러나온다.

④ 시비지심(是非之心) : 사단(四端)의 하나. 옳고 그름을 가릴 줄 아는 마음을 이른다. 인의예지(仁義禮智) 가운데 '지(智)'에서 우러나온다.

⑤ 자괴지심(自愧之心) : 스스로 부끄럽게 여기는 마음을 뜻한다.

3 인물의 말하기 방식 파악　　　정답 ③

[A]에서 유생은 춘추 시대의 인물인 '도척'과 '유하혜'에 빗대어

화춘과 화진의 인물됨에 대해 평가하고 있다. '도척'은 수천 명의 부하를 거느린 잔악무도한 도둑이었던 반면 '유하혜'는 공자와 맹자가 칭찬할 정도로 훌륭한 현인이었다고 한다. 형제간에 현인과 대악인이 있을 때 이들에 비유하는데, 여기에서 유생은 화춘을 '도척'에, 화진을 '유하혜'에 비유한 것이다.

4 인물 간의 갈등 관계 파악 정답 ⑤

㉮에는 화진과 빙선, ㉯에는 심씨와 화춘이 속한다. 이 글에서 심씨와 화춘의 말로 볼 때, '성 부인'은 화춘의 고모, 즉 화욱의 누이임을 알 수 있다. 또한 '성 부인'은 현재 출타 중이나 집안의 어른으로서 위상을 인정받는 인물로, 평소 화진과 빙선을 보호하는 위치에 있음을 짐작할 수 있다. 심씨가 화진에게 '네가 성 부인의 위세를 빙자하고 ~ 불측한 일을 꾀하였도다.'라고 말하는 것으로 보아 ㉮와 ㉯의 대립 구도는 '화춘의 장자 자리'를 둘러싸고 일어나는 것이므로 ⑤는 적절하지 않은 설명이다.

● 오답 풀이

① 심씨와 화춘은 빙선과 화진을 심하게 매질하며 학대하고 있다.

② 심씨는 빙선과 화진을 모함하지만, 이들은 효(孝)의 도리로 변명하지 않고 학대를 참아 낸다.

③ 화진과 빙선은 유교적 덕목을 지키는 이들이고, 심씨와 화춘은 이로부터 벗어난 이들이다. 따라서 이들의 대립은 유교적 덕목의 실천 유무에 의해 발생한 것이므로, 유교적 덕목을 지키는 일의 가치를 확인할 수 있다.

④ '두 분(화욱과 정 부인)이 돌아가시매 문득 독수(毒手)에 들었으니'라는 취선의 말로 보아, 화욱의 죽음이 ㉮와 ㉯의 갈등이 본격적으로 촉발되는 계기가 되는 사건임을 알 수 있다.

5 작품의 주제와 관련된 인물의 행동 이해 정답 ⑤

화진은 심씨와 화춘이 터무니없이 자신을 모함하여도 변명하지 않는다. 이는 화진이 효(孝)와 형제간의 우애를 중시하기 때문에, 심씨와 화춘에게 사실을 따져 물어 두 사람의 잘못을 밝히기보다는 자신이 누명을 쓰는 것을 택한 것이다. 이러한 모습은 효를 실천하는 화진을 본받기 바라는 작가의 태도가 반영된 것이라고 할 수 있다.

● 오답 풀이

① 취선이 빙선에게 심씨의 해악을 이야기한 것은 빙선의 안위를 염려했기 때문이다.

② 화춘은 모친 심씨의 말이 거짓인 줄 알면서도 심씨가 꾸며낸 말에 동조하고 있다. 이는 형제간의 우애에 반하는 행동이다.

③ 유생이 화춘에게 집안에 큰 변란이 일어났음을 알리는 것은 화진을 돕기 위함이었다.

④ 화춘의 부인 임씨가 심씨의 손을 붙들고 눈물을 흘리며 만류하는 것은 빙선이 무고하게 매를 맞는 것을 차마 두고 볼 수 없어 한 행동이지, 심씨에 대한 효심에서 비롯된 행동은 아니다.

---

37 홍계월전(洪桂月傳)_작자 미상

| **작품 해설** | 여성 영웅 소설의 대표 작품으로 여성을 주인공으로 삼아 소재의 영역을 확대하였으며, 여성의 한계를 극복하여 남성과 대등하다는 의식을 고취하였다. 주인공 '계월'은 자신이 마주친 어려움을 회피하지 않고 스스로의 힘으로 해결하여 인정받고, 남성과 대립할 때에도 오직 실력으로 상대함으로써 자신의 장점을 부각시켰다. 남성에 기대어 그들의 인정을 받음으로써 정체성을 확립하는 것이 아니라, 자신의 능력으로 현실적인 제약을 깨뜨리고 결단력 있게 행동함으로써 자신의 정체성을 찾고자 했던 것이다.

| **작품 개관** |

◆ **갈래** : 영웅 소설, 군담 소설
◆ **배경** : 시간 – 명나라 때 / 공간 – 중국 명나라
◆ **주제** : 홍계월의 영웅적 기상과 재주
◆ **특징** : ① 영웅의 일대기 구성을 취함.
　　　　② 남성보다 우월한 여성이 영웅으로 등장함.
　　　　③ 신분을 감추기 위한 남장 모티프가 활용됨.

작품 핵심 단축키

| 인물 천자 | 사건·갈등 군례 | 서술 대화 |

정답 1 ⑤　2 ⑤　3 ③　4 ②

1 작품의 내용 파악 정답 ⑤

계월은 병으로 진맥을 받던 중, 여자임이 밝혀져 천자의 명에 따라 보국과 혼인하고 규중에서 지낸다. 그러던 차에 나라가 어려움에 처하자 조정에서 다시금 계월을 부른 것이다. 따라서 천자에게 본인이 여자라는 것을 스스로 밝히고 벼슬을 유지하며 관직 생활을 한 것은 아니다.

2 인물의 말하기 방식 파악 정답 ⑤

[A]에서 보국은 군법을 강조하는 계월의 호령에 신병이 있었다는 핑계를 대며, 자신이 해를 입으면 부모에게 불효하는 것이니 옛정을 생각해 은혜를 베풀어 달라고 한다. 이는 인간적인 도의에 호소하여 동정심을 불러일으키는 말하기 방식이다.

3 외적 준거에 따른 감상 정답 ③

보국은 여공에게 자신이 계월에게 모욕을 당했음을 이야기하지만, 여공은 오히려 "내 며느리는 천고에 없는 영웅 군자로다."라며 계월을 칭찬하고 있다. 따라서 여공이 보국의 사연을 듣고 분개했다거나, 이를 통해 가부장적 사고가 뿌리 깊게 박혀 있음을 엿볼 수 있다는 진술은 적절하지 않다.

● 오답 풀이

① 원수로서 중군장에게 명령을 내린 것임에도 보국은 아내가

될 계월이 남자인 자신에게 전령을 전하자 몹시 화를 내고 있다. 이 장면에서 남성 중심적 사고의 단면을 볼 수 있다.

②, ⑤ 여성 주인공이 투쟁의 주체로서 남성 주인공을 압도하는 소설은 그동안 남성들에게 억눌려 살아온 여성들에게는 대리 만족을 주었을 것이며, 이러한 소설의 등장은 차츰 성장하고 있었던 당시 여성들의 자의식을 대변하는 것으로 유추할 수 있다.

④ 소설에서 여성 주인공을 남성보다 능력이 뛰어난 존재로 묘사하는 것은 여성이 남성보다 결코 열등한 존재가 아님을 보여 주려는 의도로 해석할 수 있다.

4 작품 간의 비교 감상 정답 ②

두 작품은 여성이 남장을 하고 탁월한 능력을 발휘한다는 점에서 공통적이다. 그러나 뮬란이 전쟁에 참여한 것은 아픈 아버지를 위한 효심 때문이었고, 계월은 자신의 뛰어난 능력을 전장에서 발휘한 것일 뿐 작품에 계월에게 신분 상승에 대한 욕망이 있었다고 볼 만한 내용은 제시되지 않았다.

> #### 보충 자료
> #### 「홍계월전」의 여성상
> 고전 소설 속 많은 여성 영웅들은 남장을 통해서 자신의 이상을 실현할 수 있었기 때문에 남장 모티프는 작품의 구조와 유기적으로 관련되어 있다. 계월은 남장을 함으로써 남성과 동등한 위치에서 학문을 연마하고, 과거에 급제하여 입신양명한다. 이를 통해 계월은 유교 사회에서 원하는 '남성에게 의존적이고 수동적인 여성상'에서 탈피하여 '진취적이고 적극적인 여성상'을 보여 주는 것이다.

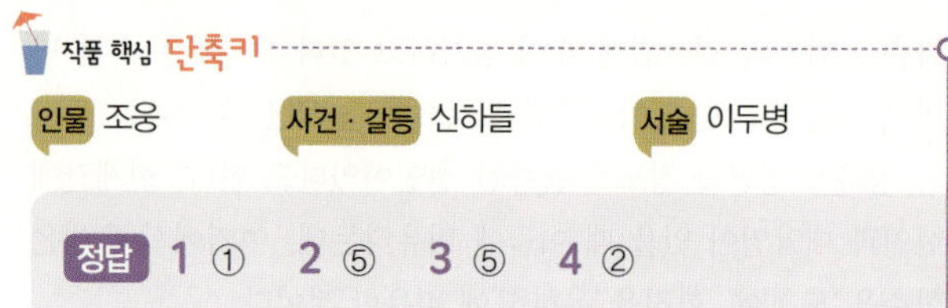

pp.138~141

38 조웅전(趙雄傳)_작자 미상

| **작품 해설** | 이 작품은 중국 송나라를 배경으로 한 군담 소설로, 조웅이 역적 이두병을 처단하고 태자를 복위시켜 나라를 구한다는 내용을 담고 있다. 소설의 전반부는 조웅의 고행담과 애정담, 후반부는 조웅의 무용담이 중심을 이룬다. 도술적 힘에 의한 조웅의 영웅적 활약상과 함께 유교적 충의 사상이 작품의 전면에 잘 드러나 있다.

| **작품 개관** |

◆ 갈래 : 국문 소설, 영웅 소설, 군담 소설
◆ 배경 : 시간 – 중국 송나라 때
  공간 – 송나라와 주변 중국 대륙
◆ 주제 : 진충보국을 위한 영웅의 활약상
◆ 특징 : ① 영웅적 무용담과 결연담이 결합됨.
  ② 유교, 불교, 도교, 사상을 바탕으로 함.

---

1 서술상의 특징 파악 정답 ①

이 글에는 공간적 배경을 구체적으로 묘사한 부분은 드러나지 않는다.

● 오답 풀이

② 이 글에서는 이두병이 조웅에게 격서를 받은 일, 조정의 신하들이 이두병과 그 자식들을 잡아 조웅을 찾아간 일, 조웅이 이두병을 꾸짖은 일 등의 일련의 사건들이 시간의 흐름에 따라 순차적으로 진행되고 있다.

③ '황제와 여러 신하들이 황황 실색하더라.', '황제와 여러 신하들이 크게 놀라고 황망하여 어찌할 줄을 모르고', '원수가 이두병을 보니 분기충천한지라.' 등에서 등장인물의 심리가 서술자에 의해 직접 제시되고 있다.

④ '그날 밤에 용장 육십여 인을 ~ 결박하니 이미 동방이 밝아 오는지라.'에서는 조정의 신하들이 이두병과 그의 아들들을 사로잡은 사건을 요약적으로 이야기하고 있다.

⑤ 이 글에서는 등장인물들의 성격이 변화하는 모습은 드러나지 않는다.

2 글의 내용 파악 정답 ⑤

'폐하는 근심치 마시고 ~ 역률(逆律)로 다스려 분함을 덜게 하옵소서.'에서 태자 이완 등 오형제는 이두병에게 군사를 이끌고 조웅을 격퇴할 것을 진언하며, 앞서 조웅에게 항복하자고 제안했던 조정의 신하들을 비난하고 있다. 따라서 ⑤의 서술은 적절하지 않다.

● 오답 풀이

① '이때에 황성 백성들이 조 원수가 온다는 말을 듣고 즐겨하며 ~ 무수한 백성들이 다투어 구경하더라.'에서 드러나듯, 조웅이 황성으로 이두병을 잡으러 오자 황성의 백성들은 조웅을 열렬히 환영하고 있다.

② '태자를 귀양살이 보내고 ~ 사실대로 똑바로 아뢰어라.'에서 조웅은 이두병이 태자를 귀양 보내 죽이려 한 죄와 조웅을 잡으려고 한 죄를 열거하며 이두병이 자신의 죄를 사실대로 인정하여 말할 것을 명령하고 있다.

③ '경 등은 비계(祕計)를 써 나의 근심을 덜라.'에서 이두병은 조웅이 전장에서 승승장구하고 있다는 소식을 듣고, 신하들에게 이 위기를 모면할 수 있는 대책을 내놓을 것을 촉구하고 있다.

④ '황덕이 오랫동안 깊이 생각하다가 말하기를, ~ 이 일은 실로 상책이로소이다.'에서 황덕을 비롯한 조정의 신하들은 이두병과 그의 자식들을 잡아 조웅에게 바쳐 자신들의 안위를 보장받으려고 하고 있다.

3 인물의 상황 파악 정답 ⑤

㉤에서 이두병은 조웅에게 자신의 잘못을 인정하거나 뉘우치지 않고 자신을 배반한 조정의 신하들을 헐뜯는 모습을 보인다. 따라서 이두병이 '개과천선(改過遷善)'했다는 것은 적절하지 않다.

4 외적 준거에 따른 감상 정답 ②

'소인 등은 기군망상(欺君罔上)이라. ~ 두병의 형세를 당하지 못하여 참여하였사오나'에서 알 수 있듯이 조정의 신하들과 이두병은 과거에 서로 협력해 반역을 꾀했지만, 현재에는 살아남기 위해 서로를 비난하고 있다. 따라서 이들의 관계는 선인과 악인의 대결이 아니라 같은 편끼리의 분열로 보아야 한다.

● 오답 풀이

① 조웅이 반역을 한 이두병을 심문하는 것은 왕의 권위에 반하는 행위를 허용하지 않는 것이므로, 여기에는 충(忠)이라는 가치관이 반영되어 있는 것으로 볼 수 있다.

③ 이두병이 스스로 황제라 칭하며 태자를 귀양 보내고 조웅을 잡으려 하는 것은 충(忠)이라는 가치관을 짓밟고 왕 중심의 지배 질서에 도전하는 것이므로, 이것은 악인의 횡포로 볼 수 있다.

④ 조웅이 반역을 한 이두병을 제압하는 것은 선인이 악인의 횡포를 이기는 과정으로 볼 수 있다.

⑤ 조웅이 이두병으로 인해 고난을 겪다가 나중에 이두병을 잡아 심문하는 장면은 독자들에게 통쾌함을 느끼게 하여 재미를 자아냈을 것으로 볼 수 있다.

pp.142~145

39 허생전(許生傳)_박지원

| 작품 해설 | 『열하일기』의 「옥갑야화」에 실려 있는 작품으로, 주인공 허생을 통해 관념적 유교 사회에 대해 비판하고 시국 대처 방안과 같은 대응책을 제시하고 있다. 전반부에서는 허생이 매점매석으로 부를 취득하는 과정을 통해 우리나라의 취약한 경제 현실을 비판하고 있으며, 후반부에서는 지배 계층을 대표하는 이완을 등장시켜 사대부 계층의 무능과 허위의식을 비판하면서 현실에 대한 자각과 실천을 촉구하고 있다.

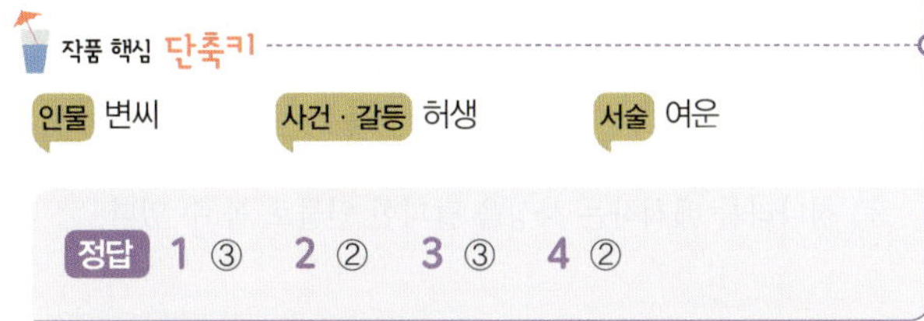

| 작품 개관 |

◆ 갈래 : 한문 소설, 풍자 소설
◆ 배경 : 시간 – 조선 효종 때
　　　　　공간 – 국내외 여러 지역(한양, 변산, 무인도 등)
◆ 주제 : 지배층인 사대부의 무능과 허위의식 비판, 지배층의 각성 촉구
◆ 특징 : ① 실학사상을 바탕으로 당대 사회의 모순을 풍자함.
　　　　　② 허생이라는 영웅적 인물의 행적을 중심으로 사건을 전개함.
　　　　　③ 행복한 결말 구조를 벗어나 미완결의 결말 구조를 취함.

작품 핵심 **단축키**

인물 변씨　　　사건·갈등 허생　　　서술 여운

정답　1 ③　　2 ②　　3 ③　　4 ②

1 서술상의 특징 파악 정답 ③

이 글에서는 변씨와 허생, 허생과 이완의 대화를 중심으로 이야기를 전개하고 있으며, 이를 통해 인물들의 생각을 구체적으로 드러내고 있다.

2 외적 준거에 따른 감상 정답 ②

〈보기〉에 제시된 '인재 등용'의 개혁은, 허생이 이완에게 말한 첫 번째 제안과 연관된다고 볼 수 있다. '내 와룡 선생을 천거할 테니 자네가 임금에게 청하여 삼고초려를 하게 할 수 있겠는가?'에서 허생은 필요한 인재를 등용하기 위해 적극적인 노력이 필요함을 주장하고 있다. 이는 인재를 제대로 등용하지 못하는 당대 집권층의 무능, 권위와 체면을 중시하는 태도를 비판한 것으로 볼 수 있다. 그러나 하층 계급의 사람을 등용해야 한다고 주장하는 내용은 드러나지 않는다.

● 오답 풀이

① 이완은 허생이 말한 내용을 당대 사대부들이 받아들이기에 무리가 있다고 하며 허생의 제안을 수용하지 못한다. 〈보기〉의 '당대 정치 환경에서는 명분보다 이용후생을 강조하는 박지원의 이러한 주장이 받아들여지지 않았다.'와 연결하여 볼 때, 이완이 허생의 제안을 받아들이지 못한 것은 당대 정치적 현실이 반영된 것으로 볼 수 있다.

③ '우리 조선은 외국과 무역이 없고 ~ 그 나라는 곧 병들고 말거야.'에서 허생은 조선의 경제 규모와 유통 구조가 취약하여 매점매석(買點賈惜)이 가능했다고 이야기하고 있다. 이는 〈보기〉에서 박지원이 개혁하고자 했던 경제 분야의 취약성을 설명한 것으로, 경제 방면에 개선이 필요함을 시사하고 있다고 볼 수 있다.

④ '소위 사대부란 대체 어떤 놈들이냐? ~ 그래도 굳이 신임받는 신하라고 하겠느냐?'에서 허생은 명분만 앞세우고 구체적인 실천을 하지 않는 집권층을 비판하고 있다. 〈보기〉의 '당대 정치 환경에서는 명분보다 이용후생을 강조하는 박지원

의 이러한 주장이 받아들여지지 않았다.'와 연결하여 볼 때, 허생이 이완을 꾸짖는 부분에는 대의명분만 따르는 당대 사대부들의 무능함에 대한 작가의 비판이 담겨 있는 것으로 볼 수 있다.

⑤ '대체로 대의를 천하에 외치고자 한다면 ~ 못되더라도 백구의 나라는 될 것일세.'에서 허생은 학생, 상인들을 '만주 정부(청나라)'로 보내 그들의 실정을 염탐하고 명나라의 부흥을 원하는 자들과 결탁한다면 천하를 뒤집고 국치를 씻을 수 있을 것이라 했다. 이처럼 청나라와의 교류를 주장한 것으로 볼 때, 허생은 당대 일반적인 유학자들의 배청 사상(排淸思想), 즉 청나라를 배척하는 사상을 탈피한 인물로 볼 수 있다.

3 구절의 의미 파악 정답 ③

ⓒ은 조선을 도와준 명나라의 장졸들이 조선으로 망명해 와서 정처 없이 떠돌고 있다는 것을 언급한 것이다. 이는 명나라의 은혜를 갚기 위해 청나라를 쳐야 한다고 북벌론을 주장하면서도 정작 명나라 유민은 돌보지 않는 사대부들의 태도를 비판하기 위해 언급한 것이다. 따라서 ③의 설명은 적절하지 않다.

● 오답 풀이

① ㉠은 친하게 지내는 사람조차도 이름을 모를 만큼 허생이 이인다운 풍모를 지니고 있음을 보여 준다.

② ㉡에서는 권력자인 이완 앞에서도 굽신거리지 않는 허생의 당당함이 부각되고 있다.

④ ㉣에서 이완은 변발을 하고 호복을 입는 것이 예법에 어긋나는 것이기 때문에, 보수적인 성향인 사대부들이 이를 받아들이기 어렵다는 것을 이야기하고 있다.

⑤ ㉤에서는 목표를 이루기 위해 노력했던 역사적 인물인 '번오기'와 '무령왕'의 사례를 들어 허례허식에 얽매여 있는 지배층의 태도를 비판하고 있다.

4 작품 간의 비교 정답 ②

〈보기〉에서 허생은 매점매석의 폐해에 대해 경계하고 있으며, 변씨는 '예, 명심하겠습니다.'라고 하며 허생의 말을 받아들이고 있다. 따라서 〈보기〉에서는 변씨와 허생의 가치관의 충돌은 나타나지 않는다.

● 오답 풀이

① 〈보기〉의 '아내 말이 이것저것 ~ 용케 변 진사 영감을 만났지.'에서는 허생이 아내의 질책으로 인해 책 읽기를 그만 두고 장사를 하게 되었다는 사연이 나타나 있다.

③ [A]의 '우리 조선은 외국과 무역이 없고 ~ 그 안에서 소비되지 않는가.'에서 허생은 경제 규모가 작고 유통 구조가 취약한 조선의 경제 상황을 지적하고 있다.

④ [A]에서는 허생이 만 냥을 가지고 매점매석을 한 방법을 구체적으로 이야기하고 있다.

⑤ [A]의 '이것은 백성들을 못살게 하는 방법이야.'와 〈보기〉의 '물건을 독점해 가지고 값을 올림 이건 역적의 행위라오.'에서 허생은 매점매석으로 돈을 번 자신의 상행위에 대해 부정적으로 이야기하고 있다.

〈보기〉 속 작품　　　　　　오영진, 「허생전」

- **주제** : 지배 계층의 허위의식 비판
- **감상** : 이 작품은 오영진의 후기 희곡으로, 실사구시(實事求是)를 바탕으로 양반 사회를 비판한 박지원의 단편 소설 「허생전」과 채만식의 「허생전」을 골격으로 창작되었다. '허생'이라는 인물을 현대화하여 1970년대 사회의 부정한 치부, 부정부패한 관리 등 당대 사회의 모순을 신랄하게 비판하고 있다. 이 작품은 원작과 달리 희극적 성격이 두드러지며, 특히 주인공 허생은 매우 우스꽝스럽고 경박한 모습으로 그려진다.

pp.146~149

40 춘향전(春香傳)_작자 미상

| 작품 해설 | 「춘향전」은 판소리 사설이 소설로 정착된 작품으로, 서사적 구조나 서술 면에서 예술성이 높고 독자들에게도 많은 사랑을 받아 온 고전 소설이다. 춘향의 신분 상승 의지, 굳은 절개를 통해 나타나는 탐관오리에 대한 저항 정신은 조선 후기 민중 의식의 성장을 대변하고 있다.

| 작품 개관 |

◆ 갈래 : 판소리계 소설
◆ 배경 : 시간 – 조선 후기(숙종)
　　　　　공간 – 전라도 남원
◆ 주제 : 신분을 초월한 지순한 사랑과 정절, 불의한 지배계층에 대한 서민의 항거, 신분적 갈등의 극복을 통한 인간 해방
◆ 특징 : ① 해학과 풍자에 의한 골계미가 나타남.
　　　　② 서술자의 편집자적 논평이 자주 드러남.
　　　　③ 판소리의 영향으로 운문체와 산문체가 혼합됨.

작품 핵심 **단축키**

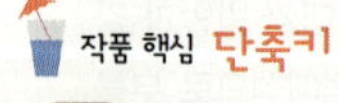

인물 본관　　　　**사건·갈등** 탐관오리　　　　**서술** 운문체

정답　1 ④　　2 ②　　3 ②　　4 ④　　5 ②

1 서술상의 특징 파악　　　　　　　　　　　정답 ④

이 글에서는 특정 배경을 묘사하는 부분은 드러나지 않는다.

● 오답 풀이

① '운봉의 갈비를 직신, "갈비 한 대 먹고 지고"'는 사람의 신체 부위인 '갈비'와 음식 이름인 '갈비'의 음이 같은 것을 이용한 언어유희에 해당한다. 또한 '어 추워라, 문 들어온다, 바람 닫아라, 물 마른다, 목 들여라.'에서는 '바람'과 '문', '목'과 '물'을 바꾸어 웃음을 유발하고 있다.

② '민정을 생각하고 본관의 정체를 생각하여 지었겄다.', '한참 이리 즐길 적에 춘향 모 들어와서 ~ 춘향의 높은 절개 광채 있게 되었으니 어찌 아니 좋을쏜가?' 등에서 서술자가 직접 개입하여 인물이나 사건에 대해 논평하고 있다.

③ 이 글은 등장인물들의 대화와 행동 위주로 서사가 전개되고 있다.

⑤ '모든 수령 도망할 제 ~ 깨지느니 북, 장고라.'에서는 암행어사 출두 후에 허둥대며 달아나는 수령들의 모습을, '본관이 똥을 싸고 멍석 구멍 새앙쥐 눈 뜨듯 하고'에서는 암행어사 출두에 놀라 공포에 질린 본관의 모습을 희화화하여 해학성을 높이고 있다.

2 인물의 특성 파악　　　　　　　　　　　정답 ②

운봉은 어사또가 지은 시의 내용을 이해하고 곧 암행어사가 출두할 것임을 알아차린다. 이러한 것으로 보아 운봉은 눈치가 빠른 인물이라 할 수 있다. 그러나 이 시는 탐관오리의 가렴주구(苛斂誅求)를 풍자한 것이므로, 시의 내용을 이해했다고 해서 운봉을 풍류를 아는 인물로 보기는 어렵다.

● 오답 풀이

① 이몽룡이 어사또임을 눈치채고 아랫사람들을 단속하는 운봉에게 본관이 '여보, 운봉은 어디를 다니시오?'라고 질문을 한다. 이에 운봉은 '소피하고 들어오오.'라는 대답을 하는데, 본관은 운봉의 대답을 곧이곧대로 듣고 춘향을 올리라고 술주정을 한다. 이러한 모습으로 보면 본관은 눈치가 없는 인물이라 할 수 있다.

③ 어사또가 지은 시의 내용과 같이 본관은 가렴주구를 일삼으며 백성들을 수탈한 인물이다. 탐관오리인 본관을 봉고파직하고 죄가 없음에도 옥에 갇혀 있는 사람들은 석방한 것을 볼 때, 어사또는 공명정대한 인물이라 할 수 있다.

④ '내려오는 관장마다 ~ 그런 분부 마옵시고 어서 바삐 죽여 주오.'에서 춘향은 수의사또의 수청을 거부하며 차라리 죽음을 택하겠다고 이야기한다. 이러한 태도를 볼 때 춘향은 절개가 굳은 인물이라 할 수 있다.

⑤ 어사또는 춘향이 옥에 갇힌 이유를 알면서도 춘향의 절개를 시험하기 위해 자신의 신분과 존재를 감춘 채 자신의 수청을 들라고 이야기한다. 이러한 태도를 볼 때 어사또는 능청스러운 데가 있는 인물이라 할 수 있다.

3 구절의 의미 파악　　　　　　　　　　　정답 ②

[A]에서 춘향은 수청을 들라는 수의사또의 요구를 거부하며, 이몽룡에 대한 절개를 지키기 위해 죽음도 불사하겠다는 태도를 보인다. 하지만 다른 사람의 견해를 인용하여 수의사또를 설득하고 있지는 않다.

● 오답 풀이

① 춘향은 자신을 '층암절벽 높은 바위', '청송녹죽 푸른 남기(나무)'에 빗대어, 어떤 시련에도 절개를 지키겠다는 의지를 드러내고 있다.

③ '내려오는 관장마다 개개이 명관이로구나.'는 내려오는 관장들이 명관이 아니라는 의미를 반대로 표현한 반어적 표현이다. 춘향은 자신에게 수청을 강요하는 수의사또를 '명관'이라고 반어적으로 표현하며 비난하고 있다.

④ '층암절벽 높은 바위 ~ 눈이 온들 변하리까?'에서는 설의적 표현을 통해, 절개를 절대 굽히지 않겠다는 의지를 강조하고 있다.

⑤ '그런 분부 마옵시고 어서 바삐 죽여 주오.'에서 춘향은 단정적 어조를 통해 수청을 거부하고 차라리 죽음을 택하겠다는 단호한 태도를 드러내고 있다.

4 한자 성어의 이해　　　　　　　　　　　정답 ④

ⓐ는 암행어사 출두에 당황하여 관리들이 허둥대는 모습을 표현한 부분이다. ⓐ의 상황을 잘 표현할 수 있는 한자 성어로는 '혼백이 사방으로 흩어진다는 뜻으로, 매우 놀라거나 혼이 나서 넋을 잃음을 이르는 말'인 혼비백산(魂飛魄散)이 적절하다.

● 오답 풀이

① 자업자득(自業自得)은 자기가 저지른 일의 결과를 자기가 받음을 뜻한다.

② 적반하장(賊反荷杖)은 도둑이 도리어 매를 든다는 뜻으로, 잘못한 사람이 아무 잘못도 없는 사람을 나무람을 이르는 말이다.

③ 이심전심(以心傳心)은 마음과 마음으로 서로 뜻이 통함을 의미한다.

⑤ 명재경각(命在頃刻)은 거의 죽게 되어 곧 숨이 끊어질 지경에 이름을 뜻한다.

5 외적 준거에 따른 감상　　　　　　　　　　　정답 ②

〈보기〉에서 [가]의 작가로 거론되는 인물들은 '암행어사 성이성, 중국 관리, 송나라의 한 관리'로, 이들은 모두 서민층이 아닌 상류 계층의 사람들이다. 따라서 작가로 추정되는 사람들을 통해 [가]가 서민층 사이에서 사랑을 받았다고 보기는 어렵다.

● 오답 풀이

① [가]는 탐관오리의 가렴주구를 비판하고 있으며, 그 내용이 격정적이라 할 수 있다. 〈보기〉에서 [가]는 '중국 관료 사회

의 부정부패를 비판하면서 쓴 작품'이라고 하였으므로, [가]
가 격정적인 이유는 [가]의 창작 계기와 관련이 있다고 할 수
있다.

③ 〈보기〉에서는 [가]의 원작자를 여러 측면에서 살피고 있으
나, 시의 내용이 당시 사회의 부정부패를 비판한 내용이므로
원작자가 누구이든 간에 [가]가 당대의 사회 현실을 부정적
으로 보고 있다고 할 수 있다.

④ [가]는 한시로, [가]와 같은 한시가 우리나라 소설에 삽입되
었다는 것은 우리나라 문학에 중국 문화가 미친 영향이 상당
히 컸음을 짐작하게 한다.

⑤ 〈보기〉에서 [가]가 부정부패가 만연한 당대 현실을 비판하고
자 창작된 것이라고 하였으므로, [가]가 「춘향전」에 반영되었
다는 것은 당대 현실을 부정적으로 인식한 민중들의 현실 인
식이 작품에 반영된 것으로 볼 수 있다.

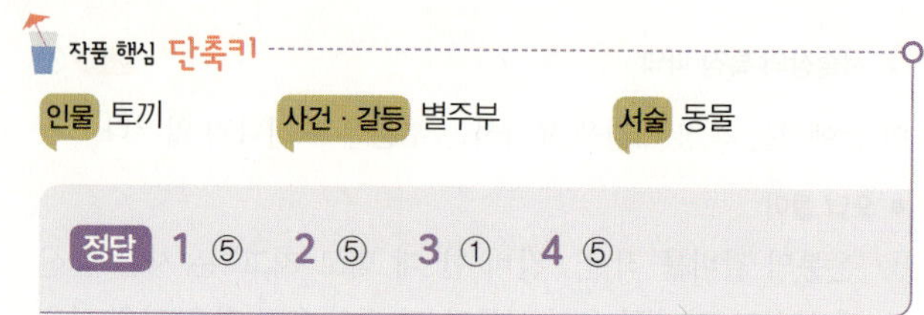

1 서술상의 특징 파악

정답 ⑤

이 작품에서는 인물 간의 대화는 나타나 있으나 인물의 독백은
나타나 있지 않다.

● 오답 풀이

① 이 작품에서는 전체적으로 현재형 시제를 사용하고 있다. 이
는 공연 예술인 판소리 사설의 특징으로, 현재형 시제를 사
용하여 관객이 현장감을 느낄 수 있게 한다.

② 토끼 모습을 묘사하는 장면이나 주부 모친을 '수수천년이 되
어서 삶아 놔도 먹지 못할 자라'로 표현하고 있는 부분, 부인
에게 남생이를 경계할 것을 당부하는 부분 등에서는 해학적
웃음을 이끌어 내어 청자의 흥미를 유발하고 있다.

③ 화공이 토끼의 화상을 그리는 장면에서 '그리고', '그리어',
'그려'와 같은 서술어로 끝나는 문장 구조를 반복하여 리듬감
을 살리고 있다.

④ 화공이 토끼의 화상을 그리는 장면에서 '펄펄', '쫑긋', '도리
도리', '들락날락 오락가락 앙그주춤' 등의 음성 상징어를 사
용하여 토끼의 모습을 생동감 있게 표현하고 있다.

2 글의 내용 파악

정답 ⑤

'소신은 손발이 넷이오라 ~ 인간에게 낭패를 당함은 없사오나'
에서 별주부는 자신의 손발이 네 개라서 물 위에 떠서 망보기를
잘하므로 사람들에게 잡히지 않고 토끼를 잡아 올 수 있음을 이
야기하고 있다. 따라서 별주부는 자신의 성격이 아닌 신체적 특
징을 언급하면서 주어진 임무 수행에 대한 의지를 드러냈다고
볼 수 있다.

● 오답 풀이

① 별주부는 용왕에게 상소를 올리며 자신이 토끼의 간을 구하
기 위해 세상에 나가겠다고 자청하였다.

② '바닷속에서 태어나 토끼 얼굴을 모르오니, 얼굴 하나만 그려
주시면 꼭 잡아다 바치겠나이다.'를 통해 확인할 수 있다.

③ '네 충성은 지극허나, 세상에를 나가며는 인간의 진미가 되어
자라탕으로 죽는다니, 그 아니 원통허냐?'를 통해 확인할 수
있다.

④ '신의 고향 세상이라 ~ 집어다가 대왕전에 바치리다.'에서
방게는 자신이 바다가 아닌 육지 세상의 시냇물 출신이라는
점, 토끼와 안면이 있다는 점, 토끼를 잡을 수 있는 엄지발
(집게발)이 있다는 점을 들어 자신이 토끼를 잡아 올 수 있음
을 강조하고 있다.

---

pp.150~153

41 수궁가(水宮歌) _작자 미상

| 작품 해설 | 「수궁가」는 신재효가 「구토지설」을 바탕으로 개작하여
정착시킨 판소리 사설로, 「토끼타령」, 「별주부타령」, 「토별가」라고도 불
린다. 이 작품은 많은 이본이 있지만 용왕의 병을 고치기 위해 별주부
가 토끼를 꾀어 용궁에 데려오고, 토끼가 기지로써 죽을 위기에서 벗
어난다는 줄거리는 공통적이다. 이 작품은 동물을 등장시키는 우의적
(寓意的) 수법을 통해 지배층의 무능과 인간의 과욕, 맹목적인 충성심
등을 해학적으로 비판, 풍자하고 있다.

| 작품 개관 |

◆ 갈래 : 판소리 사설
◆ 배경 : 시간 - 원나라 순제
　　　　 공간 - 수궁(水宮)과 산중(山中)
◆ 주제 : 왕에 대한 우직한 충성심, 헛된 욕심에 대한 경계, 무능한 집
　　　　 권층에 대한 비판과 풍자
◆ 특징 : ① 우화적 수법으로 인간 사회를 풍자함.
　　　　 ② 등장인물의 행동과 언어를 통한 해학성이 드러남.
　　　　 ③ 지배층의 언어인 고사성어, 한문 투의 문장과 서민들의 일상적
　　　　 인 어투가 혼재된 적층 문학의 성격을 보임.

3 외적 준거에 따른 감상   정답 ①

별주부가 자진해서 세상에 나가 토끼를 잡아 오겠다고 하는 모습은 임금께 충성하는 신하의 모습으로 볼 수 있다. 따라서 용왕이 이러한 별주부의 의사를 받아준 것을 지배층의 무능한 면모로 보기는 어렵다.

● 오답 풀이

② 방게가 토끼를 잡아 바치겠다고 말하자 '그럼 너도 이놈, 그러면 신하란 말이냐?', '어라 저놈 보기 싫다! 두 엄지발만 똑 떼여 내쫓아라!'라고 말하는 부분에서 횡포를 부리는 지배층의 모습을 엿볼 수 있다.

③ 용왕에게 토끼를 잡아 바치기 위해 세상에 나가겠다는 별주부에게 별주부의 아내가 노모를 언급하며 '당상의 백발 모친 어찌 잊고 가랴시오?'라고 말하는 부분에서 '효'를 중시하는 당대인의 윤리 의식을 확인할 수 있다.

④ 별주부는 남생이를 조심하라며 아내를 단속한 후 길을 나서고 있다. 이러한 모습에서 여성에게 정절을 요구하는 당대의 분위기를 짐작할 수 있다.

⑤ 별주부의 모친은 별주부가 육지에 간다는 말을 듣고 처음에는 만류하지만, 육지로 가는 이유가 아픈 용왕을 위해서라는 말을 듣고 별주부를 기특하게 여기며 이를 허락하고 있다. 이를 통해 '충'을 중시하는 가치관이 드러난다.

4 한자 성어의 이해   정답 ⑤

'여봐라, 주부야, 여봐라, 별주부야. ~ 위험한 곳에는 들어가기를 말어라.'에서 주부 모친은 별주부가 세상에 나간다는 말을 듣고 울며불며 못 가게 만류하고 있다. 따라서 ⓐ에는 뜻밖에 일어난 큰 변고나 갑자기 큰 사건이 생긴 상황을 의미하는 '청천벽력(靑天霹靂)'이 들어가는 것이 적절하다.

● 오답 풀이

① '감언이설(甘言利說)'은 남의 비위에 맞게 꾸민 달콤한 말과 이로운 조건을 내세워 꾀는 말이라는 뜻이다.

② '자화자찬(自畫自讚)'은 자기가 한 일을 스스로 자랑한다는 뜻이다.

③ '적반하장(賊反荷杖)'은 잘못한 사람이 도리어 잘한 사람을 나무라는 경우에 쓰는 말이다.

④ '조삼모사(朝三暮四)'는 간사한 꾀로 남을 속여 희롱함을 이르는 말이다.

> 🔎 보충 자료
>
> **「수궁가」의 근원 설화와 적층 문학적 성격**
>
> 「수궁가」는 인도의 불교 설화인 용원 설화를 모태로 한 「구토지설」에 다른 화소(話素)들이 덧붙여지면서 판소리 사설로 정착된 작품이다. 이러한 사설이 문자화되어 고전 소설 「토끼전」으로 발전하였고, 이후 개화기에는 이해조에 의해 「토의 간」이라는 신소설로 개작되어 적층 문학의 한 형태를 보여 주고 있다.

---

42 흥보가(興甫歌) _작자 미상 

| 작품 해설 | 물질적 가치관이 팽배해지던 조선 후기를 배경으로, 선악으로 대변되는 두 형제의 이야기를 그린 판소리 사설이다. 형제간의 우애와 갈등을 통해 인간 내부에 잠재된 선악의 문제를 부각하였으며, 비참한 삶의 현실을 웃음과 해학으로 풀어내고 있다. 표면적으로는 형제간의 우애라는 윤리적 주제를 담고 있으나, 이면적으로는 극심한 빈부 격차, 물질 만능주의의 팽배 등 조선 후기의 사회 현실을 비판하는 사회 고발적 주제 의식을 형상화하고 있다.

| 작품 개관 |

◆ **갈래** : 판소리 사설
◆ **배경** : 시간 – 조선 후기
           공간 – 전라도 운봉과 경상도 함양의 경계
◆ **주제** : 표면적 – 형제간의 우애와 권선징악
           이면적 – 조선 사회의 부조리, 빈부 갈등에 대한 비판
◆ **특징** : ① 구어체와 사투리, 현재형 시제를 통해 현장감을 부여함.
           ② 비유적 표현, 속담의 인용, 언어유희 등을 통해 상황을 효과적으로 표현함.
           ③ 판소리 중 서민적 취향이 가장 강한 작품이며, 흥보의 고난을 통해 조선 후기 농민층의 붕괴상을 사실적으로 보여 줌.

🥤 작품 핵심 **단축키**

[인물] 놀보   [사건·갈등] 박   [서술] 해학

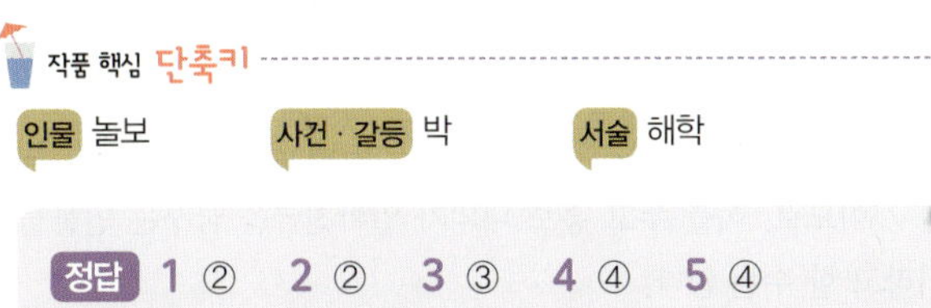

정답   **1** ②   **2** ②   **3** ③   **4** ④   **5** ④

1 인물의 성격 파악   정답 ②

'불쌍허고 가련한 사람들, 박흥보를 찾어오오. 나도 내일부터 기민(飢民)을 줄란다.' 등에서 드러나듯, 흥보는 박 속의 궤에서 나온 돈을 보며 기뻐하면서도 가난한 사람들을 돕고자 한다. 이를 통해 흥보가 이타적인 성격을 지니고 있음을 알 수 있다.

● 오답 풀이

① 박 속의 궤를 발견하고는 관가에서 나오면 큰일 난다며 갖다 내버리라고 하고, 궤를 열기 전에 식구들을 사립문 밖으로 내보내는 것으로 보아 흥보가 신중하고 소심한 성격임을 알 수 있다.

③ 흥보는 처음부터 요행을 바란 것이 아니라 배고픔에 박속을 긁어 먹고자 박을 탄 것이다.

④ 흥보가 아내를 재촉하여 톱질을 하려는 것은 박을 어서 타서 식구들의 배고픔을 덜기 위해서이다. 이를 두고 흥보를 가부장적인 인물이라고 할 수는 없다.

⑤ 흥보가 어려운 형편에 박씨를 심어 박을 기르고 박이 익은 후에 타는 것은 식구들의 주린 배를 채워 주기 위한 행동으로, 이를 가난한 운명을 극복하고자 노력하는 것으로 보는 것은 무리한 해석이다.

2 갈래상의 특징 이해 정답 ②

홍보 내외는 박이라도 타서 굶주린 식구들을 먹이려 하지만 그 박마저도 박통 속이 비어서 먹지 못하는 비참한 처지에 놓인다. 하지만 '박속 긁어 간 놈보단 박 붙여 논 놈이 재주가 더 용키는 용쿠나여.'라며 웃음을 자아내는데, 이는 비극적인 상황 속에서도 웃음을 잃지 않으려는 민중들의 삶의 태도가 반영된 것으로 볼 수 있다.

● **오답 풀이**

① 홍보 처가 배고픔을 참고 박을 타며 하는 말로, 가난으로 인한 비참한 상황을 드러내고 있다.

③ 관아에서 알면 큰일 난다며 궤를 버리자는 남편에게 홍보 처가 죄가 없으면 괜찮다고 궤를 열어 보자고 하는 대목으로, 긴장감을 주지만 웃음을 자아내는 장면은 아니다.

④ 홍보가 궤를 열기 전에 다시 한 번 자문자답하며 자신이 궤를 열어도 되는지 확인하는 대목으로, 홍보의 신중한 성격이 드러난다.

⑤ 궤에서 나온 돈을 보며 홍보가 기쁨에 겨워 진술하는 내용으로, 진술의 앞부분에 비극적 상황이 제시되어 있지 않기 때문에 긴장과 이완의 구조라고 보기 어렵다.

3 서술상의 특징 파악 정답 ③

홍보 내외가 박을 타는 이유는 식구들의 배고픔을 해결하기 위한 것이므로, 이들을 두고 홍보 내외가 일획천금을 꿈꾸는 인물들이라고 할 수는 없다.

● **오답 풀이**

① 흥을 돋우어 주는 여흥구 '에여루'와 톱질하는 소리 '시르렁', '실근', '시르르르르르르르' 등을 반복하여 음악적 효과를 자아내고 있다.

② '이놈의 팔자는 어이허여 박을 타서 먹고 사느냐?'와 '이 박을 어서 타서 박속일랑 끓여 먹고' 등의 대화에서 홍보 부부가 배고픔을 해결하기 위해 박을 타고 있음을 알 수 있다.

④ '실근', '식삭'은 박을 탈 때 나는 소리를 표현한 의성어로, 홍보와 아내가 톱질하는 상황을 실감 나게 제시하고 있다.

⑤ 비록 톱질할 기운도 없이 굶주린 상태로 박을 타고 있지만, 부부의 박을 타는 행위가 느린 가락(진양조)에서 빠른 가락(휘모리)으로 바뀌면서 경쾌한 분위기를 자아내고 있다.

4 감상의 적절성 평가 정답 ④

〈보기〉의 시에서는 흥부 부부가 박덩이를 가르기 전에 이미 서로 사랑했기 때문에 행복한 부부라는 것을 강조하며, 진정한 사랑은 물질적인 것과 상관이 없다는 주제 의식을 드러내고 있다. [B]에서는 흥보가 궤를 열 때 행여 위험한 상황에 빠질까 염려하여 아내에게 사립문 밖에 가서 기다리라고 말하고 있다. 여기에서 위험한 상황에 처할 것을 대비해 아내를 배려하는 모습을

확인할 수 있다. 그러므로 두 사람은 서로 사랑하는 금실지락(琴瑟之樂)의 관계라고 할 수 있다.

● **오답 풀이**

① 동상이몽(同床異夢)은 겉으로는 같이 행동하면서 속으로는 각각 딴생각을 하고 있음을 이르는 말로, 부부간에 정이 각별한 홍보 부부와 관련이 없다.

② 순망치한(脣亡齒寒)은 서로 이해관계가 밀접한 사이에 어느 한쪽이 망하면 다른 한쪽도 그 영향을 받아 온전하기 어려움을 이르는 말로, 부부간의 따스한 사랑을 포함하는 내용으로는 부족하다.

③ 동병상련(同病相憐)은 어려운 처지에 있는 사람끼리 서로 가엾게 여김을 이르는 말로, 홍보 부부가 서로의 처지를 이해한다는 면에서 두 사람의 관계를 제시한다고 볼 수도 있지만 〈보기〉에서 제시한 따스한 사랑과 연결 짓기에는 부족하다.

⑤ 표리부동(表裏不同)은 겉으로 드러나는 언행과 속으로 가지는 생각이 다르다는 뜻으로, 부부간의 정을 드러내는 [B]와 〈보기〉의 내용과는 상반된 내용이다.

〈보기〉 속 작품   박재삼, 「흥부 부부상」

• **주제** : 가난한 삶의 애환과 소박한 행복
• **감상** : 이 작품은 「흥보가」의 박 타는 장면을 인유(引喩, 유명한 문구를 따오는 문학적 기교)하여 가난한 이들의 삶의 애환과 소소한 행복, 부부간의 사랑을 제시함으로써 물질적인 것보다는 정신적인 행복이 중요함을 강조하고 있다.

5 외적 준거에 따른 감상 정답 ④

홍보는 자신을 쫓아낸 놀보를 미워하지 않고, 자신이 부자가 된 것에 대한 기쁨을 나누기 위해서 아들에게 백부님을 모셔 오라고 하고 있다. 이어지는 '경사를 보아도 형제 볼란다.'에 드러나듯 홍보가 놀보를 부르려는 것은 갈등을 해결하기 위함이 아니라 기쁨을 함께 나누기 위함이다.

● **오답 풀이**

① 선한 홍보가 부자가 된 것을 통해 독자들은 선한 자가 부와 복을 누린다는 대리 만족을 느낄 수 있다.

② 잘난 사람은 더 잘나게 하고, 못난 사람도 잘나게 한다는 말을 통해 당시에 돈(물질)이 사람들의 삶에서 상당한 위력을 발휘하였음을 알 수 있다.

③ 돈이 '생살지권(生殺之權)', 즉 사람을 살리고 죽이는 권리를 가지고 있다는 홍보의 말에서 당시에 사람보다 돈을 중시하는 배금주의(돈을 최고의 가치로 여기고 숭배하며 삶의 목적을 돈 모으기에 두는 경향이나 태도) 사상이 퍼지고 있었음을 알 수 있다.

⑤ 자신만을 챙기는 놀보와 달리 큰 재물을 얻고 이를 가난한 이들과 나누려는 모습에서 홍보의 선한 마음을 읽을 수 있다.

43 봉산(鳳山) 탈춤_작자 미상

| 작품 해설 | 이 작품은 황해도 봉산 지역에서 전승되던 가면극으로, 총 7개의 과장이 독립적으로 구성되어 있다. 이 중 본문에 수록된 제6과장은 평민층을 대표하는 말뚝이가 양반들을 조롱하고 풍자하면서 그들의 허세와 허위의식을 비판하는 내용이 주를 이루고 있다. 다양한 소재를 다룬 재담 구조의 반복을 통해 양반들의 허세를 조롱하는 말뚝이의 모습이나 양반들 스스로가 '운자 놀이', '파자 놀이'를 하며 자신들의 무식함을 드러내는 모습은 모두 무거운 직설적 비판이 아니라, 웃음을 동반한 해학과 풍자라는 점에서 민속극 특유의 면모를 잘 보여 준다.

| 작품 개관 |

◆ 갈래 : 가면극(탈춤) 대본, 민속극, 전통극
◆ 배경 : 시간 – 조선 후기(18세기)
　　　　　공간 – 황해도 봉산 지역
◆ 주제 : 양반의 허세에 대한 조롱과 풍자
◆ 특징 : ① 각각의 재담이 일정한 구조를 바탕으로 진행됨.
　　　② 언어유희, 열거, 대구 등 다양한 표현 방식을 사용하여 양반을 조롱, 비판함으로써 해학성을 유발함.
　　　③ 양반들이 쓰는 한자어와 평민들이 쓰는 비속어가 섞여 있음.

 작품 핵심 **단축키**

인물 양반 삼 형제　　　**사건·갈등** 조롱　　　**서술** 비판

정답 1 ③　　2 ⑤　　3 ⑤　　4 ④　　5 ③

1 작품의 종합적 감상

정답 ▶ ③

이 글에서는 말뚝이가 양반들을 재치 있게 비판하고 풍자하는 모습은 나타나 있으나, 양반들에게 정면으로 맞서며 갈등을 빚는 적극적인 모습은 제시되지 않았다.

● 오답 풀이

① 「봉산 탈춤」은 우리나라의 전통적인 가면극인 탈춤이다.
② 말뚝이는 재치 있는 말과 행동으로 양반을 조롱하고 비판하는 역할을 하고 있다.
④ '이러는 동안에 취발이 살짝 들어와 한편 구석에 서 있다.'에서 드러나듯이, 이 글은 별도의 무대 장치가 없이 극이 진행되는 전통극에 해당한다.
⑤ 이 글은 '양반 뜻풀이', '담배 및 훤화 금지', '장단', '양반 찾기' 등 다양한 소재들을 활용하여 재담을 이어 가고 있다.

2 구절의 의미 파악

정답 ▶ ⑤

㉤은 양반의 코앞에 취발이의 엉덩이를 가져다 댔으면서 능청스럽게 거짓말을 하는 말뚝이의 모습을 통해 양반에 대한 조롱

의 의미를 강조한 부분이다. 여기에서 취발이가 양반들에게 적대적인 태도를 보이는 모습은 나타나지 않으며, 이를 말뚝이가 고발한다는 설명도 적절하지 않다.

● 오답 풀이

① 양반의 외양을 묘사한 부분으로, 윗입술이 세로로 찢어지거나 입이 삐뚤어져 있는 등 신체적 결함이 있는 외모를 통해 양반 삼 형제가 어리석고 못난 인물임을 암시하는 것이다.
② '양반'의 본래 의미와는 다른 의미를 덧붙이기 위해 동음이의어를 활용한 언어유희가 사용된 부분으로, 양반을 조롱하기 위한 해학적 의도가 담겨 있다.
③ '오음 육률'과 '바가지장단'은 대비되는 소재에 해당한다. 말뚝이는 양반들에게 '홀뚜기(버들피리)'와 같이 볼품없는 소재로 연주한 바가지장단을 쳐 주라고 하며 조롱하고 있다.
④ '동은 여울이요, 서는 구월이라'에서 대구법을, '동여울 서구월 남드리 북향산 방방곡곡 면면촌촌이, 바위 틈틈이, 모래 쨈쨈이, 참나무 결결이'에서 열거법을 사용하여 리듬감을 형성하고 있다. '샌님 비뚝한 놈도 없습디다.'는 양반다운 위엄을 갖춘 자를 찾아보기 어렵다는 뜻으로, 양반에 대한 부정적인 태도를 직설적으로 드러내고 있다.

3 외적 준거에 따른 감상

정답 ⑤

말뚝이가 취발이의 '힘이 무량대각'이고 '날램이 비호' 같다고 한 것은 당대 신흥 상인 계층의 권세가 대단했음을 드러내는 표현이다. 그러나 취발이가 양반의 명령에 복종하여 그 앞에 끌려온 상태임을 고려할 때, 신흥 상인 계층의 권세가 양반을 능가했을 것이라는 해석은 적절하지 않다.

● 오답 풀이

① 도련님이 부채로 형들의 면상을 때리며 방정맞게 구는 것은 양반답지 못한 경박한 모습을 표현한 것이다. 이는 〈보기〉에 비추어 볼 때 양반답지 못한 양반들에 대한 비판적 태도가 나타난다고 해석할 수 있다.
② 양반을 '노새'와 같은 대상에 빗대어 비하하고, 말뚝이 스스로에게는 '님'을 붙여 부른 것은 신분을 역전시켜 놓은 설정에 해당한다. 이는 〈보기〉에 비추어 볼 때 양반에 대한 조롱이라고 해석할 수 있다.
③ 이 글에서 양반들은 제대로 된 파자 놀이를 하지 못하고 단순한 수수께끼를 즐기며 서로를 칭찬하고 있다. 이는 양반들이 실제로는 무식하면서 허위에 가득 찬 우월 의식을 가지고 있음을 비판하기 위한 것이라고 해석할 수 있다.
④ 〈보기〉에 따르면 취발이는 신흥 상인 계층을 대표하는 인물이므로, 양반인 생원이 취발이를 잡아들이라고 명령하는 모습은 양반들의 횡포가 신흥 상인 계층에까지 영향을 미쳤음을 보여 준다고 해석할 수 있다.

4 구성 요소의 기능 파악 　　　　　정답 ④

ⓐ는 재담의 시작을 알리고, 관객의 주의를 환기하는 기능을 한다. 한편 ⓑ는 재담을 마무리하는 요소로, 말뚝이와 양반들 사이의 갈등을 일시적으로 해소시키고 흥취를 돋우는 기능을 한다.

● 오답 풀이

ㄱ. ⓐ는 재담의 시작 부분에서 관객의 주의를 환기하는 기능을 한다고 볼 수 있으나, ⓑ는 흥취를 돋우는 기능을 하는 것이지 관객의 주의를 분산시킨다고 볼 수 없다.

ㄷ. ⓐ는 춤과 장단을 멈추게 하는 기능을 할 뿐, 장단의 종류를 변화시킨다고 보기는 어렵다.

5 작품의 구조적 특징 파악 　　　　　정답 ③

[C] 부분은 '양반의 위엄'과 '말뚝이의 조롱' 부분까지만 제시되어 있다. 따라서 〈보기〉에 제시된 재담의 구조에 따르면 [C]의 다음 단계는 '양반의 안심'이 아니라 '양반의 호통'이다.

● 오답 풀이

① [A]에서 말뚝이는 평민인 관객들을 등장인물인 양반과 동격으로 대우하면서 양반들 앞에서 마음껏 고급 담배를 피우라고 이야기한다. 이는 양반을 상전으로 대우하지 않고 그들의 권위를 무시, 조롱하는 행위로 볼 수 있다.

② [B]의 '여보, 악공들 말씀 들으시오.'에서는 등장인물 외의 인물인 악공들을 극에 참여시키고 있다. 그리고 이들에게 양반들을 위해 보잘것없는 장단을 연주해 줄 것을 당부함으로써 양반을 조롱하고 있다.

④ [A]와 [B]는 모두 '양반의 위엄' 부분은 제시되지 않고 '말뚝이의 조롱'부터 재담이 시작되고 있다.

⑤ [A]~[C]는 일정한 재담 구조를 따르고 있으나 그 소재는 동일하지 않다. 각각의 소재를 찾아보면 [A]는 '담배 및 흡화 금지', [B]는 '장단', [C]는 '양반 찾기'임을 알 수 있다.

---

pp.162~164

44 통곡할 만한 자리_박지원

| 작품 해설 | 이 작품은 박지원(1737~1805)이 1780년에 청나라 고종의 칠순 기념 연회에 참석하기 위해 청나라에 가는 도중에 보고 들은 것과 느낀 점을 날짜별로 정리한 『열하일기(熱河日記)』에 수록된 기행 수필이다. 실학자였던 글쓴이가 당시 성리학적 이념을 중시하던 조선 사회에서 느낀 답답함에서 벗어나 광활한 요동 벌판을 보며 느낀 벅찬 감정을 기록하고 있다. 대상에 대한 독창적인 발상과 비유적인 표현이 돋보이며, 간접적으로 조선 사회에 대해 비판하고 있다는 점이 특징적이다.

| 작품 개관 |

◆ 갈래 : 한문 수필, 기행문, 중수필
◆ 주제 : 광활한 요동 벌판에서 느끼는 감회, 답답한 세상에서 벗어난 것에 대한 기쁨
◆ 특징 : ① 문답(問答)의 형식을 통해 내용을 전개함.
　　② 글쓴이의 창의적인 사고 및 논리 전개가 돋보임.
　　③ 적절한 비유와 구체적인 예시를 활용하여 공감을 불러일으킴.

작품 핵심 **단축키**

| 인물 | 요동 　　| 사건·갈등 | 통곡 　　| 서술 | 정 진사 |

정답　1 ④　2 ④　3 ③　4 ②

1 서술상의 특징 파악 　　　　　정답 ④

공간의 이동[삼류하 → 냉정 → 백탑(요동 근처)]은 나타나 있으나, 이국적인 풍물을 소개하지는 않았다.

● 오답 풀이

① 사절단 일행과 함께 청나라로 가던 도중 '백탑'이 있는 요동 벌판에 갔다가 느낀 벅찬 감정이 드러나 있다.

② '초팔일 갑신(甲申), 맑다.'에서 이 작품이 일기 형식을 취하고 있음을 알 수 있다.

③ 글쓴이는 통념에서 벗어나지 못하는 정 진사와 대화를 하며 자신의 독창적인 생각을 논리적으로 제시하고 있다.

⑤ 요동 벌판을 보고 느낀 벅찬 감정을 갓난아이의 울음에 비유하여 전달하고 있다.

2 구절의 의미 파악 　　　　　정답 ④

ⓔ '울음이란 천지간에 있어서 뇌성벽력에 비할 수 있는 게요.'는 '울음'이 천지간의 천둥소리와 벼락과 같이 지극한 감정에서 터져 나온다는 뜻이다. 따라서 ⓔ은 '울음'과 '뇌성벽력'의 공통점을 제시한 것이지 그 차이점을 제시한 것이 아니다.

● 오답 풀이

① ㉠에서 '백탑이 현신'한다는 것은 '백탑'이 곧 보일 것이라는 의미로, 무생물인 '백탑'이 행동의 주체가 되어 탑을 보러 오는 사람을 영접하러 나가는 것처럼 표현한 것이다.

② ㉡에서 글쓴이는 하늘과 땅밖에 보이지 않는 광활한 요동 벌판에서 인간인 자신들은 보잘것없는 왜소한 존재라고 느끼고 있다.

③ ㉢의 "사람들은 ~ 칠정 중에서 '슬픈 감정'만이 울음을 자아내는 줄 알았지"는 사람들의 통념을 지적한 부분이다.

⑤ ㉣에서는 한바탕 통곡할 자리로 '비로봉 꼭대기에서 동해 바다를 굽어보는 곳'과 '황해도 장연의 금사 바닷가', '요동 벌판'을 열거하고 있다.

3 외적 준거에 따른 감상 정답 ③

글쓴이는 '천고의 영웅'은 잘 울고 '미인'은 눈물이 많다지만, 불과 두어 줄기 소리 없는 눈물이 옷깃을 적셨을 뿐이라고 하면서 자신은 이와 달리 통곡하고 싶다고 말한다. 따라서 '천고의 영웅'과 '미인'이 눈물을 흘린 것과 글쓴이가 말하는 통곡은 본질적으로 다른 성격을 지닌다고 볼 수 있다.

● 오답 풀이

① '홀연 울고 싶다니 그 무슨 말씀이오?'라는 반응에서 '정 진사'는 기존의 통념에서 벗어나지 못하고 대상을 바라보는 사람임을 알 수 있다.

② '넓은 안계'는 넓고 광활한 요동 벌판을 뜻하며, 이는 좁은 조선 사회와는 대비되는 공간으로 볼 수 있다. 또한 〈보기〉에서 글쓴이는 '예의와 명분을 중시하며 실리를 외면했던 조선 사회에 답답함을 느끼고 있었다.'라고 하였으므로, ②와 같이 해석할 수 있다.

④ 사람들은 칠정 중에서 '슬픈 감정'만이 울음을 자아낸다고 여기지만, 글쓴이는 칠정이 모두 울음을 자아낸다는 독창적인 생각을 밝히고 있다.

⑤ '슬픈 감정에다 울음을 짜 맞춘 것'은 보통 사람들의 고정 관념으로, 이는 〈보기〉에서 말한 '고리타분한 기존 유학자들의 인식'을 의미한다고 볼 수 있다.

4 작품 간의 비교 감상 정답 ②

〈보기〉에서 '일곱 가지 정[七情] 가운데 슬픔보다 감동을 일으키기 쉬운 것은 없다.'라고 한 것으로 보아 슬픔을 부정적으로 인식한 것으로 볼 수 없다.

● 오답 풀이

① 〈보기〉는 [A]와 달리 '슬픔'에 초점을 맞추어 슬픔의 다양한 양상에 대한 자신의 생각을 서술하고 있다.

③ [A]는 칠정(七情)을 모두 언급하며 그에 따라 울 수 있다고 한 반면, 〈보기〉는 '슬픔'만을 언급하고 있다.

④ [A]에서는 '가의'의 통곡을 칠정에서 우러나온 진정한 울음으로, 〈보기〉에서는 깊은 슬픔을 자아내는 한 사례로 보고 있다. 따라서 [A]와 〈보기〉 모두 '가의'의 통곡을 진정성 있는 것으로 인정하고 있다고 볼 수 있다.

⑤ 〈보기〉와 [A] 모두 '가의'의 이야기를 제시하였는데, 이는 고사(유례가 있는 옛날의 일)를 인용하여 자신의 생각을 뒷받침하기 위한 것이다.

〈보기〉 속 작품   허균, 「통곡헌기(慟哭軒記)」

• 주제 : 슬픔의 효용과 다양한 양상
• 감상 : 문답의 형식을 통해 '통곡'에 대한 새로운 인식을 드러낸 글로, 중국 고사에 나오는 인물들의 사례를 인용하여 글쓴이의 주장을 강화하고 있다.

---

45 수오재기(守吾齋記)_정약용

| 작품 해설 | 글쓴이의 큰형이 자신의 집에 '나를 지키는 집', 즉 '수오재(守吾齋)'라고 이름 붙인 것에 대해 그 이름의 의미와 관련하여 글쓴이가 깨달은 바를 서술한 작품이다. '나를 지킨다'는 뜻과 관련하여 의문을 제기한 후 그에 대한 해답으로 '나'를 지켜야 하는 이유에 대한 글쓴이의 깨달음을 밝히고 있다. '나'를 지키며 살아온 큰형님과 그렇지 못한 자신을 대비하면서 과거 자신의 삶에 대한 성찰을 드러내고 있다.

| 작품 개관 |

◆ 갈래 : 한문 수필, 기(記)
◆ 주제 : 자신을 지키는 일의 중요성
◆ 특징 : ① 성현의 말을 인용하여 자신의 주장에 대한 설득력을 높임.
　② 과거와 현재의 상황을 대비하여 지난날에 대한 반성과 자기 성찰을 드러냄.
　③ 의문을 제기하고 이에 대한 깨달음을 얻기까지의 과정을 제시하여 주제 의식을 전달함.

작품 핵심 **단축키**

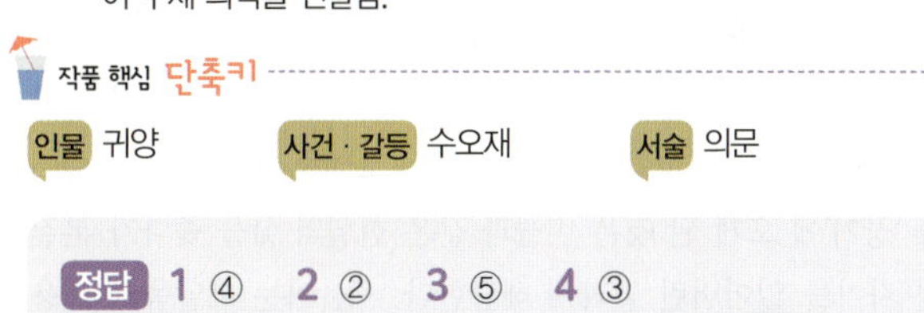

1 서술상의 특징 파악 정답 ④

유추는 두 개의 사물이 여러 면에서 비슷하다는 것을 근거로 다른 속성도 유사할 것이라고 추론하는 방식을 말한다. 이 글에서는 유추의 방식은 사용되지 않았다.

● 오답 풀이

① '내 밭을 지고 도망갈 자가 있는가. ~ 자물쇠로 잠가서 굳게 지켜야 하지 않겠는가.'에서는 '밭, 집, 정원, 책, 옷, 식량' 등과 '나'를 대조하여 '나'를 지키는 것이 가장 중요하다는 것을 강조하고 있다.

② 끝부분에 "지킴은 무엇이 큰가? 몸을 지키는 것이 크다."라는 맹자의 말을 인용하여 '나'를 지키는 것의 중요성에 대한 자신의 견해를 뒷받침하고 있다.

③ 글쓴이는 큰형님이 집에 붙인 이름에 의문을 품었던 경험, 벼슬아치가 되어 바쁘게 살았던 경험, 유배 생활을 하게 된 경험 등을 제시하며 '나'를 지키는 것의 중요성에 관해 이야기하고 있다.

⑤ '내 밭을 지고 도망갈 자가 있는가. ~ 천하의 모든 옷과 곡식을 없앨 수 있겠는가.'에서는 스스로 질문을 하고 답을 찾는 과정을 통해 '천하의 만물은 모두 지킬 것이 없다.'라는 결론을 얻고 난 다음 유독 '나'라는 것은 잃어버리기 쉽기 때문에 굳게 지켜야 한다는 자신의 생각을 전개하고 있다.

2 구체적인 상황에의 적용   정답 ②

'사물이 나와 굳게 맺어져 있어 ~ 지키지 않은들 어디로 갈 것인가.'에서 글쓴이는 '나'는 떼려야 뗄 수 없으므로 지킬 필요가 없다고 생각하여 '수오재'라는 이름을 이상하게 여긴다. 그러다 글쓴이가 장기로 귀양을 온 후 과거의 경험을 되돌아보며 잃기 쉬우나 잃으면 안 되는 존재인 '나(본질적 자아)'를 지키는 일의 중요성에 대해 깨닫게 된다. 따라서 ㉠의 '이런 의문점'은 '나'를 지키는 것에 관한 의문을, '해답'은 '나'를 지켜야 하는 이유를 의미한다. '이익으로 유도하면 떠나가고, ~ 미인의 요염한 모습만 보아도 떠나간다.'는 현실적 유혹에 넘어가 '나'를 잃어버린 사례에 해당한다. 그러므로 ㉠을 들려주기에 가장 적절한 사람은 '나'를 잃기 쉬운, '세상의 유혹에 쉽게 넘어가는 사람'이다.

3 외적 준거에 따른 감상   정답 ⑤

글쓴이가 '장기'로 귀양 온 이후 홀로 지내면서 '나를 지킨다'는 것에 대한 의문의 해답을 찾았고 자신의 지난 삶에 대해 성찰한 것은 사실이다. 그러나 '나는 잘못 간직했다가 나를 잃은 자이다.'라는 문장 뒤에 이어지는 내용으로 미루어 볼 때, 글쓴이가 '장기'에 오게 된 것은 벼슬과 같은 현실의 삶을 좇다가 본질적 자아를 잃어버린 결과에 해당한다. 즉, 이는 깨달음의 내용을 자신에게 적용해 보고, 자신의 삶을 성찰하고자 귀양지에 온 것은 아니므로 ⑤는 적절한 진술이 아니다.

● 오답 풀이

①, ② 글쓴이는 큰형님이 자신의 집에 '나를 지키는 집'이라는 뜻의 '수오재'라고 이름을 붙인 까닭에 의문을 제기하고, 이와 관련하여 잃기 쉬우나 잃어서는 안 되는 본질적인 자아를 지키는 것이 곧 '나'를 지키는 것이라는 교훈을 얻고 있다.

③ '유독 나의 큰형님만이 그의 나를 잃지 않고 편안히 단정하게 수오재(守吾齋)에 앉아 계시니, 어찌 본디부터 지키는 것이 있어 나를 잃지 않았기 때문이 아니겠는가.'에서 확인할 수 있다.

④ '나는 잘못 간직했다가 나를 잃은 자이다.'라는 문장에서부터 글쓴이의 깨달음과 관련하여 자신의 지난 삶을 성찰하는 내용이 제시되어 있다.

🔍 보충 자료

「수오재기」의 작가 탐구

정약용(1762~1836)은 조선 후기 문신이자 실학자로, 23세 때 진사 시험에 합격하여 성균관에 들어가 뛰어난 재능과 학문을 인정받아 정조의 총애를 받았다. 정약용은 천주교 신앙과 서양 과학을 통해 새로운 세계를 접하였으나, 이로 인해 정계에서 밀려나 귀양을 떠나게 되는 등 갖은 시련과 좌절을 겪게 된다. 하지만 정약용은 이에 굴하지 않고 학문 연구에 전념하는 학자로서의 모습을 잃지 않았다.

4 소재의 함축적 의미 파악   정답 ③

ⓐ, ⓑ, ⓓ, ⓔ가 지켜야 할 대상으로서 '나[吾]'를 의미한다면 ⓒ는 지키는 주체에 해당한다. 다시 말해 ⓐ, ⓑ, ⓓ, ⓔ는 글쓴이가 지켜야 한다고 말하고 있는 본질적 자아를 의미하고, ⓒ는 현실 속에서 살아가는 현상적 자아를 의미한다.

여성가족부
복권위원회
한국청소년상담복지개발원
Korea Youth Counseling & Welfare Institute
언제든 1388
24시간 열려있는 청소년상담
내 편이 필요한 순간, 언제든 전화해!
전화상담
문자상담
카카오톡상담
사이버상담

손쉬운

www.mirae-n.com 학습하다가 이해되지 않는 부분이나 정오표 등의 궁금한 사항이 있나요?
미래엔 홈페이지에서 해결해 드립니다.

교재 내용 문의

나의 교재 문의

자주하는 질문 | 기타 문의

교재 정답 및 정오표

정답과 해설

정오표

교재 학습 자료

MP3

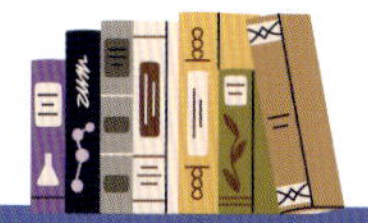